新ジャポニズム
史

1945–2020

マット・アルト

訳 村井章子

日経BP

PURE INVENTION

How Japan Made the Modern World

By **Matt Alt**

Published by arrangement with Follio Literary Management, LLC, New York
And Tuttle-Mori Agency, Inc., Tokyo

日本語版への序文

本書の英語のタイトル *Pure Invention* は、アイルランドの詩人にして戯曲家オスカー・ワイルドが一八八九年に発表した随筆『虚言の衰退』からとった。ワイルドは日本美術に描かれた日本や日本人は現実とはちがうと説く文脈で、次のように語る。

実際には、日本というもの自体が純然たる創作（Pure Invention）なのだ。そんな国は存在しない、そんな人々はいない……日本人というものは……単に一つの表現様式であり、芸術の精妙な空想の産物にほかならない。

日本の読者はこれを侮辱と感じるかもしれないが、けっしてそうではない。ワイルドは広く世界を旅した教養高い人物である（日本に来たことはないが）。もちろん日本が遠い東洋にある実在する国で、そこには現実の人々が暮らしていることをよく知っていた。彼の文章は、当時大流行したジャポニズムに熱狂するヨーロッパやアメリカの人々に向けられたものである。一八五〇年代に黒船の来航で日本が開国に踏み切ると、日本の品物がどっと外国の市場に流れ込むようになる。工業化前のこの時代に輸出されたものの大半は手工芸品だった。浮世絵、日本画、陶磁器、ガラス器、織物などである。西洋の人々はそうした日本の品々の虜になった。

ワイルドはさきほどの文章で、当時のヨーロッパの人々が想像しているのは手工芸品に基づいて理想化された日本だ、と指摘したのである。彼らが夢中になっている日本は想像の中の日本であって現実の国ではない、と。だがそう言いつつも、日本独特の様式美をワイルド自身が認めている。それは、現代の美術家がデフォルメと呼ぶものだ。ワイルドを魅了したのは、洋の東西を問わず、芸術における想像の力だった。美人画に描かれた美女たちは現実の日本女性からかけ離れているが、それでも本物だと感じられる。おそらくは本物以上に。この美的価値観は西洋美術の価値観に大きな影響を与えることになる。アカデミーの伝統的な絵画の決まりごとに背を向け自由に描こうとしていた印象派の若い芸術家たちが、日本独特の構図や色彩構成に強い衝撃を受けたことはよく知られている。

こうした動きはグローバリゼーションの第一波とみなすことができるだろう。西洋と日本の最初の邂逅のときから、国同士の文化の接触は一方向ではなかった。日本からやって来た品々が西洋人の美的観念を変えたように、西洋の観念は日本人の考え方を変えている。日本に輸入されたさまざまな思想や文学の中にワイルドも入っていた。彼の随筆、小説、戯曲は、芥川龍之介、谷崎潤一郎、三島由紀夫ら日本の多くの作家に深い影響を与える。三島由紀夫はワイルドの戯曲『サロメ』の演出も手がけた。『サロメ』のクライマックスはヒロインのサロメが預言者ヨカナーンの生首に接吻する場面だが、そこに三島自身の最期との謎めいた符号を見ることができよう。

本書は、日本のトレンドの背景をアメリカの読者に解説するために書いたものである。だから、日本の読者にとってはすでに知っている事柄が多いかもしれないことをあらかじめお断りしておかなければならない。戦後すぐの時期には、欧米で売られた日本製品の多くは人目を引かないか、でなければ安かろう悪かろうと見下された。こうした事情から、欧米の生活を様変わりさせた日本製品の背後にある経済的、文化的要素について解説した英語の文献は非常に少ない。僕はアメリカ人なので、本書で取り上げた例はどうしてもアメリカに関するものが多いが、ここに書いた傾向は欧米先進国全般に当てはまると言ってよい。鉄のカーテンの向こうでさえ、日本の製品が大きなインパクトを与えていたことがいまではわかっている。この本はポーランド語にも翻訳されたが、ポーランドでとても好評だったことはうれしい驚きだった。多くの読者から声が寄せられた。八〇年代に半ば闇市場のようなところでウォークマンやファミコンを見つけたことをみんな覚えていたのである。それにもちろん、九〇年代前半のビッグヒットの一つ、テトリスのことも。ソ連の研究所で開発されたこのゲームは、任天堂のゲームボーイを介して全世界で大流行した。

読者はこの本がクールジャパン戦略にまったく言及していないことを不審に思うかもしれない。クールジャパン戦略は、日本の魅力を世界に発信しようと日本政府の肝煎りで二〇一〇年に発足した。そうした魅力は、ハーバード大学公共政策大学院のジョセフ・ナイ教授が提唱する「ソフトパワー」の一つである。読者もよくご存知のとおり、ソフトパワーとは、軍事力や経済力や保有資源などに裏付けられたハードパワーに対比させた概念で、その国の文化的魅力、政治的価値観、外交政策の影響力などを指す。

日本の不思議な魅力に注目した最初期の文献の一つはアメリカ人ジャーナリスト、ダグラス・マグレイによるもので、"Japan's Gross National Cool"（「日本の国民総クール」）というタイトルがついている。GDPならぬGNCというわけだ。本書でクールジャパン戦略を取り上げなかったからと言って、政府の意図や努力をけなすつもりは毛頭ない。だが「クール」は人為的にはコントロールできないし、トップダウンで推進できるものでもない。クールは草の根的な現象であり、権威づけによってクールを売り込もうとした瞬間にクールはクールでなくなってしまう。

マグレイが書いた二〇〇二年の時点では、このGNCというコンセプトがぴったりだった。「クール」は「イケてる」「カッコいい」という意味の俗語として広く若者の間で使われた。当時、日本の漫画やアニメ、ゲームを見てクールと感じ魅了された外国人の大半は若者だったのである。だがそれから二〇年が経ち、近藤麻理恵の『人生がときめく片付けの魔法』という本や、日本語がそのままローマ字になった"ikigai"という言葉が海外で大ブレイクしたのは、これらがクールだったからだけではなく、若者に続き中高年もこぞって新しい生き方や世界観を求めていたからだと考えられる。現代の日本の製品に対する憧れは、「クール」だけではとうてい説明しきれない。いまや課題先進国と呼ばれるようになった日本の魅力は、暗い時代の灯台のようなもので、若者視点の「クール」からより熟成した「カリスマ」へシフトしたと感じられる。現代における日本のソフトパワーをもし計測するなら、頭文字は同じGNCでも、その中身は「日本の国民総カリスマ」(Japan's Gross National Charisma) のほうがふさわしいと僕は考えている。

このまえがきを書いている最中に、中国の習近平国家主席が「愛される」国のイメージを作りたいと発言したことが報道された。言い換えれば、ソフトパワーの強化を望んだわけだ。だが本書を執筆して学んだことの一つは、愛すべき魅力というものは命令したり強要したりはできないことである。ある国に対する愛や信頼や敬意はおのずから芽生え、おのずから集まってくるものだ。本書で取り上げたさまざまな製品は、日本政府のクールジャパン戦略の礎石となったようなものばかりだが、皮肉なことに当初は政府もさまざまな地域団体もその多くに否定的だった。カラオケに関する記事の多くは社会の迷惑だと決めつけているし、漫画やアニメはPTAが目の敵にした。ゲームセンターや家庭用ゲーム機が大流行すると、精神的堕落だと嘆かれたものである。八〇年代の評論家たちは、オタクの行動、たとえば大人になっても熱心に漫画を読んだり、コスプレに没頭したりすることを破廉恥だとみなした。それから数十年後のリオ五輪閉会式で安倍首相がスーパーマリオの扮装で土管から姿を表すわけだが、これを皮肉と言わずして何と言おう。

目下、K-POPや韓国映画が世界中で大人気になり、韓流と呼ばれるブームになっている。だがその背後には韓国政府の手厚いサポートと資金援助がある。一方、本書で展開される物語はまったくちがう。登場する製品も産業もトップダウンではなくボトムアップで生み出された。そして、社会からさまざまな圧力や逆風を受けながらも生き延び、しまいには大勢の人の心を掴んだ。ソニーや任天堂などいくつかの例外を除き、これらの製品が海外でヒットしたのはマーケティングが巧みだったからでも日本政府が強力に後押ししたからでもない。むしろ逆だ。日本人は自己宣伝が下手なことで世界に名高い。日本のものに興味を持った人は自分から積極的に探さないとだめだ。日本を知るにはまず探すことが必要であり、そのプロセスはまた自分を知ることでもある。僕自身がそうだった。八〇年代にアメリカの子供が日本のアニメのビデオテープを探したり、ガンダムのキットを欲しがったりするのは、当時のアメリカではひどくめずらしいことだった。

日本はすばらしい国だ。ここ二〇年はこの国をホームカントリーと呼べることがとてもうれしい。日本の文化はきわめて独特なものではあるが、本書はいわゆる日本人論の立場はとっていない。日本の製品が海外で成功したのは、日本独特の感覚や価値観に起因する面ももちろんあるにしても、バブル崩壊以後はとくに、課題先進国と言われるように多くの課題に日本が世界より先に直面したことに起因する面があると考えるからだ。ヒットした製品の多くは、もともと海外向けではなく日本人のために作られている。それが、日本と同じ問題（たとえば都市化、バブル崩壊）を経験し始めた他国の人々にも支持されたのだった。

本書が語るのはクリエーターたちの物語であると同時に、グローバル化の物語でもある。ただし、経済という大きな構図を通してではなく、製品というミクロのレベルで語るグローバル化だ。だがその小さなアイテムが世界の人々の生活を変えた。その意味で、日本から世界に送り込まれた製品は単なる製品以上のものだと言えるだろう。それは、誰もが自分の掌に収めることのできる小さな日本だった。そう考えれば、「日本人というものは……単に一つの表現様式であり、芸術の精妙な空想の産物にほかならない」というワイルドの一文はあながち誇張ではなかったのかもしれない。

マット・アルト

二〇二一年六月　東京にて

（以下、文中敬称略）

新ジャポニズム産業史 1945-2020

PURE INVENTION

How Japan Made the Modern World

実際には、日本というもの自体が純然たる創作なのだ。そんな国は存在しない、そんな人々はいない……日本人というものは……単に一つの表現様式であり、芸術の精妙な空想の産物にほかならない。

——オスカー・ワイルド『虚言の衰退』（一八八九年[1]）

目次

序章

暗闇の中に浮かび上がる若い女性の顔。不思議な機械の前に膝をついており、その機械から漏れ出す蛍のような神秘的な緑の光の粒がほっそりした横顔をほのかに照らし出している。彼女はつと立ち上がって早足で歩き出す。足音が舗石にこだまする。腕に抱えた籠で揺れる花だけが、この機械化された暗い都会で唯一の有機物らしい。暗がりから街灯の明るい光の中へ出ると、車道を行き交う奇妙にレトロな車のまばゆいヘッドライトで一瞬目が眩む。カメラはシャッターの降りた店の前で空を見上げるヒロインと慌ただしく通り過ぎる歩行者たちを捉え、それからぐんぐん上空へ引いていく。花籠の女性は誰を待っているのか。都会に輝く無数のネオンサインや看板、謎めいたブランドネームが次々に映し出され、考える暇もない。どうやらこれは大都会であるらしい。だが、どこだろう？　タイムズスクエア、それとも東京？　カメラはさらに引いていって、不可思議な都市の全容をあきらかにする。これは、誰も見たことのない場所だ――いや、存在したことのない場所である。カメラの目は上空からさまざまな建物の屋上や塔や機械類を捉える。この都会は高い壁に囲まれており、城壁には一定間隔で巨大な装置が配置され、装置には古風な漢数字と対になったアラビア数字が表示されている。その大煙突から夜空に光の束が放出されるにつれてドラムビートは高まる。これは都市と言うよりは要塞だ。紛れもなく軍事産業複合都市である。

スクリーンが明るくなり、タイトルが現れる —— *FINAL FANTASY VII*。心に響く哀愁を帯びたシンセサイザーの音色の緊張は高まり、この先に待ち受ける驚異の世界を予告しているかのようだ。

『ファイナルファンタジーⅦ』（ＦＦ７）はテレビゲームである（英語圏では「ビデオゲーム」と呼ぶが、本書では「テレビゲーム」で統一する）。このゲームが発売された一九九七年の時点では、世界にはこのようなタイプのゲームは存在しなかった。ＦＦ７は、（ファイナルの名に反して続編が続いた）大人気シリーズの七作目だ。シリーズのそれまでの作品がのっぺりした二次元の従来型だったのに対し、ＦＦ７はまったくちがう。今日の基準からするとまだ線が硬く原始的ながら完全に３Ｄで描画されており、当時のテクノロジーの勝利と言えた。さらに画期的だったのは、ハリウッドのメガヒット作を凌駕するゲーム作りは可能だという大胆きわまりない気構えで作られていたことである。

ＦＦ７は、反射神経頼みで殴ったり撃ったりするありがちなゲームではない。プレーヤーをドラマの世界に引きずり込む。プレーヤーは環境テロリスト集団の一員として、惑星の唯一のエネルギー源を枯渇させようとする正体不明の闇の組織と闘うことになる。誰かを待っていた女性はエアリスという名前だ。花売りのエアリスは、クラウドという元ソルジャーへのひそかな想いを通じて反逆者としての使命に目覚めていく。FF7のキャラクターは、テレビドラマや映画に匹敵するほど精緻に作り込まれている。ゲームは彼らを追いながら、思いもかけない、そしてときに深く感動的な物語を展開していく。ゲームが一つのクライマックスに達するエアリスの早すぎる死のシーンは、若者たちの心を強く揺さぶった。

言うまでもなく、FF7の勇気ある新世界はハリウッドの産物ではない。このゲームは東京発のメガヒットであり、アメリカ文化に日本人の感性がどっと流れ込むことになる。大きな目にふわふわの髪をしたアニメキャラ、漫画チックなメロドラマ、アメリカではまだなじみのなかった美少年の主人公、そして、ゲームにはスリル満点の大冒険だけでなく瞑想的な心の旅も可能なのだという発想そのもの……。

ソニーコンピュータエンタテインメント・アメリカのマーケティングチームはこの作品に三〇〇〇万ドルを投じた。[1] テレビゲームとしては異例の予算規模である。そして総力を挙げてハリウッド映画並みの一大宣伝キャンペーンをアメリカで展開する。若者向けにはマーベル・コミックやDCコミックの漫画本に、大人向けにはローリングストーン誌、プレイボーイ誌、スピン誌に広告を掲載し、さらに万人に向けては映画館で、フットボールの試合中に、音楽放送テレビMTVで、あるいは人気番組サタデー・ナイト・ライブで広告を放映した。「これは映画でも実現できない」とエスタブリッシュメント向けのあるコマーシャルは誘う。[2] どの広告も最後にプレイステーションのロゴのクローズアップが出て、若い女性の声がロボットのように抑揚のない調子で日本語を発音する——ぷれい・すていしょん！

プレイステーション用のゲームでそれまで最大のヒットは、イギリス生まれの『トゥームレイダー』だった。[3]『トゥームレイダー』の一九九七年第1・四半期の販売本数は一五万本である。これに対してFF7は、同年九月発売後たった三カ月で一〇〇万本に達した。アメリカの消費者は、ときおり表示されるキャラクター名のミススペルや、大事な場面でエアリスが語る台詞「この人、病気みたいなの」の英語の文法的誤り（"This guy are sick!" と訳された）など気にしなかったらしい。弱点のはずの粗い英訳がむしろ長所となった節がある。まちがった言葉遣いはゲームのエキゾチックな印象を強め、この虚構のゲームが実在する魅力的な国ニッポンからやってきた製品であることをアメリカの消費者に強く意識させる結果になった。そのことが、FF7の魅力を一段と増したと言えるだろう。

一八〇〇年後半に、まさに二〇世紀末と同じく、西洋は新しい熱狂に取り憑かれていた。ジャポニズムである。日本はほんの数十年前にいくつかの港を開いたばかりだった。イギリス、フランス、アメリカの新しもの好きが日本の美術や文学に飛びつき、自分たちの社会が産業の発展を追求する間に失ってしまった価値観を東洋の島国に投影する。一八八五年にはウィリアム・ギルバート脚本アーサー・サリヴァン作曲によるオペラ『ザ・ミカド』が大ヒットしたが、脚本家自身による解説書には、日本は「偉大な栄光の国で、そこに住む人々は誰よりも勇敢で賢く親切で、信じられないほど思いやりがある」とある。[4] これはまさにオスカー・ワイルドが呼び覚ましておきながら思い切り打ち砕いた、日本かぶれの西洋人の固定観念そのものだ。ワイルドは日本美術に描かれたものがいかに現実の日本や日本人とはちがうかをひとしきり説明したのちに、日本は「純然たる創作」だと言い切った。日本とされているものは西洋の空想だというのである。ヴィクトリア朝の人々が「由緒ある国」と呼んだ日本のイメージは長い間西洋人を惹きつけてきた。それを覆したのが第二次世界大戦である。

一九四五年の不名誉な敗戦後、日本のメーカーは輸出品の原産国をどうにかして隠そうとしたものだ。一〇年後には、歯に衣着せぬことで有名な国務長官ジョン・フォスター・ダレスが吉田茂首相に向かって、日本はアメリカで市場を開拓できるなどと期待するな、と言い放った。「日本人にはわれわれが欲しがるものは作れない」と[5]。非公式の場ではもっと横柄に、「日本の経済的未来を懸念する人にとって自殺は不合理な選択肢ではない」と親しい友人に語っている[6]。

たしかに第二次世界大戦後におずおずと輸出された日本製品の第一波は、称賛ではなく嘲笑の的になった。「メイドインジャパン」は出来の悪いジョークそのもので、ちっぽけな敗戦国から来た一ドルのブラウス、空き缶で作られたブリキのおもちゃ、カクテルに添えられた紙製の傘といったものは安かろう悪かろうの代名詞になる。映画『ティファニーで朝食を』(一九六一年)には、戦後アメリカの日本人観があからさまに示されている。ミッキー・ルーニーが演じた「ユニヨシ」なる日本人は出っ歯で着物を着てドジばかり踏むという役回りで、オードリー・ヘプバーン演じる頭のてっぺんから足の先までアメリカ的で上昇志向の強いセクシーな美女ホリー・ゴライトリーと痛ましい対照をなしていた。

だがすでに事態は変わり始めていた。ダレスのあの発言からわずか三年後の一九五七年冬にはポケットサイズの日本製トランジスタラジオがアメリカ市場を席巻し、クリスマスのマストハブ・アイテムとなる。カラフルなTR－63は、文化的出自があいまいな「SONY」というロゴが付けられた最初の製品である。TR－63はクリスマスシーズンの一時的流行だろうと思われていた。だが実際にはこの小型ラジオは、日本の製品に関するアメリカ人の予想が完全に覆されていく長いプロセスのほんの始まりに過ぎなかった。

六〇年代にアメリカ市場に入り込んできた目新しい日本製品の細々とした流れは、七〇年代後半から八〇年代前半にかけて高品質の家電や自動車の洪水へと変わる。突如として出来の悪いジョークはアメリカ製品のほうになった。アメリカ市場をこじ開けたトヨタやホンダが、フォードやシボレーなどアメリカで愛されてきた老舗ブランドを出し抜くようになると、日本に対するアメリカ人の優越感は憤激に変わる。僕の子供時代には、危機感を抱いたアメリカ人が日本製品を叩き壊すパフォーマンスの映像が夜のニュース番組でたびたび流れたものだ。[7] たとえば共和党の議員三人が議事堂で大きなハンマーを振るい、東芝製ラジカセを破壊したりした。この問題に関する限り、共和党も民主党も意見が一致していたらしい。一九八四年大統領選挙で民主党指名候補となった上院議員ウォルター・モンデールは、「われわれが本気で取り組み、行動し、指導力を発揮しない限り……子供たちはだまされてしまう」と選挙運動中に述べている（ちなみに彼はレーガンに敗退した）。「日本人は日本製コンピュータでわが国を制圧しようとしているのだ！」

だが子供たちにしてみれば、大人の怒りは自分たちが知っている日本とどうにも結びつかなかった。ベビーブーム世代の親たちが多くの場合いやいやながら買っている必需品、たとえば車や家電は政治的な大問題となっていたが、そのほかにも日本からは、絶対必要ではないけれど絶対欲しいアイテムが続々と流れ込んでいたからだ。その多くは、アメリカ文化では見たことも聞いたこともなく、欲しくて欲しくてたまらなくなるものだった。たとえばウォークマンやカラオケマシン。それから、「ハロー」という名前(だと僕は思い込んでいた)のかわいらしい子猫、これは女の子のための文房具セットとして永遠に尽きないほどいろいろなアイテムが販売されていた。そのほかにもたくさんの玩具、そしてもちろん数々のテレビゲーム、アニメ、漫画……。どれも想像したこともなかったようなものばかりだ。

七〇年代半ば以降に生まれた人なら誰でも同じ経験をしているだろう。僕たちはパワーレンジャーごっこをして育った。宝物の変形ロボット「トランスフォーマー」を友達と見せ合った。五体のライオン型メカが合体して巨大ロボ「ボルトロン」(日本語名「百獣王ゴライオン」)になるテレビアニメを見たくて、学校から飛んで帰った。サンリオのノートにいたずら書きし、ポケモンや遊戯王のカードを蒐集し、マリオゲームの新作に飛びつき、時間が来るとテレビの前に走っていって『セーラームーン』を見た。若い頃、いや大人になってからも、カラオケやウォークマンやゲームボーイにどれほどの時間を費やしたことだろう。これらのものは、グローバルな消費社会に現れては消える一時的な流行以上の何かだった。人を楽しませるだけでなく、夢を与えてくれるふしぎな力、新しいファンタジーの世界をふくらませる力を備えていた。

初めて日本製のおもちゃに出会ったときから、僕は日本文化に夢中になった。五歳の誕生日に祖母が大型のロボット玩具「ゲッター・ドラゴン」を買ってくれたことは忘れられない。そのおなかに書かれた奇妙な文字を指さして「これは何?」とママに聞いたら、「どうやら日本という国の言葉みたい」と言われたことを覚えている。ふしぎな日本語をまじまじと眺めて、奇跡みたいだと思ったものだ。どこかうんと遠いところに、メリーランド州にいる僕と同じように、巨大モンスターやロボットをカッコいいと思う人たちの住む国がある……。じつに幸運なことに、地元のハイスクールには当時のアメリカの公立学校で唯一日本語を教えるクラスがあった。教えていたのは数カ国語を操る優秀なアメリカ人女性で、第二次世界大戦中に海軍の情報将校として日本語を学んだという。先生の考える日本は生徒たちの考える日本とはちがったけれども、勉強の刺激になることなら何でも歓迎してくれた。とはいえ、玩具やアニメやゴジラ映画への僕の熱中ぶりにはずいぶんまごついたらしい。その後大学で日本語を専攻し、日本語の翻訳者になり、とうとう僕は日本に移り住んだ。

日本のポップカルチャーを専門に「ローカライズ」と呼ばれる仕事をしてかれこれもう二〇年になる。ローカライズとは、ある国で作られた製品を外国でも使えるように対象国の言語や文化に対応させることだ。具体的には外国向けにゲーム、漫画、商品パッケージなどを英語に翻訳している。当初は単なる翻訳にとどまらず、日本文化をよく知らない外国人にアピールするには登場人物の名前を変えたほうがいいとか、コンセプト自体を見直したほうがいいなど、クリエーターに注文をつけていた。だがあるときから、意外なことに気づく。外国のファンが、日本のファンタジーをできるだけ日本らしく、できるだけオリジナルに近い形で、そしてできるだけ早く翻訳版をリリースして欲しいと望むようになったことだ。この現象の重要な転換点となったのが、

『ファイナルファンタジーVII』のリリースだったと感じている。ある意味で日本企業であることがわからないような名前を選んだソニーが、堂々と日本語で「ぷれい・すていしょん」と発音するコマーシャルを制作した。

なぜだろう。日本のエンターテイメントが数十年にわたって大量に海外に輸出されてきたことの当然の結果なのだろうか。それとも、ジャポニズムの新しい波が来ているのか。かなり経ってから、問いの立て方が完全にまちがっていたと僕は気づいた。外国の消費者がもっと日本らしいものを求めるようになったのではない。外国の消費者自身が日本人にどんどん似てきたのだ。二〇一〇年が近づく頃には、東と西がシンクロナイズしてきたことが一段とはっきりする。バブルの崩壊、政治的カオス、若年世代のバーチャル逃避など、日本が数十年早く経験した現象がいまや他の国にも起きている。日本が作ってきたのは、単なる製品ではなかった。これまでになくつながっているかと思えば、これまでになく孤立する奇妙な新しい世界を旅するためのツールだった。日本のクリエーターと消費者は単なるトレンドセッターではなかった。先進国が迎えた晩期資本主義世界で、彼らは未知の領域のすこし先を歩いていたのである。

戦後の瓦礫から立ち上がり一躍経済大国にのし上がった日本のサクセスストーリーはよく知られている。九〇年代に入って不動産や株式市場の暴落で日本が大打撃を受けたことも。だが政治、市場、金融だけで完結する説明には納得がいかない。人々の多くが個人のレベルで、あるいは社会のレベルで実際に日本とどんなふうに接し、影響を受け、あるいは与えてきたかということがすっぽり欠落している。だから、本書が採用するのはちがうアプローチだ。経済は背景に下がってもらって、もっと大きなストーリーを語りたい。それは、現代社会で人間であることの意味を日本のクリエーターはどのように再定義したのか、という物語である。けっして大風呂敷を広げたわけではない。本書で取り上げる多くの創作は、世界とどう接するか、世界にどう発信するか、他の人とどうコミュニケーションをとるか、一人で過ごすときにどんなふうに時間を使うか、そして自分自身のアイデンティティをどう規定するかを大きく変えた。この劇的な転換を理解するには、人々を夢中にしたものたちの作り手を、その苦闘と勝利を知っておく必要があると感じる。また、先行世代の創作の消費者だった世代が次には変化の担い手となったことも、知っておくべきポイントだ。本書が二つのパートに分かれているのはこのためである。

第1部では、六〇年代、七〇年代、八〇年代前半を取り上げる。日本は戦争で破壊された国から未来技術先進国へと信じられない変貌を遂げた。燃費のいい車やスマートなガジェット類は人々の未来像を変え、とるにたらない国だった日本は欧米の覇権にとって新種の脅威とみなされるようになる。だが日本経済が絶頂に達した一九九〇年にバブルが崩壊した。ここからが第2部だ。日経平均株価は、一九八九年末の終値をピークに翌年一月から暴落に転じ、不動産市場も急落する。しかも円高になったため日本の産業は輸出競争力を失い、虎視眈々と機会を狙っていた中国と韓国に躍進のチャンスを与えることになる。債務は膨れ上がり、国全体が意気消沈した。世界に冠たる大国になるという夢は跡形もなく消え失せる。一九八九年には日本は「空前」とか「脅威」などと形容されたが、その五年後には『日本株式会社の終焉』といった著作が発表されるようになり、評論家たちはこぞって「日本は終わった」と宣言したものだ。

日本人はバブル崩壊後の不況を「失われた二〇年」あるいは「失われた三〇年」と呼ぶ。[8] この呼び方はけっして誇張ではない。一九九〇年代と二〇〇〇年代には、大学を出たら親世代と同じように一流企業で終身雇用の正社員になれると考えていた若者たちは、突如としてどんな仕事にも就けないことに気づく。若者の間には誰も予期していなかった社会現象が出現し、次々に新しい名前が付けられた。学校にも仕事にも行かず家に篭る「ひきこもり」、正社員になることができず一生アルバイトを渡り歩く「フリーター」、実家を出ようとせず親に生活を依存する「パラサイトシングル」などだ。かといって大人の社会がもっとましだったとは言い難い。政治家はうろたえるばかりで役に立たず、二〇年間で一四人の首相が交代した。数千人が新興宗教にすがり、中でもオウム真理教が一九九五年に起こした地下鉄サリン事件は人々を震撼させた。同年には阪神・淡路大震災が発生し、死者六〇〇〇人以上、全壊家屋一〇万棟以上の甚大な被害となったが、政府の対応は後手後手に回り、ついには山口組が打ちひしがれた住民に救援物資を配るというありさまだった。[9] 出生率の低下には歯止めがかからず、加えて人口高齢化が進んだため、二〇一一年には大人用の紙おむつの売り上げが赤ちゃん用を上回るという事態になる。

それでも、暗いニュース続きの中でなにかとてつもなく興味深いことが始まろうとしていた。失われた二〇年は、日本のテレビゲームが世界中の若者の心を捉えた時期である。また、日本の漫画の売り上げがアメリカのコミックを大幅に上回り、ついにニューヨーク・タイムズ紙がベストセラー・リストに「マンガ」という独立項目を設けることになった時期でもある。裏原宿発のア・ベイシング・エイプ（A Bathing APE）や大阪発のエヴィス（EVISU）ジーンズといったハイパーニッチなファッション・ブランドを世界のセレブが好んで着るようになったのも、先鋭的なファッションデザイナーの川久保玲や山本耀司が世界を舞台に活躍するようになったのも、ユニクロ（Uniqlo）や無印良品（MUJI）がグローバル展開を始めたのも、失われた二〇年だった。村上春樹が外国の読者に広く読まれるようになり、映画監督の宮崎駿がアカデミー長編アニメ映画賞を受賞したのも、この時期である。しかも受賞したのは、きわめて日本的な作品『千と千尋の神隠し』（二〇〇一年）だった。この映画の英語版は *Spirited Away* のタイトルで公開されている。日本の経済力が衰退したまさにそのときに、主として若い消費者世代独特の感性を通じて、日本の文化的影響力は世界に大きく翼を広げたのだった。日本は、第二次世界大戦後に人々が必要とするもの、たとえば自動車や家電や小型オーディオを売ってリッチになった。だが次には人々が欲しがるものを供給して愛されるようになったのである。

　これが、日本の劇的な生まれ変わりの物語だ。この物語は、文字通り地球規模の影響力を持つ超弩級のプロダクトを通じて語られる。ものすごくすてきでヘンテコでなぜかどうしても欲しくなってしまうアイテム、たとえばウォークマンやゲームボーイやハローキティは、ただのヒット商品の枠を超えている。こうしたアイテムは、生活の一部になるにつれて、東京でもアメリカの田舎町でも人々の好みを変え、夢を変え、ついには現実まで変えていく。

　これらの魅力的なモノたちを僕は「ファンタジー・デリバリー・デバイス」と名付けた。本書の各章は、このモノたちから一つずつ選び、その物語を中心に展開していく。だが、なぜカラオケマシンはファンタジー・デリバリー・デバイスで、ホンダのシビックはそうではないのか？任天堂のファミコン（海外版はNintendo Entertainment System）はそうで、ビデオデッキはそうでないのか？　ビデオデッキはファンタジーを録画・再生するための装置ではないか？　じつはファンタジー・デリバリー・デバイスには「三つの"in"」という条件がある。必需品ではない（inessential）、虜になってしまう（inescapable）、影響力がある（influential）の三つだ。車はたしかに人を虜にするが、「必需品ではない」という条件に反する。それに、日本車を買う人はコストと性能を重視しているのであって、日本的テイストを積極的に評価するわけではない。ビデオデッキは最初の二つの条件を満たすとしても、世界の人々の日本観を変えたとまでは言えない。世界中の若者が次々に出される日本発のテレビゲームに取り憑かれたのは、それらが真に日本的なものの証だったからだ。これに対してビデオデッキは、その国のファンタジーを、たとえばハリウッド映画や録画したテレビ番組の形で消費するための媒体に過ぎない。

　興味深いのは、ファンタジー・デリバリー・デバイスが欧米の消費者を念頭において設計されたわけではないことだ。これらはみな、何か目新しいもの、逃避できるものを貪欲に求める日本の若者の心をつかもうと激しい競争が繰り返される中から生まれた。だが創作の原動力となったキラキラと溢れ出る遊び心は、大勢の外国のファンの心をも鷲掴みにしたのだった。いやじつは西洋が日本と出会ったそのときから、玩具や遊びを考案するときの日本人の真剣さに西洋人は衝撃を受けている。イギリスの外交官ラザフォード・オルコックもその一人だ。[10] 彼は一八六三年に日本を「幼児の天国」と呼んでいる。さらに衝撃的だったのは、幼児のみならず多くの大人が子供時代の遊びに臆面もなく打ち興じることだった。「西洋の男ならよだれかけと一緒に片付けてしまうような玩具で、大の大人が夢中になって遊んでいるのを日本ではよく見かける」とアメリカの教育者ウィリアム・エリオット・グリフィスは驚いて書いている。[11] 彼がここで言っているのは独楽や凧揚げのことだ。だが時とともに「遊び」はより複雑で高度になった。日本のクリエーターたちが新旧のファンタジーから巧みに要素を抽出し、新たに調合し直したからである。トランジスタラジオのような新しい技術が消費市場に投入され、現代人の生活が次第に未知の領域に入るにつれ、ファンタジー・デリバリー・デバイスは単にその時代が生み出す産物ではなくなり、逆に生み出した時代そのものを変えていくようになる。オモチャはツールになり、そのツールはもともとのターゲットだった日本の消費者だけでなく、広く世界の人々を惹きつけていく。こうして日本はまさに経済的に破綻した一九九〇年代に、文化的には世界への発信力を爆発的に高め、希望と夢を地球上に撒き散らしたのだった。言うなれば日本は、遊びとファンタジーをエネルギーとする超新星として立ち現れた。そして日本のファンタジーを世界の人々が受け入れたときから、クールやコスモポリタニズムや女性性・男性性は新たな意味を帯びるようになる。

ファンタジー・デリバリー・デバイスの作り手たちの物語は、英語はおろか日本語でもほとんど語られたことがない。廃墟と化した都市でゴミから世界中が欲しがる玩具を生み出した一人の職人。授業中に漫画を描いて退学寸前になりながらも、子供の読み物だった漫画を青年の反逆と成長の物語に昇華させ、世界に広めた医学生。子猫のかんたんなスケッチを世界で最もよく知られるアイコンに押し上げ、女性の力を誇示しながらも、男性優位のビジネスの世界から去っていった有能なデザイナー。そして若者世代の憂鬱と怒りをオンラインにぶつけたオタクたちや、世界各地で政治活動を組織した大勢の匿名の投稿者たち……。

じつは現代の生活には日本にルーツがあるものが少なくないが、そのことは海外でも日本でもあまり知られていない。良くも悪くもリアルの世界を驚かせてきたソーシャルメディアや匿名掲示板。日常生活に取り込まれる数々のゲームの要素。作り手と使い手、アマとプロ、原作者とコアなファンとの境界の融解。バーチャル空間で長い時間を過ごし、消費するファンタジーが自分のアイデンティティになり、娯楽としてではなく逃避先としてファンタジーを追い求める傾向……。新型コロナウィルス（Covid-19）の世界的大流行はこうしたトレンドを一段と加速させ、いまや世界の人々の生活にすっかり定着している。

本書が描くのは単に日本のヒット商品の歴史ではない。ポップカルチャーの歴史の中でまばゆい光を放つファンタジー・デリバリー・デバイスとその作り手たちの物語だ。この物語をたどることは、いまを生きる自分自身について知ることでもある。

PART

第1部

一九四五年の敗北

FALL 1945

平和が来た！戦争は終わった！[1] **●日本の四大都市、東京、名古屋、大阪、神戸の四三・五平方マイルが破壊された。**[2] ●日本は中身のない貝殻だった……日本のあまりの消耗ぶりに驚くことが、アメリカ人特派員の最初の反応だった。[3] **●体力の亢進、倦怠・睡気除去、作業能の増進にヒロポン錠**（製法特許）二〇錠・五〇錠・一〇〇錠・五〇〇錠包装（ヒロポンの広告）[4] **●どんぐりの栄養と頂き方** どんぐりを盛んに食べませう……粉末にすると食べ方の範囲が広くなり、細かい粉にするほど消化もよい……どんぐり粉の美味しい頂き方をご紹介致しませう。[5] ●ワシントン発、戦時生産委員会が制限令L八一号を取り消したため、玩具屋の棚におもちゃやゲームが戻ってくる日は近い。[6] ●上野駅では、毎日餓死死体を六体は処分している。[7] ●「日本は四等国に成り下がった」とマッカーサー元帥はシカゴ・トリビューン紙に語った。「あの国が強国として世界に復帰することは不可能だ」[8]。

第一章

ブリキの玩具
——小菅のジープ 一九四五年

日本の玩具屋へ行けば日本人の生活のミクロコスモスを見ることができる。
——ウィリアム・エリオット・グリフィス、一八七六年[1]

玩具は見かけほど無邪気ではない。玩具やゲームは重要なアイデアの前奏曲なのだ。
——チャールズ・イームズ、一九六一年[2]

デトロイトで製造された四輪駆動車に乗って、アメリカ人は占領した国を調査して回った。数カ月におよぶ空襲のもたらした破壊は想像を絶するものだった。太平洋戦争が一九四一年に勃発する前の東京は世界で三番目に人口の多い都市で、七〇〇万人近くが住んでいた。だが徴兵、民間人の死亡、大量疎開の結果、一九四五年秋の時点で残った住民は半分に満たない。人間だけで

小菅のジープ

なく東京のインフラも半分以下になっていた。「鉄道の車両や機関車の残骸が手付かずで線路上に放置されていた」と従軍記者のマーク・ゲインはこの倒壊したメトロポリスに乗り込んだときの衝撃を書いている。「路面電車が炎に包まれたその場所に止まっていた。金属部分はねじれ、架線は切れて垂れ下がり、鉄柱はまるで蝋細工のようにぐにゃりと折れ曲がっている。内側が燃えてしまったバスや自動車の外殻が道端に打ち捨てられていた。ここは人工砂漠そのものだ。醜悪で荒廃し、粉々になったレンガやモルタルから立ち上る埃でかすんでいる」[3]。瓦礫の下にはまだたくさんの焼死体が残っており、静まりかえった通りを腐臭で満たしていた。このおぞましい光景の中で唯一聞こえる工業文明の音が、アメリカ製ジープの立てる轟音だったのである。

アメリカ陸軍軍用トラック、1/4トン、4×4、指揮・偵察用——これがジープの公式名称だ[4]。人間と貨物の輸送のみに特化した軍用車両で、陸軍に制式採用され、ウィリス・オーバーランドとフォードが量産した。堅牢性と耐久性が売りで、快適性はかけらもない。角張っていて内部機構は丸出し。長時間乗るのは苦痛でしかない。殺風景な褐色のこの車は、しかしじつに頼り甲斐があり、実用的な設計のおかげで見た目以上にすぐれた乗り物だった。アメリカ人は十分にそのことを承知しており、連合国遠征軍最高司令官を務めたドワイト・D・アイゼンハワーは、連合国を勝利に導いた四つの兵器の一つにジープを挙げている。ちなみに残り三つはダグラス製C47輸送機、バズーカ砲、原子爆弾である[5]。

日本は七年にわたり連合軍に占領され、文字通り破壊された大都市のかけらを拾いながら復興に努めることになる。その間、ジープは自由に全土を走り回っていた。日本の大人にとって、ジープは祖国の敗戦と無力を情容赦なく表す存在であり、敗北感と憧憬のないまぜになった複雑な感情を呼び覚ました。だが子供にとっては、ワクワクする走るキャンディ・ディスペンサーにほかならない。ジープを追いかけていけば、ハーシーのチョコレートバーやバズーカのガムやラッキーストライクのタバコという形でアメリカ文化の味を分けてもらえるのだ。実際、ジープは魅力的だった。ボンネットに埋め込まれたまんまるなヘッドライトと七つのスロットのあるフロントグリルは、歯を剥き出してニヤリと笑って

日本中の至るところをジープが走っていた。神社の鳥居の前も。（写真：大津市歴史博物館提供）

小菅のジープ

いるように見えなくもない。[6] ちょうど漫画に出てくる車みたいに。実際、ジープという通称は漫画の『ポパイ』に由来するという説がある。ポパイの仲間で犬に似た奇妙な動物「ユージン・ザ・ジープ」からとったという。この動物は一九三六年から『ポパイ』に登場し、ちょうどピカチュウのように、単音節の「ジープ!」という言葉しか発しない。[7] この言葉はまた、ジープの特徴を表す「汎用(General Purpose)」の頭文字「GP」にもよく似ている。

公式の占領は一九五二年に終わる。この年に日本は主権を回復し、アメリカ人の手で起草された新憲法の下で再び独立国となる(だが沖縄だけはさらに二〇年にわたりアメリカの占領下に置かれることになった)。それでもジープは去らなかった。日本の主権は「日本国とアメリカ合衆国との間の安全保障条約」いわゆる安保条約に依存していたからである。きわめて不公平な条約で、戦争で疲弊した市民の間では締結当初からひどく不人気だった。なにしろ条約では日本がアメリカ軍に駐留権を認め、全土で基地を提供することが義務付けられている。基地には日本の法律がおよばないものとされ、しかも条約の期限は無期限だ。これでは永久に占領されているようなものだった。

警察官は、アメリカ兵が通り過ぎるときは敬礼しなければならなかった。[8] 公務の際は言うまでもなく、彼らが日本で仲良くなったガールフレンドとドライブするときでも、である。日本の子供たちが戦後期に最初に覚えた英語は、「ハロー」、「グッバイ」、「ギブ・ミー・チョコレート」、そして「ジープ」だった。[9]

一九四五年の時点で工業部門を完全に破壊された日本は製造能力を喪失していた。どんな国にとってもこれは致命的な痛手だが、モノづくりにこだわる日本のような国にとっては二重に痛手である。一八五四年の西洋との最初の邂逅のときから、日本と外界との架け橋の多くをモノが担ってきた。[10]

一九世紀半ばにまったく予想していなかったアメリカの軍艦が日本近海に出現すると、幕府は二世紀以上におよんだ鎖国を打ち切ることを決意する。アメリカ人にしてみれば、ようやく開国するこの国は世界に立ち遅れ、生活水準は低く、やすやすと搾取できるという腹づもりだったろう。ところが彼らが目の当たりにしたのは、活気のある消費経済だった。日常のニーズをようやく満たすどころか、購買意欲の旺盛な民衆に本、美術品、家具、装飾品、装身具などを供給できる経済だったのである。工業化前のこの頃でさえ、日本の市民は小さな贅沢品をしきりに求め、愛玩していた。

日本の物質文化を特徴づけるのは、比喩的な意味でも、文字通りの意味でも、「箱」である。たとえば、弁当箱。芸術的な意匠を凝らした弁当箱は中の料理を一段と美しく見せ、食欲をそそる。読者もよくご存知のように、俳句は五・七・五わずか一七文字で創造性を表現しなければならない。つまり一七文字の箱に世界を閉じ込める。また俳句はもともと俳諧連歌の発句として挨拶句の役割があり、句会に招かれた客が主人への挨拶として発句を作った。まさにそれと同じように、物を包む日本の技術は、その物がこまやかに盛り付けられた懐石料理であれ、小さな贈り物であれ、物そのものに劣らず相手に渡すときの見かけの美しさに気を配る。物を入れた箱は、

小菅のジープ

中身の価値に匹敵するか、どうかすると上回ることさえある。

物を包む楽しみは身分制度と大いに関係がありそうだ。身分制度は市民をそれぞれの箱に押し込める。身分が一番高いのは武士、これに百姓、職人、商人と続く。とはいえどの階級でも物を包む情熱は変わらない。日常の買い物に活用される正方形の風呂敷にも、百貨店のきわめて精緻な紙包みにも、それが見受けられる。

百貨店、今日ではデパートと呼ばれる大型小売店が世界でもかなり早く日本に登場したのは、けっして偶然ではない。松坂屋の創業は一六一一年、三越は一六七三年である。当時の江戸の人口は一〇〇万人を数え、一八世紀の大半を通じて世界最大の都市だった。[11] 何世代にもわたり、百貨店は都会の客のための選び抜いた品揃えを競い合っていた。[12] 格調高い着物、美しく絵付けされた食器、宝石に装身具、菓子から玩具まで、贅沢好きな客が喜びそうなありとあらゆる品物は丁寧に包まれ、店員の深いお辞儀とともに顧客に恭しく渡される。包装の美しさは中身に劣らず重要だ。包装は単に中の品物を保護するだけではない。それ自体が一つの芸術であり、品物と顧客の両方に対する敬意の表現なのである。

さて、こうした申し分のない箱の中にはいったい何が入っているのだろうか。一九世紀後半には、木版画集、陶磁器、装身具、絹織物等々、目の肥えた日本の消費者を喜ばせるための数々の品物が収められていた。これらの品々は西洋の芸術家をもすっかり魅了し、美とデザインに関する西洋の長い伝統に疑問を抱かせるまでになる。印象派の画家たちや彼らに強い影響を受けた美術家たち、たとえばドガ、ホイッスラー、ゴッホ、ロートレックらは、歌川国芳や葛飾北斎の遊び心のある浮世絵の虜になり、硬直化した西洋のスタイルの束縛から自らを解き放つ。こうして日本から来たモノたちが西洋の文化を変え始めた。あのティファニーの創業者チャールズ・ティファニーは、日本の装飾を活かして文房具と装飾品の店を開き、アメリカの洗練された都会人御用達の高級宝飾店に昇華させた。[13]当初扱っていたのは櫛、カトラリー、銀器、ステンドグラスなどだが、ティファニーは北斎などの作品からヒントを得て、あるいはそっくり真似て、そうした商品に魚、亀、花、蝶、虫などのエキゾチックなモチーフをあしらったのである。このように、西洋が日本から初めて受けた大きなインパクトの主は職人だった。日本の職人は作品に心血を注ぐ。工芸技術の腕は、身分制度を除いては唯一人生を決めることのできる要素だ。親方に弟子入りし、ときに残酷なほど厳しい徒弟制度の中で技術を学ぶ伝統においては、形や仕上げや見せ方をマスターすることが最優先され、イノベーションは二の次、三の次である。何か新しい試みをしたいと考え始めるケースがあるとしても、それは長年にわたり決まった手順で作り続けた末のことだろう。このような姿勢は、あるいは「型にはまった」（興味深いことに英語で“inside the box”という）と今日では見られるかもしれない。

　このように細部や形式やしきたりへのこだわりが強い日本の職人たちだが、皮肉にもエキゾチックなこの国が最初に外国人を惹きつけたのは、彼らの遊び心だった。アメリカの教育者ウィリアム・エリオット・グリフィスは、一八七六年に次のように記している。

　これほどたくさんの玩具店や子供を喜ばせるような物を売る市場のある国は、世界に

小菅のジープ

ほかにあるまい。大きな都会には、必ずあちこちの通りにまるでクリスマスの靴下のように明るい彩りの玩具のあふれる店がある。小さな町や村でさえ、子供のための市場が必ず一つや二つはあるのだ。[14]

欧米の新しもの好きが好んで蒐集するのは版画、ガラス器、漆器など大人のよろこぶアイテムだが、一九世紀後半に急成長した日本の輸出の主役は玩具である。この頃には中世の身分制度はなくなっており、近代化と西洋に追いつくことが至上命令になっていた。追いつく手段の一つが輸出である。玩具製造は当時もいまも一大産業であり、ドイツ、イギリス、フランスが世界中の子供たちに人形や木馬、鋳鉄製の兵隊といったさまざまなおもちゃを供給していた。[15] 日本は指をくわえて眺めるほかなかった。そしてヨーロッパが第一次世界大戦の戦火に呑みこまれたとき、日本についにチャンスが巡ってきたのだった。

一九一五年にサンフランシスコで開催されたパナマ・太平洋万国博覧会には、だるま、唐傘のミニチュア、セルロイド製のフィギュア、精巧な陶器の人形などが東京、名古屋、京都、大阪の玩具メーカーから出品された。[16] 日本政府はこの万博でも、また他の見本市などでも、さかんに日本製品を売り込んだものである。その甲斐あって、さまざまな新製品を提げた日本メーカーは、欧州メーカーを追い越すことに成功する。日本の賃金水準が低く、価格が欧州製品よりだいぶ安かったことも幸いした。なにしろ腕のいい日本の職人の日給は、アメリカの労働者の時給程度だったのである。[17] 日本の輸出攻勢にたまりかねたアメリカの玩具メーカーが、「アメリカ市場が日本製玩具に侵略される」として政府に関税を引き上げるよう泣きついたほどだった。[18]

太平洋戦争の勃発で、グローバルな玩具産業をめざした日本の野心には永久に終止符が打たれたように見えた。だが実際には、戦後最初に作られた工業製品は玩具だったのである。戦争中玩に具製造から離れざるを得なかった熟練の職人の手になるつつましい玩具が世界地図の上に再び日本の第一歩を刻み、日本人のみならず戦勝国の人々の心をも捉えたのだった。

小菅松蔵（こすげまつぞう）は一八九九年に日本の最果てにある択捉島（エトロフ）で生まれた。[19]オホーツク海に浮かぶ極寒の島で、北海道の北東に位置する。周囲を断崖絶壁に囲まれ、長くアイヌ民族が暮らしていたこの島が日本の地図上に記載されたのは一七世紀後半である。このときからアイヌ、日本、ロシアの間で領土争いが始まった。辺鄙ではあるが戦略的に重要な位置にあり、漁業資源豊富な深い海に囲まれていることが争いの起きた原因だった（ちなみに帝国海軍の空母は択捉島の単冠（ひとかっぷ）湾に一九四一年一一月に集結し、ここで出撃準備を整えて真珠湾に向けて出航した）。長い交渉の末にロシアは一八五五年に公式に択捉島の領有権を日本に認め、開発が始まる。

島の生活は過酷だった。海水は冷たすぎて真夏でも泳げない。学校は小学校があるだけで、卒業したら漁師になるか缶詰工場で働くか、どちらかしかない。[20]だが好奇心旺盛で野心的な小菅にはもっと大きな夢があった。彼は一七歳になると島を出て東京へ行く。そしてブリキ製玩具工場を経営していた井上太七に弟子入りした。ブリキは安価で加工しやすく耐久性に優れているため缶の材料に適しているが、まさに同じ理由から耐久性のある玩具の材料としても都合がよい。小

小菅のジープ

菅が東京に来たとき、日本の玩具産業は待ち望んだ瞬間を迎えようとしていた。世界の玩具貿易を長らく支配してきたのはドイツのメーカーだったが、第一次世界大戦の勃発で彼らは軍事物資の製造への転換を余儀なくされる。ドイツが手放した市場、ずっと狙っていたおいしい市場に日本メーカーは飛びついた。日本からの玩具の輸出は、アメリカ向けだけでも一九一二〜一七年の五年間で四倍に伸びている。[21] 可能性は無限大に見えた。

先輩の職人から厳しく指導される年月を経て、小菅は玩具製造の地味な基本をマスターする。企画、設計、切断、プレス加工、接合、溶接、塗装、印刷……。中でも最も重要なのが金型である。鉄の塊でできており、製品ごとに手作業で凹型と凸型を製作し、薄いブリキの板をプレス加工して立体にする。玩具工場を身体にたとえるなら、巨大なプレス機に装着された金型はまさしく心臓だと言えよう。[22]

一九二二年に小菅は独立し、小菅玩具製作所を設立する。[23] わずか二三歳だった。独立資金をどうやって捻出したのかはわかっていない。[24] 当時の徒弟制度は年季奉公のようなもので、しかも小菅は独立する前の丸一年間、いわゆるお礼奉公として給料なしで働かなければならなかった。小菅の興した会社は「製作所」という名前ではあるが、むしろ工房に近い。そこには、玩具を作るために必要な専門知識と設備がなんでもそろっている。ほかに必要なのは、原料と想像力だけだ。[25] 小菅の製作所では問屋の仕様に従って玩具を製造することもあれば、自分たちで実験を繰り返し、試作品を作り、注文を期待して大企業に売り込むこともあった。

直接子供に売ることはしていない。小売店に卸すのは問屋の仕事だからである。問屋は前金を渡し、できあがった製品を自社のブランドネームでパッケージする。この硬直的、組織的、階層的なやり方が、玩具業界いや日本の産業の商慣行だった。問屋は小菅のような小さなメーカーから商品を仕入れ、それを町のおもちゃ屋に卸す。小菅たちのように世に知られずにあくせく働く家内工業のような町工場が、日本の玩具の大半を作っていたのである。図面を引くところから組み立てるところまですべて手作業だ。その多くは国内市場向けのブリキのラッパ、じょうろ、ガラガラなど単純な製品に特化していた。小菅の得意としたゼンマイ仕掛けのクルマのような高度な機械仕掛けのおもちゃは、一部は国内でも売られていたものの、主に外国向けである。

おもちゃのクルマを作るメーカーの多くは、ドイツのシュコーなど外国メーカーのコピーを作って満足していた。シュコーの精巧なゼンマイ仕掛けは戦前にはこの種の玩具の標準となっており、小菅もシュコーを始めとする外国メーカーを非常に尊敬していた。しかし彼は物真似が大嫌いだった。「自分たちの独自のデザインを作るんだ」と彼は常々従業員に語ったという。[26] 小菅はどの企画にも関わり、新しいデザインを考えては自分で図面を引いた。

小菅はいろいろな仕掛けを次から次へと考案した。中には日々の生活から思いついたものもある。たとえば布とセルロイドでできたハイハイするゼンマイ仕掛けの赤ちゃん人形がそうだ。もっと奇抜な、サーカスのあざらしや踊る動物といった玩具もあった。三〇年代にはおもちゃのロボットを世界で初めて量産する。角張ったブリキ製のこのロボットには『ガリバー旅行記』からとったリリパットという名前がつけられている。[27] だが小菅が何よりも愛したのは自動車だった。精巧なゼンマイ仕掛けのグラハム・ページのセダン Blue Streak は初期のヒット作の一つで、その後にパッカードの Packard Eight が続いた。三〇年代前半と言えば東京全体の自家用車登録台数はわずか一六〇〇台で、まだ人力車が走り回っていた時代である。[28] おもちゃとは言え近未来を表す外国のクルマは若い日本人に外の近代世界を垣間見せ、あこがれを掻き立てる存在だった。ほどなく、玩具業界では小菅を「自動車の小菅」と呼ぶようになる。[29] 一九三五年には小菅玩具製作所では二〇〇人ほどが働いており、工場が手狭になってくる。[30] 小菅の工場は、東京でも最高級に腕利きのブリキ職人を大勢抱えていた。こうした職人たちのがんばりのおかげで、日本は玩具製造で世界第二位に躍り出る。[31] その多くがアメリカとイギリスに輸出された。

日本はドイツを追い抜いて玩具輸出で世界一にのし上がる意気込みだったが、三年後の一九三八年に日本経済は急停止する。日本の中国侵攻に対して世界各国から非難の声が上がり、経済制裁を科されたためだ。首相近衛文麿は大東亜共栄圏建設の野望を掲げ、国会は国家総動員法を可決した。[32] 政府にあらゆる人的・物的資源を統制

小菅グラハム・ページのセダン Blue Streak（© TSRFcars.com）

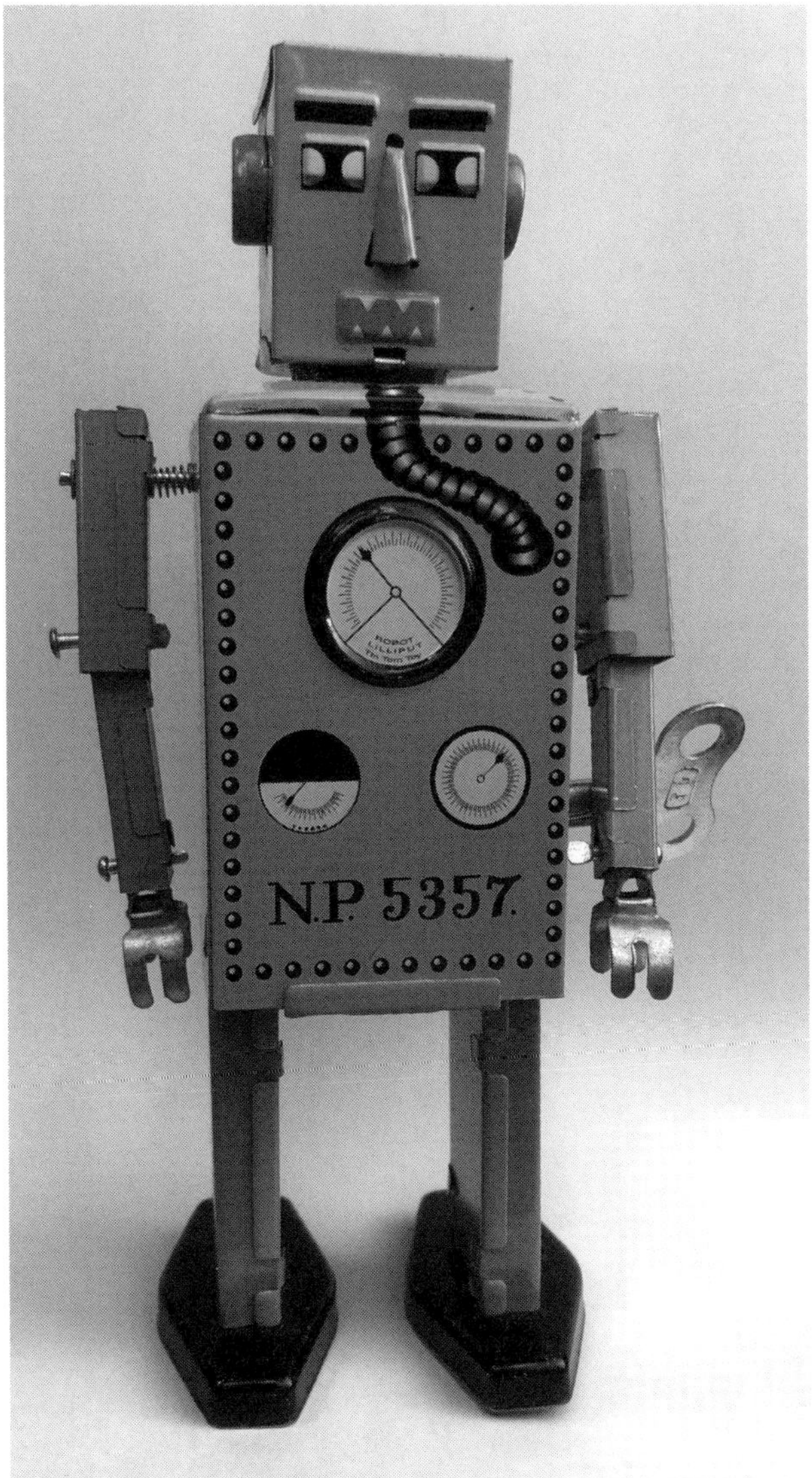

小菅松蔵デザインの世界初のブリキのロボット、リリパット。原産地は満州国で、写真は中国製の複製。

小菅のジープ

運用する権限が与えられ、物価統制や配給制はおろか市民を徴用して強制労働をさせることも可能になる。こうして日本の民主主義による統治は事実上終わり、子供も含めて全国民が戦時体制に組み込まれた。「日本の少年たちも厚紙や木で作った玩具で我慢しなければならなくなった」と一九三八年八月の読売新聞は報じている。「この一四日限り鋼材の使用制限から金属玩具の製造制限、ことに内地向けは禁止となるのだ……お母さんたちには、日本が東亜建設のために闘い抜く尊い姿を愛児に説明する微笑ましい役割が課せられることになる」[33]。政府は小菅に玩具製造を打ち切り、プレス機を改造して起爆装置のケースを加工できるようにせよと命じる。[34]お上には逆らえない――仕方がなかった。道路という道路に「贅沢は敵だ」と大書したポスターが貼られるようになり、パーマをかけた女性が公の場で辱められるようになっては、おもちゃなど作れるはずもない。「小菅玩具製作所」の看板は下され、楽しげな響きなどどこにもない「研精社」という看板が代わりに掲げられた。

経済制裁は一九四一年にアメリカの金属・石油の禁輸に発展し、アメリカの銀行にある日本の資産の凍結、そして真珠湾攻撃から全面戦争へとエスカレートしたことは読者もよくご存知のとおりである。原料に事欠く日本は金属類回収令を出し、一九四二年夏には寺という寺から貴重な銅像や鐘などを回収して溶かすようになる。数カ月後には各戸を回って庶民の鍋釜まで回収し、さらには硬貨も取り上げて借用証を押し付けた。学校の教室にあった鋳鉄製のストーブも回収されてしまったため、子供たちは凍えながら冬を過ごさなければならなかった。[35]一九四三年には政府はついに小菅を含む玩具メーカーに最も貴重な資産の供出を命じる。金型である。彼らは戦争が終わったらまた玩具製造を始めようと隠し持っていたのだった。

一九四五年初めに日本の軍部は制空権を完全に失う。アメリカ軍は軍需工場を破壊し市民の士気を挫く目的で一連の空襲を計画した。その最初期に行われたのがミーティングハウス作戦というコードネームで呼ばれるもので、計画立案者は小菅のような職人をターゲットにしていた。「標的区画全域を焼き尽くし熟練職人を殺すことには意味があると考えられた」と陸軍航空軍副司令官だったアイラ・エーカーは一九六二年に述べている。[36] 小菅の会社のあった浅草地区は玩具産業のメッカであると同時に活気のある商業・住宅地域で、ありとあらゆる種類の小さな工房や町工場が密集しており、それらがすべて民生用から軍用物資の生産に転換させられていた。そのうえこの地区は東京でも人口密度が高く、しかも当時の東京の家のほとんどがそうであるように木と紙でできていた。

三月一〇日の真夜中に実行された東京大空襲には三〇〇機のＢ29戦略爆撃機「スーパーフォートレス」が投入される。このときに使われた焼夷弾はリンとナパーム（ゲル化ガソリン）を焼夷剤に使用し、木造家屋を炎上させ火災旋風を起こすよう設計されていた。かくして東京は焦土と化す。東京大空襲の死者は一〇万人に上り、その大半が民間人だった。人間の焼ける異臭が立ち込め、上空一六〇〇メートルを飛行する爆撃機の乗組員にも臭ったという。[37] 二五万戸以上が焼け落ち、数百万人が家を失った。一回の空襲による犠牲者数は歴史上最も多く、このグロテスクな記録は今日にいたるまで破られていない。

小菅は日記や備忘録などをいっさい残していない。したがって、彼がこの災厄の日にどれほどの恐怖を味わったか、人生を賭けてきた仕事と多くの友人知人を一夜にしてなくしてどれほどの喪失感に苦しめられたか、いまとなっては推測することしかできない。わかっているのは、軍部の命令に従い、空襲を免れた資材設備をかき集めて疎開したことだけである。小菅が抵抗したかどうかは問題ではない。彼はもう玩具職人ではなく、国家の戦争マシンの歯車に過ぎなかったのだから。小菅の疎開先は琵琶湖のほとりにある大津である。小菅はこの絵のように美しい田舎で終戦まで軍用カメラのハウジングその他の軍需物資を製造していた。おそらく大方の日本人と同じく、この戦争に勝てるはずがないと考えていたことだろう。

八月に日本が降伏しても、小菅はしばらく大津にとどまった。東京に戻っても何も残っていないし、かといって生まれ故郷に帰ることもできない。日本の敗戦の機に乗じてソ連が択捉島の領有権を主張し、住民を収容所に連れ去ったという噂が流れていた。

仕方がない……。考えようによっては、ものごとの成り行きを見守るには大津ほどよい土地はないとも言えた。かつて貴族の保養地だった大津は、紫式部が『源氏物語』の着想を得たという伝説で知られる石山寺の存在でも名高い。小菅が住み着いた琵琶湖周辺は風光明媚なことで古来つとに有名だった。美しい松並木、そびえる嶺は浮世絵師の安藤広重を魅了し、『近江八景』に描かれている。

滋賀県の南端に位置する大津市は京都市と隣接している。その京都は日本の大都市の中で唯一空襲を免れていた。小菅の頭に閃くものがあった。戦争が終わってからほんの数カ月のうちに彼は最初に見つけた手頃な物件を借り受けて小菅玩具工場を立ち上げる。以前は牛舎だったところだが、何年も前に閉鎖され、牛はとっくに殺されて腹を空かせた住民に与えられていた。どう贔屓目に見ても質素な造作で、板の隙間から日光も寒風も容赦なく入り込んでくる。牛の匂いがそこら中に染み付いているし、糞の染みは柱にこびりつき、藁の束が床に散らばっているという具合で、牛舎のなごりはいまだに歴然としていた。[38]だがとにかく、小菅の設備と職人のためのスペースはたっぷりある。それで十分だった。

軍事物資の生産から解放された小菅は、いまや作りたいおもちゃを何でも作ることができる。だが何を作ろうか。きっと彼はこんなふうに考えたことだろう。生まれたときからずっと戦争を生き延びることだけを考えてきた子供たちに何を作ってやったらいいだろうか、と。

答えは向こうからやってきた。占領軍が近くの琵琶湖ホテルを接収して兵舎として使用していたため、かつては静かだった大津の通りでアメリカ兵、通称ＧＩをよく見かけるようになる。「どんな田舎道でもジープが見られた。あの軽快な感じは、子どもたちだけでなく大人にとっても羨望の的であった。一度乗ってみたいような感じを人々に与えていた」と玩具史家である加藤理は一九六〇年に書いている。[39]一九四五年秋のある夜、銭湯からの帰り道で小菅は通りに停めてあるジープに遭遇する。当時のことだから、乗っていた連中は近くの赤線に女を漁りに行ったのだろう。無人のジープは、「自動車の小菅」にとっくりと観察する最初のチャンスを与えてくれたのだった。

玩具メーカーがクルマのおもちゃを作るときは、通常は自動車メーカーが出しているカタログや販促資料を取り寄せてデザインを起こす。だが、軍用車両が相手ではそうはいかない。そこで

小菅のジープ

小菅はそのとき手に持っていた唯一の道具、つまり手ぬぐいで寸法を測った。[40]手ぬぐいをメジャー代わりにシャシーのだいたいの寸法を測ると、急いで家に帰って図面を引く。これをその後も何度か繰り返して精度を上げていった。ほどなく図面は完成する。自動車の小菅が仕事場に帰ってきたのである。これが決定的な瞬間だとは、小菅も他の誰も気づいていなかった。だがまさにこのとき、日本は征服と暴力以外のもので世界の文化地図に復帰する第一歩を記したのだった。

残る問題は金型である。金型はずっと前に政府に供出してしまった。[41]それに、原料もない。加工できるような金属はどこにもなかった。だが小菅の決意は揺るがない。そして大量のアメリカ製缶詰の空き缶が琵琶湖ホテルの裏に堆く積まれているのを見たとき、彼は宝物を掘り当てたことを知る。軍と交渉して空き缶を引き取る許可をもらい、工場で苛性ソーダを使って総出で洗浄した。[42]それから切り開き、ローラープレスにかけて平たく延ばし、即席で作った木製の型に載せて叩き、成型する。その後にパーツを手で組み立て、かんたんな塗装を施せばできあがりだ。急場しのぎの組み立てラインからブリキ製の車列が送り出されていく。アメリカ軍が日常的に使っている乗り物が全長一〇センチのレプリカになった。

小菅が戦前に作っていた玩具の標準には遠くおよばない。ゼンマイ仕掛けに使う金属製のバネが手に入らないため、代わりに単純なゴムバンドを使わざるを得なかった。それでも、手ぬぐいだけで採寸したにもかかわらず、この小さなジープたちは細部にいたるまで驚くほどよくできており、ボンネットと両サイドの目立つ白い星もちゃんと再現されている。精密な縮尺ではなかったが、ジープのオーラは確実に捉えており、見る人に「これだ」と思わせる力があった。この出来上がりに小菅はきっと会心の笑みを浮かべたことだろう。何年かぶりにとうとう新製品を作ったのだ。

レプリカを完成させた小菅にとって次に必要なのは、それを売ってくれる場所だった。ベテラン玩具職人の本能が全速力で働き始める。彼はサンプルを持って京都へ行き、いきなり京都最大の丸物（まるぶつ）百貨店に売り込みをかけた。じつはこれは容易な選択だった。というのも、市内で営業している大手小売店は丸物しかなかったからである。店側にしてみれば、玩具を扱うのはじつにうれしいことだったにちがいない。一九三七年に百貨店法により営業が規制され、四〇年に宝石、貴金属、高級衣料品の販売が禁止されてからは、百貨店は簡素な食器、つつましい作業着「もんぺ」、ごくありきたりの菓子類ぐらいしか売るものがなかっ

アメリカ兵は大量のゴミももたらした。日本人はその中から再利用可能なものを探して使った。
（写真：毎日新聞社提供）

小菅のジープ

た。[43]その菓子にしても、外地の兵隊に送る慰問袋に入れる目的で買われるだけだ。だから小菅が持ち込んだジープは、たとえ捨てられた空き缶から作られたとしても、何年も市場から消えていたほんものの贅沢品の戦後初の再来だったのである。

小菅と職人たちは、一九四五年の年末商戦めざして猛烈に働いた。四六年の元旦は、過去一〇年近くで初めて平和のうちに迎える正月になる。ジープの初回出荷分は、終戦からたった四カ月後の四五年一二月に売り出された。値段は一〇円。[44]当時としてはやや高いが、それでも闇市の屋台で一回食事ができる程度で、すっかり貧しくなった庶民に手の届かない値段ではない。[45]ジープには箱もなかった。いやしくも百貨店の扱う商品でこのような許し難い罪が犯されたのは、後にも先にもこのときだけである。この頃は紙も払底していたのでやむを得なかった。

最初に出荷した数百台のジープは一時間で売り切れた。[46]

小菅はすぐさま追加の牛舎を借りて工場を広げ、地元の人を数十人雇って生産を拡大する。主婦も、内職で部品の組み立てをするために雇われている。[47]こうして大津市民はジープを量産していった。戦前にあった精密工具がまったく手に入らず完全に手作りのため、二つとして同じロットはない。ゴムバンドがゼンマイ機構になり、牽引用のフックが付くという具合にすこしずつ改善が加えられた。最後は小菅がどうにかして東京の業者から粗末な箱を買い付けてくる。漂白されていない茶色の厚紙製で、ずばり一言「Jeep!!」とゴム印が押してあった。

追加の出荷分が届くたびに、人々は一二月の寒さをものともせず長い列をつくったものである。[48]子供たちがヒーローも何もかも失った国で、占領軍のジープが商品化され、通りをぶんぶん走り回る本物のジープが図らずも宣伝役を果たすという皮肉な巡り合わせになった。丸物百貨店は、「小菅のジープ」と呼ばれるようになったこのヒット商品を四六年に一〇万個売ったと言われる。[49]当時の日本の状況を考えれば驚くべき数字だ。戦勝国の車を掌サイズの玩具に変身させたこの成功は、さらに奥深い意味を持っていた。

玩具のジープは歴史上の特異な一時期に彗星の如く現れたように見えるかもしれない。だが当時の日本人は、子供のときにおもちゃなしに育つとどういうこと

「小菅のジープ」の試作品（写真：大津市歴史博物館提供）

小菅のジープ

になるかを肌身で感じていた。終戦時に親もいて家もあったごく運のいい子供たちでさえ、時代の風物を物悲しく思い出させるような遊びに興じていたのである。[50]「闇市ごっこ」、「賭博ごっこ」、「抗議運動ごっこ」という具合だ。大人を最も嘆かせたのは「パンパンごっこ」である。当時の日本の町ではGIと若い女性が手を組んで歩く姿がいやというほど目についたのだから無理もない。運に恵まれなかった子供は孤児になるか、家を失うか、その両方になった。犯罪に走る子供も少なくなかった。倉庫に押し入って備蓄されている戦時物資を盗み出し、闇市へ持っていって食べ物と交換する。毎日新聞には、東京のとある児童養護施設の院長がこう訴える記事が載った。「食べ物はどうにかやっていますが、衣類や教科書、それに何よりも遊び道具が欲しい。おもちゃでも与えてやれば、と思っているのですが、予算がなくて買ってやれなくて……」[51]

京都での小菅の成功は、東京で生き残った玩具メーカーにとって思いがけない朗報だった。「業界の誰もが、いったい誰がこんなご時世にあんなみごとな玩具を作ったのか、と言い合ったものだ」と加藤理は回想している。[52] 小菅の成功に触発された東京のタカミネという玩具会社が自前のジープの製造を始める。[53]「小菅のジープ」ほど精巧ではなかったものの、東京の子供たちに大人気となり、一九四六年五月には毎日一〇〇個以上を生産し、五〇〇〇個まで増産計画を立てるほどだった。

子供たちにとってジープは欲しくてたまらないおもちゃであり、大人にとっては経済がうまく回り出し、社会が正常化しつつあることの感動的な証だった。アメリカ軍もじきにこのヒット商品に気づく。アメリカ兵は自分たちの車や飛行機のブリキ製レプリカを日本みやげとして買い込んだ。一方、占領軍の総司令部（ＧＨＱ）経済計画担当者は、日本の玩具産業が戦前にいかに栄えていたかをよく知っており、成り行きを興味深く見守っていた。玩具は頼りない同盟国となった旧敵国との架け橋の象徴となり、またその手段にもなる。一九四六年には、アメリカ軍の準機関紙「スターズ＆ストライプス」太平洋版に、日本の男の子と若いＧＩが本物のジープのボンネット上でブリキ製ジープを競争させて遊ぶ様子を写した写真が掲載されている。[54]

ジープが成功したのは、このおもちゃの発するメッセージの両義性にあったのかもしれない。「日本の大人は軍用機の玩具を毛嫌いした。今度の戦争に負けたのはこいつのせいだから」と、富山玩具製作所の創業者、富山栄市郎は述懐する。富山玩具製作所は一九二四年に創立され、戦後は軍用機の玩具で知られた。現在のタカラトミーの前身である。「だがアメリカとすれば今度の戦争の一番の功労者だろう。だからこれを作って売れないわけがない」[55]。そうこうするうちにマッカーサーの経済チームは一九四七年八月に、餓死寸前にある日本国民に最も必要な食料を輸入する見返り物資として、玩具の輸出品の製造を一刻も早く開始せよ、との指示を出す。[56]このように食料輸入の見返りとして輸出を認められた品目は、玩具以外では生糸だけだった。食料と交換とは言え、玩具のおかげで日本はついに輸出の再開にこぎ着けたのである。ただし、一つ条件があった。輸出品には“MADE IN OCCUPIED JAPAN”（占領下日本製）と表示することである。

願ってもないタイミングだった。一九四七年のクリスマスが近づいている。そしてアメリカは

小菅のジープ

おもちゃ不足に陥っていた。[57]アメリカ本土の戦時の労働者不足と原材料不足の影響がなお尾を引いていたためである。鉄道のおもちゃで名高いライオネル社でさえ、戦時中は厚紙で玩具を製造せざるを得なかった。その空隙は、アメリカ製の乗用車や軍用車といった人気のおもちゃを引っ提げた日本の玩具メーカーがよろこび勇んで埋めることになる。富山はB29の複雑な大型フリクション玩具（車輪と路面の摩擦を動力にした玩具）を製作した。ほんの数年前には、まさにいま彼が玩具を製造している工場周辺に焼夷弾を雨霰と落としたあの爆撃機である。富山のB29は海外で大ヒットする。[58]販売代理店の米沢商会が一九五一年にニューヨークで開かれた国際玩具見本市に出品したところ、数十万個の注文が殺到した。最終的に米沢商会はアメリカだけで数百万個を売ったという。[59]こうしたヒット商品がブリキ玩具業界を牽引し、一九四七年には八〇〇万円だった玩具業界の売上高は、一九五五年にはなんと八〇億円に達している。[60]その大半が、クリスマスを楽しみにするアメリカやイギリスの子供たちの元へ届けられた。

戦争のシンボルをかたどった玩具に対して平均的な日本人は長らくもやもやした感情を抱いていたが、一九五一年についにそれが表面に噴き出す。日教組といくつかの婦人団体が、戦車などの戦争玩具追放運動を決議したのである。玩具メーカーはすぐさま反撃した。玩具は子供たちが現実に生きている世界を映し出しているだけだ。子供たちはジープや戦車や軍用機を毎日のように見ている。善かれ悪しかれそれが日々の現実なのだ。軍用品を模した玩具だけを隠したところで何の役に立つのか……。

結局、この論争は宙ぶらりんで終わる。というのも一九五二年の占領終了を待っていたかのように、日本の子供たちには大衆文化の大きな転換点が訪れたからだ。戦後世界の大方の国がそうだったように、日本もアメリカ文化を偶像視した。[61] アメリカ文化は力強く魅力的で、スタイリッシュだった。日本のある小さな企業の若い玩具担当役員は、このアメリカ文化への憧憬に目をつけて大成功を収める。彼が玩具にしたのは、ジープよりもっと訴求力のあるクルマだった。まさにアメリカンドリームを体現するクルマ、それはキャデラックである。

空襲で焼け野原になった浅草界隈は一九四七年にはまだ立ち直っておらず、貸ビルがほとんどなかった。この年に石田晴康は実弟の實ともう一人のパートナーを加えた三人でマルサンという名の玩具会社を設立する。[62] 当初は石田の自宅が会社で、倉庫、一〇人の従業員の宿舎と台所も兼用した。終戦直後の時期にはこれがふつうだった。はじめ石田兄弟は新しい玩具を作るのではなく、地方の玩具メーカーと東京の問屋とを仲介する仕事をしていた。問屋を通さなければ東京の玩具屋で売ってもらうことはできない。マルサンの専門は「光学玩具」である。安物のプラスチック製の双眼鏡や望遠鏡にごたいそうな名前だが、ともかくもこれはよく売れ、マルサンに堅実な利益をもたらす。だが三人の創業者の中でいちばん若い實は、仲介には飽きたらなくなっていた。

情熱的で創造性ゆたかな實は、すぐにマルサンのアイデアマンとして知られるようになる。一方、兄の晴康は手堅い実業家で、市場や財務の観点から事業を論じ、ちょうどよい重しの役割を果たしていた。一九五二年の時点で二人の意見が一致していたのは、同業者を見る限り玩具の輸出は儲かる、ということである。そこで二人は、自分たちも何か独自の商品をデザインしようと決意する。

實はクルマのミニチュアを作りたいと考えた。もともと實は本物のカーマニアである。彼は一八歳から三年間、マレーシアやシンガポールで商売の修業をしており（当時は多くの日本人がゴム園などを経営しており、日本人向けの商売もさかんだった）、その頃に運転を覚えてシトロエンを乗り回していたという。[63] マルサンを創設した直後には社用車として使うという名目でアメリカ兵から中古のスチュードベーカーを買った。その後に真っ赤なＭＧＴタイプのオープンカーも社用車に加わる。「あの真っ赤でド派手なＭＧを仕事で使ってえらく注目された。当時そういう車は東京では走っていなかったからですね」と社員だった鐏三郎は話してくれた。[64]

實は、玩具屋の棚に並んでいても思わず目が釘付けになるようなものを作りたかった。それまでどこの玩具メーカーも作ったことのない、外国のバイヤーが驚くような大型で精密な仕掛けと実車に近いプロポーションを持つブリキ自動車玩具を開発しようと考えたのである。[65] 絶対に妥協をせずそんな離れ業をやってのけられる熟練職人は一人しかいない。實は誰に声をかければいいか、よく知っていた。

小菅松蔵は折よく一九四七年に東京に帰ってきていた。そして、戦前に工場のあった場所に近い墨田区で、玩具デザインとブリキ玩具の製作を手がける東京造作社を設立し、すぐさま第一号の商品を発売する。ゼンマイ仕掛けのクルマで、テーブルの端を感知して落ちる前に向きを変えることができる。このおもちゃは一万個売れた。注文が次々に舞い込み評判が高まると、小菅は社名を小菅玩具工業に変更した。

實は小菅と検討を重ねた末に、製作するモデルを決める。キャデラック一九五〇年式のセダンだ。これは必然の選択だった。再び独立国となった日本では、アメリカ兵やジープを見かけることが少なくなるにつれて、子供たちは技術の進歩と繁栄の成果を教えてくれる新たなファンタジーに夢中になっていた。それは、ゴージャスなクロムめっきを施されたカッコいい流線型のばかでかいアメリカ車である。中でも高級車の代名詞であるキャデラックは、アメリカで人気ナンバーワンの車種だった。

コンパクトなカーキ色の車体を持つジープは、アメリカの軍事力と同時に自動車産業の実力の象徴でもある。この意味で、小菅がジープを戦後第一号の玩具に選んだのは時代を先読みしていたと言える。いまや小菅だけでなく日本の玩具メーカーはみな、二〇世紀半ばのアメリカの乗用車が放つ輝かしい魅力に気がついていた。日本人だけでなくアメリカ人も、である。戦後のアメリカ人は車に夢中だった。一九五〇年のアメリカの登録台数は二五〇〇万台だったが、五八年には二倍以上になっている。[66] 誰もがキャデラックを欲しがった。たとえただのおもちゃでも。

今回は妥協する必要はなかった。一九五〇年に朝鮮戦争が勃発すると、アメリカ政府から三〇億ドル近い注文が日本に舞い込む。ロープ、ワイヤー、衣料品、食料、弾薬、さらにはあのジープまで（三菱とトヨタがライセンス生産した）。日本で製造されたこれらの軍需物資は朝鮮半島に送られた。たしかに血塗られた注文だったかもしれない。だがそれが財政破綻の瀬戸際にあった国にとって思いがけない恵みとなったことは否定できない。日本は「巨大な供給拠点となり、それな

小菅のジープ

しには朝鮮戦争は戦えなかっただろう」と駐日アメリカ大使のロバート・マーフィーが一九五二年に語ったとおり[67]、いわゆる朝鮮特需に応じるべく日本は工場や輸送インフラの建設ラッシュとなる。こうした設備投資により日本経済が二桁台の伸びを示すのを見て、当時の日銀総裁は「神風」、経団連会長は「天佑」だと述べたという。

製鉄所は操業を再開し高品質の鉄鋼を再び生産するようになっていたから、捨てられた不潔な空き缶を漁る必要はもうない。歯車やバネなど精密部品を加工する機械工場も再稼働しており、職人たちはゼンマイ仕掛けを改良することができ、戦前の最高水準を大幅に上回る仕掛けを作れるようになる。實の指示の下、小菅のチームは一年かけて造形から金型、ありとあらゆる細部にいたるまで磨きをかけていった。

こうしてでき上がったのは、まさに誰もが目を奪われるようなクルマだった。全長三三センチ。光沢のある黒い屋根から白く溝の刻まれたタイヤにいたるまで、完璧な仕上がりだ。全体の上品な艶は何層も緻密に塗り重ねられたラッカーによるもので、バンパーとフロントグリルはぴかぴかのクロム製、透明プラスチック製のヘッドライトは輝く宝石さながらである。ボンネットにはキャデラックのフードマスコットが忠実に再現され、丁寧に手で塗装されている。内部にも唸らされる。最先端のリソグラフィ印刷技術を駆使して、ブリキ製の「革張り」の模様からスピードメーターの数字にいたるまで、じつに精密に表現されている。そのまま運転できそうなほど本物らしい。いかれた科学者がキャデラックの実物に秘密の縮小光線でも当てたかと思いたくもなる。製作過程のどこかの時点で、関わった職人たちの誰もが売れるかどうかはどうでもよくなったという。彼らは職人魂の命じるままに突き進んだのである。

　車体の裏側にはマルサンのロゴの下に小菅工場の名前が小さく入っている。これは前例のない栄誉だ。小菅以前の職人たちは影の存在であり、製品は販売会社の名前で売られるのがつねだった。今日のコレクターたちは愛情を込めて「小菅のキャデラック」と呼ぶ。

　いっさいの妥協をせずに作られたこの商品に、自信と誇りを込めてマルサンは一五〇〇〇円の値札をつける。[68] 当時の日本ではかなりの金額で、とうてい子供の手の届く値段ではない。實としても、扱ってもらえると確信が持てたのは百貨店だけだった。金持ちの親なら子供に買ってやるかもしれない、いや自分のために買うかもしれない……。

　値段がひどく高かったため、政府から玩具ではなく贅沢品だと言われ、マルサンはその旨の書類を出して余計に税金を払わなければならなかった。[69] 日本国内でよく売れたとは言えない。だがそれは、値段からして予想されたことだった。實は外国ではきっと売れると請け合って、

「小菅のキャデラック」（写真：マルサン提供）

小菅のジープ

晴康をなだめる。そして、實は正しかった。ニューヨークの国際玩具見本市に出品すると、バイヤーから捌き切れないほどの注文が殺到する。[70] マルサン＝コスゲ・キャデラックにはアメリカンドリームがぎゅっと凝縮されていた。それを世に送り出したのは、ほんの数年前までアメリカと戦争していた国のメーカーだったのである。

ジープのときと同じく、小菅の対応はすばやかった。プロの職人が払底する中、大津のときと同じ手法で、つまり地元の主婦を雇って生産を拡大する。工員たちは長いテーブルに並んで座ってパーツを組み立て、仕上げを施していった。ピーク時には一日二七〇個の完成品を製造したという。[71] 塗装の色や仕様にはバリエーションがあり、フリクション、電動、さらには電動リモコンまであった。最終的にいくつ生産されたのかはわかっていない。だがもう一つの製品から海外での人気ぶりがうかがわれる。一九五四年にマルサンはブリキ製ビュイック・ロードマスターを発売する。威風堂々たるセダンだ。外箱には全部英語でこう書かれている。「若者に大人気のキャデラックの兄弟車……おもちゃであっておもちゃではない。マルサンが再びお届けする今年のヒットアイテム」。日本向けのパッケージには「現在、北アメリカ、南アメリカ、オーストラリア中の百貨店で販売中。ドイツ製、イギリス製の類似商品を凌ぐ売り上げ！」と謳われている。[72]

アメリカの玩具店に並ぶや、細部まで作り込まれ、且つリーズナブルな値段の日本製のビュイックは国産の商品を押しのけ始める。五〇年代の終わりまでに日本は世界最大の玩具輸出国となり、世界で消費される玩具の四分の三を生産するようになる（最高にアメリカ的なバービー人形でさえ実際には日本の工場で作られており、ちょうど小菅の工場と同じように、日本の女性たちがバービーちゃんの衣装を手で縫っていた)[73]。世界の玩具メーカーは、欧米の基準からすると衝撃的な低賃金で働く日本の優秀な労働力に太刀打ちできなくなる。一九五九年には怒ったイギリスの玩具会社が、同地で開かれる見本市から日本企業を締め出して対抗した[74]。彼らは全然わかっていなかった——おもちゃのクルマは、これからやって来る貿易戦争のほんの予兆に過ぎないことを。

＊＊＊

その頃の日本国内の状況は、混乱していたとしか言いようがない。もともと異論の多かった安保条約の改定交渉が一九五八年頃に始まり、市民団体、学生運動家、労働組合の反対運動の機運が一気に

小菅の工場風景。多くの町工場と同じく、地元の主婦が貴重な労働力だった（写真：マルサン提供）

小菅のジープ

高まる。彼らは共同戦線を張り、条約そのものと当時の岸信介内閣に対して大規模な抗議運動を行った。岸は安倍晋三前首相の祖父で、一九五七年二月〜六〇年七月に首相を務めている。

岸は、アメリカの同盟国の首相になれるとは思えない人物だった。[75] なにしろ外国人も日本人も忌み嫌う大日本帝国の化身のような人物なのである。彼は傀儡国家だった満洲国の経済計画担当者として辣腕を振るい、東條内閣の閣僚となり、英米に対する宣戦布告状（正式名称は『米國及英國ニ對スル宣戰ノ詔書』）に署名し、戦時中は物資動員や強制労働を一手に取り仕切った。超国粋主義者であることを公言して憚らず、後年はA級戦犯の無罪を主張し続けている。だがこうした欠点も、アメリカの戦略家の目には過激な反共主義という長所に見えたのだろう。岸自身もA級戦犯被疑者として拘置されていたが、不起訴となり、一九四八年に釈放されると、アメリカ中央情報局（CIA）の資金援助を受けて政治家としてカムバックを果たす。[76] そして一〇年と経たないうちに首相に就任した。彼が一九六〇年一月に改定安保条約（正式名称は「日本国とアメリカ合衆国との間の相互協力及び安全保障条約」）調印のためにワシントンを訪問した際、時のアイゼンハワー大統領は一国の首相の公式訪問における最大級の歓待で迎え、メディアは「日本から来た友好的で頭の切れるセールスマン」のために特集記事を組んだものである。魅力的な小物を世界に売っていた戦前の役割に日本がまた復帰したかのようだった。

しかし帰国した岸は、アメリカでの歓待とは正反対の事態に直面する。安保をめぐって社会は分断しており、政治は一五カ月にわたって暗礁に乗り上げ、総人口の三分の一に相当するおよそ三〇〇〇万の日本人が安保闘争に参加した。[77] 市民は岸の戦時中の経歴をよく承知しており、安保条約によってアメリカの戦争に引きずり込まれることを恐れた。抗議運動は強力で執拗だった。労働者、学生から知識人まで、当時の日本社会を構成する幅広い層が国会に押し寄せた。運命の瞬間は一九六〇年五月一九日に訪れる。ワシントンで調印された改定安保条約の批准について、岸内閣が強行採決に踏み切ったのだ。六月一九日に予定されていたアイゼンハワー大統領の訪日（結局中止になった）に間に合わせるためだった。衆議院で承認されれば、条約批准における衆議院の優越を定めた憲法の規定により、三〇日後に自然成立するからである。議場では野党が人間の壁を作って演壇の周囲を取り囲むなど激しく抵抗し、数時間の膠着状態が続いたのちに岸が警察官に排除を命じる。五〇〇〇人の警官隊が議場に入り、野党議員を外に連れ出した。高齢の議長はスクラムにねじ伏せられて猫よろしく椅子に押し込まれ、そこから小槌を叩いて議場投票を行わずに承認を宣言した。

「民主主義の宣伝になるような出来事とは言い難い」とイギリスのパテ社のニュース映画は皮肉っている。[78]政府のこの高圧的な態度に活動家はもとより一般市民も激怒し、デモ参加者が続々と東京に流入して数週間にわたり都市機能は麻痺した。全日本学生自治会総連合いわゆる全学連の過激派学生がついに六月一五日に国会議事堂に突入して機動隊と衝突し、数百人が負傷し、女子学生一名が圧死する。

一九六〇年のこの抗議運動は、六〇年安保闘争として国内外で広く報道された。これほどの規模の市民によるデモは誰にとっても初めて目にするものであり、のちの抗議運動の原型となる。[79]とくに目を引いたのは、警察にかんたんに追い散らされないよう腕を組んだ隊列が右、左とすばやく方向転換しながら前進するジグザグデモである（英語では"Japanese snake dance"と言う）。このデモは海外のニッチ市場に輸出された日本のサブカルチャー第一号かもしれない。[80] 六〇年代後半のアメリカの反戦運動でさっそく活用されている。

数カ月後の一九六〇年一〇月一二日には別の事件が起き、安保闘争に劣らぬ深刻な衝撃を日本人に、そしてだいぶ後になってからアメリカ人にも与えることになる。犠牲になったのは社会党党首の浅沼稲次郎、六一歳である。日比谷公会堂で開かれた主要三政党の党首立会演説会で登壇した浅沼は、岸首相と安保条約を強く非難した。三〇〇〇人近い聴衆がこれを聞いている。浅沼の演説が始まってまもなく、若い男が舞台の袖から走り出て刃渡り三五センチほどの脇差を浅沼の腹部に突き入れ、さらに心臓を刺した。テレビカメラが回る中での惨劇だった。犯人は山口二矢という一七歳の少年である。狂信的な右翼思想家で、赤尾敏率いる大日本愛国党に入党し、何度も検挙されている。一九六〇年に大日本愛国党を脱退後、日本を共産主義から救うと決意した。山口は現行犯で逮捕され、翌月には留置されていた東京少年鑑別所で首吊り自殺を遂げる。壁には歯磨き粉で「七生報国、天皇陛下万歳」と書かれていたという。内外のメディアは浅沼が襲われる衝撃的なシーンを繰り返し報道した。たとえばアメリカのライフ誌は「歴史上最も多くの証人のいる殺人」について一コマずつ懇切丁寧に分析している。見開きの息詰まる写真では、文楽や歌舞伎の『忠臣蔵』で親しまれる赤穂四十七士との比較がなされており、すぐ下にクライマックスの討ち入り場面を描いた一九世紀の浮世絵が掲載されるという念の入れようだ。この白昼の殺人は日本中を震撼させたが、山口の襲撃は政治的陰謀と言うよりは精神的に不安定な若い男の犯罪であり、そこから仇討ちを連想した人はほとんどいなかっただろう。アメリカのメディアが現実と歌舞伎をごちゃまぜにしたのは、日本の異国情緒を面白おかしく強調する癖をまたしても露呈したと言わざるを得ない。いずれにせよこの事件はその後数十年にわたって、奇妙にも驚くべき影響を持ち続けることになる。

こうした事件をよそに、日本の輸出産業は成長の一途をたどっていた。小菅と職人たちの手になる精巧な小さなクルマは、破綻した日本経済がジャンプスタートを切るうえで大きな役割を果たす。だが一九五七年にソ連が世界初の人工衛星スプートニクの打ち上げに成功すると、世界の夢と悪夢は一気に様変わりし、玩具メーカーは対応を余儀なくされる。世界の大国が「宇宙競争」をするようになると、新聞の見出しもテレビのニュースもそのことで持ちきりになる。子供たちはあっという間にクルマや戦車や飛行機に興味を失ってしまい、小菅が一九七一年に死去する頃には彼のジープはすっかり忘れられていた。大津市歴史博物館の学芸員が地元のお年寄りに聞き取り調査をして、ジープのオリジナルを再評価するのは二一世紀に入ってからのことである。一九六〇年代前半になると、平和はすっかり根を下ろし日本は高度成長期の真っ只中で、軍用車や軍用機も輝かしいアメリカンドリームももはや想像力を刺激しなくなっていた。子供たちが欲しがったのは近未来を想像させてくれるもの、科学技術の輝かしい新時代のシンボルとなるようなものだった。そう、ロケット、光線銃、そしてロボットである。

小菅のジープ

第2章 アニメ誕生——アニメ一九六三年

世界最高のアニメーターが日本人なのはほとんど必然だと言える。

——ニューヨーカー誌、二〇〇五年[1]

時は二〇〇三年。ガラスの超高層ビルが立ち並ぶ輝かしい未来都市を縦横無尽に縫うように整備された宇宙時代の高速道路。そこを小さな男の子が宙に浮かぶ車を運転して走っている。車は橋の下をくぐり、トンネルを抜け、次々に角を曲がる。だが突然目の前に貨物トラックが飛び出してくる。激しい衝突。男の子は死んでしまう。科学者の父親は嘆き悲しみ、死んだ息子の代わりとして小さな男の子のロボットを作り上げる。ロボットの男の子は学校へ通い、先生より早く算数の問題を解き、家ではたくさんのおもちゃを与えられ、自分を作った父親に溺愛される。こうして何年かが過ぎた。当然だが、ロボットの男の子は血の通った子供のようには大きくならない。この事実は父親を苦しめた。失ったものの大きさをつねに思い出させることになったからである。これはもう息子ではない。何の罪もないロボットの男の子は家を追い出されサーカスに売り飛ばされてしまう。そして同じく売られてきたロボット相手に拳闘の試合をしたり危険な離れ技をしたりするなど、人間の観客の見世物にされる。仕掛けが失敗してサーカスのテントが吹き飛ばされても、ロボット少年は逃げ出そうとしない。一〇万馬力とロケットを使って観客を救い出し、サーカス団長を安全な場所に運んであげる。命の恩人であるにもかかわらず、団長はロボットたちを奴隷扱いし、解放する気などまったくない。のちにロボット少年の育ての親となる親切な科学者の助けを借りて世界中のロボットたちは革命を起こし、ついに人権を獲得する。彼らの掲げる旗にはこう書かれていた。「ロボットの権利万歳！　ロボットは人間の奴隷ではない」。

こうして『鉄腕アトム』第一話でロボットたちは市民権を獲得する。そして、とんがった頭とロケット付きの足とやさしい心を持つロボット少年アトムは子供たちの新しいヒーローになった。日本では本格的なテレビアニメはこれが初めてである。一九六三年の元旦に放送された第一話を境に、世界はもう前と同じではなくなった。

『鉄腕アトム』は制作予算がきわめて乏しく、アニメのコマ数は通常の三分の一程度だった。[2]このため映像はカクカクしており、業界では「テレビ紙芝居」と揶揄されたものである。[3]だが子供たちはいっこうに気にしなかった。テレビで漫画を見るのは、子供たちにとって初めてではない。アメリカ生まれの『ポパイ』や『原始家族フリントストーン』がアトム以前に放送されている。だが『鉄腕アトム』は初めての純国産連続テレビアニメであり、子供たちが大好きな人気漫画を基にしているところがアメリカ製とはちがった。『鉄腕アトム』がヒットしたのはもちろんその魅力と新しさによるものだが、タイミングが絶妙だったことも外せない。東京の人口は一九六三年初めに一〇〇〇万人を超え、その年の後半には世界一の大都市となる。そして、『鉄腕アトム』第一話に描かれたような近未来都市への第一歩を踏み出していた。新しい高層ビル、高速道路、地下鉄、新幹線の建設が度肝を抜くようなペースで進んでいた。すべては一九六四年東京オリンピックのためである。それは、敗戦国が国際社会に再び迎えられることを記念する特別な意味を持つ式典だった。宇宙競争が激化する世界では、宙に浮かぶホバーカーやインテリジェントなロボットが東京の鋼鉄とガラスの高層ビルの間を縫う高速道路の上を飛ぶ、というアイデアもあながち荒唐無稽とは言えない（ついでに言うと、安保反対デモがさかんに放送されたせいか、この同じ未来の路上でデモも行われることになっている）。

『鉄腕アトム』は、未来を夢見る子供たちの心をがっちり掴んだ。戦後ベビーブーム世代の彼らは戦争中の貧しさを知らず、飛躍的な高度成長の中で育っている。『鉄腕アトム』はピーク時に四〇%以上の視聴率を記録しており、これに匹敵するのはオリンピック放送ぐらいのものだ。初めてのテレビ放映によって、漫画はビジネスモデルとアート表現の両方を確立する。『鉄腕アトム』に出てくる大きなキラキラ光る目、ワイルドな髪型、劇的なポーズ、長い静止画像などは、半世紀以上が過ぎた現在にいたるまで日本のアニメ産業にインスピレーションを与え続けてきた。また『鉄腕アトム』は、世界に「アニメ」という新しい言葉も送り出した。[4] これは、アトムの作者による誇らかな宣言である。自分の創作物は芝居がかった輸入アニメーションとはちがう、アニメという媒体なのだ、と。この言葉は日本語であり、日本語として発音される。

これは根拠のないうぬぼれではなかった。『鉄腕アトム』は他の国のどの漫画のパターンにも当てはまらない。当時はやっていたディズニーやワーナー・ブラザースの短編アニメーションとも、ホームコメディ・タッチの*The Jetsons*（「宇宙家族ジェットソン」）ともちがった。戦争を終結させた恐るべき力から名前をとってはいるが、曲線的な表現でやわらげられた『鉄腕アトム』は、未来はきっとこうなるという姿を次々に描き出していく。そのペースはとても速くて大人でも説明に窮する。ドタバタやギャグあり、シリアスな社会批判ありの刺激に満ちた『鉄腕アトム』は、新しいエンターテイメントの形としても、新しいポップカルチャーのツールとしても、アニメに一

1966年にアニメは一大流行になり、皇居から下町にいたるまで国中の子供を虜にした。（写真：毎日新聞社提供）

つの雛形を与えたと言えるだろう。痛烈にエッジの効いたディズニー、かもしれない。この最初期のテレビアニメの、それも第一話から、子供たちは技術の進化した社会の抱える根本的な問題に直面させられることになる。広島と長崎を破壊した恐ろしいエネルギーは、平和のために活用できるのだろうか……。技術はすばらしいものだが、危険でもあり、人々を分断することもある。進歩は多くの場合、勝ち組と負け組を作る。権力者がつねに最善を知っているわけではない。ものごとを変えるには、街へデモに繰り出すことが必要だったりする。こうした複雑な状況を単純な善玉と悪玉の劇的な衝突に仕立てた『鉄腕アトム』は、どれほど世の中が変わってもやさしい心には世界を変える力があるのだと子供たちに約束したのである。たとえその心が血と肉ではなく超小型の原子炉だったとしても。

『鉄腕アトム』は、テーマの面でもビジュアルの面でも、その後のテレビアニメの発展に道をつけたと言える。何世代もの後継者たちの手で創意工夫が凝らされた漫画とテレビアニメは、子供向けの娯楽から鮮烈な表現媒体へと変貌を遂げた。若者の夢をかきたて、社会運動に驚くべき養分を与え、そしてのちには欧米のファンタジーと鮮明な対比を示すようになる。さらにアニメはその普遍的な魅力によって、エンターテイメント以上の存在に、すなわち文化的価値を発信する手段になった。二〇〇三年になっても世界にはまだ宙に浮かぶ車も空飛ぶロボットもなかったが、一九六三年の視聴者からすれば空飛ぶロボットと同じくらい想像外の出来事がこの年に起きている。アメリカ映画芸術科学アカデミーが長編アニメ部門で『千と千尋の神隠し』にオスカーを与えたのだ。だが僕の悪い癖で先走りしすぎたようだ。日本のすべてのアニメーターにとって栄光のこの瞬間は、まだまだ先のことである。

アニメの中ではアトムのお父さんはマッドサイエンティストの天馬博士という設定だが、実際の生みの親は、読者もよくご存知のとおり、漫画家の手塚治虫である。手塚は一九二八年に大阪の裕福な家庭に生まれた。おかげで彼は宝塚少女歌劇とウォルト・ディズニーのアニメ映画の鑑賞に思う存分情熱を注ぐことができた。宝塚からはメロドラマと女性のパワーを、ディズニーからはスタイルや表現を学ぶ。たとえば曲線的なフォルム、大きな目、動植物の擬人化などだ。彼の熱中ぶりはほとんど病気といえるほどで、一日に最高で映画五本を観たという。のちに『白雪姫』は日本での劇場公開中に五〇回、『バンビ』は同じく一三〇回以上観たそうだ。[5] 外国製のファンタジーを手塚が浴びるように観たのは、当時の日本に純国産のアニメがほとんどなかったことを雄弁に物語っている（一九四一年に軍部は捕獲したアメリカの輸送船の中から発見した『ファンタジア』を上映し、日本のプロパガンダ映画制作会社に見せた。敵をよく知るために必要だと考えたからである。たしかにその効果はあったようだ。映写会に出席した一人はアメリカの技術力に衝撃を受け、映画が終わる頃には号泣していたという）。[6]

一九四五年夏の終戦直前に、手塚は大阪帝国大学附属医学専門部で医学の勉強を始めている。高校受験に失敗していたが（なにしろ毎日漫画ばかり描いていたのだ）、医学専門部なら旧制中学を卒業していれば受験できた。当時の日本では、健康な体を持つ若い男は大学へ行かなければ確実に召集されていたから、それが大学受験の強い動機になったのだろう。手塚は学問の殿堂にいながら漫画にいっそう精を出す。講義中に一度ならず漫画を描いていて叱責され、医療過誤で患者を殺してしまわないうちに学校を辞めて漫画家になるほうがよいとアドバイスされた。[7]

手塚はこのアドバイスをよろこんで受け入れた。空襲で東京の出版業界は無秩序状態になっており、その真空地帯を埋めるべく、東京の永遠のライバルである大阪の小さな出版社が奮闘していた。日本第二の都市である大阪は、大化改新（六四五年）の頃には難波宮（なにわのみや）と呼ばれ日本の首都だったこともある。大阪の気取らない現実的な商人文化は、いまも東京のきらびやかな洗練と好対照をなす。

大阪も空襲を受けており、手塚は勤労奉仕先の工場で空襲に遭い、あやうく九死に一生を得ている（もしあのとき死んでいたら、戦後日本の大衆文化はどうなっていただろうか）。ともかくも日本でどこよりも早く出版が再開されたのは大阪だった。終戦からたった数カ月でブリキ玩具のジープを発売した小菅松蔵と同じように、大阪の出版社も長らく押さえつけられてきた市民の需要を感じ取っていたにちがいない。終戦直後に彼らが力を入れたのは文学ではなく漫画だった。その多くは貸本漫画として、町の貸本屋から安い料金で貸し出された。

この頃の出版事業が質の高いものだったとは言えない。「作品をろくに読まずにそのまま印刷に回してしまうことも多かった。だから漫画家は自分の描きたいことを好きに描くことができた」と漫画家の辰巳ヨシヒロは回想する。[8] 辰巳は手塚の漫画を愛読して育ち、のちにはライバルと目されるようになる。当時の新聞はギャングやチャンバラが満載の低級な漫画を批判し、ある論評では「身の毛がよだつ」などとこき下ろしている。[9] だが案の定、大人たちが何を言ったとこ

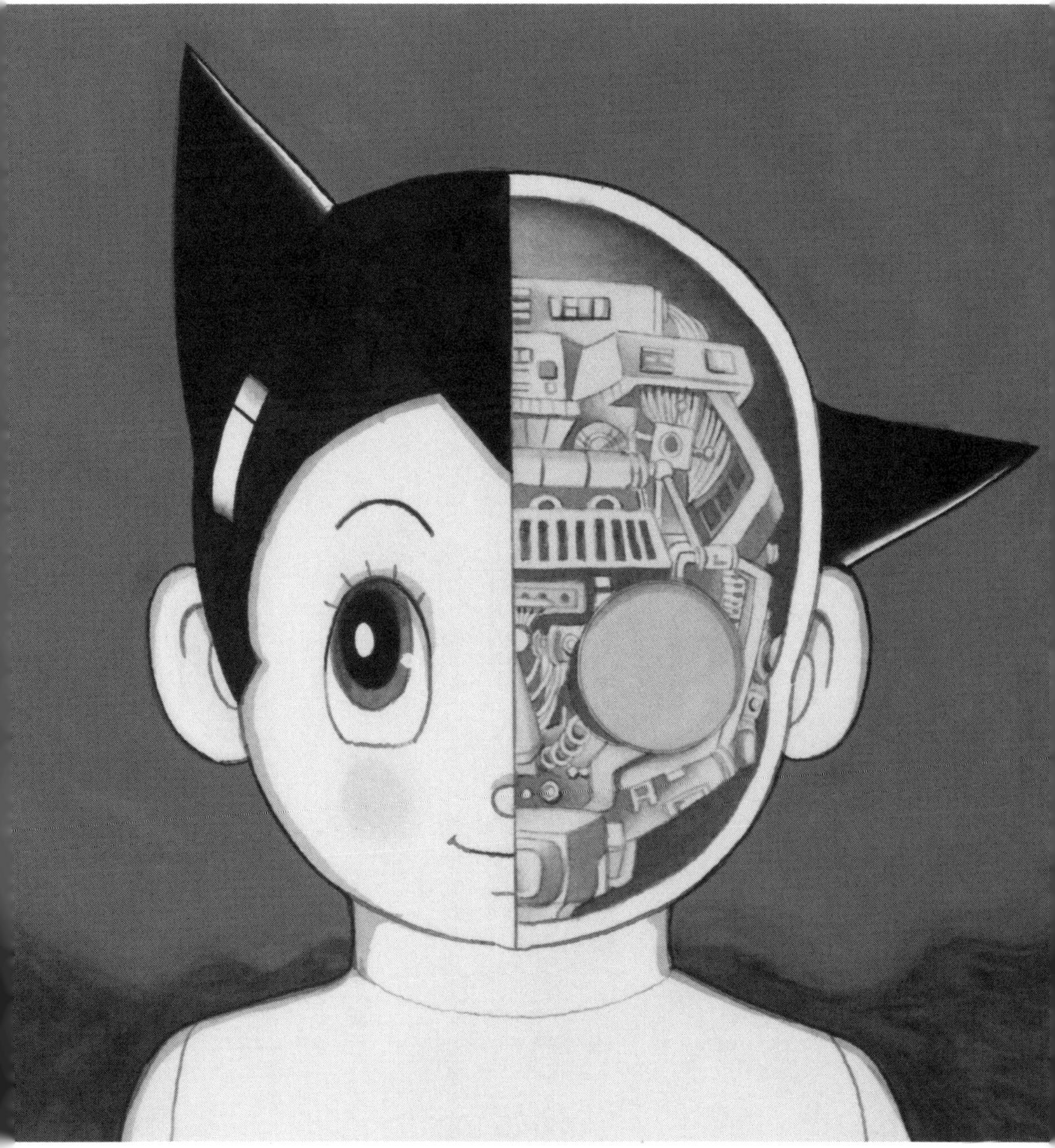

鉄腕アトム、心やさしい科学の子（© 手塚プロダクション）

アニメ

ろで現実逃避を求める若者の欲望に歯止めをかけることなどできはしない。かくして安い貸本漫画は、すでに地位を築いた漫画家にとっても漫画家の卵たちにとっても腕を振るう格好の場となる。

手塚は一九四七年一月に一八歳で長編漫画のデビューを飾っている。[10] タイトルは『新寶島』。スピード感のある宝探しの大冒険で、二〇〇ページほどの長さである。大阪の漫画界のベテラン作家だった酒井七馬（さかいしちま）が将来有望な手塚を使って自分の原作に絵を描かせた作品だ。師匠に教えられて手塚はアクションをたくさんのコマ割りにし、新聞の四コマ漫画などとはまったくちがう、映画を見るようなスピード感を与えている。漫画の単行本は一〇〇〇部売れれば大ヒットと言われた当時にあって、『新寶島』はなんと四〇万部を売り上げる。[11] それも何の宣伝もなく口コミだけで。このとき手塚が受け取ったのは、作画料としてたった三〇〇〇円だけだった。当時の漫画業界ではこれがあたりまえだったのである。しかしギャラに文句を言わなかった手塚も、出版社に渡す前に酒井が多くのページに手を加えたことはけっして許さなかった。

『新寶島』は、日本の漫画に革命的な瞬間をもたらしたと言えるだろう。二〇世紀に入ってから、日本の漫画家はアメリカの政治マンガや日曜版のマンガに刺激されて漫画を描き、月刊誌に連載するようになっていた。だが戦争が始まると検閲が行われるようになって、当たり障りのないファミリーものか、でなければ戦争プロパガンダしか認められなくなる。

ようやく戦争が終わると、漫画家たちは再び自己表現ができるようになる。手塚と酒井の仕事はストーリー漫画と呼ばれるものの先駆的作品となり、その密度の高い本格的な出来栄えは漫画の世界に新しい扉を開いたのだった。『新寶島』が思いがけない人気を博したおかげで、漫画業界には新しい刺激的な考えが広がっていく。漫画はもはや低俗な娯楽ではない、アクションを一コマに収める必要はない、それどころか一ページに収める必要すらない、ストーリーを何百ページにわたって展開していくことも可能だ、そう、ちょうど小説のように……。こうした見方からすれば、漫画は低俗ではなく、むしろ文学や映画に立派に代わりうるものだった。

漫画は安いザラ紙に印刷され、バラバラになるまで回し読みされるものだったため、漫画史における画期的な作品となった『新寶

手塚治虫の単行本デビュー作『新寶島』より（© 手塚プロダクション・酒井七馬）

島」は現存するものがごくわずかしかない。一九八四年に『手塚治虫漫画全集』に収録するために手塚は全部一から描き直し、表紙から酒井の名前を削除した。オリジナル版のほんとうの復刻が印刷されたのは、手塚の死去から何年も過ぎた二〇〇八年になってからである。

漫画出版の中心が急ピッチで復興の進む東京に移るのに伴い、手塚も一九五二年に東京に移る。信じがたいことだが、彼は少年誌三誌の締め切りに追われながら医師国家試験に合格し、一年間の研修医も終えて医師免許を取得している。裕福な家の出で、漫画も売れていたにもかかわらず、彼は安アパートのトキワ荘に住みつく。将来有望な漫画家たちが集まるようになるこの木造アパートで、手塚は仲間の漫画家と励まし合い協力し合う環境を作って制作に励んだ。彼は絵の技術やビジネスの知識を惜しみなく分け与え、食い詰めてしまった仲間には超多忙の自分を手伝う仕事を与えたものである。こうして手塚が面倒をみた中から、藤子不二雄、石森章太郎、赤塚不二夫など漫画界の多くのヒーローが巣立っている。週刊コミック誌という新しい媒体が登場したこともあって、漫画作品はより多くの子供たちに読まれるようになった。中でも一九五九年創刊の「少年マガジン」と「少年サンデー」はあっという間に日本中の漫画家と読者の支持を獲得し、貸本を駆逐するにいたる。

とんでもなく多作だった手塚は、何本もの、それもじつに多種多様な連載を同時進行させていた。主力であるSFものの『鉄腕アトム』に加え、ディズニーを思わせるような動物ドラマ『ジャングル大帝』（のちに海外では“*Kimba the White Lion*”として公開された）、お姫様が男装の麗人となって悪人と戦う少女向けのロマンティックな冒険『リボンの騎士』等々。どのコミック誌を開いても手塚の作品が燦然と輝いているという具合だった。

だが彼のスタイルが絶大な影響力を誇るようになる頃、次世代の漫画家たちは、空想の世界で起きる手塚のいかにも漫画チックなメロドラマの氾濫に苛立ちを覚えるようになっていた。漫画という媒体を使って、もっと自分たちの志向や経験にしっくりくるテーマを開拓したいと考えたのである。小さな子供向けの漫画と区別するために、彼らは自分たちのほろ苦く哀愁漂う暗い作品を「劇画」と呼んだ。英語では"graphic novel"という言葉がぴったりだろう。劇画の出現で日本のコミックの方向性は大きく変わり、その可能性は文字通り劇的に広がることになる。

「劇画」という言葉を提唱したのは、辰巳ヨシヒロである。二四歳だった。辰巳は一九五七年から自分の作品のタイトルページに劇画と書き入れるようになり、ハードボイルド・タッチの彼好みのテーマを強調した。辰巳は手塚より六歳下で、占領時代には手塚の実家からそう遠くないところに住んでいた。彼は『新寶島』を聖典の如く崇め、助言をもらおうと手塚の元を訪れたこともある。だが辰巳も仲間たちも、手塚が東京に移り、連載にかまけて長編漫画を描かなくなってから、彼の作品にはもはや往時の輝きが失せてしまったと感じていた。一九五九年に辰巳は六人の仲間を誘って劇画工房を立ち上げる。彼らが最初にやったのは、「劇画工房のご案内」なるものをハガキに印刷して出版社、新聞社、編集者、漫画家に送りつけ、自分たちの存在を知らしめることだった。手塚も案内状を送られた一人である。[12] そこには次のような宣言がなされている。

「最近になって映画、テレビ、ラジオにおける超音速的な進歩発展の影響をうけ、ストーリィ漫画の世界にも新しい息吹がもたらされ、新しい樹が芽をふきだしたのです。

それが〝劇画〟です。

劇画と漫画の相違は技法面でもあるでしょうが、大きくいって読者対象にあると考えられます。子供から大人になる過渡期においての娯楽読物が要求されながらも出なかったのは、その発表機関がなかったことに原因していたのでしょう。劇画の読者対象はここにあるのです」

劇画工房の最初のプロジェクトは、月刊短編劇画誌「摩天楼」の発行だった。この雑誌は急速に消えつつある貸本屋に販路を見出す。手塚独特の奇抜な演劇的スタイル、いかにも漫画的なキャラクター、そして間抜けなドジや視覚的なジョークは姿を消し、代わりに登場したのは、陰の多いはっきりしたコントラストにシャープな線を特徴とする描画に、煮えたぎる青春のエネルギーが横溢するまったく新しい硬派な物語展開である。「摩天楼」はそれまでの漫画雑誌とどこも似たところがない。表紙も迫力があった。鎖を握りしめる両手、人影のない踏切、自動拳銃などのクローズアップがフルカラーで描かれている。中身もスリル満点で、掲載された短編劇画のタイトルは『殺人組織』、『麻薬を見るな』、『ダイナマイトで吹っ飛ばせ』という具合だった。劇画の中では狙撃手、悪徳警官、男を手玉に取る女などが幅を利かす。中には線が荒く、スケッチに近いものもあった。まるで暴力沙汰に巻き込まれた漫画家が机の下に隠れて大急ぎでペンを走らせたかのように。

「摩天楼」というシンプルだが刺激的なタイトルには、日本人の生活に起きた大きな変化が反映されている。第二次世界大戦が終わった時点では、人口の大半が暮らしていたのは農村部だった。その多くが都会からの疎開者である。それが一九七〇年には、じつに人口の四分の三が東京、大阪、神戸、名古屋などの産業都市に集中していた。[13] アメリカでもかつて同じような都市部への人口集中が起きたが、それには一世紀かかっている。これに対して戦後日本では、急速な工業化に押されてたった二五年で大規模な移住現象が起きた。劇画の熱心な読者になったのは、こうして新しく都市生活者になった人たちである。

新しいものに敏感な読者の心を掴んだのは、辰巳と劇画工房だけではない。白土三平もそうだ。白土は一九五九年に貸本漫画の『忍者武芸帳』、一九六四年に劇画の『カムイ伝』を発表している。白土は戦争中、前衛美術運動やプロレタリア美術運動に奔走した洋画家の父が自由思想を問題にされ、憲兵に拷問されるのを目の当たりにした。[14] 権力者の実態に強い不信感を抱いた白土は、極左社会主義思想に傾斜したストーリーを描くようになり、のちに活動家はマルクスを読むより白土を読むよう勧めたというエピソードも残っている。『忍者武芸帳』は室町時代、『カムイ伝』は江戸時代という設定だが、通常の筋書きをあっさりひっくり返し、伝説的な武将を農民階級を虐げる抑圧者として描く。そしてどちらの側にもアンチヒーローである忍者がついており、それぞれの雇い主の目的のために暗躍する。戦いの場面は文字通り血の海だ。白土はインクに浸した

劇画の新しい標準を作った「摩天楼」
（© 辰巳ヨシヒロ／国立国会図書館提供）

筆を紙の上で振って滴を飛ばしたという。物哀しさの漂う描画、細部までこだわりぬいた対決シーン、残忍な暴力、挑戦的な反資本主義世界観は、新世代の若い都会生活者の心に強く響くものがあった。彼らもまた日本経済の奇跡という約束に幻滅していたのである。

都会に新しくやってきた者の大半が少年と呼べるほど若い男たちだった。農村部で雇い入れられ、「集団就職列車」と呼ばれる臨時列車で都会に送り込まれる。集団就職列車は一九五四年から七五年まで二一年にわたって毎年運行された。[15] 卒業シーズンが来て列車が田舎の駅に到着すると、プラットフォームを埋め尽くした親たちはティーンエイジャーの息子や娘に涙ながらに別れを告げる。経済的な必要に迫られて、中学を出るとすぐに働き始める若者も少なくない。劇画が描き出すアンチヒーローや彼らの抱く疎外感、そこになだれ込む大量のセックスと暴力は、肉体労働に明け暮れて思春期を送る若者たちをしびれさせた。しかもこの若年労働者層は増える一方である。家族のいる故郷の村を遠く離れた見知らぬ都会で暮らす若者たちは、刺激や娯楽だけでなく、人とのつながりにも飢えていた。建設現場、工場、サービス業などで長時間のシフト勤務で働くため、社交を楽しむ時間的余裕などほとんどない。そんな彼らにとって、劇画は安上がりで手近な逃避手段となった。

劇画工房は結局三年しか続かなかった。方向性をめぐって意見が対立した末に一九六〇年に解散し、メンバーはそれぞれの道を歩み始める。賽は投げられた。日本の若者たちは漫画から雪崩を打って劇画に乗り換える。対照的にアメリカでは、コミックスは未成年者に有害な影響をおよぼし非行につながるとして、一九五四年にきわめて厳格なコミックス倫理規定（コミックス・コード）を定める。まるで辰巳の劇画宣言を裏返しにしたような代物で、「ショッキングで不穏当な描画」は禁止され、「犯罪は下劣な忌むべき行為」として描かなければならず、「性倒錯」はもちろんのこと「誘惑」すら排除しなければならない。おまけに「いかなる場合にも正義が悪に勝つ」ようなストーリーでなければいけないという。コミックス・コードは、まるまる一世代の才能ある漫画家を単なるベビーシッター役に貶める結果となる。

日本にはそのような規定は存在しない。売れる限りにおいて描きたいものを自由に描いてよかったから、主流の漫画に取って代わろうとするダークな劇画に心置きなく没頭することができた。

手塚はアシスタントに貸本屋から借りて来させて、オフィスの中を歩き回りながら何十冊もの劇画を読みあさった。これらのひりつくような作品の氾濫は、漫画の世界で苦労して勝ち取った自らの覇権の存続を脅かすものだと彼は受け止める。[16] 劇画工房の宣言を受け取った手塚は逆上して「新しい児童漫画家たちへ」と題する文書を発表し、子供を楽しませるという彼の考える義務を劇画作家たちが放棄したことを強く非難した。「それに、」と彼は付け加えずにはおれなかった。「君たちの絵はどのみち大人の吟味にも耐えられない水準だ」。それでもライバルの存在は手塚の頭から離れない。動揺し、制作にますます没頭する日々が続く中、とうとう二階から階段を転げ落ちた。

怪我こそしなかったものの、これは悪い前兆だった。読者からは「つまらない」と抗議の手紙が押し寄せるうえ、あろうことか手塚自身のアシスタントまで休憩時間におもしろそうに劇画を読み耽っているのではないか。手塚はすっかりノイローゼ状態になり、精神鑑定をしてもらいに出かけた。当時の日本ではまずもってないことである。医者は、唯一の治療法は三年間休暇をとることだと助言する。この言葉で手塚がパニックを起こすと、医者はいとも冷淡に、結婚もしなさいと言い渡したそうだ。[17]

皮肉といえば皮肉だが、手塚個人としては人生のどん底に落ちたまさにこのときに突破口が開ける。戦後日本に誕生したばかりのアニメ産業が手塚の作品に目をつけたのである。日本最大のアニメ制作会社だった東映動画（現東映アニメーション）が一九五八年に手塚に声をかけてきた。彼の『ぼくの孫悟空』を基に長編アニメを作らないかというのである。『ぼくの孫悟空』は一九五二〜五九年に人気コミック誌に連載された漫画（連載当時のタイトルは『ぼくのそんごくう』）で、おおむね一六世紀の中国の古典『西遊記』に基づいている。民間伝承の説話がもとになっている冒険譚で、石から生まれ神通力を備えた猿の孫悟空が主人公だ（数十年後に鳥山明がやはり『西遊記』に取材して『ドラゴンボール』を描く）。手塚はこの伝説的なヒーローをミッキーマウスのように大きな耳と目を持ち鼻がボールのようにまんまるのディズニー風のキャラクターに仕立てている。日本だけでなく世界の子供たちにアピールするには、このキャラクターは新作長編アニメの主人公としてうってつけだと東映は考えたのだった。

東映動画は極東のディズニーになるというわかりやすい野望を掲げてほんの三年前に発足したばかりだったが、アニメ制作会社として日本最大手であり、且つ最も成功していた。[18]手塚は東映からのオファーを夢のようだと感じたことだろう。彼は大学生の頃アニメーターの仕事をなめてかかり、一九四六年に東京のアニメ制作会社を受験して失敗し、漫画に全精力を注ぎ込むようになったといういきさつがある。[19] だから東映のオファーは彼にもう一度チャンスをくれたようなものだった。こうして彼は、古今東西を問わずアニメ制作で最も重要な仕事である絵コンテを描くことを学ぶ機会を得る。絵コンテとはストーリーの流れに沿っておおまかな絵を描き、登場人物の動き、背景、セリフやナレーション、効果音などを細かく記した指示書のことで、アニメ制作の心臓部であり、アーティストが自分の創造的なタッチを表現する貴重なチャンスでもある。

だが手塚はもはや世間から認知されることを渇望するひよっこではない。劇画という強敵との競争に苦しんでいるとはいえ、日本で最も稼ぐ漫画家の座を二位以下を大きく引き離してゆうゆうと確保していた。過密スケジュールのうえ、長らく自分の都合で動くことに慣れていた手塚は、本人も認めるとおり、「組織の中の一員として働くことが……どうもうまくいかない」[20]。絵コンテは締め切りから数カ月も遅れ、彼のオリジナルのアイデアの多くは、彼抜きで決定を下さざるを得なかったスタッフからさんざんにけなされた。

手塚はいたくプライドを傷つけられたが、一九六〇年に劇場公開されたカラー長編アニメ『西遊記』はヒットし、日本の子供たちに熱狂的に支持される。その中に当時七歳だった宮本茂がいた。のちにゲームデザイナーとして「マリオ」の生みの親となる宮本は、『西遊記』に出てきた牛魔王から『スーパーマリオブラザース』のクッパのヒントを得たという。[21] もっとも、『西遊記』のアメリカ版 *Alakazam the Great* は成功したとは言い難い。アジアらしいところをほぼ全部削除して原形を留めないほど大幅に再編集されたこの映画は、情けないことに、一九七八年に出版されベストセラーになった『映画史上最低の五〇作』に取り上げられてしまった。[22]
『西遊記』の日本国内での成功とは裏腹に、東映動画は不当な低賃金と過重労働の問題をずっと抱えていた。[23]制作現場では、アニメーターは月九〇時間残業しないとスケジュールに間に合わないが、残業代は払われない。『西遊記』が完成すると、彼らは労働条件の改善を経営陣に要求すべく労働組合を結成した。ひそかに近くのラーメン屋で会合を開き、賃上げ、妥当な制作スケジュールから残業時間中の食事の提供にいたるまで三一項目の要求リストを作成する。会社側は検討するとしたものの、一年にわたる紆余曲折の交渉の末に組合側が唯一勝ち取ったのは、毎日午後三時に一五分の休憩時間を設けることだけだった。[24]苛立ちを募らせたアニメーターたちは、一九六一年一二月初めに二時間のストライキを断続的に行い、声高に要求をつきつけた。
アニメーター単独のストライキは初めてのことだったが、日本では労働争議の前例は豊富に存在する。労働組合には戦前から続く長い陰影に富んだ歴史がある。戦争中は政府に弾圧されたが、戦後は占領軍の総司令部（ＧＨＱ）の思惑からすぐさま復活、奨励された。ＧＨＱは、労働組織が民主化を進める力になると最初は考えたのである。だがこの蜜月は長続きしなかった。日本の労働者があまりに熱心に賃上げや労働条件の改善のために運動することにＧＨＱは懸念を募らせる。なにしろ一九四六年だけで一〇〇〇回以上の労働争議が行われた。そこでマッカーサーは突如方針転換し、ゼネストを全面的に禁止する。飢えと途方もないインフレに苦しむ労働者階級は、追い討ちをかけるようなこの決定を手ひどい裏切りだと感じた。民衆を解放する慈愛に満ちた征服者を装っていたくせに、早くも衣の下から鎧が見えるとは。「これのどこが民主主義なのか？」

と労働運動家の伊井弥四郎はＧＨＱに噛み付いた。「日本の労働者はアメリカの奴隷ではない！」

劣悪な労働条件に抗議したのはアニメーターだけではない。映画産業もそうだった。東映のライバル会社である東宝では、何度も交渉決裂を繰り返した末の一九四八年四月に労組が砧撮影所の防音スタジオに陣取ってロックアウトを実行した。[25] これは東宝争議として知られる。彼らは賃上げと制作スケジュール決定に際しての発言権を要求し、映画の道具を間に合わせの武器に仕立てる。特殊効果の技術者はペンキ爆弾を作り、電気技術者は雨降らし機を放水銃にしたほか、工業用の大型ファンに細工をして唐辛子粉を噴射できるよう

1948 年の東宝争議（写真：共同通信社提供）

にした。バリケードに立てこもった一人に若き黒澤明がいる。結局、二〇〇〇人の警官と米軍第一機甲部隊が出動して撮影所を包囲し、ストは鎮圧された。

それから一三年も経っていたが、東宝が多大な代償を払わされたこのときの苦々しい記憶はまだ業界人の頭に鮮明に焼き付いていた。東映のストライキは、暴力には訴えていない。スト中に最寄駅へ行き、会社は人権を侵害していると訴えるビラを通行人に配っただけである。だがこのおだやかな行動でさえ、内輪の恥を晒したというので東映の社長の逆鱗に触れる。そして一二月五日の午前九時にアニメ制作スタッフを撮影所から締め出すという非常手段を講じた。

この封鎖は数日しか続かず、経営陣と労組は合意に達するが、犠牲は大きかった。経営陣にも弱腰の労組にも幻滅したベテランのアニメーターたちがどっと辞めてしまったのである。どうせ何も変わらないという諦念が理由の一部だったことはまちがいないが、大きな理由は新しいスタジオが設立されるという噂が流れていたことにある。手塚治虫プロダクションの動画部門が設立されるというのだ。噂はほんとうだった。動画部門は独立し、翌一九六二年には虫プロダクションと改称される。しかし、手塚がペンとインクと紙に発揮した才能を銀幕の上でも実現できるのかどうかは大いに疑問だった。

東映動画で『西遊記』を経験したことで、手塚は謙虚になっていた。彼は動画制作においては「作品より何よりヒューマン・リレーションの問題が大切だということ」を学んだのである。[26]「動画ほど各パートのスペシャリストが時計の歯車のようにうまく噛み合って協力体制で進まねばならぬ仕事はない。そこには一匹狼的なジェスチュアや、ぬけがけや、エリート意識はいっさい許されないのである」と彼は自伝的作品に書いている。

このことを頭に叩き込んだ手塚は、最高に有能な狼軍団を編成すべく奔走する。こうして一九六一年六月、スタジオ兼住居のガレージの一角から新事業はスタートした。手塚は東映の平均給与の二〜三倍は払い、最終的にトップ・アニメーターの給与を一般のホワイトカラー職と遜色ない水準まで引き上げる。このほか昼食や午後のおやつも無料で、アニメーターに大いによろこばれた。東映を見限ってやってきたアーティストたちにしてみれば、長年の夢が現実になったようなものである。だが一つだけ問題があった。新事業を立ち上げたはいいが、数カ月過ぎても何のプロジェクトもなかったのである。未来のアニメを予告させるような仕事は何もなかった。それでも、日本一の漫画家がアニメ事業に乗り出したというニュースは大いに注目を集め、手塚はさまざまなメディアから取材を申し込まれ、そのたびにディズニーと比較してけむに巻いた。「ディズニーの作品は一言で言えば絵ばなしです。文学で言えばあまりに児童文学的です。ぼくはディズニーを足場にして、内容的にもう一歩越す自信がある」と「週刊公論」のインタビューに答えている。[27] 大人向けのテーマを扱う劇画と熾烈な競争を演じている漫画家の発言としては、いささか皮肉に響くのだが。

手塚は、相変わらずものすごい勢いで描き続けているコミック誌の原稿料ですべてを賄わなければならなかった。[28] 虫プロの最初の作品は、四〇分の実験動画『ある街角の物語』である。平和な街を舞台に、街角のポスターに描かれた人物や古い街灯が生命を与えられ、女の子や蛾やネズミたちそれぞれのドラマと交錯しながら、そのすべてが軍靴に踏みにじられていく物語だ。手塚はこの作品を「虫プロダクションの名刺代わり」であると同時に、リミテッド・アニメーションというアメリカ生まれの新技術の実験台と位置付けていた。リミテッド・アニメーションとは、コストと時間を抑えるために動きを簡略化し、画面の一部だけを動かすなどして作画枚数を減らしてアニメを制作する手法である。この手法を使って制作された『ある街角の物語』はスタイリッシュな作品に仕上がっており、数々の賞も受賞したが、社会性が強すぎて一般の視聴者を獲得するには不向きだったし、それどころかプロの目にも不出来と映ったようだ。試写会を見た中に、東映に雇われたばかりの宮崎駿（みやざきはやお）がいた。ベテランが次々に虫プロへ移った頃に採用された一人である。この作品の感傷的な甘ったるさに「背筋が寒くなって非常に嫌な感じ」を覚えたとのちに述べている。[29]

「利益を全然あげないまま給料だけいただいているというのは、肩身が狭いとずっと感じていました」とアニメーターの坂本雄作は回想する。「何かやってわれわれで稼ぎを出そうじゃないかということを動画部連中と飲み屋で話し合いましてね[30]」。テレビコマーシャルはどうか？　儲かるがおもしろくない。映画は？　アニメーターの多くは東映から逃げ出してきた連中で、長編映画を制作する大変さを知り過ぎていた。最終的に「テレビ漫画」つまりシリーズもののテレビアニメを作るということで話がまとまる。テレビアニメ自体はとりたてて突飛なアイデアではなかった。すでに日本はアメリカに次ぐ世界第二位のテレビ消費国になっていたし、『ポパイ』という先例もあったからだ。それにＴＢＳが一九五九年からアメリカの短編アニメを翻訳して放送していた。子供たちが夢中になり、何はさておきアニメの放送時間前に家に帰ろうという気にさせられるとしたら、それはたいしたことである。

テレビアニメについて考えれば考えるほど、やる価値はあると坂本には思えた。彼らに必要なのはストーリーだが、第一候補はまちがいなく『鉄腕アトム』である。この作品は手塚漫画の中で一番人気であり、子供たちはみんなアトムを知っている。デビュー以来一〇年以上も人気を保っており、毎週放送しても十分すぎるほどのプロットがすでにある。それに最高なのは、すでに絵コンテが存在することだった。漫画のページは絵コンテそのものだからである。たしかに、『鉄腕アトム』はパーフェクトだった。坂本を始めとするスタッフがこのアイデアを手塚に提案すると、手塚は感激して飛びつく。

だが毎週三〇分のテレビアニメを制作するには、日本で一番売れている漫画家の手元資金をはるかに上回る資金を必要とする。手塚は、制作費が一話につき一〇〇万円以上かかると見積もった。[31] リミテッド・アニメーション手法を採用するにしても、アニメ制作が信じられないほど労働集約型の作業で時間も人手もかかるという事実は変えられない。それまで日本で誰も、東映のような大手でさえテレビアニメ・シリーズの制作に手を出さなかったのは、まさにこのためだった。出資しようという投資家がいても、かかる費用を知ると尻込みするのだった。

必要なのはスポンサーである。日本のように右肩上がりで消費経済が拡大中の国では、人気のテレビ番組で自社名がでかでかと出ることに興味のある企業がいくらでも存在するはずだ。それに手塚の知名度はきわめて高い。しかも『鉄腕アトム』のようにもともと人気のある漫画を基にアニメを作るのだから、外れるはずがない。問題は、テレビ用劇映画は従来一話五〇万円をはるかに下回る金額で制作されており、日本企業はそういうものだと考えていることである。「アニメがそれからとびはなれて高ければ、とてもスポンサーは寄り付かないだろう」と手塚は懸念した。[32]

　数週間におよぶスポンサー探しの末に、たった一社、明治製菓がかすかな興味を示す。藁をもすがる思いの手塚は、一話五五万円で制作すると請け合ってしまった。赤字覚悟で、差額は自腹を切る心づもりである。こうして明治製菓がスポンサーになり、フジテレビがゴーサインを出した。だが『西遊記』のときを思い出させるように、この勝利は手塚にとってほろ苦いものとなった。五五万円という「数字は、現在でも、いや当時ですら、ばかみたいな安値である」と手塚は嘆息し、これは自分の大失敗だったと認めている。[33]

『鉄腕アトム』は大成功を収め、純国産テレビアニメが十分可能であることを実証した。だがその後数十年にわたって、アニメ制作予算に人為的に低い上限を設けてしまう結果にもなっている。そのせいで、手塚自身を含め日本中のスタジオが不利益を被ることになった。日本のアニメ作品の愛すべき特徴である演劇的なポーズ、長い静止画面、限られた動きといったものは、とにかくコスト削減をしなければならないという苦肉の策として生まれたのだが、これが日本のアニメを逆に際立たせることになった。これらの特徴は様式美ではなくて、手塚が何十年も前にやってしまった致命的な選択の結果にほかならない。

『鉄腕アトム』の英語版は *Astro Boy* という名前でＮＢＣネットワークから一九六三年に放送さ

1965 年に東京タワー見学をしたときの美智子皇太子妃と徳仁親王。
徳仁親王は、鉄腕アトムとお茶の水博士の人形を抱えている。（写真：毎日新聞社提供）

れた。ＮＢＣが『鉄腕アトム』に興味を持ったのは、べつに革新的な作品だったからではない。ひたすら安かったからである。暴力や恋愛を思わせるような要素や日本的な事情は注意深く削られた。なにしろ当時は日本製と言えば安っぽいと相場が決まっていたからだ。小さなアトム少年が宇宙飛行士を思わせるアストロ・ボーイに改名されたのもこのためである。のちの輸入アニメはこの先例に倣うようになる。同じく手塚の『ジャングル大帝』のレオはキンバに、吉田竜夫の『マッハＧｏＧｏＧｏ』の少年レーサー三船剛はスピードレーサーになるという具合に。そこには大局的な戦略といったものは一切なかった。ＮＢＣがアトムに目をつけたのも偶然からで、社員の一人が東京出張中にたまたまホテルの部屋でテレビを見たからに過ぎない。日本の漫画がアメリカ人の好みに革命を起こすかどうかなど彼らは問題にしていなかった。『原始家族フリントストーン』の数分の一の予算であの番組に対抗できるかだけが問題だった。つまり英語版アトムは観測気球であって、主力商品ではない。ＮＢＣはキー局で流すこともせず、地方局で放送した。もしポシャっても損失を最小限に抑えることができる、というのが経営陣の考えである。

アトムはポシャらなかった。いやそれどころか、すくなくとも地方局では高い視聴率を獲得している。それでも業界の大物たちは、アメリカのアニメのほうが優れており、日本のアニメはその安価な代替品だという思い込みをいっこうに訂正しようとはしなかった。その後何年もこの状況が続く。追い討ちをかけるように、急ごしらえで英語吹き替え版が作られた『ゴジラ』や『ガメラ』といった怪獣映画も、「メイドインジャパン」は一時の楽しみにはよいが本質的には劣っているという戦後の認識にぴたりと当てはまってしまった。

手塚にとって個人的な勝利は、英語版アトムが最初に放送されたシーズンにディズニーの本家『ミッキーマウス・クラブ』を視聴率で上回ったことである。映画監督のスタンリー・キューブリックはアトムのファンになり、二一世紀の月世界を舞台にしたSF映画を作る予定だが、その美術デザインに協力してくれないか、と手紙を出した。[34] 毎度のことながらスケジュールが詰まっている手塚は後ろ髪を引かれる思いで断りの返事を出す。もし手塚のデザインやコメディーのセンスが少しでも加わっていたら『2001年宇宙の旅』はどんなふうになっていたか、想像せずにはいられない。

＊＊＊

手塚はいつの間にかファンからも批評家からも「マンガの神様」と呼ばれるようになっていた。最初にこう呼んだのは開高健で、一九六四年にきわめて好意的な記事を週刊朝日に書いている。[35] この稀代の漫画家は、衝動と野心に駆り立てられるままに手を広げ、もはや個人ではなく組織として活動していた。一九六六年のピーク時には虫プロは三本のテレビアニメを同時並行的に制作していた。『鉄腕アトム』、『ワンダースリー』、『ジャングル大帝』である。そのほかに単発ものとして『新宝島』もあった。

だがその裏で虫プロは深刻なトラブルに陥っていた。問題は、手塚がアイデアマンではあってもビジネスマンではなかったことにある。前例に縛られる業界で、手塚自身が設定した「ばかみたいな安値」が常識として定着してしまった。「神様」が五五万円でよいと言っているのに、あわれな人間がどうしてそれ以上を要求できようか。手塚にとってさらに深刻なのは、読者の好みが変わったという否定しがたい事実だった。子供たちは変わらない勢いで従来の漫画を消費し続けているが、若者は圧倒的に劇画のほうがお好みだ。六〇年代後半にはエッジの効いた暗い劇画が週刊コミック誌を席巻し、子供向けの漫画にも影響を与え始めるようになる。アトムのような明るく輝かしいヒーローはどんどん時代遅れになっていた。プログラムの変更を余儀なくされた虫プロは一九六六年の大晦日で『鉄腕アトム』の放送を終わらせ、手塚も六六年に漫画の雑誌連載を終了する。

手塚の名誉のために言えば、時代の流れに合わせるべく彼が努力したことはまちがいない。だが手塚独特の漫画スタイルで劇画の大人向けのテーマをめざそうとしても、いかにも漫画らしい彼のキャラクターはますますディズニーの世界にいるように見えてしまうのだった。心理学者の斎藤環(さいとうたまき)は、手塚のマンガが「あの可愛い絵柄で」[36]登場人物がばたばた死んだりエッチなことを始めたりすることに強い違和感を抱いたと書いている。もっとも日本では長いこと洗練と猥褻が共存していた。たとえば一九世紀の傑出した浮世絵師の葛飾北斎は、『富嶽三十六景』などの傑作を制作する傍らで艶本『喜能会之故真通(きのえのこまつ)』で「蛸と海女」といった春画ものしていたことで名高い。ファンは手塚の試みを受け入れたものの、それで潮流を変えるにはいたらなかった。若者も大人も、手塚の芝居がかったマンガらしいキャラクターがいかに下品で低俗な状況に置かれたところで、興味を示さなかったのである。彼らが劇画に求めるのは、荒々しくすさんでザラついた手触りなのだった。

そうした年代に熱狂的な人気を博したのが、「週刊少年マガジン」で一九六八年一月一日号から連載が開始された『あしたのジョー』である。原作は梶原一騎、漫画はちばてつや。東京のスラム街で暮らす身寄りのない風来坊だった矢吹丈（やぶきじょう）が偉大なボクサーに成長する物語だ。この劇画は、アメリカ人にとっての『ロッキー』と同じ地位を日本人の中に占めたと言えるだろう。運命のライバルである力石徹（りきいしとおる）がリング上で死んだときには、少年マガジンの版元である講談社の講堂で葬儀が営まれ大勢が参列した。[37] ボクシングが初めて日本に伝えられたのは、ペリー提督が再来航した一八五四年とされる。船上で屈強な水兵たちが拳に薄皮布を巻いて殴り合う様子が再三目撃されたという。ボクシングは相撲の座を奪うにはいたらなかったが、主力スポーツの片隅で静かに裾野を拡大し、アウトサイダーのヒーローを生む格好の場となっていった。『あしたのジョー』は、一見するとスポーツ根性もののように見えるが、深読みをすれば戦後日本の苦悩の比喩とみることができる。あるいは、上に行こうとあがくが社会の制度に跳ね返される労働者の比喩にも見える。『あしたのジョー』ではトレーニングや試合の汗と血が飛び散る壮絶なシーンが荒削りでクールなタッチで描かれ、登場人物は手塚の洗練されたキュートなキャラクターとはまさに対極的だった。

これほど多くの若者が『あしたのジョー』をはじめとする劇画に魅せられた理由の一つは、もちろん作品の深みやクオリティにある。アメリカのコミックス・コードのようなものに邪魔されない日本のアーティストたちは、限界をどんどん押し広げ、日本の漫画と劇画を地球上で最も鮮烈な魅力あふれる存在に押し上げた。だがこの劇画人気はまた、東京で暮らす金詰まりの学生や若年労働者には他にやることがない、という現実を反映するものでもある。当時の東京の娯楽は、今日と比べるとごくごく限られていた。あまりお金をかけずに遊べるゲームセンターもカラオケもまだないし、かんたんに買い物のできるコンビニもない。六〇年代半ばにはマスコミがしきりに「3C」(カラーテレビ、クーラー、カー)の普及ということを言い立てたが、この新三種の神器(ちなみに戦後最初の三種の神器は白黒テレビ、冷蔵庫、洗濯機だった)は、貧乏な学生や若年労働者の手にはとても届かなかった。彼ら若年労働者の多くは、着替えだけをリュックに背負ってあの集団就職列車で上京してきたのである。一九六八年に若年層を対象に行われた調査によると、「ここ三カ月間の自由時間に何をして過ごしましたか」という質問に対し、最も多かった回答は「読書」、次が「家で酒を飲む」だった。[38] この読書の大半がコミック誌であり、とくに劇画である。高度成長を遂げる消費社会の周縁に押しやられた彼らの一部は、そのうちもう一つの暇つぶしを見つけた。街頭で暴れることである。

一九六〇年に改定安保条約の批准を食い止められなかったことは、激しい反対運動を繰り広げた活動家たちにとって痛恨の出来事だった。[39] 活動に対する疑念と自己批判から全学連は空中分解し、セクトと呼ばれる闘争集団に分裂する。これらの小集団は、当初の安保反対運動のような統一された目的意識がなかったから、六〇年代前半にメンバーはどんどん脱けていった。六四年にアメリカの原子力潜水艦が横須賀に寄港する際に反対運動が組織されたものの、集まった学生運動家はごく少数だった。六五年に大学生を対象に行われた調査で「大学で何が楽しいですか」と

『あしたのジョー』より（© 梶原一騎・辻なおき／講談社提供）

アニメ

いう質問に対し、大半が「クラブと個人的な趣味」と答えている。「学生運動への参加」と答えた学生は一％に過ぎない。

とは言え、当時の大学生の間では不満が募る理由が十分にあった。子供の頃からいい大学を出ないといい会社に就職できないと親や教師から尻を叩かれ、狭き門の受験のために長い間試験勉強に明け暮れてきた彼らの期待は、ものの見事に裏切られたからである。戦後ベビーブームで大学入学者の数はうなぎ上りに増え、大学のキャパシティを超えてしまう。すし詰めの教室で画一的な講義をただ聞くだけの「マスプロ教育」に不満の声が上がるようになった。しかも大学を出たところで、一部上場企業に就職できるのはほんのひと握りだ。全学連の元幹部が書いた『全学連は何を考えるか』[40]には、高い志を抱いていた者ほど強い失望を感じたことが綴られている。大学生の数が急増したために大卒というステータスの価値が大幅に下がり、大学を卒業しても一流企業に就職できる保証はなくなったとなれば、いったい大学に何の意味があるのか……。

不満が募る中で運動組織の統合化が始まった。

こうした社会情勢の中、比喩的な意味でも文字通りの意味でも火の手が上がったのが、一九六七年八月に起きた米軍燃料輸送列車事故である。八日未明に新宿駅構内で貨物列車同士が衝突し、タンク貨車に満載されていた航空燃料に引火して爆発炎上するという大事故で、ベトナム戦争に向かう米軍機の燃料が、こともあろうに東京のどまんなかの新宿駅を通って米軍立川基地に運ばれているという事実があきらかになった。この事故によって、東南アジアにおけるアメリカの戦争と日本という国との複雑な関係性が白日の下にさらされたわけである。二カ月後には、佐藤栄作首相の東南アジア歴訪（その中にはベトナムも含まれていた）を阻止すべく、全学連がセクトごとに羽田空港を襲撃するという羽田事件が起きる。闘争に参加した学生はおよそ二〇〇〇人で、ヘルメットと角材（ゲバ棒と呼ばれた）で武装し、空港につながる道路を封鎖した機動隊と乱闘になった。最終的に催涙ガスを使って機動隊が制圧し、三〇〇人を逮捕。七〇〇人が負傷し、学生運動家一人が死亡している。

新宿騒乱の一コマ。プラットフォームが戦場と化した。（写真：朝日新聞社提供）

闘争の模様は夜のニュースで逐一カラー放送され、若い世代を政治運動に駆り立てる結果となる。[41]こうしてセクトのメンバーが増えるとともに、一度は分裂した闘争集団は再び流動的に統合し始めた。一九六八年夏には東京大学と日本大学でそれぞれ全学共闘会議（通称は全共闘）が結成される。そして国際反戦デーにあたる一〇月二一日に一万人の労働者と過激派学生が新宿駅へ向かい、駅構内に乱入して施設を破壊し、全列車の運行を三時間にわたって阻止してのける。[42]政府は長らく適用されていなかった騒擾罪（そうじょうざい）（現在の騒乱罪）の適用を決め（これは直ちに広く批判されることになった）、警視庁が三〇〇〇名の機動隊を派遣して構内から運動家を排除した。その頃には通りがかりの野次馬が加担し、群衆の数は二万人に膨れ上がっていた。彼らは窓を壊し、固定されていたベンチを剥がし、機動隊に投石し、車に火をつけた。結局、七〇〇人以上が留置所送りになっている。この事件は今日では新宿騒乱として知られる。

現実に失望した一流大学の学生たちは、セクトの格好のリクルート対象になる。欧米ではフォークソングやロックが若い活動家とともにあったが、日本ではそうではなかった。ギターやレコードプレーヤーを買える学生はいたとしても、密集した住宅街の狭い家に住んでいる（六〇年代の都市部の住宅は「ウサギ小屋」と揶揄されたものである）ため、音楽を演奏したり聴いたりすることは憚られたからだ。多くの活動家が好んで歌ったのは「インターナショナル」のような左翼の革命歌や労働歌だが、実際には当時の平均的な日本の若者の精神的共通項となったのは音楽ではない。彼らの心の栄養素は漫画や劇画だったのである。

この現象は広く社会に認識されていた。「全学連の若者が、白土三平の劇画から革命運動を組織したと言われているのは、もはや伝説になった」と三島由紀夫は指摘する。[43]早稲田大学の学生新聞は、さらに簡潔に「右手にジャーナル、左手にマガジン」と表現したものである。ジャーナルは朝日ジャーナル、マガジンはもちろん少年マガジンだ。一九六八年に全共闘を中心とする学生グループが東京大学と日本大学を占拠する事件が起きたが、このとき長期におよぶ籠城戦となったバリケードの内側で学生たちの退屈しのぎになったのがコミック誌である。「漫画は子供が読むものだという見方が広く定着していたため、バリケードの内側で学生が漫画を読んでいると報道されると、当初は驚きをもって受け止められた」と社会学者の小熊英二は書いている。「漫画のキャラクターは学生のマスコットに使われたり、プラカードやビラに登場したり、所属するセクトを示すためにヘルメットに描かれたりした」[44]。運動の参加者たちは、子供時代に見たテレビアニメのヒーローから直接的な影響を受け、悪と戦う善玉の役割を自分たちに投影していたのかもしれない[45]。

　東大闘争のそもそもの発端は、医学部の学生大会で研修医の労働条件改善などを掲げて無期限スト突入を決議したことにある。そこにさまざまな要因が重なり、また活動家集団が理由はなんであれ既成権力を批判する動きを歓迎し加担したこともあり、運動は他の学部へと雪だるま式に膨れ上がる。紛争がずるずると長引き、マスコミが連日のように報道すると、同様の動きが日本全国の大学や高校に広がっていった。学生運動は、始めのうちこそ安保闘争がまだ記憶に新しいメディアや大衆の共感を集め、学生たちも活動家に従っていたが、すぐにこの関係は悪化する。活動家たちは、行動に値する要求を何ら打ち出せなかったからだ。現にある全共闘の活動家は、大学を占拠した後になってから理由づけを探したといった意味のことを告白している。[46] 映画監督の押井守はもっと率直だ。当時高校で学生運動をしていた頃を回想してこう語っている。「マルクスとかの思想もどうでもいい。僕らはただすべてをチャラにしたいということだけだった」[47]。

こんな運動が長続きするはずがないし、実際長続きしなかった。一九六九年一月、八〇〇〇人以上の機動隊が東大に入る。立てこもった学生側は火炎瓶、投石、劇物の散布などで抵抗し、機動隊側は放水や催涙ガスで応戦。一〇時間におよぶ攻防戦の末に機動隊が安田講堂の封鎖解除を完了し、学生六〇〇人以上が検挙され、大学のインフラの多くが破壊された。[48] 東大闘争以前の警察は市民や政府の反発を恐れて、キャンパス内では伝統的にごく控えめな行動しかとってこなかった。しかしこれを契機に国会は「大学管理法」と婉曲的に名付けられた法律をスピード可決し、警察が大学内の紛争の鎮圧により積極的に関与できるようになる。[49] 大学蜂起に失敗した過激派集団は、次第に自暴自棄の行動に出るようになった。一九六九年九月には、赤軍派と名乗る集団が日本における戦争宣言を発する。

＊　＊　＊

一九七〇年三月三一日の朝早く、九名のグループが羽田発福岡行きの日本航空機よど号に搭乗した。[50] 離陸後まもなく彼らは密かに持ち込んだ日本刀、拳銃、爆弾とおぼしき武器で乗客（一二二人）を脅し、ロープで拘束するなどして同機をハイジャックすると、北朝鮮の平壌へ向かうよう機長に要求する。リーダーの田宮高麿は二七歳、一番若いメンバーはわずか一七歳の高校生だった。福岡に一旦着陸し女性や子供などを降ろすと平壌へ向けて飛び立ったものの、途中ソウルに着陸させられる。そこで人質を解放し政府高官が身代わりに乗り込むハプニングの後に、よど号はついに平壌に到着した。赤軍派の壮大な計画では、実行犯グループはそこからキューバに向かい、日本に共産主義革命を起こす訓練を受ける予定だったという。

じつは計画の首謀者である赤軍派議長の塩見孝也は事件の二週間前に逮捕されており、実行には加わっていない。このため田宮が実行部隊を指揮することになったのだが、その田宮は搭乗直前に某新聞社に宛てて犯行声明を投函している。その声明文は、「最後に確認しよう。われわれは明日のジョーである」という謎めいた言葉で結ばれる。[51] 塩見は計画の共謀者として起訴され、懲役一八年の判決を受けた。出所後に発表した回顧録の中で、劇画から受けた影響をあけっぴろげに認めている。「たしかに漫画はよく読んだ。『少年マガジン』とか『漫画サンデー』とか。『あしたのジョー』は絶賛され、白土三平の『忍者武芸帳』など大人気だった。異色だがつげ義春や水木しげるもよく読まれた。当時の学生は〝劇画世代〟の始まりと言えるだろうか[52]」。

塩見は日本の刑務所に二〇年近く入っていたわけだが、それでも運のいいほうだったと言うべきだろう。実行犯グループは平壌に着いた後のことを何も考えていなかったし、北朝鮮もキューバも彼らの意図を理解していなかった。北朝鮮当局は九名の入国を許可し、取り調べ、ただちに出国を禁じる。一名は逃亡を企てて死んだとされる。二名はどうにか逃げ出したが日本に帰国して有罪判決を受け、長い懲役刑に服し、一人は刑期中に、一人は出所後に死んだ。残りは貧しくなる一方の閉ざされた国でいまも暮らしている。

よど号ハイジャック事件から一カ月後、虫プロは新しい計画を発表した。彼らにとっては初めての手塚作品以外のアニメ制作である。それはなんと『あしたのジョー』だった。このプロジェクトを担当したのは、虫プロの制作方式を一新したいと意気込む若手アニメーターのチームである。『鉄腕アトム』の予想外の成功をきっかけに多くのアニメ制作会社が市場に参入しており、競争が激化する中で虫プロは契約の獲得に苦戦していた。競争相手の少ない市場に方向転換しようと考えた虫プロはお色気路線に転じ、一九六九年には『千夜一夜物語』を制作し大ヒットしたが、赤字に終わる。一九七〇年には『クレオパトラ』を制作する（アメリカで *Cleopatra: Queen of Sex* と改題され、大人向けアニメとして一七歳以下の鑑賞を禁止するX指定で公開された）がこちらはヒットせず、虫プロの赤字はいよいよ膨らむことになる。

『あしたのジョー』のアニメ制作権の獲得は、虫プロにとっては大きな功績だった。だが手塚は、この作品がテレビアニメとしても大成功を収めても、担当チームを無視し続けた。『あしたのジョー』シリーズの放映中に手塚は漫画に専念すべく社長から退いている。『あしたのジョー』の最終話が一九七一年九月に放送されてからほどなく、担当チームの主力は虫プロから独立して新しい会社マッドハウスを設立した。一方、『あしたのジョー』の成功もむなしく虫プロは七三年に倒産する。NBCがアメリカでの放送終了後に鉄腕アトムのフィルムを送り返そうとしたとき、虫プロにはその輸送費を払う資金すらなかった。このためフィルムは破棄されている。

手塚は胃癌のため一九八九年に六〇歳で死去する。国中がマンガの神様の死を悼んだ。そんな中で一人冷ややかな声をあげたのが宮崎駿である。このとき彼はアニメ映画『となりのトトロ』の大成功の栄光につつまれていた。彼はきわめて辛口の追悼記事を書き、「アニメーションに関しては……これまで手塚さんが喋ってきたこととか主張したことというのは、みんなまちがいです」と断言した。[53] 宮崎は、スピードとコスト削減のために手塚が取り入れたリミテッド・アニメーションといった作画上の妥協や、手塚のせいでアニメ制作費が異常に低くなったことなどを強く批判している。『鉄腕アトム』のときに下された決定が、いまだにアニメ産業の基準になってしまった。アニメ制作プロセスで重要なコマを担当する「原画」マンは高い報酬を要求できるが、アニメ黎明期の慣行が祟り、原画と原画をつなぐ絵を描く「動画」マンの報酬は低い。一コマ当たりにすると数百円程度だという。二〇一九年に行われた調査によると、二〇代前半のアニメーターの平均月収は一二万八八〇〇円だった。これは文字通り貧困ラインを下回る。

手塚の偉業を称える声はひきもきらなかったが、当時人気の漫画やアニメが手塚の先駆的なストーリー漫画よりも劇画の影響を色濃く受けていたことは否定できない。けっして白旗を掲げず自ら変化し続ける手塚自身も、後年には劇画のスタイルを取り入れ、持って生まれたストーリーテリングの才能と組み合わせて、アーティストとしての無限の才能と柔軟性を見せつけている。一九七三年には無免許の天才外科医を主人公にした『ブラック・ジャック』が一〇年続くヒットとなった。また代表作の一つである『火の鳥』は一九六七年から連載が再び始まり、最晩年の八八年まで続けられている。過去と未来を交互に描きながら「生と死」「輪廻転生」という哲学的な問題を深くえぐる作品で、手塚自身がライフワークと位置付けた。視聴者の多くは手塚の昔のキャラクターを古臭いと感じるようになっていたが、漫画にとどまらずもっと大局的に見れば、手塚はもう一つの新しいビジネスに道を開いたということができる。それは、子供向けグッズという急成長市場を相手にするビジネスだ。さまざまなキュートなキャラクター商品もその延長上にある。だがこちらについては、別の章で取り上げることにしよう。

手塚の存在がなかったら今日の漫画やアニメがどうなっていたか、想像することは不可能だ。手塚はまちがいなく、日本が初めて生んだインターナショナルなコンテンツ・クリエーターである。手塚の活躍した長い年月の間に次から次へとライバルが登場したこと自体、彼の卓越した創造性の証であり、漫画やアニメが日本の次世代のクリエーターを育てる役割を果たしたことの証明だと言える。漫画やアニメという媒体を通じて自己表現をした新しいクリエーターたちによって、漫画もアニメも単なる娯楽を超えるアートになった。言うなれば、若い異端者や反逆者の自己存在を主張する新しい手段となったのである。これから見ていくように、日本の若者が体制に反抗する手段は変化していく。それでも、体制の外側にいる人間がメッセージを発信する際に漫画やアニメの力を借りる手法は、日本でも海外でも続けられている。

だがこの章を読んだ読者はちょっと待て、と言うかもしれない。子供や若者が漫画やアニメに夢中になったとして、大人は何をしていたのか、と。答えはかんたんだ。歌っていたのである。

第3章 みんなスターだ

――カラオケマシン 一九七一年

地獄というところは素人音楽家でいっぱいである。
――ジョージ・バーナード・ショー[1]

一九七一年の夏のある夜、ミュージシャンの一群が神戸の歓楽街にある公会堂に集まった。[2] とは言え練習や演奏をするためにやって来たわけではない。彼らはものすごく怒っており、神戸音楽人連盟三宮支部の緊急総会をするために集まったのである。三宮は神戸のナイトライフの中心街であり、ゴージャスなキャバレーからあやしげなバーにいたるまで四〇〇〇軒近い飲食店が半径一キロ内のごみごみした通りにひしめいている。

総会を開いたのは、「弾き語り」と呼ばれる連中である。カッコよく言えば、まあ、フリーランスのミュージシャンだ。彼らは客が歌うのに伴奏をつけるスペシャリストだった。客の歌を聴いて技量や好みに合わせその場で曲のアレンジとテンポを変え、転調する。こうしたミュージシ

カラオケマシン

ャンはもちろん神戸以外にもいた。ただ多くの町ではギターかアコーディオンを手に店から店へと移動する「流し」だったのに対し、神戸では店の専属で「流し」はしない。一晩とか一週間、場合によっては一カ月、店と契約して客の歌の伴奏をする。

総会の雰囲気は緊迫していた。弾き語りたちは裏切られたと感じ、成敗してやると気勢を上げる。彼らの怒りの対象は井上大佑(いのうえだいすけ)という男、正確には彼が発明した8JUKE（エイトジューク）という装置である。立方体の自動販売機といった風情で、バーのカウンターにちょうどぴったり置けるサイズだ。ただしこの装置から出てくるのは飲み物ではない。歌、正確には歌の伴奏である。客が曲を選んでコインを入れると、バック演奏が流れてくる。客はそれに乗せて、備え付けのマイクで歌うというしくみだ。弾き語りたちが怒って総会を開催するまでの数カ月ほど、井上はこの8JUKEを三宮のあちこちのスナックにリースで貸し出していた。みんなこの装置が大好きになる。バンドのバック演奏に乗って歌うだけでも楽しいのに、まるでプロみたいにバンドをバックにした自分の声をあとでスピーカーで聴けるなんてことは、誰にとっても生まれて初めての経験だった。

井上は技術者でも何でもない。工業高校の出身ではあるが、そこもあやうく落第するところだったという。8JUKEにしても、電気工の友達に頼んで組み立ててもらったものだ。井上はこの装置が弾き語り連中を怒らすことをよく知っていた。何を隠そう、井上自身が弾き語りだったからである。それも大人気の弾き語りだった。なにしろ酔っぱらった客のあぶなっかしい音程に合わせてうまいこと伴奏をつける魔法のような能力を備えていたからである。地元のなじみ客は彼を「弾き語りの先生」と呼んだ。井上が8JUKEを考案したのも、ごく現実的な理由からである。あるとき井上は贔屓客の一人から、プライベートのパーティーで歌いたいので伴奏に来て欲しいと頼まれた。だがどうしても都合がつかず、落胆した客のために自分の伴奏を録音して渡したところ大いによろこばれたというのが、8JUKEの原点である。つまり井上にとって8JUKEは自分の出前のようなものだった。客が井上に伴奏してもらいたいが井上の体が空かないとき、8JUKEに代わりをしてもらうわけである。あっちにもこっちにも井上がいるのだから、分身の術と言うほうが当たっているかもしれない。だが弾き語り連中はそうは受け取らなかった。彼らにしてみれば8JUKEは自分たちの縄張りに雨後の筍のように増殖する疫病神である。客がチャリーンとコインを入れるたびに、自分たちの稼ぎが奪われているのだ。

「こら井上！　おまえ、わしらを失業させるつもりか！」と総会で誰かが叫んだ。[3]夜の歓楽街で働く者が誰でもそうであるように、井上も荒っぽい客をあしらうのには慣れている。高級キャバレーからストリップ小屋までどんなところでも演奏したことがあるし、一度などチンピラ二人組に襲われ、将棋盤を投げつけて撃退したことだってある。[4]それに比べれば、怒ったミュージシャンなど何ほどのこともない。弾き語り連中の発言を聞きながら、彼は辛抱強く反撃のきっかけを待った。

　井上の音楽はブラスバンドの小太鼓が始まりで、完全に独学である。キーボードを弾くときは片手三本ずつの六本指演奏だった。それでも器用で粘り強い井上は足りない部分を他の才能で埋め合わせ、いつの間にかビブラフォンやエレクトーンを覚えてコードや音階をマスターしてしまう。演奏するのが好きだったし、ほかの職業に就いたことはなく、就きたいと思ったこともない。仕事人生のすべてを神戸で送った。最初は高校時代にバンドのドラマーの代役として、のちにはバンドのメンバー、さらにはバンドリーダーとして、そして弾き語りとして。正規の音楽教育を受けていないので譜面も読めなかったから、全部耳コピで何百曲も覚えた。記憶力が抜群だったのである。それに愛想もよく、頼り甲斐もあった。他の連中とはちがい、彼は酒を飲まない。すくなくとも、飲み過ぎはしない。クスリにも手を出さなかった。そして何より重要なのは、商才があったことである。音楽はカネになると、井上は知っていた。

　こうしたことすべてが、井上が弾き語りで成功する役に立った。音楽の才能は、弾き語りのほんの一要素に過ぎない。いちばん大事なのは、素人の客に気持ちよく歌わせることである。譜面通りに演奏してしまったら、プロではない客はついていくのに四苦八苦する。井上は譜面こそ読めないが、客の様子をその場で読み取ってキーを適当に上げ下げし、テンポも臨機応変に合わせてやる。そうやって客が主で伴奏が従になるようにし、まちがってもその逆にはしない。客は、バックを従えてプロのように歌いたいのだということを井上はよく理解していた。

　総会が盛り上がったところで、井上は突然立ち上がって言い出した。「私らみんな、毎回お客さんの歌に合わせて演奏変えてますやろ。言うてみたらオーダーメイドですがな。こんな音程も変えられんようなチンケな機械に負ける言わはるんですか」。大騒ぎだった会場が静まった。それから誰かが言った。「おう、こんな機械に誰が負けるかい」。「そやそや」と賛同の声が上がり、話はうやむやになる。こうして井上の8JUKEは生き延びることになった。

＊＊＊

じつはカラオケマシンは、日本で一九六七～七二年に五回ほど発明されている。つまり、互いに知らないままに五人の人間が同じような装置をほぼ同時期に開発しているのである。[6]

言うまでもなく、録音された伴奏に乗って歌うというコンセプトは日本だけのものではない。アメリカでは一九二九年にフライシャー・スタジオ制作の人気アニメ *Screen Songs*（「スクリーン・ソングズ」）シリーズがスタートした。歌詞がスクリーン上に表示され、いまどこを歌っているのかを曲の進行に合わせてバウンドする小さなボールが教えてくれるようになっている。また五〇年代にはニューヨークのレコード会社ミュージック・マイナス・ワンが、声楽や楽器の練習用に歌や楽器のパートがない演奏（たとえばクラリネット五重奏曲のクラリネットを外した演奏）を録音したレコードを販売した（音楽教材としていまでもCDで販売されている）。さらに一九六一～六四年にはNBCが *Sing Along with Mitch*（「ミッチと歌おう」）という人気番組を放送する。これは日本でも六〇年代にNHKが放送して人気を博した。この番組ではミッチ・ミラー合唱団がさまざまな歌を歌うのだが、指揮者のミッチは画面に向かって、つまり視聴者に向かって指揮をするのである。もちろん歌詞も曲の進行に合わせて表示される。ついでに言えば、初代カラオケマシンの心臓部である8トラック・テープデッキは、日本ではなくアメリカが発明したものだ。

それに流しや弾き語りを脅かしたのは、カラオケマシンが初めてというわけでもなかった。最初の脅威となったのは、ジュークボックスである。これまたアメリカ兵が日本に持ち込んだ。六〇年代までには、ジュークボックスはキャバレー、クラブ、バー、喫茶店の必需品になる。店主がジュークボックスにレコードをセットしておき、客が曲を選んでコインを投入すると、内部のプレーヤーがレコードを回すというしくみである。日本人の音楽の好みがどんどん国際化したため、ジュークボックスにはシャンソン、ジャズ、ソウル、ロックンロールと多様な楽曲が用意されたものだ。ジュークボックスから流れる音楽は、単なる音楽ではなかった。ソニーの盛田昭夫は、音楽は「自由と民主主義の概念そのものだった。思想統制と軍事独裁が続いた長い年月の末に、それはついにゆたかな土壌に根付いたのだ」と述べている。[7] 上級機種のジュークボックスにはマイクも内蔵されていたが、それはＤＪなど進行役のためで、歌うためではなかった。いずれにせよジュークボックスは非常に高価だったうえ、機構が複雑で定期的にメンテナンスが必要だったため、レンタルと修理を手掛ける地方規模の企業を生むことになる。その中から、アーケードゲーム（コインを投入して遊ぶゲームセンター用ゲーム機）の大手であるセガ、タイトー、コナミなどが育っていった。彼らはみな、最初はジュークボックスのレンタルと修理を手がけていたのである。

こうした歴史を振り返ると、カラオケはアメリカが発明すべきだったと思えてくる。だが発明したのは日本だった。そして歌うという行為を根本的に変えた——まずは日本で、続いて世界で。

なぜ日本人はあれほど熱心にカラオケの開発にいそしんだのだろうか。人類学者なら日本の伝統において歌は重要な役割を果たしていたと言うかもしれない。たしかに神話によると、天照（あまてらす）

大御神（おおみかみ）が立腹して天岩戸（あまのいわと）の中にこもったとき、神楽の歌や舞いにそそられて外におでましになったとされている。また歴史家なら、日本では昔から人前で歌うことが行われていたと指摘するだろう。戦後初の歌謡コンテスト「のど自慢素人音楽会」をＮＨＫが終戦からまもない一九四六年一月に開催したところ、九〇〇〇人以上が参加した。[8] 日本は当時もいまもみんなで歌うのが大好きだ。夏祭りの民謡、スポーツの試合の行進曲、そして校歌に社歌……。さらに毎年大晦日には紅白歌合戦がある。一九五一年以来続いている長寿番組だ（最初三回は正月番組としてラジオ放送され、大晦日のテレビ中継放送は五三年一二月から）。[9] 一時期は日本中の家庭が紅白歌合戦を見ていたと言っても過言ではないほど高い視聴率を誇った。

だがカラオケが他の国ではなく日本で（それも五回も）発明された真の理由は、一言で言い表せる——サラリーマンである。

サラリーマンという和製英語は、第一次世界大戦前に知識労働者を指す言葉として使われるようになった。一九世紀のヨーロッパで蒔かれた近代化の種は、アジアでは最初の工業化を果たした日本で実を結ぶのだが、当時の日本は農業を中心とする第一次産業の従事者が労働人口の約半分を占めていた。残りが工場労働者とサービス業従事者で、オフィスワーカーはごくわずかに過ぎない。それがサラリーマンである。しかし第二次世界大戦の敗戦とともに、民主的な「日本株式会社」を構築する仕事はサラリーマンに託されることになる。

サラリーマンの実態を最初に記録した一人は、著名な映画監督の小津安二郎である。一九五六年に公開された『早春』は、サラリーマンの夫婦（池部良と淡島千景が演じた）を主人公に、新しく誕生した中流階級のライフスタイルを描いている。無数の男たちはみな同じようなスーツを着て満員電車に乗り込み、殺風景なオフィスで机に向かって単調な仕事をこなす。楽しみといえば、夜酒を飲んで放歌高吟することぐらいだ。女たちは、二〇代半ばで仕事を辞め家庭に入ることが期待されている。毎朝夫より早く起きて朝食の支度をし、家事や育児をこなし、夜は遅くまで起きて夫の帰りを待ち、仕事に疲れた夫に夕食を出す。あるいは酔っ払って帰ってきた夫の世話をする。夫にしてみれば、仕事が終わってから上司や同僚と飲みにいくのは義務のようなものだ。連れ立って大衆居酒屋（赤提灯と呼ばれた）へ行き、食い且つ飲みながら仕事の愚痴や上司（同席していなければ）の悪口を言い合い、夜も更ければ盛り上がって軍歌や民謡などを歌い手拍子をとる。こうして職場の絆を深めるのだった。

安保闘争や大学紛争で何かと世間が騒がしかった時期でも、サラリーマンは一定の尊敬の対象だった。日本の反体制運動とアメリカの反体制運動は性質が異なる。たしかに抵抗運動の中には反戦を訴える要素があり、五〇年代には朝鮮戦争に、六〇年代にはベトナム戦争に反対した。だが社会不安の顕著だった六〇年代後半から七〇年代前半にかけての時期でさえ、大学のバリケード内に立てこもった過激派学生のうちおそらく過半数は、日本の体制を憎むから転覆させようというのではなく、自分たちがそこから疎外されているから転覆させようというのだった。[10]現に六〇年代、七〇年代に行われた小学生を対象にした調査では、大人になったら何になりたいかという質問に対し、「サラリーマン」という回答がつねに上位三位以内に入っている。[11]しかしここで問題が持ち上がる。戦後ベビーブームだ。とにかく出生数が多かった。ベビーブーム世代の若者が六〇年代半ばに大学を卒業する年齢に差し掛かると、たいへんな就職難に直面することになる。運よく一流企業に就職できたときに得るものがきわめて大きいだけに、就職できない場合の悲劇は深刻だった。日本の会社は終身雇用制で、サラリーマンになれば定年まで高報酬が保障され、年功序列制により着実な昇進も期待できる。よほどのことがない限り解雇されることもない。六〇年代後半の大学生はいくつものハードルを越え「受験地獄」をくぐり抜けてきたエリートたちだ。それもこれもみなサラリーマンになるという夢のチケットを手に入れるためである。だがいざ大学を出てみると、列車はすでに満員だとわかったのだった。

日本のサラリーマンは、アメリカのホワイトカラーとはかなりちがう。もちろんアメリカの企業も社員に忠誠を求めるし、同僚と酒を飲んで絆を深めることもする。だがアメリカでは自立性が重視され、個人の判断に委ねられる余地が日本よりかなり大きい。早い話が、家を一歩出たときからだいたいは車を運転して会社へ行くし、会社では個室またはパーティションのある半個室が一般的だ。

これに対して日本のサラリーマンはオープンフロアで働く。課長や部長になっても、だ。行動は逐一丸見え、話す声はすべて筒抜けである。常時上司に見られているので、自分が大きな組織の歯車にすぎないことをいやでも意識させられる。日本の企業ももちろん社員の能力を評価するが、それ以上に重視するのがルールの遵守や協調性だ。これは、報酬体系が成果主義ではなく年功序列になっていることとも関係する。チームワーク重視となれば個人の自発性は重んじられない。多くの企業が毎朝朝礼を行うのもこのためだ。朝礼の最後には社是を唱えたり社歌を歌ったりする（日本ではある程度以上の規模の企業にはみな社歌がある。公平を期すために付け加えておくと、当時のアメリカでも少なからぬ企業に社歌があった。ＩＢＭの社歌は“Ever Onward”で検索できる）。

一九六九年のあるニュース映画には当時のサラリーマンの様子が描かれている。[12]コンクリートとガラスの高層ビルが立ち並ぶ都会の映像とともに荘重なナレーターの声が響いてくる。「働き蜂がつくりあげた繁栄のシンボル。羊のようにおとなしいサラリーマンがこれを成し遂げたのです」。このニュース映画はサラリーマンの努力を称揚する目的で作られたらしいのだが、いま見るとどうも褒め称えているようには見えない。押し屋と呼ばれる駅員に満員電車に押し込まれ、都心の駅で吐き出されるサラリーマンの大群。始業時刻間近になると遅刻しないよう大勢が会社に向かって走り出す。ある電子メーカーでは遅刻者の氏名を毎月社内報に掲載するという。ある化粧品販売会社では、新入社員がスローガンを唱和し、ワイシャツにネクタイ姿で会社の便所掃除をしてから一斉に営業に向かう。ある自動車販売代理店では、営業マンは朝「ポケットベル」を渡される。アメリカで発明された最新技術の賜物であるポケベルによって営業マンはつねに会社とつながっており、「電波の紐がどこまでも追いかけてくる」。ニュース映画の最後ではサラリーマンの住宅事情も紹介される。団地である。都会の住宅逼迫を解消すべく都心から一時間以上離れた郊外に突貫工事で建てられた「コンクリート長屋」に彼らはとぼとぼ帰っていく。

働き蜂や羊に喩えられたものの、実際には六〇年代、七〇年代のサラリーマンはむしろ古代スパルタ人に似ている。というのもサラリーマンの価値は、どれほど苦行に打ち込んだかで評価されるからだ。具体的には働いた時間の長さ、睡眠時間の短さ、そして夜の付き合いの長さ、つまり飲んだビールの本数、一緒に歌った曲の数……がモノをいう。サラリーマンの仕事は勤務時間中には全然終わらないのだ。仕事が終わってから同僚と飲みにいくのは義務のようなものだとして、取引先と飲むのは義務そのものである。仕事絡みはもちろん、単に社交的な付き合いであってもだ。酔っ払ってやったことは酒の上のこととして、何を言おうがどんな行動をとろうが不問に付される。こうした酒席の付き合いはいつしか「飲みニケーション」と呼ばれるようになった。そして五〇年代、六〇年代にサラリーマンの数がどんどん増えるにつれて、「飲みニケーション」のための場も増えていった。

居酒屋やバーは戦前からあちこちにあったが、サラリーマンが音楽を介して「飲みニケーション」を深められる店が出現するようになる。いちばん高級なのはキャバレーで、本来は舞台があり、生バンドの演奏やプロのダンサーやコメディアンによるショーなどを提供する遊興社交施設である。もちろん客をもてなすのはホステスで、大切な取引先を接待するにはうってつけの店だ。日本では占領軍のために開かれた店が第一号で、一九六〇年代〜七〇年代に大流行した（だんだんに衰退し、二〇一八年には東京で最後のキャバレーが閉店している）。高級クラブと呼ばれるところはキャバレーよりずっとこじんまりして親密な雰囲気で、話術に長け巧みにその場を取り持つホステスが客の隣に座って一対一で相手をしてくれる。静かで、そして高価な店だ。ふつうのサラ

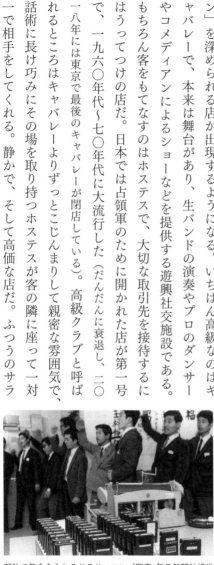

朝礼で気合を入れるサラリーマン（写真：毎日新聞社提供）

リーマンが自腹で飲むのは、もっぱらスナックである。酒のほかにつまみやちょっとした軽食（スナック）を出すのでこう命名された。キャバレーやクラブが接待を伴う飲食店として風俗営業法の対象になり、深夜零時以降は営業できないのに対し、スナックはカウンター越しに接客するため零時以降も営業できる。料金の安いスナックでは「ママ」と呼ばれる店長の女性との会話を楽しんだり、流しが入ってくれば一緒に歌ったりし、ときにはママとデュエットをしたりする。

こう考えれば、なぜ日本で最初にカラオケマシンが発明されたかと問うよりも、いったい日本以外の国でカラオケマシンが発明できただろうかと問うほうが正しいとわかる。

井上大佑は、カラオケ発明者としていちばん有名になった人物である。しかし言い方はおかしいが、彼は最初の発明者ではない。僕は正真正銘の最初の発明者に会いに行き、東京板橋区の自宅のキッチンでインタビューすることができた。名前は根岸重一という。住所は全国カラオケ事業者協会で教えてもらった。カラオケがこれだけさかんなのだから、そうした協会があってもおかしくはないはずなのに、なぜか僕はそういうものが存在することに驚き、協会の事務所のドアを開けるときには、中でカラオケ・パーティーのようなものをやっているのかなと半ば本気で想像したものである。だがちょっぴり残念なことに、ドアの向こうにあったのはいたってふつうの日本のオフィスだった。オープンフロアに机が並び、棚から書類があふれ、きちんとした身なりの男女が静かに仕事をし、電話の応対をしている。カラオケ装置メーカーや見本市のポスターが壁に貼ってあるのが唯一カラオケ事業者協会らしいところだった。担当の人と名刺を交換してわけを話すと、すぐに電話をして段取りをつけ、住所を紙に書いて渡してくれた。こうしてごくスムーズにカラオケ発明者の自宅を訪ねることができたわけである。

根岸は九五歳になっていたが、とても若く見え、立派な髭と体格から映画俳優のウィルフォード・ブリムリーを彷彿とさせた。そのとき着ていたグレーの背広に黄色の小粋なアスコットタイ姿もなんだか映画俳優らしい。よく笑いジョークも飛ばし、年齢を思い出させるのは少々耳が遠いところだけだった。

カラオケマシンを発明した一九六七年には、根岸は四四歳だった。当時は自宅の隣で小さな工場を経営していたという。東京二三区の北西部にある板橋区は住宅と工場が混在する静かな地域である。一見するとナイトライフとは無縁で、歓楽のための発明が生まれるような場所とは思えない。いまでこそ私鉄や地下鉄が整備されて便利になったが、かつてはそうではなかった。一九世紀末には東京の田舎であり、都心から物理的に離れていたこともあって日本最初の弾薬工場が建設されている。それから数十年の間に、板橋は軍事物資生産の中心地として人知れず栄えるようになる。アメリカの雑誌「ウォー・ウィーク」は、B29による空襲が「板橋武器庫」を破壊し

根岸重一とスパルコボックス（著者撮影）

たのは「後方地域にある日本の戦争マシンの中でおそらくは最大の脅威」だったからだと一九四五年に解説している。

それでも都心部に比べれば被害は少なく、終戦後もこの地域には多くの職人や技術者が残っていた。その中から何人かが自分で事業を起こし、やがて一九五〇年代〜六〇年代には精密機械などの製造拠点として活況を呈するようになる。[13]大手メーカーの家電や小型電気製品の組み立てが中心で、たくさんの小さな下請業者が請け負っていた。根岸の日電工業もその一つである。当時は八〇人ほどの技術者や工員を雇っていたという。根岸がカラオケマシンを考案した一九六七年には、日電工業は大手音響機器メーカーから8トラック方式のカーステレオの組み立てを請け負っていた。

8トラック（通称8（ハチ）トラ）式テープデッキは、アメリカの企業連合が車載用に開発した音楽再生装置で、一九六四年に最先端のカーオーディオとして発売された。企業連合にはリア・ジェットを中心にRCAビクター、フォード、モトローラなどが参加していた。当時広く普及していたオープンリール式テープレコーダーは車を運転しながら音楽を聴くには不便だし、凸凹道では心許ない。8トラは1／4インチ幅の磁気テープが頑丈なプラスチックケースに収められ、その中で回転するしくみなので、凸凹道で車がバウンドしてもテープが外れることはない。横一〇センチに縦一三センチで、カセットテープ（当時すでに販売されていたが、会話録音用と考えられていた）に比べるとやや大きく正方形に近い。8トラのおかげで車を運転しながら音楽を楽しめるようになった。安定性に加え、文字通り合計8トラックの信号が録音されており、標準的なLPレコード

（両面四〇分）の二倍の八〇分の音楽を再生できる。しかもエンドレス式なので、裏面に返す必要がない。

根岸は根っからの技術屋で、工場のコンベヤベルトから折りたたみ式スピーカー、マーカー弾にいたるまでいくつもの特許の持ち主だ。ちなみにマーカー弾というのは、泥棒にペンキを発射して印をつける装置だそうである。あるときはキャラクター商品を作ろうと思い立ち、六〇年代半ばに虫プロダクションに交渉に行ったという。鉄腕アトムらしきものを印刷したポケットサイズのトランジスタラジオを製造販売する権利をお願いしに行ったというのだ。担当者と交渉している間に、スタジオを見回しているとおもしろいことが起きた。手塚治虫が吹き抜けになっている二階からロープと滑車を使って漫画の原稿の束を下の階に下ろしたのである。下の階で受け取ったアシスタントが原稿を仕上げるしくみだ。手塚のこの工夫を観察した根岸は強い感銘を受けたという。

そんな根岸のお気に入りの息抜きは歌だった。彼の朝は「歌のない歌謡曲」という民放ラジオ番組から始まる。文字通り歌抜きの伴奏だけを流す番組だ。ラジオ電波に乗ったカラオケのようなものと言えるだろう。ある朝いつものようにラジオ放送をバックに鼻歌を歌いながら工場に来ると、日電工業の技術部長に歌がまずいとからかわれる。そのとき根岸の頭に閃くものがあった。「そいつに頼んだんだよ」と根岸は回想する。「こういうテープデッキにマイクをくっつけて歌って、自分の声が伴奏に乗っかって一緒に出たらおもしろいんじゃないかって。そしたら、そんなことすぐできますよ、と言うんだな」

根岸の頼んだものは三日後に届けられた。マイクアンプ、ミキサー、8トラック・テープデッキの回路をつないだ代物で、剝き出しの部品が線でつながっているだけの試作品である。根岸は三〇年代の流行歌「無情の夢」を試しにかけて歌ってみた。自分の声がバック演奏に乗ってスピーカーから流れてくる。世界で初めてカラオケが歌われた瞬間だった。「これはいいや！と思ったね。こら、おもしろい。おもしろいものを作っちゃったと」。根岸は試作品を格納する箱を作らせ、コインを入れると作動するタイマーも取り付けた。これは売れる、と瞬間的に思ったという。

この発明品を根岸は「スパルコ・ボックス」と命名した。[14] 一辺五〇センチの立方体をクロムで縁取りし、ベージュ色の樹脂シートを貼ってある。上部にはテープを差し込む長方形のスロットと音量、バランス、トーン調整つまみが、側面にはマイク用のジャックと百円硬貨の投入口がある。前面には根岸のもう一つの工夫として音楽に合わせて点滅するいろいろな色のストロボライトを取り付け、その上を透明プラスチックの波型シートで覆った。光がスパークするのでスパルコ・ボックスというわけである。

根岸はさっそく家に持ち帰り、妻と三人の子供たちに見せると奪い合いになったという。インタビューの最中に当時中学生だったお嬢さんが入ってきて、そのときのことを話してくれた。自分の声が音楽と一緒にスピーカーから流れてきたときにはほんとうにびっくりし、興奮したそうだ。こうして根岸は、まさしく世界最初のカラオケ・パーティーを自宅の台所で開催したのだった。今日の基準からすると原始的な装置で、要はテープをバックに歌うだけ。エコーもエフェクトもかけられないし、キーも変えられない。今日のカラオケでは当たり前のビデオ画面もないから、歌詞テロップは出ないし、もちろん歌い出しの指示もない。根岸はすぐに歌詞カードを印刷してソングブックを用意することになるのだが、さしあたってはテープデッキ、アンプ、スピーカー、マイクで構成されたボックスがあるだけだった。それでも、小さな台所でたしかに何かが変わった。楽団の演奏をバックに歌うということが、もはやプロの歌手だけに限定されなくなったのである。

根岸は工場経営者であり、大企業との取引もある。しかし消費者に直接営業したり商品を売ったりした経験はなく、そのための手立ても持ち合わせていなかった。そこで彼は、他の発明品のときと同じく、販売を引き受けてくれる業者を探す。並行してNHKの技術部にいる知り合いに、「歌のない歌謡曲」で使われているような歌抜きのバック演奏がどこで手に入るか問い合わせた。スパルコ・ボックスを価値のある商品に育てるために、できる限りの手を打とうとしたのである。

「その技術部の人がね、それはカラオケです、あなたの探しているのはカラオケ・テープです、って言うんだね。その言葉をそのとき初めて聞いたわけだよ。それは業界用語だったんだ。歌手が地方へ行って歌うときのために、楽団の演奏をテープに録音しておくわけだ。だって、楽団を連れて行くのは大変だからね。本来いるはずのオーケストラがいない、空っぽなんでカラオケというんだそうだ」

販売業者のほうも見つかった。「NHKでカラオケと呼んでいると教えてやったんだけど、カラオケなんてカンオケみたいで変な名前だから売れるはずがないと言われてね」。こうしたわけでスパルコ・ボックスは「ミュージックボックス」、「ナイトステレオ」、「ミニジュークボックス」といった名前で売られることになった。もちろん、実際の商品にセットするテープをＮＨＫに頼るわけにはいかない。根岸は知り合いのダビング業者に頼むことにした。根岸によれば、バック演奏だけ録音したレコードは当時はかんたんに手に入ったという。生バンドのいないダンスホールで需要があったほか、純粋に歌好きの素人も買っていたようだ。根岸は飲み屋で人気のある曲を二〇曲ぐらい選んで特製8トラにダビングしてもらった。このとき著作権者に問い合わせることはしていないし、著作権者から支払いを求められることもなかったという。この新奇な発明品のために根岸がやったことは、法律的にはグレーゾーンにあったと言えるだろう。なにしろ世界初のカラオケマシンだから、そんなことまで気が回らなかった。

「あの頃、伴奏付きで歌いたかったら、流ししかなかった」と根岸は回想する。そう、あのギター片手に飲み屋を回るミュージシャンである。「だけど流しは高かったんだよ！」。流しには数曲で最低でも一〇〇〇円は払わなければならないが、スパルコ・ボックスならたった一〇〇円でバック演奏をつけてくれる。だがまさにここに、問題があった。根岸や販売業者が飲み屋にスパルコ・ボックスを売り込みに行くと、店主は「これ、おもしろいね」と乗ってくる。ところが数日後にはすまなそうに電話をよこし、すぐに引き取ってほしいと言ってくるという。「流しなんだよ。流しから文句が出るんだ。カラオケを置いてもらったとこはどこも、こんなものを置くなと流しがオーナーに脅しをかけるんだ」と根岸はため息混じりに語る。カラオケが普及する前は流しがかなりの集客力を誇っており、おまえの店にはもう来ないぞと言われると店主は困惑してしまう。「ヤクザみたいなもんだからね。みんな流しにしてやられた。強敵だったよ。秋田から大阪まで車に積んで売りに行ったもんだが、どこも同じだった」。
スパルコ・ボックスの最大の顧客は、結局のところ「ラブホテル」だった。日本の場合、この手のホテルは必要に迫られてできたという要素が強い。なにしろ二世代、三世代の家族が一つ屋根の下で暮らし、間を遮るものと言えば襖か障子しかないからだ。とはいえラブホテルでスパルコ・ボックスがよく売れたのは、歌うためだけではない。もともとこの手のホテルでは客はせいぜい数時間しか滞在しないことが多い。音楽と一緒に派手なストロボライトが点滅するのが、けばけばしい内装にぴったりだというのでウケたのである。ラブホテルに売れたおかげで、根岸はささやかながらも安定した利益を手にすることができた。だがそれがいつまで続くだろうか。根岸はカラオケの成長性に疑問を感じるようになっていた。スパルコ・ボックスに特許を取ることも検討してみたが、そのためにかかる費用と面倒を考えて断念したという。当時は特許の取得にかなりのお金と時間がかかったし、特許を取得して対抗しなければならないような競争相手もいなかった。すくなくとも、そんな相手がいるとは根岸たちは考えもしなかった。

井上と根岸は互いに相手の存在すら知らなかったし、もちろん相手の発明品のことも知らない。にもかかわらず、井上の8ＪＵＫＥと根岸のスパルコ・ボックスはよく似ている。スパルコ・ボックスより三年あとに発明された8ＪＵＫＥは木製の立方体で、中にやはり8トラのカーステレオが入っている。[15] これは、楽器用アンプなどの修理店を経営している井上の友人に頼んで改造してもらったものだ。根岸のストロボライトはついていないが、根岸にはないものがついている。

それは、ごく原始的なエフェクターである。井上はこの友人に頼んで残響装置を取り付けてもらった。金属製のスプリングを介して音声にエコーをつけるためだ。さすが「弾き語りの先生」だけあって、素人の大半は歌が下手くそだという厳然たる事実をよく知っていたのである。エコーをつけることで、素人の歌もけっこう聞けるものになる。

井上はもう一つの仕掛けも用意していた。プロ用の伴奏では素人の客はついていけないことを彼が承知しており、客に合わせてキーを適当に上げ下げし、テンポも臨機応変に合わせてやる名人だということはすでに書いたとおりである。それに彼はバンドリーダーでもあったから、バンド仲間を呼び寄せて素人向きのバック演奏を録音することができた。井上以前のカラオケ発明者は、根岸を含め、みな市販のバック演奏録音を使った。つまり、プロが歌うときと基本的に同じ伴奏である。だが井上は、素人がそれでは歌えない（たとえ歌いたがっても）とわかっていた。だからこそ、一九七〇年前半に8JUKEを完成させてからも、まる一年寝かしておいたのである。その間に何をしたかと言うと、流行歌のバック演奏を自分のバンドで録音した。キーを下げ、テンポも落として、素人でも歌いやすくして。[16]

井上にはプロ仕様の録音スタジオを使うコネも金もなかったが、地元の結婚式場で演奏するアルバイトをしていたことが幸いする。式場が開店休業状態になる仏滅の日を利用して録音したのである。もちろんプロ用の機材などないし、録音後の編集をしてくれるプロもいない。だから重ね録り（パートごとの録音）ではなく、一発録り（バンドの一斉演奏の録音）である。当初はなかなか息が合わず、一日で数曲しか録音できなかったが、慣れてくると一〇曲は録音できるようになったという。彼らの演奏は、じゅうぶん本物らしい。ただ、素人客のためにそれとわからないほど歌いやすく入りやすくしてある。数十年後にバーチャル・リアリティ（ＶＲ）が出現してミクロの視点から宇宙までありとあらゆる世界の擬似体験が可能になったが、井上の発明はその前身と言ってよいだろう。音楽のＶＲとして、プロ歌手の「なりきり体験」を提供したわけである。

録音のかたわら、井上は地元の電器店と木工所に８ＪＵＫＥの製造を依頼する。一九七〇年末までに初回ロットとして８ＪＵＫＥ一〇台と二〇〇曲を収録した特製テープ五〇本のセットが完成し、翌年一月からいよいよスナックに置いてもらうことになった。ところがこれは完全な空振りに終わる。無理もない、誰も使い方を知らなかったのだ。アイデアがいくらでも湧いてくる井上は、知り合いのホステスに軍資金を渡し、サクラをやってもらうことにする。お色気で客をデュエットに誘う作戦だ。

この作戦は当たった。三月には捌き切れないほどの注文が入るようになる。井上は横浜の工場に製造を発注し、出来上がると軽トラックを借りて片道四〇〇キロ以上を自分で運転して取りに行き、山積みにして帰ってきたという。最初は失敗の連続で、たとえば予想外の人気のためにコイン入れがすぐに満杯になって機械が止まってしまうということが頻発した。当時の井上はまだ弾き語りを続けていたので、苦情の電話が来るとトイレへ行くふりをしてこっそり抜け出し、機械を直しに行ったという。それにしてもコイン入れがこれほどひんぱんに満杯になるとは、井上の読みの大当たりである。彼のビジネスモデルは、８ＪＵＫＥを貸し出し、上がりのうちまず二万円を井上がとり、あとはスナックと折半するというものだ。だいたいの客は一回で一〇〇〇円は使うので、二万円はあっという間である。こうして8JUKEの注文がどんどん舞い込むようになる。弾き語りたちが身入りの落ち込みに気づいて騒ぎ出し、神戸音楽人連盟三宮支部の緊急総会を開いたのはこの頃だった。

義兄からは特許を取ったらどうかと言われたという。今日からすれば当然のことだが、当時の井上には金もなく、その気もなかった。彼はクレセントという会社を設立して手一杯だったし、そこに利益の大半を注ぎ込んでいたからである。こうしてカラオケマシンの特許はまたしても取られずに終わった。後年なぜ特許を取らなかったのかと質問されて、「ありもんをくっつけただけですから」と答えている。[17]ビジネスモデルを考えついたのはたしかに自分だとしても、アンプ、マイク、8トラのテープデッキ、コインボックスなどにはもとから特許が取られている。そして当時は、ビジネスモデルなどというものに特許が取れるとは誰も考えていなかったという。それにもっと重要なことがある。神戸の歓楽街で8JUKEがブームになったからと言って、果たしてそれが長続きするのか、全国に広がるのか、大いに疑わしかったことだ。

根岸にせよ井上にせよ、そのほかの誰にせよ、カラオケのその後の展開は想像もできなかった。ましてや思い通りにすることなどできるはずもない。バック演奏で歌う機械が流行っていると気づいたオーディオメーカーが乗り出してくるまでにさほど時間はかからなかった。おそらく、社員(サラリーマンだ!)がどこかの飲み屋でその機械に出くわして、会社で話題にしたのだろう。奇跡的にもその機械に誰も特許をとっていないことが判明するのはあっという間だ。かくしてオーディオ大手の日本ビクターが8JUKEと同様の機能を備えたBW-1というカラオケマシンを一九七二年に発売する。東芝とパイオニアがすぐに追随した。[18] こうして大手メーカーがシェア争いをするようになると、カラオケマシンは一気に普及し始める。神戸から大阪へ、そして七〇年代のうちに日本全国へ広がった。急速な普及が可能だったのは、カラオケマシンのコンセプトがパブリックドメインであったことが大きい。誰のものでもなかったカラオケは、みんなのものになったのである。

カラオケが社会に与える影響が大きくなるのと足並みを揃えて、「うるさい！」という苦情が警察に殺到するようになる。酒を出す店ならどこにでもカラオケがあると言えるほど普及が進み、それまで静かだった界隈にまで素人歌手の歌声が響き渡るようになったのだから、当然だろう。カラオケをめぐって暴力沙汰になったこともある。一九七七年一二月二六日のまだ早い時間、川崎のラブホテルの従業員が地元のナイトクラブで酒を飲みながらカラオケをしていて、次に誰が歌うかで喧嘩になった。最終的に一八人を巻き込む大乱闘になり、うち四人がビール瓶で殴られるなどして病院に運ばれる。[19] 歴史に残る限り、世界最初のカラオケの犠牲者と言えるだろう。アルコール、高揚感、仲間内の張り合いといったものが重なるとこうした事件が起きやすい。その後も同じような暴力沙汰が日本でも世界でも起きている。たとえば二〇一〇年二月六日付ニューヨーク・タイムズ紙は、フィリピン国内ではフランク・シナトラの「マイ・ウェイ」の歌唱をめぐるいさかいから殺人事件が多発している、と報じた（あまりの調子っ外れに腹を立てて銃で撃つケースが多いようだ）。このためマニラのカラオケバーでは「マイ・ウェイ」を選曲リストから外す店

カラオケマシン

が多い、とまことしやかに伝えられている。[20]

殺人事件ほど目立ちはしないが、カラオケ批判論者に言わせればもっと重大な影響もあった。「ホステスの接客技術も客の会話も下手になった」と作家の半村良は慨嘆する。「歌っている人も自分の番を待っている人も思考停止の状態だから」[21]。一九七九年の朝日新聞「天声人語」も、「いつから一億総歌手の国になってしまったのか。カラオケが普及して自信過剰なのど自慢が激増したという説もある」と揶揄している。[22]さらに一九八四年には音楽評論家の藤田正が、カラオケブームが素人もプロも巻き込んだ結果、みんなが同じリズム、テンポ、メロディー、歌詞で歌っていると批判した。[23]この発言は、カート・ヴォネガットの『ハリスン・バージロン』を思い出させる。近未来のアメリカを描いたこの小説では、人より優れていることは許されない。美男や美女は仮面をつけさせられ、身体能力の優れた者は首から重しを下げさせられ、知能に秀でた者は雑音を送る特殊なラジオを耳に装着させられて頭が十分に使えない。藤田がこの作品を知っていたかどうかはわからないが、すくなくとも歌に関する限りこの悪夢が迫りつつあると警告しているように聞こえる。（なお藤田はけっして古くさい保守的な評論家ではない。その証拠に、アメリカのヒップホップをカラオケと対比させ、ヒップホップでは新しい表現が可能だと述べている。カラオケは再現するだけの受動的なものだが、ヒップホップは既存の曲を再編集し新しい曲を作るからだ）。

カラオケの誕生から最初の十数年が過ぎるうちに、歌える曲の数がなかなか増えなくなり、同じ曲が何度も歌われるようになる。もともと選曲リストに入っている歌の大半が演歌だった。演歌は「こぶし」と言われるビブラートをきかせて歌う感傷的なバラードで、[24]「艶歌」とも呼ばれるようにほどよくロマンスの香りもするのでカラオケに向いているのだろう。もともとの「演歌」は「演説歌」で、明治期の自由民権運動の壮士が演説代りに歌ったのが発祥である。やがて政治色が薄れ、バイオリンやアコーディオンなどに合わせて義理人情や悲恋などを（ちょっぴり「マイ・ウェイ」的に）歌い上げる大道芸となる。これが現在の演歌の祖と言えるだろう。第二次世界大戦後に占領軍とともに大音響のビッグバンドによるジャズ、のちにはロックが日本の音楽シーンを席巻するようになると、涙を誘う物悲しい演歌はいかにも日本的な伝統歌謡としての位置付けを回復し、占領国の騒がしい音楽に興味のない中年以上の層に支持されるようになった。感情の抑制と自己犠牲を理想化する演歌は、ブルーカラーかホワイトカラーかを問わず、中年男たちの心意気に訴えるものがあったのだろう。それから長い間、カラオケと言えば演歌と言ってよいほど両者は密接に結びついており、若者世代をうんざりさせた。なぜなら、カラオケ好きの上司に付き合わされたが最後、彼らが古くさい演歌を歌いまくるのを聞いていなければならないからである。一九七七年のある新聞には、「若者にはギターがあるが、中年には演歌と軍歌を歌えるカラオケがある」とある。[25]

八〇年代半ばまでこの状況に大きな変化はなかった。だがいったん変化し始めるとその後は早かった。ここで一役買ったのがブルース・スプリングスティーンである（ちなみに彼のニックネームは上司(ザ・ボス)という）。一九七〇年代にデビューし、いまなおロック界の重鎮であるスプリングスティーンは、八五年に来日公演をした際、日本の契約レコード会社が自分の楽曲のカラオケ・バージョンを制作していることに大いに興味を持つ。そしてさっそくその年の一二月に、大ヒット・ア

ルバム *Born in the U.S.A.*（『ボーン・イン・ザ・USA』）のカラオケ・バージョンを制作した。[26]『ボーン・イン・ザ・USA』は、全曲がカラオケ・バージョンに「翻案」された初のロック・アルバムとなったのである。

彼らにしてみれば冗談半分だった。ところが『ボーン・イン・ザ・USA』のカラオケ・バージョンはレコード、テープ、CD合わせて二〇〇万枚が売れに売れる。この驚くべき成功が、その頃日本に登場したホームカラオケに重要なヒントを与えることになった。ホームカラオケというのは家庭用ステレオにレーザーディスク・プレーヤーとカラオケ機能を搭載したシステムのことである。ロックンロール・カラオケ版の予想外の成功とホームカラオケの登場によって、カラオケ業界には二つの突破口が開かれた。一つは、若者だって親世代と同じく歌いたがっているのだということ。もう一つは、クラブやスナックへ出かけて人前で歌うより、一人あるいは家族や仲間内で歌いたいという需要が存在するということである。この二つが相俟って、一九八五年に初めて「カラオケボックス」が登場した。当初は輸送用コンテナを改造してカラオケ機材を用意した文字通りの「ボックス」だった。カラオケボックスは、夜の盛り場には行かないし行きたくない女性や家族連れや中高生などに大受けする。そしてカラオケボックスもまた、誰も特許を取っていない。カラオケボックスは、流しや弾き語りの息の根を止めるとどめの一撃となる。カラオケに対する彼らの敵意と恐怖が正しかったことがついに証明されたわけだ。流し全盛期だった六〇年代前半には、東京の繁華街には一〇〇人以上の流しが毎晩出没したという。[27]カラオケに生計手段を奪われ、流しは激減した。いまも東京にいる十数人の流しは、ありし日の郷愁を呼び覚ます存在となっている。

＊＊＊

カラオケマシンの影響は歌に限らない。カラオケは才能の民主化を実現したとも言える。このことは、日本に限らず世界中の人々の人生の夢に根深い影響を与えた。アマチュアがプロのような気分に手軽になれる装置は、カラオケが初めてだと言ってよいだろう。歌いやすいキーに変え、エコーやリバーブをかけるなど声を加工してくれる機能はいまや大方のカラオケマシンで標準となっているが、思えばこれはハイテクの魔法が日常生活に入り込んできた第一歩だった。たとえばカメラの手ブレ補正機能やインスタグラムの写真フィルターなどは、アマチュアの写真をプロが撮影したものにかなり近づけてくれる。『太鼓の達人』や『ロックバンド』を始めとする音楽ゲームでは、画面に表示される指示に従うだけで、コンサート会場で演奏しているような疑似体験ができる。この意味で万人にスター気分を味わわせてくれるカラオケは、没入型の技術や変身願望を叶える技術が出現する道を切り開いたとも言えるだろう。またカラオケは、史上初のユーザー生成コンテンツ（UGC）とも考えられる。ブログやSNSへの画像や動画などさまざまな投稿、さらにそれへのレビューやコメントなどUGCを目にしない日はないが、誰もが自分なりに味付けして歌えるカラオケはUGCの走りだと見なすことができよう。カラオケが面倒な権利に縛られることなく自由に発展したおかげで、企業がハードウェア（カラオケマシンやカラオケボックス）

とソフトウェア（楽曲テープ、のちにはレーザーディスク、通信カラオケ）を潤沢に供給する道が開け、誰もが好きなときに好きな曲を思いのままに歌うことができるようになった。

カラオケは九〇年代半ばに全盛期を迎え、カラオケボックスは日本全国で一六万五〇〇〇ルームを数えた。[28]ある調査によると、全人口の半分近い六〇〇〇万人が年に一度はカラオケを利用するという。二一世紀に入って、スマートフォンで移動中も楽しめる娯楽やインターネットを介した双方向ゲームなどとの競争が激化したにもかかわらず、カラオケ人口は五〇〇〇万人前後を維持している。[29]カラオケは日本のポピュラー音楽産業にも大きな影響を与えることになる。とくに九〇年代前半に通信カラオケが登場し、新曲がどんどんカラオケで歌えるようになると、レコード会社はいま何が人気なのかをリアルタイムで知ることができるようになった。

欧米でのカラオケの発展は、日本とすこし様子がちがう。アメリカに輸入された最初のカラオケマシンは、日本食レストラン向けだった。「一日中がんばって働いた日本人ビジネスマンは、スナックで酒を飲みながらくつろぎ、郷愁を誘う演歌と呼ばれるバラードを歌うことを好む」と一九八三年五月にニューヨーク・タイムズ紙が報じている。[30]これが、カラオケに関する最初の報道である。「日本ではこうした習慣がカラオケブームと呼ばれる社会現象を引き起こした。一部の日本企業は、それに近いものがアメリカにも起きることを期待している」。カラオケが置かれるのは、当初は日本人ビジネスマンの接待を目的としたバーやレストランか個人宅に限られていた。当時は大量の日本人がアメリカにやって来て、日米貿易摩擦の中で市場を開拓しようとタフな交渉を続けており、彼らをもてなす場が必要だったという事情がある。

やがて八〇年代半ばから後半になると、アメリカ人起業家が英語で歌う客のためにカラオケ・ビジネスを始める。カラオケ・ラウンジが最初に登場したのはニューヨークやロサンゼルスだ。バンドをバックに歌える機械は瞬く間にアメリカ人の心を鷲掴みにした。一九九二年には、時の大統領ジョージ・H・W・ブッシュ（父ブッシュ）が選挙運動中にカラオケという言葉を使っている。対立候補のクリントンとアル・ゴアをカラオケ・キッズと呼び、「当選するためなら何でもする連中だ」と揶揄した。[31]

日本のユーザーはカラオケボックスで歌うことを好む。知らない他人の前で歌うストレスから解放されるし、一緒に歌う友人といっそう親密になれるからだ。一方、欧米とくにアメリカでは、カラオケはショッピングモールやバーやレストランで一種のショーとして人気になっている。こういう場所でマイクを握りたがる若者のタイプは二通りある。一つはノリのいいパーティー・ソングでその場を盛り上げるタイプ。もう一つは自慢の喉を披露して同じく腕に覚えのあるライバルを圧倒あるいは挑発するタイプである。もっと真剣なユーザーにとっては、カラオケはもはや全然くつろぎのためではない。「現実の栄光を掴むための手段」だと二〇〇五年のインディアナポリス・マンスリー誌は報じている。全米規模で行われるアイドル・オーディション番組『アメリカン・アイドル』の地方予選に出場するアイドル予備軍は、「影に座って葉巻をくゆらしながら将来有望な新人を発掘する大物の目に留まる」ことを願いながらカラオケのマイクにしがみついて練習するのだ（ときにこの願いが現実になることがあるから、アイドル候補たちの妄想はいやがうえにもふくらんでしまう。ヒップホップの女王メアリー・J・ブライジのキャリアは、ショッピングモールのカラオケ・ブースで録音したテープから始まった）[32]。誰もが発見されるのを待っているスターなのだという魅惑的な空想があるからこそ、『アメリカン・アイドル』のような視聴者参加型番組が圧倒的な人気を誇る長寿番組（初回は二〇〇二年）となっているのである。

それで根岸や井上はどうなったんだ、と読者はお思いだろう。根岸は流しなどの抵抗に遭いながらも、なんとか八〇〇〇台のスパルコ・ボックスを全国各地に売った。歌うためというよりポータブルなジュークボックスとして使われるケースのほうが多かったが。だが根岸と組んでいた販売業者（カラオケはカンオケみたいだと言ったあの人物である）が一九七三年に販売から手を引いたため、根岸も潮時だと感じた。流したちにはずいぶんいじめられたし、ほかの仕事も忙しい。そもそも根岸はそれなりに繁盛している工場の経営者なのである。彼は本業に専念することにし、スパルコ・ボックスはカラオケの歴史から姿を消す。

一方の井上はずいぶんと大儲けした。大手が乗り出してくると8JUKEの売り上げは落ちたが、井上はすかさず音楽テープの録音・製造にスイッチし、八〇年代半ばまではレコード会社とカラオケ会社の間を取り持つ仕事をしていた。レコード会社から音源を借り、テープを作っては、ライブラリーを増やそうと躍起になっているカラオケ事業者に販売する仕事である[33]。自社製カラオケマシンのロイヤルティ収入は途絶えても、テープの製造販売と他社製マシンの卸売りで年商一億ドルを上げた。

そうこうするうちに、井上はいつの間にかカラオケの発明者として広く喧伝されるようになる。一九九八年にシンガポールのテレビ局がカラオケ専門チャネルを開設するにあたり、カラオケマシンの発明者を開局式に招こうと考え、全国カラオケ事業者協会に問い合わせる。協会では、発明者とは言わず、カラオケを「最初にビジネス化した人」として井上の名前を挙げた。[34]協会が根岸ではなく井上の名前を挙げた理由は、こうだ。たしかに装置を発明したのは根岸である。だがハードウェアと一緒にカスタムメイドのバック演奏テープというソフトウェアを用意してトータル・パッケージとし、カラオケが一地方の一時的流行からグローバル規模の巨大ビジネスに発展することを可能にしたのは井上だ。こうして井上はカラオケの顔になり、シンガポールからアジア全域で知られるようになる。日本発のあのめちゃめちゃ楽しい歌う機械を作ったのは、この人だ！

すると翌一九九九年に思いもかけなかったことが起きる。世界に冠たるあのタイム誌が「二〇世紀に最も影響を与えたアジア人」の一人として井上を紹介したのである。この「アジア人」には毛沢東やガンジーが入っているのだ。選ばれた日本人にしても、昭和天皇、ソニーの盛田昭夫、映画監督の黒澤明……といった顔ぶれである。特集ページでは、作家のピコ・アイヤーが井上を「東洋のウォルター・ミティ」と表現した。[35]ウォルター・ミティは『虹を掴む男』の主人公でアメリカでは現実から遊離した夢想家のイメージだから、元気のよい商売人の井上のイメージとはだいぶちがうのだが、ともかくも天下のタイム誌で、歌で世界を一つにするマシンの発明者と認定されてしまったのである。さらに五年後の二〇〇四年には、「人々を笑わせ考えさせた業績」に対して贈られるイグ・ノーベル賞の平和賞が井上に授与された。受賞事由は「カラオケを発明し、人々が互いに寛容になる新しい手段を提供した」（歌によって相手に苦痛を与えるためには、自らも相手の歌による苦痛を耐え忍ばなければならない）業績だということである。[36] これで井上に対する評価は確固たるものとなった。ハーバード大学で行われた授賞式では、井上はコカコーラの七〇年代のCMソング *I'd Like to Teach the World to Sing*（世界に歌うことを教えたい）（邦題は『愛するハーモニー』）の一節を歌って満場の喝采を浴びている。

根岸のキッチンに戻ろう。テーブルの上にスパルコ・ボックスがある。長い年月を経て外側に貼られた樹脂のシートはいくらか色褪せているが、銀色のボタンとダイヤルもコインの投入口もいまだピカピカだ。百円硬貨一枚で一〇分歌えるよ、と誘っているように見える。何か一曲かけられますか、と根岸に聞いてみた。

年老いた発明家は親切にコインを投入し、分厚い8トラ・カートリッジを押し込んでくれた。カートリッジはスライドし、カチッと頼もしい音がしてセットされる。ウィ―――ンと唸りを上げるような感じでテレサ・テンの一九八四年のヒット曲「つぐない」のバック演奏が流れ出した。まるで古いゼンマイ仕掛けのおもちゃがキイキイ軋みながら動き出すように。そして音楽に合わせて前面のストロボライトが光る。思わず見惚れていると、「こうパチパチするからね、スパルコにしたんだよ」と、根岸は笑いながら言う。点滅する光を見ながら、七〇年代のゴーゴーディスコを思わせるようなレトロな雰囲気を僕たちは楽しんだ。

かつてこの老発明家はこの機械を何千台も日本全国の飲み屋やホテルに売り歩いたのだ。この機械こそが、カラオケマシンの原型だと言ってまちがいではないだろう。後継者の誰もそれを知らないとしても。それから五〇年以上が経ったいま、この世でたった一つ残っているスパルコ・ボックスがキッチンで鳴っている。これは忘れられた遺物だ、博物館で展示すべきだ、と僕は思った。断然その価値はある。

半世紀も経っているというのに、マイクもまだ使えるという。長い間しまってあったのに、マイクもまだつややかな光沢を失っていない。僕は遊び半分にマイクを手にとってみたが、古い歌だし、歌詞も知らない。いまのカラオケとちがって画面に歌詞テロップが流れ、いまどこを歌うか色で教えてくれるなんてことはないのである。歌詞カードだけが頼りだが、それはどこかにしまい忘れてしまったという。

だが、そんなことはどうでもよかった。ここはカラオケ誕生の地であり、この小さな機械を心ゆくまで鳴らしてやるのがふさわしいと思えた。音楽は流れ、時が過ぎていった。

第4章 かわいい——ハローキティ 一九七五年

なにもなにも、ちひさきものはみなうつくし。
——清少納言『枕草子』、一〇〇二年

スモールギフト、ビッグスマイル
ほんの小さな贈り物が大きな友情を育てます——
サンリオの企業理念

一九七五年三月、プチパース（小さながま口）という名のなんということのない商品がそっと世に出た。透明ビニール製の薄い財布で、金属製の口金がついている。[1] 小さな女の子向けの小銭入れで、値段は二二〇円だった。このがま口を作ったのはサンリオである。がま口には数種類のキャラクターが用意されたが、発売後数週間が過ぎて売り上げを調べたサンリオのスタッフは奇妙なことに気づく。一種類だけがよく売れており、それも圧倒的に売り上げを伸ばしている。その人気商品は、オーバーオールを着てポーズをとった子猫が横向きに座っていて、その上に英語で"HELLO!"と書いてあるタイプだった。

この子猫はキャラクターにはちがいないが、漫画やゲームのキャラクターとは決定的にちがう点があった。この時点ではこのかわいらしい子猫には人格もなければ背景もなく、それどころか名前すらなかったことである。子猫の表情はなんの感情も表していない。それに子猫はただのモノの飾りにすぎなかった。小銭入れは小学生がふつうに使うアイテムだ。プチパースに続いて、カップ、皿、サンダル、鉛筆、ボールペン、ノートといったものが次々に追加された。どれも女の子向けである。

この子猫がある種の大帝国を築くことになるとは誰が予想しただろう。だがプチパースが世に出てから四〇年以上が過ぎたいま、ハローキティがただの飾りだなどとはもはや誰も思わない。キティちゃんは世界で最も多くライセンス許諾される知的財産の一つだ。キャラクターの影響力を測る物差しといえばスヌーピーやミッキーマウスだが、キティちゃんはそれに匹敵するアイコン的存在である。メディア・フランチャイズを支えるこのかわいらしい子猫は、年間五億ドルを安定して稼ぎ出す[2]。おかげでサンリオは、二〇一八年の世界のライセンサー・ランキングで八位につけている。これは、アメリカンフットボールのNFL（一二位）、ポケモンUSA（三〇位）を上回る順位である（ちなみに一位はディズニー、三位にワーナーブラザース、六位に野球のMLBなど）[3]。キティちゃんは世界中の人々の日常に入り込んでいる。それどころか、世界の空も飛んでいる。ジャンボジェットの翼を彩り、機内のクッションやカバーにも登場する。かと思えば、ニューヨ

ハローキティ

ーク五番街の老舗百貨店メイシーズの感謝祭パレードにも参加した。これだけあちこちに顔を出すようになると、どうみても場違いなところにまで登場してしまうのは致し方ないことなのだろう。イスラム戦線の司令官ザーラン・アルーシュは二〇一四年にシリアで自軍に訓戒した際、ショルダーホルスターにセミオートマチックの小銃で武装し、足元にはＡＫ47自動小銃を立てかけ、演壇にはハローキティの赤いノートを置いた。[4]

いったいどうやってキティちゃんは地球上のあらゆるところに受け入れられたのか。その成功の秘密は、日本人の言う「かわいい」にある。「かわいい」は、英語の cute といくらか重なるが、完全に重なるわけではない。cute はじつは acute（鋭い、強烈な）の頭音消失によって生まれた言葉で、「抜け目のない」とか「セクシーな」といった意味も持つ。[5] オックスフォード英語辞典によると、cute の最初期の用例は一七〇〇年代に遡り、shrewd（明敏な、利口な、辣腕の）の同義語として登場したという。現在でも“Don't get cute.”（生意気言うんじゃない）という言い方にこの意味が残っている。これに対して日本語の「かわいい」にはそうしたニュアンスはない。子犬はかわいい、子猫はかわいい、赤ちゃんはかわいいのである。実際一〇〇年ほど前までは、「かわいい」はもっぱら自分の子供やペットを自慢するときの言葉だった。「ね、かわいいでしょ？」というふうに。

「かわいい」の現代的な使い方が初めて登場したのは、一九一四年のことである。独特の美人画や挿絵で人気を博した大正時代の画家・竹久夢二は、別れた妻の岸たまき（二人の結婚はわずか二年で破綻した）に夢二デザインの小間物をあつかう「港屋絵草紙店」を持たせてやる。[6] そして岸たまきの名で出された開店の挨拶状に「かわいい」が使われた。いや、正確には「かあいい」だ。「港屋は、いきな木版絵や、かあいい石版画やカードや絵本や詩集や、その他日本の娘さんたちに向きそうな絵日傘や人形や千代紙や半襟なぞを扱う店でございます」とある。[7] 港屋の店先の提灯や引き札（ちらし）には波に浮かぶ帆掛船が描かれており、遠い異国の品物を扱

キティちゃんの記念すべき第一号作品。名前はまだない。写真は復刻版。（著者撮影）

ハローキティ

うようなイメージを与えるが、実際には商品はすべて日本製である。ただ和と洋が巧みにブレンドされているのが特徴で、たとえば着物姿のなよなよした日本美人がパリ風のカフェの前に佇んでいたり、洋酒カクテルを飲んでいたりする。夢二は伝統的な日本らしさと異国趣味が意外に馴染むことを示して、戦前期の女性美を再定義したと言えるだろう。第一次世界大戦の特需景気に沸く一九二〇年代の日本で夢二のデザインは大人気になり、夢二の描く美人は「夢二式」と呼ばれておしゃれな女性の代名詞となる。[8]港屋の挨拶状の「かわいい」は、若い女性がそれまで「きれい」と表現していた品物に使われている。これが功を奏したのかどうかはともかくとして、かわいい版画や絵葉書、風呂敷や半襟、夢二装幀の詩集といった商品は飛ぶように売れたという。

　のちに六〇年代になると、「かわいい」は漫画のキャラクターと結び付けられるようになる。たしかに手塚治虫の漫画に登場する人間や動物はまるっこくてユーモラスだ。またロマンティックな少女漫画に出てくる少女たちも、もちろんかわいい。そして二〇世紀が終わる頃までには「かわいい」の意味はどんどん膨張し、無邪気で愛らしく愛すべきすべてのものについての最高の形容詞になった。一九九二年にある女性誌が行った調査によると、[9]「かわいい」は「現在生きている日本人が最も好み、広く日常的に使われる言葉」だそうである。

　とは言え、「かわいい」を定義しようなどと考えるのは愚かなことだ。なにしろ日本語では、「かわいい」の対義語は「醜い」や「汚い」ではなく、「かわいくない」なのである。これはもはや形容詞ではない。心の状態である。愛とは何かということは、愛したときに初めてわかる。「かわいい」も同じだ。ハローキティを初めて目にしたとき、大方の人が瞬間的に「かわいい」

と感じる。そして「かわいい」は中毒になる。キティちゃんは、「かわいい」が初めて量産されたケースだと言えるだろう。手塚の漫画はたしかにかわいいが、手塚の売りはストーリーである。これに対してサンリオは「かわいい」そのものを売る。

ハローキティは、小さながま口の飾りからサンリオ帝国の礎石へとどのように変貌を遂げたのだろうか。安直な答えは、サンリオの巧みなマーチャンダイジングのおかげ、というものだ。だが実際にはキティちゃんがサンリオを作り上げたとも言える。日本の小さな雑貨販売会社をキャラクタービジネスで世界有数の多国籍企業に変えたのは、ほとんどキティちゃん一人の力だった。

当時気づいた人はほとんどいなかったが、ハローキティが誕生したのは、日本の社会、文化、経済の動きがちょうど重なり合ってこの愛らしい子猫を受け入れる下地が整った時期だった。戦後復興のおかげで日本人は健康でゆたかになった。ベビーブームが到来して子供の数は急激に増えた。平和の中でどの家庭も子供たちに愛情を注ぐ。折からの高度成長期でおもちゃやプレゼントを買い与えるゆとりもできた。こうして育った子供たちが大人になり、家庭を持ち、親世代とはちがう人生を生きたいという願望が芽生えるようになる頃、ハローキティが爆発的にヒットしたのである。さまざまな商品になって世に送り出されたこのキャラクターは、時代の美的感覚とぴたりとマッチしていた。そして日本全国どこへ行ってもそれと認められるような認知度の高いシンボルの一つとなる。

まさに「かわいい」の魔力のおかげだった。

サンリオを創設し、イチゴや子犬やりぼんや子猫を生み出し、「かわいい」を量産して世界に送り出したのは、辻信太郎という男である。詩人であり、化学者であり、闇市で人工甘味料やどぶろくを売ったこともある型破りな経営者だ。

辻は一九二七年に甲府で生まれた。父親はほとんど知らない。経営の才覚のある母親が山梨で旅館二軒と料亭三軒を切り盛りしており、婿養子だった父親は影が薄かった。[10] 裕福な家庭だったおかげで、辻は外国人の子女も多いミッション系の幼稚園に通っている。宗教は強要しないが外国の伝統は重んじる幼稚園で、「誕生パーティーがあった」と辻は二〇〇八年に回想している。「当時は誰も自分の子供の誕生日など覚えていなかったものだ。日本人には誕生日を祝う習慣がなかったし、ましてパーティーなどしなかった。だから、パーティーにはとても感動した」。[11]

一九四〇年、一三歳のときに母親を白血病で失うと、辻は伯母に預けられる。伯母はふつうの日本人よりは裕福だったが、日本が戦争に突入して食料が次第に不足するようになると、余計な子供を背負い込んだのは迷惑だという気持ちを隠そうともしなかった。「いじめられ……あんまり怒られるものだから、いつも伯母の顔色をうかがってばかりいる暗い少年になった」。戦争が激化して疎開した先でも穀潰し扱いされ、「飯を食いすぎる」、「糞をしすぎる」と怒鳴られたという。[12] 鬱屈した辻少年はギリシャ神話や詩や文学の世界に惹かれるようになる。恋愛小説を書いて学校を停学処分になったこともあるという。軍国主義一色に染まった国では、とくに男子にとってはまことにけしからぬ行為だった。男子たるものはストイックで、毅然として、国のために命を捨てる覚悟がつねにできていなければならない（月刊少年雑誌「少年倶楽部」の終戦直前の号では、漫画の代わりに愛国的な記事が掲載され、手榴弾をどのように携行しどのように爆発させるか解説が添えられている)。[13] 物書きになりたい気持ちは山々だったが、太平洋戦争は末期に差しかかっており、文科へ行けば徴兵される可能性が高い。そこで辻は四五年四月に桐生工業高専（現在の群馬大学工学部）に入り、およそロマンティックでない応用化学を専攻した。医者や技術者の不足が深刻になっており、医科か理系へ進むのが徴兵を免れる最善の方法だったからである。

一九四五年八月一五日、担任の帝国海軍少佐に校庭に集まるよう指示された生徒たちは、生まれて初めて玉音放送を聞くことになる。天皇裕仁の読み上げる詔書はあまりに堅苦しく形式張っており、ほとんどの生徒が言葉の意味を理解できなかったけれども、何を言わんとしているかはわかった。戦争は終わり、日本は負けたということである。辻たちが意気消沈して教室に戻ると、そこには別の衝撃が待ち受けていた。海軍少佐が教卓でピストル自殺を遂げていたのである。[14]

文化人類学者のルース・ベネディクトは、ベストセラーとなった『菊と刀』（一九四六年）の中で、戦争終結に対する日本人の典型的な反応を次のように記述している。「もう空襲はない。不安が去ったあとの安堵感は快い。しかし、戦いが終わって目的がなくなった。誰もが茫然としており、心ここにあらずといった体で物事を行っている。私も家人もそんな具合で、国民はまるで入院患者のようだ」[15]。気の抜けたようになってしまった人がいかに多かったかは、それまで臨床医学の専門用語だった「虚脱」という言葉が社会一般で使われるようになったことからもうかがえる。[16] 日本中の人々が無気力になってしまったようだった。だが社会の崩壊は逆に辻を奮い立たせる。彼は仲間とともに学校の実験室に入り込み、人々が喉から手が出るほど必要としていた石鹸や人工甘味料のサッカリンやどぶろくなどを、習ったばかりの応用科学の知識を活かして作った（彼は当時まだ高専の一年生だった）。そして闇市で売って大いに儲ける。[17]

だが肺門リンパ腺炎にかかってしまい、辻の密造密売の日々は突如終わりを告げる。もっとも警察が闇市の取り締まりを強化し始めていたから、いい時期に足を洗ったと言えるだろう。辻はおとなしく学校に戻り、一九四九年に卒業し、コネを頼って山梨県庁に就職する。その後一〇年間、堅実だがおもしろくない仕事をこなし、結婚して子供も生まれた。県庁の職員といえば、人に羨まれる恵まれた職業である。政治運動やらストライキやらで世間は騒がしかったが、それでも公務員は羨望の的だった。しかし辻は「少年時代に続く第二の不遇時代だった」と回想する。彼にとって最も我慢がならないのは、仕事の成果が見えないことだった。役人がするのは仕事のための仕事としか思えず、無性に闇市時代が恋しかったという。[18]

もうたくさんだ。辻は退職を決意する。同僚からは頭がおかしいと言われた。だがその後何度も起きることだが、彼は反対論者のほうがまちがっていることを証明し、さらにそれ以上のことをやってのける。そういう男なのだ。辞表を出したときも、かねて懇意だった知事に事業を興すと打ち明け、出資してもらっている。かくして辻は意気揚々と東京へ行き、一〇〇万円の資本金で会社を設立した。山梨シルクセンターという。これがサンリオの前身である。

もともと山梨シルクセンターは、その名のとおり山梨県の特産品である絹織物を扱う県のアンテナショップだった。このほかにワイン、水晶などを扱うショップもあった。これを県から切り離して株式会社化したわけである。[19] 辻は県庁時代に東京事務所に出向し、これらの物産品を売り捌いた経験がある。商才のある辻は東京の小売店に卸したり、観光客の多い地区の路上で直販するなどして売り上げを伸ばした。だがいくら利益が上がっても、それは辻のものではない。自分のやりたい仕事はこれではない、と感じるようになる。そんなとき思い出したのが幼稚園の誕生パーティーのことだった。

「あれは一九六〇年頃のことだった。息子が目黒区の小学校に通っていた。それで息子のクラスの子供たちに、君たち、誕生日にプレゼントをもらったことがある？　って聞いてみたんだ。そうしたら、三五人のうちたった三人しかいなかった」と辻は回想する。「誕生パーティーをやってもらった経験がある子は一人もいなかった。で、プレゼントをもらったことのある三人は、みんな母親からもらったと言うんだね。そこで思った。自分がやりたいのは誕生日やプレゼントに関係のある仕事だ、と」[20]。

突飛な発想に見えるかもしれないが、じつはきれいに包まれた贈り物に辻が魅せられた背景には、日本に深く根付いた社会的な習慣がある。それは、恩を受けたら返す、世話になったら礼をする、金品をもらったらお返しをする、といった習慣だ。一言で言えば「義理」である。日本ほど贈り物をやりとりすることが体系化され定着している文化はめずらしいのではないか。夏にはお中元、冬にはお歳暮を日頃何らかの形で世話になっている人に贈る。それは顧客であったり、上司であったり、先生であったり、地主や大家であったりする。また、誰かの家を訪問するときには何かしら手土産を持っていくものだとされているし、何であれ世話になったり面倒をかけたりしたら何か品物を携えて礼に参上するのが常識だとされている。何も高価なものである必要はない。現にお中元やお歳暮として日本人がよく贈るのは食品や消費財だ。ビールとか、果物とか、いやもっと日常的な石鹸や食用油なども完璧な贈答品になる。ここで忘れてはならない重要なこと、それは絶対にむき出しで贈らないことである。サラダ油を上司の玄関で手渡すなんて、とんでもない！　アメリカではOKだとしても、日本では不躾だと思われる。欧米では気持ちが大切だと考えられているが、日本では贈るために手間暇をかけることがとても大切だ。日本の人口に占めるキリスト教徒の数が一％にも満たないにもかかわらず、バレンタインデーやクリスマスのようにプレゼントがメインイベントになるような祝日を日本人が熱狂的に歓迎するのはこのためだ。凝った包装をした贈り物をする機会が増えるのはうれしいことなのである。

辻が天才的だったのは、この大人の社交的な贈答を子供向けに作り替えたことだ。こうして「スモールギフト、ビッグスマイル」がサンリオのモットーになる。だが、創立したばかりのベンチャー企業がいったい何を売ればいいのか。

答えは向こうからやって来た。山梨シルクセンターの出入り業者の一人が持っていたイチゴの絵のついた小物に、辻は目を留める。[21]彼自身が公に語ったことはないが、このイチゴは当時人気のイラストレーター、内藤ルネのデザインである可能性が高い。五〇年代初めに登場した内藤ルネは、大きな目（手塚治虫の漫画の主人公の目よりも大きい）、小顔にほっそりした首、すらりと長いプロポーションの元気で明るい女の子を描き、そのキラキラとまぶしい西洋風のタッチで日本中の少女を虜にした。五〇年代後半にはグッズも手がけるようになり、フルーツや野菜をあしらったマグカップ、ハンカチ、スカーフなどを世に送り出している。[22]竹久夢二が二〇年代に若い女性を魅了したのとまさに同じように、内藤ルネのセンスは高度成長期の若い女の子を惹きつけた。そして辻も小さなイチゴ柄を見て、あ、かわいいな、と感じた。[23] 中年のおじさんではなく少女のように。

　こうして山梨シルクセンターの最初のオリジナル・キャラクターはイチゴになる。一九六二年のことである。手始めにハンカチ、手提げ、コップを売り出し、売れ行きがいいとみるや、すぐに財布やスリッパなどありとあらゆる雑貨にイチゴをつけた。山梨シルクセンターのヒット商品第一号は花柄のビーチサンダル

一世を風靡した内藤ルネの女の子（©R.S.H/RUNE）

ハローキティ

だったが、イチゴはそれをはるかに上回るヒットとなる。[24]

これだ、と辻は感じた。かわいらしいギフトが単なる商品以上のものであることを辻は生まれ持った感性で知っていた。贈り物には特別感がなければならない。そしてイチゴのヒットは、ほんとうにちょっとしたことで平凡なアイテムが特別なものになることを教えてくれた。ほんの二〇年前には人々は食べるものにもこと欠き、住む家さえなかった。だが高度成長期を迎え、ささやかながらもゆたかになった人々は、何か生活に彩りを与えてくれるようなものを欲しいと思うようになる。自分のためだけではない、子供に何かちょっぴりぜいたくなものを買い与えてやりたいと思い始めていた。そんなアイテムの中で最も身近だったのが漫画やアニメである。漫画を通じて少年少女たちのセンスは磨かれ、イラストに対する目が肥えていった。しかも日本には平安の昔から「ちひさきものはなべてうつくし」と感じ、こまごまとした「ファンシーグッズ」に愛着を抱くという下地があった。このファンシーグッズという言葉はアメリカ英語から借用したもので、もとはギフト用品や装飾用品を指して使われていた。

じつは一九世紀から二〇世紀初頭にかけての西欧では、「ファンシー」とは「日本風」のことだった。遠い極東の国から輸入されたエキゾチックな絹織物、陶磁器、銀製品、美術品などである。いまでこそ洗練のシンボルのようなティファニーも、高級宝飾品を扱うようになる前は文具とファンシーグッズの専門店だった。小さな店をラグジュアリーとスタイルで全米トップに押し上げるという野望を抱いた共同創業者のチャールズ・ティファニーは、扱う品物を「日本製以上に日本らしく」しようと情熱を燃やし、銀の食器に北斎の版画から着想を得たモチーフを飾るなど、エキゾチックなオリエント風のデザインを前面に押し出した。[25]

日本のファンシーグッズはこれとはほぼ完全に逆だ。小さく控えめでまるっこくて愛らしく、ふわふわしていたりレースやフリルがついていたりする。さらに重要なポイントは、夢と憧れの対象である外国の香りがすること、とりわけヨーロッパやアメリカを思わせる雰囲気があることだ[26]。この最後の要素は、まさに夢二とたまきが一九一四年にめざしたことである。長い戦争の間、日本の人々は外国のものへの憧れを押さえつけられていた。だが戦争が終わりアメリカのジープが日本の都市に姿を現したその瞬間に、外国の品物に対する興味と羨望が一気にあふれ出す。

辻は、日本の大衆文化に出現したこの新しい流れに乗ろうとした。必需品ではないものに対する渇望、全然必要でなく、なくたって全然困らないけれど、夢を見させてくれるようなものへの飢餓感を満たそうとしたのである。だが、小さくて愛らしければなんでもいいというわけではない。「かわいい」は気まぐれな女神だ。辻はそのことを高い授業料を払って学ぶことになる。

一九六二年のイチゴ・シリーズの成功に気をよくした辻は、その年のうちに同じ商品に今度はサクランボをつけて売り出す。サクランボもかわいらしい果物だ。イチゴ・シリーズを買ってくれた女の子たちはきっとサクランボも買ってくれるだろうと考えた。だが大外れだった。「がっかりしたと言うよりショックを受けた」と辻は語っている。「だって、サクランボもイチゴと同じように赤くて丸い果物でしょう。なぜイチゴがよくて、サクランボはだめなのか[27]」。

素人には無理だ、自分には助けがいる、それもすぐにだ。自分の才能は経営であってデザインではない、と辻は自覚していた。必要なのはプロのデザイナーだ。彼が最初に頼んだのはイラストレーターの水森亜土である。当時まだ駆け出しの二三歳だった。辻が「かわいい、かわいい絵だ、とほんとに女の子みたいな言い方をした」ことを水森は覚えている。「直感的に感じる人なんでしょうね」[28]。辻自身は無から「かわいい」を生むことはできなくても、「かわいい」を見ればその瞬間にわかるのだった。

水森はイラストレーターだけでなく歌手、女優、画家、作家など幅広い活躍をしており、「亜土ちゃん」の愛称で知られる。彼女が一躍有名になったのは、一九六五年からNHKのテレビ番組「たのしいきょうしつ」に「歌のおねえさん」として出演し、透明なアクリルボードに両手で同時に絵を描きながら歌うパフォーマンスをしてからだ。それと並行して彼女は辻のためにイチゴ以上の人気になるキャラクターを描いていた。実に暗示的なことに、それは小さな猫である。猫の大ヒットによって、水森は若い女性クリエーターのニューウェーブの先頭に立つことになる。

有能な若い女性を発掘することに関して、辻は時代を先取りしていたと言える。女の子向けのグッズを作る会社の社長なのだから当然だと思われるかもしれない。だが五〇年代、六〇年代の日本では、少女向けの商品は、ファッション誌のイラストであれ、黎明期の少女漫画であれ、男が描いていた。先ほど登場した内藤ルネしかり、一九五三年に少女向けの雑誌に『リボンの騎士』を連載した手塚治虫しかり。『リボンの騎士』が予想外に人気になったため、少女向け雑誌が次々に創刊されたが、当時の漫画業界は日本の他の産業と同じく、男社会である。女性はあくまで消費者であって、クリエーターではなかった。コンテンツ不足に苦しんだ出版社は、ちばてつやのような劇画作家にまで少女漫画を描かせたものである。

そんな状況で水森の描く女の子は人気になり、それが辻の目に留まる。水森は漫画家ではないが、その漫画っぽいかわいらしいイラストがハンカチなどに描かれ、また雑誌や本の挿絵になっているのを見て、辻はまたもや「かわいい」と感動する。水森が描くのはビーチで日焼けした女の子で、ほっぺが薔薇色でそばかすがあり、明るく健康的で楽しそうだ。これは、美大受験に失敗した水森がハワイのハイスクールで過ごした日々が影響しているのかもしれない。女の子たちはときに服を着ておらず（が巧みにぼやかしてある）、ときに未来の彼のほっぺたに軽くキスしていたりする。ちょっと思わせぶりなところと子供っぽい無邪気さとがないまぜになった魅力的な作品で、

水森亜土自身が歩く「かわいい」である。（写真：講談社／アフロ）

ハローキティ

水着や下着でもいやらしさはまったくない。

水森は日劇ミュージックホールでレビューを観たことがあるという。「上品なエロチズムの探求」を掲げるこの劇場の売り物は、よく知られているとおり、トップレス女性ダンサーによるきらびやかなショーである。[29]水森はまだ高校生だった頃に自由奔放な父親に連れられて早い時間のショーを観た。[30]彼女がよく覚えているのは、劇場内を探検し、楽屋でダンサーたちを見たことだ。「楽屋にいるダンサーはみんなオールヌードで、お尻が桃みたいにきれいだった。その後、アメリカやフランスでレビューを見たときも、ダンサーのお尻ばっかり見てた。やっぱりお尻が命。でもね、彼女たちの心までは見たくない。夢をやぶられたくないの。天使のような子どものように、かわいいままでいてほしい[31]」。

水森が辻のために描いたデザインの中で爆発的にヒットしたのは、さきほど述べたように猫である。「亜土ネコミータン」はハローキティの先行者と言ってよいだろう。一九六五年に発売されたミータン・シリーズのコーヒーカップなどは驚異的な数が売れた。その後数年にわたり、辻は水森のイラストをつけた商品を五〇種類以上売り出す。[32]ミータンは六〇年代を代表するキャラクターの一つになった。

辻は他のアーティストにも仕事を依頼している。たとえば、『小さな恋人』の漫画でデビューし、やがて渡米しウォルトディズニー社でデザイナーとして活躍することになるトシコムトーや、のちに子供たちに絶大な人気を誇る『アンパンマン』を描くことになるやなせたかしなどだ。だが圧倒的に売れたのは水森亜土のキャラクターだった。[33]あまり売れ行きのよくない商品であっても、絵を依頼したアーティストには当然ながらライセンス料を払わなければならない。ならばいっそとばかり、辻は別の冒険をしてみることにした。マッテル社のバービー人形の日本での販売権を獲得したのである。ところがバービーちゃんは高価すぎて安い国産品には太刀打ちできなかった。次に彼はグリーティングカード大手のホールマークと契約する。だが日本にはお中元やお歳暮をやりとりする習慣や年賀状を出し合う習慣はあっても、グリーティングカードを取り交わす習慣はまだなかった。カード事業が成長するまでには一〇年の歳月を要することになる。

辻は運に見放されつつあると感じた。会社を成功に導いてくれるもの、そう、「かわいい」を体現するものを見つけなければならない……。

水森亜土の大ヒット作品、ミータン（© 水森亜土）

ハローキティ

＊＊＊

「わ、かわいい！」――どういうときにこの感情が起きるのかを初めて定量化したのは、オーストリアの動物行動学者コンラート・ローレンツである。二〇世紀半ばのことだ。ローレンツは医学部を卒業したのちに動物学で博士号をとった。ナチ党員だったことがあり、[34] 一九四一年にドイツ国防軍に召集され、軍医としてナチスドイツの「優生思想」を支えた。[35] 彼は四三年に発表した論文で、人間はある種の身体的特徴を愛らしいと感じる生得的な傾向を持っており、保護したい気持ちを抱くとの仮説を提示した。その特徴とは、身体に比して大きな頭、顔面より大きな頭蓋、顔の中央よりやや下に位置する大きな眼、丸みを持つふっくらした頬、短くて太い四肢、全体にまるみのある体型、弾力があってぽちゃぽちゃした体表面、ぎこちない動作などである。こうした特徴に遭遇するといとおしく感じるしくみをローレンツは「ベビースキーマ（幼児図式）」と名付けた。[36] 彼の仮説はその後の実証研究で確かめられ、ナチ党員だった過去にもかかわらず、七三年には個体的および社会的行動様式の組織化と誘発に関する発見に対してノーベル生理学・医学賞を贈られている。

「ベビースキーマ」は直感的に納得できる。赤ちゃんというものは、泣いてばかりで手がかかり、たいそう大人を疲れさせる存在であるにもかかわらず、無条件にかわいい。自分の子供をかわいがるのは生物学的な理由からだとしても、どうして他人の子供までかわいいと感じるのだろうか。

また、動物の子供にまで、とりわけ小さくて頼りないものにそう感じるのはなぜだろう。こうした疑問に、ローレンツは非常に説得力のある答えを出したわけである。

その後、進化生物学者のスティーブン・ジェイ・グールドがローレンツのスキーマを意外なものに適用した。ミッキーマウスである。「初期のミッキーは手に負えない腕白者で、サディスト的な雰囲気さえ漂わせていた」とグールドは一九七九年に発表したエッセイ「ミッキーマウスに生物学的敬意を」に書いている。[37]だが性格がまるくなるにつれて外見もまるくなる。グールドはノギスを使ってミッキーマウスの頭部の寸法を計測し、三〇年代、四〇年代、七〇年代の三段階で「頭が相対的に大きくなり、目が大きくなり、頭蓋が拡大して顔つきが次第に子どもっぽくなっている」ことを示した。ディズニーのアーティストは意識的にせよ無意識にせよベビースキーマを応用して、このスターネズミを魅力的に変身させていたのである。

スヌーピーも、ベビースキーマがうまく活用された好例と言える。一九五〇年一〇月に*Peanuts*（『ピーナッツ』）の連載が始まったとき、第一回に登場したのは三人の子供たち（チャーリー、パティ、シャーミー）だけで、スヌーピーはいなかった。しかもチャーリーに無視されたシャーミーは「あんなやつ大っきらい」とふくれてしまう。漫画家のアル・キャップはこの小学生の子供たちを「互いにいじわるしあうチビの悪ガキ」だと述べた。[38] *The Simpsons*（『ザ・シンプソンズ』）で名高いマット・グレイニングは二〇一五年に『ピーナッツ』単行本の序文を書き、発表当時を振り返って「この漫画のツボである無邪気な残酷さや無造作な侮辱にはどきどきした」と綴っている。[39]漫画家のギャリー・トルドーも、『ピーナッツ』が「五〇年代の疎外感を揺さぶった」と語る。[40]

こうした評価は後年の『ピーナッツ』にはまるでそぐわない。いつのまにか「チビの悪ガキ」たちは愛すべきかわいらしい子供たちになり、四つ足で歩くいたってふつうの子犬だったスヌーピーは二足歩行になり、体に対して頭がひどく大きくなり、手足が短くなる。さらに、ぴょんぴょん弾むような動きも加わった。それにダンスだってする！　アトランティック誌によると、幼児化現象が始まったのは『ピーナッツ』のハロウィン特別番組 *It's the Great Pumpkin, Charlie Brown* が放映された一九六六年だという（番組のおよそ四分の一がスヌーピーの空想上の冒険に費やされる）[41]。

このかわいらしくなった『ピーナッツ』の子供たち、とりわけスヌーピーに辻は惹かれた。そして一九六八年にスヌーピーのライセンス契約を結ぶ。辻はおそらく四足歩行だったスヌーピーは見たこともないだろう。そしてアメリカで大人気のスヌーピーは日本でも当たった。一年と経たないうちに、この愛らしい子犬一匹が山梨シルクセンターの傾きかかっていた経営を立て直す。

それでも辻は、ライバルが市場にどっと押し寄せて同じようなキャラクター商品を売り出すのは時間の問題だと気づいていた。なぜ混雑した市場で競争しなければならないのか。辻はのちに、こう書いている。「時代はまだ高度成長時代のとば口にありました。モノをつくり、海外に輸出することで日本経済は発展を築き上げようとしていたのです。まさに、モノをつくってナンボの世界でした。そんな時期に、いきなりモノつまりハードウェアを飛び越え、知的所有権つまりソフトウェアのビッグビジネスをつくるなんて息巻いていたのですから、周りからどう思われていたかは知りません。しかし、私は本気でした」[42]。

一九七一年に辻はキャラクターの自社開発をめざして社内にデザイン部門を設け、若いデザイナーを採用し始める。その多くが美大を出たばかりの若い女性だった。スヌーピーがヒットしている時期で、辻はデザイナーたちに単純きわまりない指示を出す。「猫か熊の絵を描いてください。犬が当たったんだから、次は必ずそのどちらかです[43]」。彼がデザイナーたちにハッパをかけたのには理由があった。ちょうどこの年に直営店第一号の出店を計画しており、店舗に並べる新しい製品を次々に送り出す必要があったからである。

一号店を辻は「ギフトゲート」と名付ける。野心の大きさを映し出すように、彼が選んだのは新宿のどまんなか、紀伊国屋書店の裏だった。当然ながら家賃は高い。それでも辻には自信があった。彼はホールマークに招待されて訪米した際に店舗設営の基本も学んでいたが、ギフトゲートの演出はすべて辻流である。店内に足を踏み入れると、そこはもう辻ワールドだ。お菓子の家のような売り場の中央に白いグランドピアノ、もちろん棚にはカード、ノート、鉛筆などのステーショナリー、本から、バッグ、ポーチ、ハンカチなどにいたるまで、かわいい小物が美しく並べられている。辻はホールマークで、コントロールされた環境で数種類の意匠をテスト販売し、平均より売れたか売れないかを指数化する方法も学んでいた。直感に頼るのではなく、こうして同一商品のデザイン別売り上げを把握し数値化することによって売れ筋が明確になり、次に何を出せばよいかを客観的に判断できる。ギフトゲートはそのための実験店舗でもあった[44]。

さらに二年後の一九七三年には辻は社名変更に踏み切る。いつかソニーのように自社製品を提げてグローバル市場に乗り込みたいと夢見る辻は、発音しにくくローカル的な「山梨シルクセンター」ではまずいと常々考えていた。「サンリオ」という命名についての辻自身の説明は、こうだ。

「サンリオは〝聖なる川〟という意味のスペイン語です。世界三大文明は、チグリス・ユーフラテス川、ナイル川、黄河の流域に起こりました。私もそれにあやかって、新しい文化産業を興したいという意味を込めて名付けたのです」[45]。これが公式の説明ということになっている。だが偶然にも「山梨」は「さんり」と読めるし、それに「王」をつければ「サンリオ」だ。だから、「サンリオ」は「山梨王」に由来するという説もささやかれている。これについて辻は肯定も否定もしていない。ただ、「会社というところは、みんながふざけ合って面白おかしくやるところに味がある」とは言っている。「誰もがしかつめらしく構えだしたらおしまいです」[46]。

＊　＊　＊

極上の美／永遠の命／底知れぬ恐怖／知り得ぬ謎／伝説の中に／青い霧と／たそがれと闇の中に／しとどおちる血と／冷たい指と／ほほえみの中に[47]

これはまったく少女漫画らしくない。が、正真正銘の少女漫画の一節である。漫画のタイトルは『ポーの一族』という。劇画ではむやみに血と汗が飛び散るが、少女漫画ではひたすら涙が流される。内藤ルネの系譜に連なる星の浮かぶ大きな瞳から、怒り、しあわせ、悲しみ、恥ずかしさ等々ありとあらゆる理由から大粒の涙があふれる。自分を捨てた母親を探し求めてさまよう少女、天才少女バレリーナの苦悩、引き裂かれた愛と奇跡の再会……。漫画雑誌の男性編集者が「きっと受ける」と考えるのはそんなストーリーだ。彼らの名誉のために言っておくと、そうした漫画もよく売れる。だが少女漫画ファンが渇望するのはもっと刺激的な何かだ。一九七二年に連載が始まった萩尾望都（はぎおもと）の『ポーの一族』はまさにその願いに応えるものだった。

圧倒的に男性の多い漫画業界で、『ポーの一族』は初の女性漫画家による大ヒット作となる。萩尾は小さい頃から絵や読書が大好きで、とくにSFやファンタジーをよく読んだ。デザイン学校を出ているが、漫画に関してはまったくの独学である。厳格な両親が、漫画は子供の健全な成長を阻害するとして読ませてくれなかった。そこで、手塚治虫の『漫画大学』を見ながら親に隠れてこっそり練習したという。[48]『漫画大学』は、プロのテクニックをスケッチから用具の使い方にいたるまで手塚が懇切丁寧に教えてくれる漫画の教科書である。だが萩尾はプロデビューを果たしてからも両親には内緒にしていた（娘は美術の先生をしていると長い間信じていたそうだ）。

表面的には、『ポーの一族』はふつうの少女漫画に似ている。きれいに整った線、細部まで書き込まれた洗練された背景、散りばめられた詩的な言葉、高らかに謳い上げられる永遠の愛……。だが主人公は小さな女の子ではない。美少年だ。しかもそのエドガーとアランは「バンパネラ（吸血鬼）」である。不死で永遠に美しく、月の光に照らされ薔薇の園で数千年の時を過ごす。ときに指を絡め合いながら。理想化されたヴィクトリア朝のヨーロッパを二人は血と仲間を求めて旅する。男色のスパイスが加えられた『インタビュー・ウィズ・ヴァンパイア』（一九九四年公開アメリカ映画）や『トワイライト〜初恋〜』（同二〇〇八年）の登場より二〇年以上も前のことだ。『ポーの一族』はけっしてかわいくはない。かわいいと言うにはあまりに暗く深遠だ。だがエドガーとアランはティーンエイジャーのスイートスポットを射抜いた。まさにサンリオのアイテムが小学生の女の子を虜にしたように。両者に共通するのは、理想化された美と西洋のファンタジーとの絶妙のさじ加減だと言えるだろう。

漫画雑誌の男性編集者は、はじめ萩尾の漫画に当惑した。男子高校生二人の禁断の愛を描く『トーマの心臓』の連載が一九七四年から始まったとたん、編集長は早期の打ち切りを懇請したという（だが、単行本化された『ポーの一族』の初刷り三万部が一日で売り切れたのを見て態度を軟化させた）[49]。

いったい誰がこの漫画を買うのか？　その答えは、一九七五年一二月二一日に第一回が開催されたコミックマーケット、通称コミケに行ってみればわかる。コミケは日本初にして日本最大の創作漫画同人誌即売会で、漫画サークルが発行する多種多様な同人誌が販売される。サークルを構成するのはアマチュアで、人気漫画や劇画のパロディやオマージュなどを描き、自分たちで製本して頒布する。適切に著作権が保護されているかどうかは甚だ曖昧だ。それはさておき、東京虎の門の日本消防会館会議室で産声を上げたコミケのおかげで、従来は仲間内にしか知られることのなかった同人誌が日の目を見ることになる。

コミックマーケットは、大学生が寄り集まって結成した漫画批評集団「迷宮75」が母体となって発足した[50]。迷宮は漫画批評誌の創刊と、日本最大の権威ある漫画イベント「日本漫画大会」に対抗する新たなイベントの企画を目的とし、新たなマンガ状況を作り出そうと意気込む集団である。一九七二年に発足した日本漫画大会はプロの漫画家や批評家が講演したりファンと交流したりするといった体のイベントで、アマチュアの創作なんてものは名のあるプロに対する侮辱だ、という態度だった。迷宮の面々はこれに反発し、プロとアマの間にあるとされる壁を崩そうとする。

第一回コミケでは雑務に追われた主催者側が遅刻し、参加者は三〇分近く待たされることになった。ようやく会場に駆けつけた迷宮の面々は、大勢がたむろしているのに面食らう。日本漫画大会の参加者は数百人程度だから、こっちはまあ数十人が来てくれれば御の字だと考えていたからだ。[51] さらに、参加者の顔ぶれを見てもっと驚いた。参加するのは自分たちと同じような大学生の漫画オタクだろうと思っていたのに、七〇〇人を超える参加者の九割方がティーンエイジャーの女の子たちだったのである。取引されるのも、当時の漫画界の主流である少年漫画や男性向け劇画ではなく、少女漫画だった。その大半が恋愛ものである。たとえば萩尾のファンであるアマチュア漫画家は、萩尾が暗黙のうちに示した禁断の愛をパロディの中であからさまに描き出す。少年同士の秘密の逢瀬が微に入り細にわたって描写されるのである。こうしたジャンルの作品はいつの間にか「やおい」と呼ばれるようになった。「やおい」は「ヤマなし・オチなし・イミなし」の省略で、要するにストーリーは何もなく美少年のセックスの場面ばかりだ。このタイプの作品がその後何年もコミックマーケットを席巻することになった。

萩尾の成功は少女漫画のあり方を変え、七〇年代の漫画シーンは女性漫画家の作品であふれるようになる。その中にはコミックマーケットのファン文化からテーマをとって発展させたものも少なくなかった。こうなると、もはやプロとファンの間に垣根はない。あるのは、むしろ対話だった。

こうしたコアなファンが小さいながらも着実に一つのサブカルチャーを育てていく一方で、七〇年代には日本のもっと年齢層の低い少女たちが強力な消費者として浮上してくる。彼女たちは「かわいい！」と思ったものにしかお小遣いを投じない。いつも時代に一歩先んじているサンリオの辻は、完璧に彼女たちの望みを満たす準備ができていた。

辻が「猫か熊の絵を描いてください」とハッパをかけたにもかかわらず、社名がサンリオになってからの最初のヒットは猫でもなく熊でもなく、女の子だった。ブロンドの髪をおさげにしたちっちゃな女の子である。描いたのは、デザイン学校を出たばかりの二〇歳の鈴木ひろ子（現・ロコまえだ）、通称ロコだった。[52] 彼女はすでにリンゴをモチーフにした一連の商品で小さなヒットを生んでいた。かつてのイチゴ・シリーズと同じような展開である。次に描いたのがキャンバスのトートバッグを飾る女の子だった。一九七四年のことである。表側には正面向きの女の子と"Love is"という英語、裏側には後ろ姿の女の子と"a little wish."という英語。「愛は小さな願い」というわけで、とてもキュートで新鮮な発想だ。英語の文字が外国の風を運んでくる。女の子は丸顔にまるい目と小さな鼻、短い手足が特徴で、水森亜土の陽気さとチャールズ・シュルツの繊細さを足して二で割ったような感じと言えばいいだろうか。この女の子の出現は、サンリオにとって一つの転換点だった。初めて見る人でも、丸顔に丸い目に口のないキャラクターを見たら瞬時にクラシックな「サンリオ・スタイル」だとわかる。そういうキャラクターが誕生したのである。

しかし辻は全然気に入らなかった。「こんなものだめだ」とまで言った。線がごちゃごちゃしているうえに英語まで書いてある。しかも女の子は口がなくてずんぐりしている。売れるはずがない、と。[53]だが内心はともかくロコは平然としていた。そしてバッグが店頭に並ぶ頃には、女の子の横にさらに男の子を描き加えている。今度はストーリーも考えた。女の子の名前はパティ、男の子はジミーだ。二人はカンザスシティに住んでいる。「パティはスポーツ万能だけど、勉強はちょっと苦手。元気いっぱいな、おてんばな女の子。ジミーはパティの隣りに住んでいて、勉強とチェスが得意なやさしい男の子」である。[54]単にデザインのなせる技なのか、文化を受け継いだからなのかはわからないが、サンリオの最初の小さなスターたちは竹久夢二が確立した「かわいい」のパターンを踏襲している。そう、日本の感性に外国のスパイスで味つけするというパターンである。辻の酷評とは裏腹に、パティ&ジミーは七〇年代を通してサンリオ売り上げナンバーワンの座をキープした。現に一九七七年の朝日新聞の記事では、サンリオをハローキティの会社としてではなく「パティ&ジミーで知られるサンリオ」と見出しをつけ、「女の子なら誰でも知っている」と説明している。[55]

もちろんサンリオにはほかにも大勢のデザイナーがいた。ちょうどパティ&ジミーの人気が出始める頃、清水侑子（しみずゆうこ）というもう一人のデザイナーが動物のキャラクターを描いていた。やはり二〇代で、美大を出てすぐサンリオに就職した。清水は猫がとても好きだったので、辻の注文に応えた作品が出来上がる。後年、清水はサンリオが発行する「いちご新聞」にハローキティの誕生当時を振り返ってこう語っている。「もしこのネコが人間みたいにおしゃべりしたり、アイスクリームをペロペロなめたり、お買いものに行ったりしたらとても楽しいんじゃないかと思ったんです。それで、ストローでミルクを飲んでる子猫の絵を最初に描いてみたの。正面向いているのと横向きにすわっているのと二つのタイプを描きました。そして、当時入社したばかりで私のアシスタントをしてくれていた米窪さんに見せたところ、〝絶対こっちがかわいいわ!〟と言ったのが横向きの絵だった」[56]。この清水の話からすると、第一線で活躍しているデザイナーでも「かわいい」は定義できない何かだということがわかる。定義はできない、でも見ればすぐにわかる。

もっとも、辻はまたしても感心しなかった。「まあまあいいんじゃないか」程度の印象しか持たなかったと、のちに苦笑しながら白状している[57]。その時点ではキティちゃんはあまたあるキャラクター予備軍の一つに過ぎず、実際デビューは翌一九七五年まで先送りされた。そしてビニール製のがま口につけられたまだ名前もないネコは空前の大ヒットとなるのである。あまりの売れ行きに誰もが驚いた。本人も、である。「予想以上に爆発的な売れ行きで、私が驚いてしまうほどだったんです」と清水は語っている[58]。パティ&ジミーの成功パターンに倣って、清水は子猫のストーリーを考えた。名前はキティ。愛読書『鏡の国のアリス』の中の猫からとった。お父さん、お母さん、双子の妹ミミィがいて、夢はピアニストか詩人になること、好きな食べ物はママが作ったアップルパイという設定である[59]。

ポップカルチャー研究家の間では「第一次キティ・ブーム」は一九七七年に始まったとされて

いる。新学期の始まりに合わせて新しいキティ・シリーズが発売され、学校に通う子供たちのマストハブ・アイテムになった。サンリオの新商品やその模倣品が文具店の棚に並び始めると従来の地味な商品が押し出されてしまうという現象が起き、ギフトゲートにはかわいいアイテムを求める客が押し寄せたものである。「夢と幸福を提供するというサンリオのイメージは、テストと詰め込み勉強に明け暮れる子供達の琴線に響いた」と七七年七月に朝日新聞は報道し[60]、経済が物価高騰に悩まされる中、売り上げを倍々ゲームで増やしていることに驚嘆している。キャラクター付きの学用品は不要だし高すぎるとして主婦連合会からサンリオブームを批判されるほどだった[61]。

批判を浴びせられたとき、清水はもういなかった。結婚してすでに前年にサンリオを退社していたからである。いわゆる寿（ことぶき）退職だ。これほど大人気のキャラクターを創作したデザイナーがこれほど若くしてペンを置いてしまうとは、いま聞いたらびっくりするだろう。だが当時の日本の社会では、妊娠したら仕事を辞めて家事・育児に専念するのがあたりまえだった（だから主婦連のような団体が結成されるわけである）。女性の採用に関して非常に進歩的な辻も、こうした文化的傾向にとくに抵抗はしていない。寿退職によって定期的に社員の新陳代謝が行われ、サンリオの顧客層と年齢の近い若くて感覚のフレッシュなデザイナーを雇うことができる、と辻は肯定的に考えている。日本に男女雇用機会均等法が制定されるのは一九八五年になってからのことだ。当時はまだそうした考え方は影も形もなく、女性の能力は恒常的に過小評価されていた。

清水が退職すると、アシスタントだった米窪節子（よねくぼせつこ）がキティちゃんの二代目デザイナーとなる。

横向きのキティに「絶対こっちがかわいいわ！」と言ったあの米窪である。彼女はキティちゃんの立ち姿を初めて描くなど小幅の変化を加えた。[62] しかしそれ以外は前任者の絵を忠実に踏襲し、同一性を保つために顔をコピーしてテンプレート代わりに使っている。こうした保守的なアプローチのせいなのか、顧客である少女たちが移り気だからなのかはわからないが、第一次キティ・ブームは一九七九年頃には次第に衰退していく。米窪はいい潮時だと考えて会社を辞めることにする。彼女も新しい家庭を作ろうとしていた。会社側は後任のデザイナーをとくに決めなかったため、米窪の退職でキティちゃんは宙ぶらりんになってしまう。商品の売り上げも下り坂で、デザインチームはさして未練もなく、新しい有望なキャラクター「リトルツインスターズ」、のちにキキララとして知られることになる双子のきょうだい星に関心が移っていた。だってキティの生みの親でさえキャラクターのマジックを十分に理解していなかったのに、ほかにどうしようがあるだろう。こんにちはキキララ、さよならキティ。

ロコまえだや清水侑子の作品が新しい需要を掘り起こしたことはまちがいない。だがヒットするものがあり大外れに終わるものがあり、ブームが起きるかと思えば衰退することからすれば、何がサンリオの顧客層に受けるのか、誰もはっきりとはわかっていないことはあきらかだ。デザイナーもわかっていなかったし、営業社員も、そして社長もわかっていなかった。彼らにわかっていたのは、うまくいったものはみなかわいいということだけである。

サンリオのデザイナーたちは気づいていなかったが、その頃「かわいい」はまったく別の世界で働くデザイナーにも恩恵を与えようとしていた。「かわいい」が巧みに応用された結果、かわいいは女の子だけのものではなく、いやそれどころか、子供だけのものでもないことがあきらかになる。その世界とは、ゲームの世界だった。ゲームの中にそれまでほとんど存在しなかった「かわいい」に、世界中の人々が初めて出会うことになる。

＊＊＊

宮本茂は新しいゲームの開発に頭を悩ませていた頃、風呂に入るといいアイデアが出たという。ただし家の風呂ではなく、会社の風呂だった。会社というのは任天堂である。任天堂は一三〇年以上前の創業初期から現在にいたるまで花札を作っている。その製造工程でスチームを必要とするためボイラーがあり、それを活用した風呂があったという次第である。[63]

ただし一九八〇年代初めのこの頃、任天堂はゲームに軸足を移そうとしていた。しかしこれがうまくいったとは言いがたい。後発の任天堂のアーケードゲームはよく売れているタイトルのものまねに過ぎず、売れ行きが芳しくない。ライバルはじゃんじゃん稼いでいる。焦燥に駆られた社長は宮本に「もっと売れるゲームをつくれ」と無理な注文を出した。[64]

宮本はプログラミングの経験はあまりない。もともとはインダストリアルデザイナーである。だがこれがあとになって効いてくる。当時のテレビゲームは、今日見慣れているゲームとは似ても似つかないものだった。リアルな３Ｄ画像などまったく無縁で、迫真のサウンドもないし、とにかく必要最小限の機能しかない。画面上に現れる●や□の図形を、これはラケットとボールだとか、クルマだとか宇宙船だという具合に、プレーヤーが想像力で補うほかなかった。宮本がこの業界に入った頃には、認識可能なキャラクターを描けるところまで技術は進化していた。ただ、認識可能とは言っても「ようやくなんだかわかる」という程度である。

このときの宮本は、サンリオのデザイナーたちと同じ問題に直面していたと言えるだろう。サンリオという企業はいろいろな面で革新的ではあるけれども、要するに文房具だとか食器といったごくごくありきたりのものを供給しているに過ぎない。ただ天才的だったのは、キュートなキャラクターの威力でもって、競争の激しい日用品市場で自社製品を際立たせたところにある。宮本も、任天堂のゲームを際立たせるキャラクターを必要としていた。ところがサンリオのデザイナーには想像力の限界以外に何も限界がなかったのに対し、宮本のほうは当時のコンピュータとテレビの技術的制約にがっちり縛られていた。

まず、ゲームのキャラクターは16×16のドット絵に収めなければならない。アートの世界では、人間の身体の理想は八頭身ということになっている。だが縦16で八頭身の人間を描こうとすると、顔は2ドットになってしまう。これでは目も鼻も描けない。実際にも外国のゲームではマッチ棒のような「人間」が登場していた。

この難題と数週間格闘した末に、宮本に閃きの瞬間が訪れる。何もリアルなプロポーションで描く必要はない！　ちょっとぺちゃんこにしたってかまわない——そう、パティやキティのように。

こう決めてしまうとあとは簡単だった。デザイナーの宮本はプログラマーとちがって絵がうまい。16×16の制約とにらめっこしながら、不要なものを巧みに削ぎ落としていった。トレードマークのヒゲを描いて口を省略し、帽子をかぶせて髪の毛を省略し、目を帽子にくっつける。腕の形をはっきりさせるために体にはオーバーオールを着せた。[65] できあがったキャラクターはちょうどキティと同じように必要最小限のパーツしか描かれていないが、それで十分だった。ファミコンの生みの親である上村雅之は、「宮本は初めてゲームキャラクターに〝かわいい〟を持ち込んだ」と語っている。[66] こうしてマリオが誕生した。もっとも一九八一年にアーケードゲーム『ドンキーコング』に登場した時点では、単に「ジャンプマン」と呼ばれていたが。

第一次キティ・ブームにつながってマリオが登場してきたのはけっして偶然ではない。どちらも同じ「かわいい」文化の素地から生まれた。その文化はいまや世界に広がろうとしている。

一九八一年に発売された『ドンキーコング』は世界的なヒットとなる。もちろんゲームとしてよくできているからだが、「かわいい」という要素も大きい。アメリカのゲームは『ミサイルコマンド』や『バトルゾーン』など戦争や軍隊ものが多く、「かわいい」と対極にある。このちがいは大きい。ドンキーコングは見た目がかわいいだけでなく、ゲームの本質がかわいいのである。レーザー銃も宇宙船も、爆発も銃撃もない。オーバーオールを着たマリオが走ったりジャンプしたり登ったりするだけだ。危険な敵すら出てこない。彼を脅かすのは転がって来る樽と、あとは重力だけである。そして樽を投げてマリオを困らせるゴリラのドンキーコング（元々はマリオに飼われていたという設定だ）すらかわいく見える。

欧米のゲーマーたちはドンキーコングを始め日本発のかわいい系のゲームをひっくるめて「キ

ュートゲーム」と呼んでいる。[67] 業界通は、当初アメリカのゲームとあまりにちがうこうした日本のゲームに懐疑的だった。「欧米では受けないだろう」とティム・スケリーは一九八二年に断言している。スケリーは *Armor Attack*（『アーマーアタック』）や *Star Castle*（『スターキャッスル』）などのヒットを飛ばしたゲームデザイナーである。「アメリカでは大失敗に終わるのが目に見えるようだ」[68]。だが彼は完全にまちがっていた。『パックマン』、『ディグダグ』、『フロッガー』といったキュートゲームはマッチョなライバルを軽々と押しのけ、蹴落としていったのである。ゲームは日本のポップカルチャーがアメリカで収めた最初の勝利であり、ほんの数年のうちにアメリカのゲーム産業はまるごと白旗を掲げることになる。いや、すこし先走りし過ぎたようだ。ゲームについては第8章で改めて取り上げることにしたい。

山口裕子がサンリオに入社したのはキティ・ブームがまだ華やかなりし一九七八年である。二二歳だった。この時点では山口を含め誰一人として、子猫がどんな運命をたどるのかわかっていなかった。

美大の学生だった頃、山口はとくにサンリオの商品は好きではなかった。ほんとうは急成長中の広告業界に行きたかったという。だが彼女は日本の企業で若い女性が直面する問題に気づいていた。広告業界もやはり男社会であり、女にはまともな仕事は任せてもらえないだろう。「サンリオを選んだのはキャラクターデザインをしたかったからではなく、自分の能力を開発したかったから」と山口は後年に語っている。

辻はキティが誕生したときこそあまり感心しなかったものの、時が経つにつれてキティちゃんのかわいらしさに惚れ込むようになる（それにもちろん、飛躍的に伸びる売り上げも気に入ったにちがいない）。デザイン部門がキティをもう打ち止めにすると聞いて、辻はめずらしく激怒する。「どうするんですかっ。このままキティを放置したら、売れなくなってしまいます」と彼が叫んだことを山口は覚えている。「キティは友情のシンボルですから、やめるわけにいかないんです」[69]。そしてデザイナーたちはいまやっている仕事を中断し、新しいキティを考えてプレゼンテーションをするよう命じられる。つまり社内コンペだった。

デザイナー全員がアイデアを出した。そして一位になったのが山口だった。山口が描いたのは、キティの家に初めてグランドピアノが来た日の光景である。赤いグランドピアノに向かうキティをパパとママと妹のミミィが見守っている。それまであまりはっきりと示されなかったキティのバックグラウンドを前面に押し出したチャーミングな絵だった。さっそく山口はハローキティのチーフデザイナーに任命される。一九八〇年、二五歳だった。だが山口は複雑な気持ちになる。「ハローキティのデザイナーになったら、もうほかのものは描けなくなってしまうのではないかと思った」と二〇〇二年のインタビューで語っている。回顧録の中ではもっと率直だ。「キティを任せると言われても、私はまだキティを愛せていなかった。頭でっかちでバランスが悪いし、何を着せても似合わない。表情もない……私はキティを見つめていた。何をどうしたら、このコはもう一度輝くのだろう。私はこのコを愛せるんだろうか。わからなかった。ほんとうにわからなかった」[70]。

山口がハローキティのチーフデザイナーに就任した頃、日本社会では女性像が大きく様変わりしつつあった。八〇年代前半は、マスメディアが「ギャル」と名付けた若い女性が街を闊歩した時代である。ギャルは英語で若い女性を意味する"gal"から来ている。この言葉は七〇年代半ばから徐々に浸透し、七九年に広く「市民権」を得る。この年に沢田研二の「OH！ギャル」がヒットしたことも大きい。[71] この曲で「女は誰でもスーパースター」とリフレインがあるのは意味深長だ。英語もそうだが、日本語にも女性を表すのにじつにさまざまな言葉がある。最も一般的なのは成人の性別を表す「女」あるいは「女性」だが、そのほかに「女の子」、「女子」、「少女」、「娘」、「お嬢さん」等々がある。そのうえさらに「ギャル」という新しい言葉が必要になったのは、女子大生あるいは大学を出たばかりといった年齢層の女性に新しいタイプが出現したからだった。「女性はかくあるべし」という社会的期待などクソ食らえとばかり、思い切りおしゃれをしていまを楽しみたいという女の子たちである。

当時の日本の大人はこの新しいタイプに眉をひそめ、自己中心的でまったくけしからぬ存在だとみなした。ジャーナリストの山根一眞は一九九一年に発表した『ギャルの構造』の中で、「ギャルは動物なら猫に近い」と書いている。「犬ではないし、狸でも狐でもない。猫は爪を隠していながらかわいい顔をしてゴロニャンとすり寄り、しっかり餌を獲得する本能を有している」。[72]

当時ギャルと呼ばれた女性は六〇年代前半生まれで、子供のときにサンリオ初期の顧客だった世代である。大人になった彼女たちは相変わらずファンシーなアイテムに取り憑かれており、その嗜好は八〇年代半ばにピークを迎えるバブル期の日本の社会経済状況とぴたりと一致した。出版社は「ギャルズライフ」、「キャロットギャルズ」、「ポップティーン」といったギャル向けの雑誌を次々に創刊。ファッションが大好きで自由奔放に生きる女の子たちを惹きつけた。八〇年代には中森明菜や松田聖子が巧みにつくられたアイドルとして音楽シーンを席巻し、カラオケブームに拍車をかける。文学では村上春樹の『ノルウェーの森』(一九八七年)、二四歳の吉本ばななの『キッチン』(一九八八年)がベストセラーになった。

八〇年代には「ぶりっ子」、「ボディコン」なども流行している。バブル絶頂期の日本で、ギャルたちはルイ・ヴィトンでショッピングを楽しみ、夜はディスコへ繰り出してキュートな男の子たちと遊ぶ。「当時の若者たちは、お嬢さんとギャルにまったく逆の性格づけをしていた。前者のしとやか、清楚、上品に対して、後者は軽い、遊んでる、エッチ、色っぽい、ナンパな感じである」と社会学者の難波功士は書いている。[73] とはいえ八〇年代後半のギャルは、その後に続くトレンドセッターとしての若い女性の予兆に過ぎない。

九〇年代に入ると、ギャルに続く世代の若い女の子たちが、これまで男性の好みに支配された文化の方向性を変え、新しい流行を生み出すようになる。彼女たちは敢えて少女っぽさや子どもっぽさを自分たちの独自性のシンボルとして選び、サンリオのアイテムを暗黙のコードとして互いにつながった。そしてセクシーキュートなファッションに身を固め、ポケベルに始まって初期のデジカメ、PHS、携帯電話、さらにスマートフォンを少女っぽく装飾したものである(「デコる」と言う)。これらのガジェットはすべて、彼女たちの社会を広げてくれるツールだった。こんなふうにして日本の一〇代、二〇代の女の子たちは自分たちを変身させるだけでなく、意図せずグローバルなトレンドセッターとなる。サンリオの山口はこの流れに完璧に乗り、ハローキティを子供のための日本固有のブームから、子供だけでなくすべての人が愛する世界のアイコンに変身させ、日本の「かわいい」文化をグローバル化してのけることになる。だがまたまた先走りし過ぎたようだ。キティちゃんのグローバル化については第6章でくわしく述べることにする。

ここでは本章の冒頭で紹介したプチパースに立ち戻ることにしたい。ハローキティが誕生したあの記念すべきパースを、じつはサンリオは保存していなかった。信じがたいことである。どこかに一つぐらい眠っていないかと、九〇年代前半に社員総出でサンリオのオフィスからギフトゲートの店舗在庫から倉庫にいたるまで探し回ったが、とうとう見つからなかったという。プチパースは永久に失われたものとされた。[74] すると奇跡が起きる。子供のときにキティのついたプチパースを買ってもらった女性がパース探索の話を聞きつけて、サンリオに寄贈してくれたのである。それが、いま世界でたった一つしかない一九七五年の記念すべきプチパースである。[75] 現在はサンリオ本社の金庫の中に眠っている（レプリカが一九九八年に限定販売され、いまやコレクターズアイテムになっている）。[76]

辻はと言えば、制作にはほとんどタッチしなくなり、若い女性が中心のデザイン部門に任せるようになった。七〇年代、八〇年代の日本はまだまだ男社会だったが、辻はここでも一歩先を行っている。一九七九年の時点でサンリオの新規採用者は七〇％が女性だった。経営陣はまだ全員男だが、デザイナーには大幅な自由を与えており、それぞれが個性を生かしたデザインを描き、提案し、展開してよい。当時の日本企業ではまったく前例のないことである。[77]

辻のこうした先進性は、水森亜土が感じたようにどこか少女のようなところを内に秘めているせいかもしれない。当時専務だった荻須照之は、七〇年代後半に辻の自宅を訪れ寝室をのぞいてあっと驚いたという。ベッドカバーはキティ柄で、枕カバーはツインスターのキキララ、枕元にはティディベア。天井からはかわいらしいモビールが下がっている。[78] 五〇代の会社社長の寝室というよりは子供部屋のようだった。孤児として山梨から出てきた男は、毎日が誕生日のような部屋で眠りにつく。男の趣味としてはちょっと変わっているかもしれない。だが自分だけの世界を作って浸ることは、じつはとても新しい行動だった。時代は、誰もが自分の世界を自分のテイストで染めることを求め始めていたからである。

第5章 持ち歩く音楽——ウォークマン 一九七九年

ソニーのウォークマンは、どんなVRツールよりも劇的に人間の知覚を変えた。

——ウィリアム・ギブソン[1]

スティーブ・ジョブズは一九八三年に来日して多くの工場を視察した際に、最悪に無作法だった。日本に来たのは、彼の最新作であるマッキントッシュと呼ぶ革命的なパーソナルコンピュータに三・五インチ・フロッピーディスク・ドライブを作ってくれるサプライヤーを探すためである。しかし出迎えた各メーカーの社長や幹部がスーツにネクタイを着用していたのに対し、ジョブズはジーンズにスニーカーで会議に現れた（繰り返すが、一九八三年のことである）。そのうえ、丁寧に包装された日本企業からの贈り物に何の関心も示さなかった。それどころか、会議が終わるとテーブルの上に置き忘れるという無礼極まる行為におよんだものである。これではまだ足りないとばかり、彼は各社の最高の製品を鼻先であしらった。「がらくただ！　どんなメーカーだってこれよりましなドライブを作れる」[2]。

　ジョブズが無礼を働かなかったメーカーが一社だけあった。ソニーである。シリコンバレーの神童がソニーの共同創業者で会長の盛田昭夫に会ったとき、盛田は若々しく見える六二歳、ジョブズはティーンエイジャーのような二八歳だった。ジョブズはもともとソニーの大ファンである[3]。アップルは創業後数年ほどクパチーノ（カリフォルニア州）でソニーと同じビルに入居していた。この頃、ジョブズはソニーのオフィスにしょっちゅう顔を出し、最新の製品カタログをチェックしていたという。ジョブズはソニーのレターヘッド付き便箋を収集したこともあった。ソニーのロゴとレイアウトが大好きだったのだ。ちょっとソニー・フェチだったと言ってもいいかもしれない。ジョブズは盛田を質問攻めにした。製品のこと、工場のこと、果ては社員の着ている制服のことまで。寛大な叔父さんのように、盛田は一つひとつの質問に辛抱強く答えた。話が終わると、盛田からの贈り物が手渡される。ウォークマンだった。パーソナルステレオシステムだ、と盛田は説明した。これがあれば、いつでもどこでも音楽が聴ける、と。

　このときばかりは、ジョブズはテーブルの上に置き忘れたりしなかった。彼は生涯にわたって熱烈な音楽愛好家であり、ボブ・ディランを崇拝し、ジョーン・バエズとは一時期付き合っていたこともある。最高級のパーツを集めて自分でステレオを組み立てたこともあったし、マッキントッシュのデザインオフィスには高性能のオーディオシステムを備え付けていた。とはいえコンサートにせよステレオにせよ一人で聴くものではない。周囲の人と音楽体験を共有することになる。だがウォークマンはちがった。ウォークマンは高音質のオーディオ装置ではない。当時の技術では、あのサイズでそれは不可能だった。だがウォークマンは、今日誰もがあたりまえのように享受しているある経験を初めて可能にした。それは、音楽を一人で、一人だけで聴くということである。いつでも好きなときに、好きなところで。このイノベーションがいかに革新的か、いかに世界を変えるかをその時点で予見できた人はほとんどいない。ジョブズはその数少ない一人だった。

家に帰ってからも、ジョブズはもらったウォークマンで音楽を聴いていない。完全に分解したのである。[4]どれほど小さい部品も彼の注意深い視線を逃れることはできなかった。小さくて薄いパーツが樹脂と金属でできたスタイリッシュなボディの中にどんな具合に収まっているのか、ジョブズは仔細に観察した。精巧なレバー、ギア、キャプスタン、そして超小型モーターが新しい「クール」の物語を構成している。日本のこの企業、そしてあの銀髪のおだやかな経営者は、ハイテクをファッショナブルにする秘密を知っているのだった。

「彼はIBMになりたいとは思わなかった。マイクロソフトにも。だがソニーにはなりたかった」とジョン・スカリーは回想する。[5]ちょうどこの頃、ジョブズが彼を口説き落とし、ペプシコからアップルのCEOに迎えていた。当時のアメリカの実業家でジョブズのようにソニーを見ていた人はほとんどいない。その後長い間、そうだった。だがどこに注目すればいいかがわかっていれば、ソニーの未来を示す予兆はずっと前に見つけられたはずだ。

ジョブスと盛田の邂逅のちょうど四半世紀前のこと。一九五八年一月二四日、ニューヨーク・タイムズ紙は「クイーンズで四〇〇〇台のラジオ盗まれる」と報じた[6]。あきらかにプロの仕業である。オーチャード通りのデルモニコ・インターナショナル倉庫と目と鼻の先にある鉄道車両基地から夕闇に紛れて近づき、貨車の

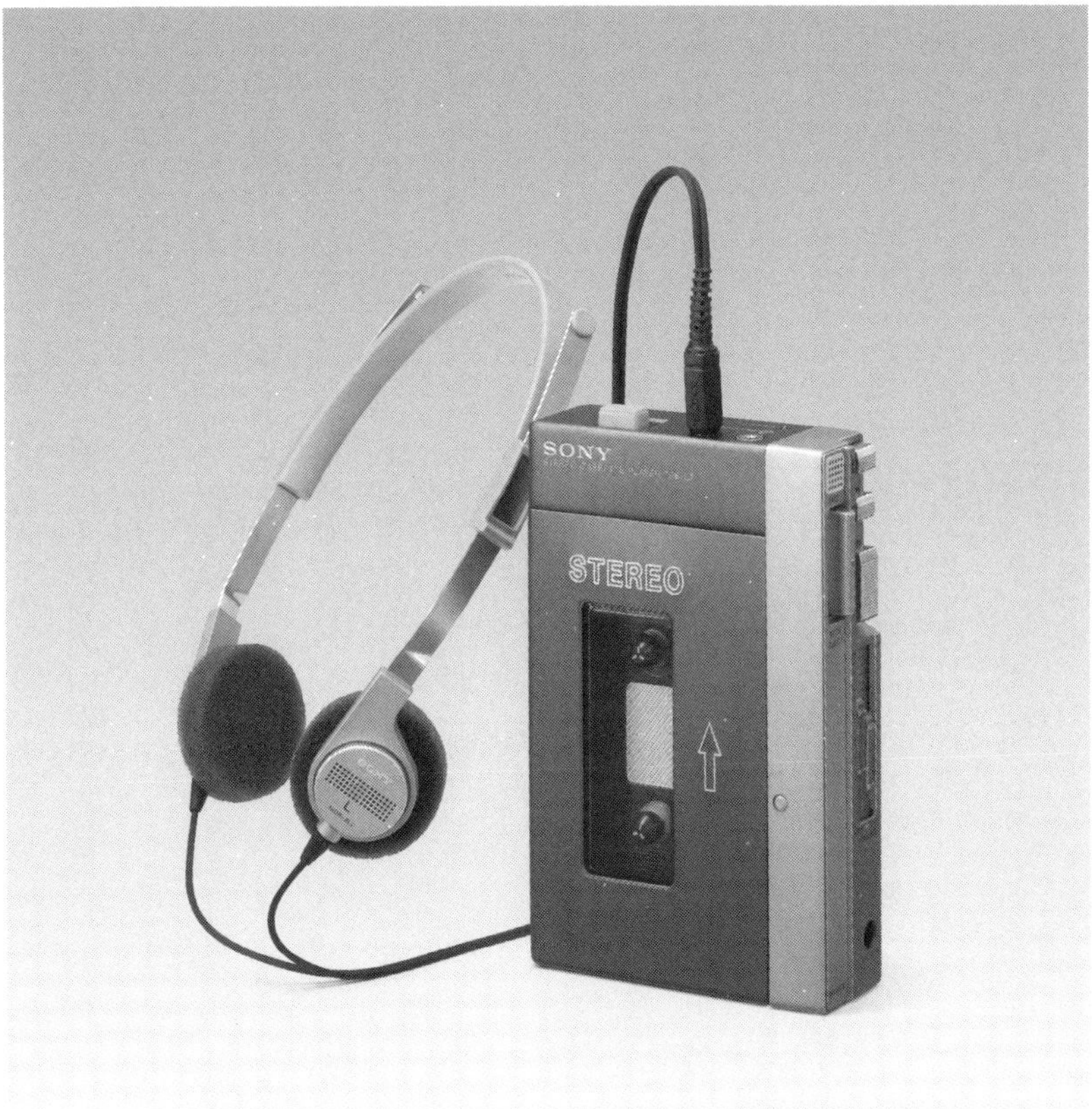

ウォークマン TPS-L2（© ソニーグループ株式会社）

ウォークマン

屋根からガレージの屋根に飛び移り、二階の窓から侵入したとみられる。
驚くのはここからだ。彼らは倉庫内に積まれた段ボール箱の山の中から目当てのものだけを選んだ。クリスマスシーズンに大人気だった小さくてカラフルなソニーTR－63トランジスタラジオである。四〇〇箱を抜き出して木製パレットに載せると、四つの部屋の錠前を壊し、貨物用エレベーターで一階の積載場に到達。そこにはトラックがすでに待っており、衆人環境の中で一味は堂々と積み込みを始める。現場は混雑しており、多くの目が彼らを見ている。積み込みが完了するとトラックは夜の闇の中に走り去り、一六万ドル相当のラジオが消え失せた。目撃者は五〇人以上いたが、誰も役に立つ手がかりを見ていなかった。犯人はつかまっていない。いや、特定さえできていない。

読者は当然ながら、被害者は激怒したとお考えだろう。だがじつのところ、ソニーにとっては願ってもない出来事だった。[7] なにしろその後数日間、盗まれたのはソニーのラジオだけだったと新聞やラジオが繰り返し強調してくれたのである。タイムズ誌は特集を組み、さながら記者会見のように事実を伝えている。「デルモニコは日本で生産されたソニー製ラジオの独占輸入販売業者である。ラジオは価格四〇ドル、サイズは厚さ1・1／4インチ、幅2・3／4インチ、高さ4・1／2インチ。警察によると、数千ドル相当の他の電気製品および他社製のラジオ二〇箱は盗まれなかった」。これほどの宣伝はやろうと思ってできるものではない。すくなくとも数日にわたり、ニューヨーカーたちはこの話題でもちきりだった。倉庫にはほかにもたくさん品物があったのに、窃盗団の奴らはソニーのラジオだけ選んで盗んでいったんだってさ。その後何週間もニューヨークのソニー事務所には、どうやってそんなうまい具合に盗まれたのか秘訣を教えろ、などというからかい半分の電話が相次いでかかってきて担当者を困惑させたという。手前どもで計画したわけではありません、四〇〇〇台は増産中でございます、と答えるのが精一杯だった。この一件からもわかるように、当時世界で最も小型だったソニーのトランジスタラジオは、生産が間に合わないほど売れて——そして盗まれていたのである。

この事件が起きる三年前に盛田はニューヨークで小売店回りをしている。当時三四歳だった。百貨店のバイヤーは彼を鼻で嗤った。「アメリカ人が欲しがるのは大型ラジオだ。われわれの家は大きいし、部屋もたくさんある。こんなちっぽけなラジオを誰が買うのかね?」。そのたびに盛田はおだやかに答えた。「たしかにあなた方の家は大きい。とても大きいから、家族一人ひとりに部屋があるでしょう。だから自分の部屋で小さなラジオを聴きたくなるのではありませんか」[8]。言うまでもなく泥棒は犯罪である。だがこの犯罪は、盛田の正しさを証明してくれた。あの悲惨な戦争からほんの十数年しか経っていないというのに、いまやアメリカ人は盗みたいほど日本製のラジオを欲しがっている!

ソニーの物語は第二次世界大戦まで遡る。盛田が、ソニーを一緒に創業する井深大(いぶかまさる)と出会ったのは戦争中だった。二人は共に海軍の技術開発グループに所属していた時期がある[9]。盛田は代々続いた造り酒屋の息子として裕福な家庭で育ち、大学では物理学を学んでいた。その後海軍に入隊し、技術中尉として技術開発グループに加わることになる。井深は盛田の一三歳年上で、精密計測器を製造する会社を経営していた。すぐれた電子技術者である井深は、グループのリーダー的存在だった。グループの使命は、赤外線誘導式ミサイルの開発である。これは、空想的と言えるほど最先端技術を要する代物だ。現に、実用に耐えうるこの種の兵器が初めて登場するのは、終戦後数十年が過ぎてからだった。当時の日本が直面していた物資とマンパワーの絶対的な不足を考えれば、無謀すぎる目標だったと言えよう。だがすでに敗色濃厚となっており、軍部は自暴自棄になっていたのだった。

技術開発グループは、三浦半島の山中にある目立たない施設で開発に取り組んでいた。標的になりそうな大都会からは十分に離れている。それでも、作業に集中するのはむずかしかった。東京か横浜に爆弾を落としてきたＢ29の編隊が上空を通過するたびに空襲警報が鳴り響いて作業が中断されたからだ。対空砲火を浴びて火の玉になり墜落していく爆撃機を盛田も井深も目にしたことがある。

戦争が終わると二人はそれぞれの道を歩む。盛田は実家に戻り、井深は東京に出て日本橋の旧白木屋店内に仲間と東京通信研究所を設立した。まだ食べるものにも事欠き、機械の部品など手に入らない時代である。東京通信研究所が最初にやった仕事は、ラジオの修理と改造だった。短波放送の聴けるコンバーター（周波数変換器）を開発し、戦争で壊れたラジオや敵国の放送を聴けないよう短波を切られたラジオを全波受信可能に改良する。市民は世界のニュースを知りたがっていたから、需要は大きい。しかもこのことが朝日新聞のコラム「青鉛筆」で紹介され、これを読んだ盛田がすぐさま井深に手紙を出した。上京を促す返信を見て盛田はさっそく東京に出て、研究所に顔を出すようになる。こうして井深と盛田の絆は再び結ばれた。[10]

東京通信研究所が初めて自前で開発したのは電気炊飯器である。なにしろ物がないので、空き缶からジープを作った小菅と同じく、井深たちも焼け跡を漁ったり闇市で調達するなど苦労している。工具もすべて手製だった。しかし電気炊飯器は大失敗に終わる。その後に手がけた真空管電圧計は官庁に納入されるようになり、一九四五年の暮れにはどうにか仕事も軌道に乗り始めた。かくして四六年五月七日、総勢二十数名で東京通信工業（略して東通工）を設立するに至る。井深の義父の前田多門（まえだたもん）に社長になってもらい、専務に井深（当時三九歳）、常務に盛田（同二六歳）が就いた。前田は戦後すぐの内閣で文部大臣を務めた教養人である。資本金一九万円は盛田が実家から出してもらったと言われる。高給取りのホワイトカラーの年収を大幅に上回り、当時の平均的な日本人にとっては途方もない金額だった。

「大会社ではできないことをやる」という意気に燃えていたものの、創業当初の東通工は自転車操業だった。事業の柱となったのは、レコード盤の溝から音楽信号を取り出す「ピックアップ」である。焼け跡に転がっている鉄を拾ってきて製造した。アメリカの軍人が日本にジャズを持ち込んでおり、家庭でもレストランやバーでもジャズを聴くためにピックアップは必需品だったのである。

創業したその年のうちに東通工は品川の御殿山に拠点を移す（現在のソニー本社のある場所だ）。品川湊を見下ろす高台で、江戸時代に徳川将軍の別邸「品川御殿」（鷹狩りの際の休憩所や茶会の場として使われた）があり、桜の名所でもあった。葛飾北斎の『富嶽三十六景』（一八三一〜三四年）の一つ「東海道品川御殿山ノ不二」では花見の宴がたけなわで、遠く紺碧の空の下には富士山が見える。だが一九四七年のこの頃は、東京の他の地区と同じく御殿山界隈も戦争の傷痕が生々しかった。東通工が落ち着いたのはバラック建ての工場である。雨が降ると屋内で傘をささなければならず、晴れれば晴れたで、折からのベビーブームの中、近隣ではためくおむつの間を出勤するという具合だった。製品の納品用に一台だけあった社有車のために、井深と盛田（社内で運転免許を持っているのはこの二人だけだった）はGIと取引し、軍のジープから不法に抜き取ったガソリンを入手したというエピソードも残っている。

東通工の最初の消費者向け製品は、テープレコーダーである。その頃仕事の関係で進駐軍のいるNHKの放送会館に出入りしていた井深は、あるときGHQ関係者からテープレコーダーを見せてもらう。このとき、「これだよ、われわれのやるものは」と閃いた。[11] 進駐軍の将校を拝み倒して機械を社まで持ってきてもらい、技術者たちに見せる。今日からこれを作るんだ。しかし戦後の物不足の時期で樹脂のテープなど手に入らない。井深と、井深の教え子でやはり天才エンジニアの木原信敏（きはらのぶとし）は細長く切った和紙のテープに筆で磁性粉をコーティングした。磁性粉のほうは、蓚酸第二鉄を薬品問屋で手に入れ、会社の炊事場のフライパンで焼いて酸化第二鉄にするという、これまた文字通り手作りだった。原始的ながらも技術の粋を尽くした国産初のG型テープコーダーは一九五〇年に発売される。この製品こそが、やがてコンシューマーエレクトロニクス先進企業となる会社の礎石となったのだった。とはいえ東通工の原点がテープレコーダーだとすれば、世界という舞台に彼らを押し上げたのはトランジスタラジオである。こちらは一九五七年一二月にソニーという新しいブランド名で発売された。

ソニー（SONY）という名前は、「音」の語源となったラテン語のSONUS（ソヌス）と「小さい」「坊や」を意味するSONNYに由来する。その頃「かわいい坊や」といった感じで“Sonny Boy”という言葉が流行っていたという。簡単で、どこの国の言葉でもだいたい同じように読めて発音できることが大事ということでソニーに決まった。自分たちの会社は非常に小さいが、それにもましてはつらつとした若者の集まりであるという意味合いもある。[12]日本語らしく聞こえないということも重要なポイントだった。

今日ではトランジスタと言えばIC（集積回路）やコンピュータを思い浮かべるが、最初に広く商業利用されたのは、ラジオの小型化だった。トランジスタが一九四七年にベル研究所で発明されるまで、複雑な電子機器はすべて真空管に頼っていた。しかし真空管は小型化がむずかしく、おまけに壊れやすい。真空管ラジオは重くて家具と見紛うような代物であり、一度置いたらおいそれとは動かせないので、聞きたい人はラジオの周りに集まるほかなかった。これに対してトランジスタは小さく、構造が簡単で安価であり、しかも効率がよい。これを量産できればエレクトロニクス産業に革命を起こせると期待された。だが技術的なハードルは高く、このままでは実験室のおもちゃで終わってしまうと心配する向きもあったほどである。

井深は一九五二年にアメリカ視察へ行った際にトランジスタの存在を聞きつけ、この発明の潜在性を見抜き、特許を持つウェスタン・エレクトリック社（ベル研究所の親会社）にコンタクトをとる。翌年、盛田をウェスタン・エレクトリックに派遣し、特許使用許諾契約を結んだ。[13]しかしソニーの技術陣はトランジスタ製造に苦労した。トランジスタ自体の特許は使えても、トラジスタ製造装置のほうは自力でなんとかしなければならず、それこそゼロから作ったのである。試行錯誤の日々が続き、結局ソニーの技術陣はほとんどトランジスタを再発明したような格好だった。彼らがいかに優秀だったかは、その一人だった江崎玲於奈（えざきれおな）がプロジェクトの間にトンネルダイオードを発見し、その功績に対してノーベル物理学賞を受賞したことからもあきらかだ。[14]

ソニーの奮闘にもかかわらず、世界初のトランジスタラジオの栄光は他社に奪われてしまう。一九五四年一二月、インディアナポリスのリージェンシー社がクリスマス商戦に向けて3×5インチのトランジスタラジオTR－1を売り出した。[15] 当時のトランジスタは歩留まりが悪く、基準に満たないものを廃棄しなければならない。このためリージェンシー製ラジオの小売価格は四九・九九ドル、現在の価格でいえば四万円ほどもした。そのうえ標準的な真空管ラジオよりも音質が悪い。それでもリージェンシーは初年度に一〇万台を売った。新商品としてはなかなか立派な数字である。だがアメリカの家庭には九三〇〇万台のラジオがあるのだ。それを考えれば、大海の一滴に過ぎない。これに対して、一九五七年に売り出されたソニーの「ポケッタブル」ラジオTR－63は、社会現象になるほどよく売れた。

じつは「ポケッタブル」というのは誇張である。ポータブルより一段と小さくなったことを強調するために「ポケッタブル」と銘打ったのだが、実際には既製のワイシャツの胸ポケットには入らない。そこで盛田はいくらか胸ポケットの大きいワイシャツを特注し、営業マンに着用させた。[16] もっとも、ポケットに入らないとしてもリージェンシーのラジオよりはずっと小さい。それに一〇ドルも安かった。さらに、黒のほかに赤、黄、緑とあざやかなカラーも人目を引く。発売と同時に大ヒットになり、エレクトロニクス製品としては戦後初のマストハブ・アイテムになった。クラシックからロックンロールにいたるまで、好きなところで聴ける――トランジスタラジオは当時の人々のiPodであり、「一人で楽しむ音楽」の代名詞であり、メイドインジャパンの代表格だった。TR－63と後継機のTR－610の発売から二年間で、ソニーと他の日本メーカーは毎年合計六〇〇〇万台のトランジスタラジオをアメリカに輸出した。ラジオ熱がピークに達した一九六九年には、アメリカで年間二七〇〇〇万台以上が売れている。[17]ラジオが一台もないという家庭はめずらしく、ほとんどの家庭に二台、三台とラジオがあった。わずか一〇年間で、最先

需要に追いつかず、1957年に空輸されたトランジスタ TR-63
（© ソニーグループ株式会社）

ウォークマン

端技術を駆使した製品はありふれた日用品になったわけである。

トランジスタ自体は今日にいたるまでずっと作り続けられており、人間の歴史において最も広く製造された電子部品となっている。半導体業界のアナリスト、ジム・ハンディの見積もりによると、発明された一九四七年から現在までの生産数は一三セクスティリオンだそうだ。[18] 一セクスティリオンは一〇の二一乗だから、一三のあとに〇が二〇個つくことになる。つまり地球上では、銀河系の星の数より多くのトランジスタが作られてきた。

五〇年代半ばにアメリカ進出を考えた企業はもちろんソニーだけではない。だが大方の日本企業は、外国企業との商談や輸出に商社を通した。海外に多くの支店を展開し、外国語を流暢に話す有能な人材を揃えて情報と人脈を持ち、運輸・通関の専門知識を備え、流通・販売網の構築を手伝い、外国企業に対する窓口役を果たす商社は、一度も外国でビジネスをしたことのない日本企業にとってはじつにありがたい存在である。有力者に顔も利くから、商売の成功も確実だ。だが盛田は単に金儲けをしたいのではなく、もっと大きな何かを求めていた。世界に打って出て外国企業と対等に渡り合えるような会社を自力で作り上げることである。[19] 大志を抱く盛田は家族を残してニューヨークへ移住した。商社の手を借りずにアメリカのビジネス慣行をマスターしようという意気込みである。新興企業とは言え役員クラスの人間が単身でこのようなことをするのは、日本企業では異例中の異例だった。

予想されたことだが、最初はたいへんだった。盛田はほとんど英語が話せなかったし、当時は外貨持ち出し制限があったうえ電信送金もそう手軽にはできないから、手持ちの現金がごく限られている。安ホテルに泊まり、アウトマートと呼ばれる無人経営の自販機レストランで食事を済ませた。安上がりだし、英語で注文する必要がないからである。だが盛田は吸収が早い。すぐに友達を作り、取引先を増やし、彼らの知識や助言を身につけていった。サービスについて学びたかったら高級レストランで食事をすること。高級ホテルのいちばん安い部屋に泊まるほうが、安ホテルの最高の部屋に泊まるよりよいこと。自分が立派な企業の顔であることを忘れないこと。[20]イメージが重要であること、等々。

それでも盛田は自分の手を汚すことも厭わない。一九六〇年に三万台の最新のトランジスタラジオがニューヨークの倉庫に到着したとき、彼はスーツを作業着に着替え、荷卸しを手伝った。ところが長い一日の終わりに、作業員の一人がうっかり盗難警報ボタンを押してしまう。たちまち警備員が駆けつけ、汚れた作業服姿の盛田と同僚を取り囲んだ。[21]これは豚箱行きかと青くなったという。運よく別の社員が金庫の暗証番号を持ってやってきて、盛田が何者かを証明する書類一式を金庫から取り出してくれ、事なきを得る。この事件で警報ボタンが機能するとわかったのはせめてもの収穫だった。

それやこれやで苦闘の日々ではあったが、盛田はアメリカが好きだった。ニューヨークの開放的な空気、果敢な精神、そしてこの街の持つエネルギーを愛した。彼は猛烈に働く一方で自由な時間を大いに楽しむ。コンサートへ行き、美術館を訪れ、ブロードウェイで『マイフェアレディ』などを観劇。高級レストランで食事もした。そしてとにかく歩き回った。ニューヨーク中を歩いたが、いちばん気に入ったのは五番街である。[22] 五番街へ行けば、アメリカの最高級の洗練を提供する店の雰囲気を肌で感じることができる。そこにはティファニー、カルティエ、サックス・フィフス・アベニュー、バーグドルフ・グッドマンがあった。いつかソニーもここにショールームを出すのだ、と盛田は心に決める。どこか適当な場所はないかとあたりを見回して、彼は気づいた。五番街沿いに多くの国の国旗がはためいているが、日本の国旗は一つもない。真珠湾のあと、すべて降ろされたのだった。

この頃のソニーの主力商品は引き続きトランジスタラジオとテープレコーダーだったが、盛田はショールームの存在を世界に知らしめるようなインパクトのある製品が欲しいと思った。幸いにも東京では井深の優秀な技術陣がすでに次のイノベーションに取り組んでいた。トランジスタラジオの販売がようやく軌道に乗ったばかりだというのに、そのトランジスタ技術を活かして今度はトランジスタテレビを作ろうというのである。これまた艱難辛苦の末に世界初の直視型ポータブル・トランジスタテレビＴＶ８－３０１が一九五九年末に完成する。これで、スタイリッシュな小型電子機器メーカーとしてのソニーの評判は揺るぎないものとなった。いかにも宇宙時代にふさわしいカーブをつけたデザインは近未来的であると同時に時代を超越したイメージである。ただしＴＶ８－３０１はひどく高価なうえに故障が多く、「虚弱児」と陰口を叩かれ、評判のわりには売れなかった。[23] なにしろ画像がぼやけるうえに、時々上下に流れたりし、テストパターンの円が楕円に見えるという代物である。井深はすぐさま後継機にとりかかり、テストを繰り返して虚弱児の欠点をつぶしていって、八インチのＴＶ８－３０１よりさらに小型の五インチのＴＶ

5－303を一九六二年に完成させる。世界最小・最軽量のマイクロテレビである。これこそ、アメリカのショールームを飾るにふさわしい製品だった。

一九六二年一〇月一日、ソニーは念願の五番街にショールームをオープンする。オープニング・セレモニーにはニューヨーク総領事をはじめ四〇〇人以上の招待客が訪れ、狭いスペースはごった返し、入りきれない人が通りにまであふれた。[24] 正面のソニーのロゴの上には星条旗と並んで日の丸がへんぽんと翻っている。二〇年以上にわたってニューヨークで見ることのなかった日本の国旗が掲揚されたのだ。戦争の暗い思い出を蘇らせるのではないかという懸念があったとしても、それはすぐに吹き飛ぶ。次の日からは、近日発売予定のマイクロテレビを一目見ようと大勢のアメリカ人がショールームにやってきたのである。

ショールームがオープンした翌日、盛田はTV5－303を携えてフランク・シナトラのもとを訪れている。じつはフランク・シナトラがその年の四月にソニーの工場見学をした際、製造中のマイクロテレビを見ていたく気に入った。そこでアメリカ仕様の製品が出来上がった際にはプレゼントすると約束していたのである。半年前のこの約束を盛田は果たしたのだった。[25] インフルエンサーの影響力をよく知っている盛田は、その後も積極的にセレブたちたちに商品サンプルを送り続けた。

エンジニアとしての井深は技術的難題を解くことに魅力を感じ、小型化、軽量化に取り組んだ。一方、マーケッターとしての盛田は個人用エレクトロニクス製品のファッションとしての潜在性、さらには新しいライフスタイルを生み出す力を見抜いていた。盛田はデービッド・ロックフェラー、ヴォーグ誌の編集長ダイアナ・ヴリーランド、ファッションデザイナーのビル・ブラス、作詞家のジミー・レヴァイン、作曲家のレナード・バーンスタインなど、強い影響力を持つ人たちと友達になっており、ソニー製品はアメリカの文化人の間に浸透していく。[26] 彼はこの頃、アメリカの広告の研究にも時間を費やし、ブランド売り込みの参考にしようと、ブロードウェイやタイムズスクエアの巨大な広告をビデオ撮影したりした。[27] 盛田がとりわけ衝撃を受けたのは、ドイル・ディーン&バーンバック（DDB）がフォルクスワーゲン・ビートルのために制作した広告"Think Small"である（日本語では「小さいことが理想」と訳されている）。[28] 彼はDDBと契約した。DDBが制作したのは、典型的なアメリカのカップルが奇想天外なところにマイクロテレビを持っていく斬新な広告である。あるいは床屋の椅子に座って、あるいはボートで釣りをしながら、あるいはヌーディストキャンプで。最先端のエレクトロニクス製品、おしゃれなユーザー、洗練された広告メッセージの三拍子が揃って、アメリカの平均的な市民にハイテク・ガジェットの魅力を強力にアピールした。ソニーは他のどのメーカーにもまして、エレクトロニクスに関する限り「小さいことはいいことだ」というコンセプトを強く打ち出した企業である。機器の小型化は音楽の聴き方に驚くほど根深い影響を与え、ひいては大衆文化を変え、新しいカウンターカルチャーを広めることになった。

持ち運びのできるトランジスタラジオは、若いリスナーを束縛から解放した。ラジオを聴くのにいちいち親の許可を得なくていい。自分の部屋でロックンロールを思い切り聴けるのだ。「トランジスタラジオは世界を大きく広げてくれた」とコンピュータエンジニアのスティーブ・ウォズニアックは語る。盛田がアップルのスティーブ・ジョブズだとすれば、ウォズニアックは井深に当たる人物だ。「音楽を聴きながら眠ってもいいし、一晩中聴いていたっていいんだ」。若者が聴きたがるのは親世代には理解できないような新奇な音楽、と相場が決まっている。たとえば *Rock around the Clock*（『ロック・アラウンド・ザ・クロック』）（一九五四年）。これは「ロック」という言葉が初めてタイトルに使われた楽曲で、最終的に二〇〇〇万枚が売れる大ヒットとなり、ロックンロール・ブームの火付け役となった。きっと誰でも聞き覚えがあるだろう。この頃からアメリカの若者はイデオロギー的反逆を音楽の選択を通じて示すようになる。その代表格がプロテストソングだ。音楽のジャンルを超えてさまざまなプロテストソングが歌われ、とりわけ六〇年代の学生運動家の支えとなった。だがポータブルラジオが新しい意味での個人の独立を育んだとはいえ、リスナーはまだラジオ局という既成の音源に縛られていた。この状況はまだ何年も続くことになる。

ウォークマン誕生の物語は、公式サイトによれば一九七九年前半に当時はすでに名誉会長に退いていた井深と社長の大賀が交わした会話がきっかけということになっている。しかし盛田（当時は会長）の回想によれば、こうだ。「ある日井深氏がわが社の携帯用ステレオテープレコーダーと標準サイズのヘッドフォンを抱えて私の部屋にやって来た。彼は不満そうな顔をしながら、重くてしょうがないと言った。どういうことかと訊ねると、〝ぼくは音楽を聴きたいんだけど、他人を邪魔するのはいやなんだ……それでこうして持ち歩いている。だけど、重くてかなわんよ〟

と説明した」[29]。井深が自分用の音楽再生機として持ち歩いていたのは、カセットデンスケの愛称で知られる教科書サイズのステレオ録音機TC－D5である。当時のソニーではいちばん小型のモデルだった。プロの取材用を想定した製品で、街頭インタビューなどのいわゆる生録（ナマロク）に使われるが、電池を入れた状態で二キロ近くあって携帯用としては重く、丈夫な肩掛けベルトが必須だった。

これを聞いて盛田は最近アメリカで見た光景を思い出した。ニューヨークでは、ブームボックスと呼ばれる大型携帯テープレコーダー（もちろんソニーでも出している）が流行っていた。カセットデンスケよりはるかに大型で、どうかすると二倍以上あり、大音響で鳴る。それでもなんとか持ち運ぶことはできる。このブームボックスが七〇年代後半のアメリカの都市部で若者に予想外に受けていた。この大きな代物をかついで持ってきて通りに据え付け、ブレイクダンス・バトルを繰り広げるのである。これが都会の新しい音の風物詩になっていた。「当時、黒人のニーズは社会から軽視されていた」とヒップホップの歴史にくわしいアディサ・バンジョコは書いている。「彼らがブームボックスを手に入れて初めて、その音楽も存在も認められるようになったのだ」[30]。白人はブームボックスを嫌って「ゲットー・ブラスター」（貧民窟の爆音機）と揶揄したが、盛田はそこにニーズを見抜いた。みんな自分の好きな音楽を聴きたがっているのだ。そこで彼は技術陣に超小型ステレオカセットプレーヤーの試作を指示した、ということである。

だが現場の話はちょっとちがう。社内のいくつかの情報を総合すると、試作品はすでに存在していたらしい。テープレコーダー事業部の若手が「自社製のモノラルタイプの小型テープレコーダーをステレオタイプに改造して遊んでいた」という。[31] だから、「飛行機の中で自由に音楽を聞きたい」という井深のリクエストは、遊びでやっていたことに製品化の道を開いたわけである。改造のもとになったのは、掌に乗るくらいの小型モノラルタイプのテープレコーダー「プレスマン」である。プレスマンはジャーナリスト向けで、取材や記者会見の模様をカセットテープに録音することを想定して製品化された。再生はモノラルで、内蔵小型スピーカーで聴く。録音、再生、巻き戻しなどが片手で操作できることからビジネスマンにも人気があった（アポロの宇宙飛行士はプレスマンの前のモデルを持ち込み、ミッションの詳細を録音していた）。[32] ステレオ再生機能さえあればいいのでプレスマンから録音機能を外し、ヘッドフォンで聴ければいいということで内蔵スピーカーも外した。この改造品を海外出張に持っていった井深はいたく満足したという。

しかし再生専用機というコンセプトに営業部門は動転した。井深と盛田がいくら熱心でも、このコンセプトは長年の常識を覆すものだったからである。[33] テープレコーダーだというのに録音ができない。しかもスピーカーが内蔵されていない。さらに消費者向けの製品だというのに、ヘッドフォンを着用しなければいけないというのだ。時は一九七九年である。その当時ヘッドフォンをしている人と言えば、劇場や放送局の音響係を除けば、電報のオペレーター、潜水艦のソナー操作員、飛行機のパイロットぐらいのもので、あとは一握りの熱狂的なオーディオファンというところ。それ以外には邪魔くさくて鬱陶しいヘッドフォンなどする人はいなかった。そのうえ日本では、何か耳に装着している人は耳が遠いか聞こえないのだという偏見があった[34]（おそらく外国でもそうだろう。一九六〇年にライフ誌に掲載されたゼニス製トランジスタラジオの広告には、「イヤホン」という言葉の代わりに「プライベート・リスニング・アタッチメント」という婉曲表現が使われている)。[35] こうしたわけで、ソニー内部には今度の新製品に関してすくなからぬ懐疑的な空気が漂うことになった。

ここで、当時のヘッドフォンがどのようなものだったかを思い出す必要がある。プラスチックとゴムでできた重々しい装置で、はっきり言ってオーディオ用品と言うより耳当てに近い。気の利いたヘッドフォンでも耳当てがどら焼き程度(直径約八センチ)はあり、むやみに大きいものはソフトボール大(同一〇センチ)だ。しかも重い。だいたい四〇〇グラムぐらいある(ちなみにアップルのAirPodsは片耳わずか四グラムである)。宇宙管制センターにでもいるなら結構だが、持ち歩く音楽プレーヤーというコンセプトからは完全に逸脱してしまう。

しかしヘッドフォンはプロジェクトのカギを握るものだった。もしかすると本体以上に重要だったと言えるかもしれない。たしかに本体よりヘッドフォンのほうがずっと大きいのは妙である。デンスケ・シリーズからプレスマン・シリーズへの進化からもわかるように、テープレコーダーはどんどん小型化していた。だがヘッドフォンは相変わらず耳当てのままだった。そもそも七〇年代半ばの時点ではヘッドフォンの市場はきわめて小さく、統計にも現れないほどだったのである。今日ではヘッドフォン市場は年間一〇〇億ドル規模で、プレーヤー本体より市場が大きい。[36] たとえばアップルはiPodの売り上げが徐々に落ち込み二〇一四年に公式ストアでの取り扱いを打ち切ったにもかかわらず、[37] 同年にヘッドフォンのBeats by Dr. Dre(ビーツ・バイ・ドクタードレー)を三二億ドルで買収している。[38] これはアップルの歴史の中で最も高い買い物だった(皮肉なことに、ビーツの七〇年代風の大型ヘッドセットは若者に受けている)。

というわけで、ウォークマンの成功は本体と同じように軽くて小型のヘッドフォンの開発に懸かってきた。するとこのとき奇跡のように、ソニーの技術研究所で開発していた超軽量・小型ヘッドフォンが完成間近になっていることがわかる。[39] 耳を覆う従来のタイプとは異なり、耳に乗せるような感じで圧迫感がない。イヤーパッドもカラフルなウレタンフォームでできている。構造も単純でコストも低かった。そして最大の売りは軽さである。わずか五〇グラムで、標準タイプの八分の一だった。

この超軽量ヘッドフォンと掌サイズのカセットレコーダーが出会った瞬間こそ、夢が現実になるターニングポイントだった。ソニーのPR部門のトップだった黒木靖夫は「初めて聴いたときはほんとうに驚いた」と回想している。「こんな小さな機械からどうしてこんな迫力のある音が出るのか……初めて体験したときはどんな音が出るのか想像もしていなかったので、運命交響曲の出だしを脳天に叩き込まれた感じ」だったという。[40]

初代ウォークマンTPS–L2は、現代の基準からするとかなり頑健な感じだ。大きさは文庫本程度だが、厚さが三センチもあり角ばっている。大ヒットしたトランジスタラジオTR–63より大きいから、もちろんポケットには入らない（いや、そもそもラジオのほうもふつうのポケットには入らなかった）。その代わり、付属の合皮製ホルスターを使えばベルトに装着できる。おもしろいのは、二人で聴けるようヘッドフォン用のジャックが二つあることだ。さらに、ヘッドフォンを装着していると相手の声が聞こえないことから、HOT LINEというボタンが設けられた。この二つは盛田直々の要望である。[41] HOT LINEについて、おもしろい逸話がある。盛田が試作品を

ウォークマン

家に持ち帰って一人でテストしていたところ、妻が話し掛けても盛田が答えないからといって夫婦喧嘩になったという。そこでこの機能が加えられた。このボタンを押している間は音楽の音量が下がり内蔵マイクが周囲の音を拾うので、相手と、あるいは周囲の人と話ができる。HOT LINEボタンはプレスマンの録音ボタンと同じ位置にあり、ウォークマンの原型を思い出させる存在でもあった。ちなみに黒木は遊び心から、カップルで使えるよう最初期のロットでヘッドフォンの二つのジャックに"GUYS & DOLLS"（アメリカ映画『野郎どもと女たち』の原題）と刻印している。（ちなみにこの映画には、盛田がテレビをプレゼントしたフランク・シナトラが出演していた）。のちにこれはA、Bに改められている。

こうして詳細は定まったが、残る大問題があった。いったいこれは売れるのか？

言い換えれば、何台生産すればいいのか？　誰も答えを持ち合わせていない。なにしろこんな製品はどのメーカーも作ったことがないのだ。ＰＲ部門にはリサーチグループがあり、市場調査でテストしてみよう、ということになった。[42]これから売り出す商品を市場でテストしてみるのはメーカーではふつうのことだが、ソニーではまずやらない。盛田は市場調査にきわめて懐疑的だったし、むしろソニーは調査をしないことに誇りを持っていた。見たこともない商品を欲しいというニーズは調査には現れないという考え方である。「消費者はどんな製品が技術的に可能かを知らないが、われわれはそれを知っている」と盛田は書いている。[43]

ソニー始まって以来の市場調査では五台の試作機が用意され、それぞれに最近のヒット曲のカセットが装着された。中学生から大学生まで、毎日一〇人ずつ合計一〇〇人が調査に参加してい

初代ウォークマンの「羽のように軽い」ヘッドフォン（© ソニーグループ株式会社）

ウォークマン

る。調査の結果二つのことがわかった。一つは、操作方法をかんたんに説明しただけで取扱説明書などなくても、若者は機械を渡されると直感的に使い方を理解することである。もう一つは、すくなくとも五人に一人は音楽に没入しリズムに乗って体を動かしたことだった。その様子を見て、これはいけるかもしれないと黒木は感じたという。[44]そこで黒木は、当時の中高生の数に基づいて計算し、ごく控えめに六万台という数字を弾き出した。トランジスタラジオと比べるとかなり少ない。テープレコーダー事業部は承諾したものの、部品が揃わないという。ウォークマンは開発期間がわずか四カ月だったため、すでに年間計画の立っている生産ラインに割り込む形になったためだった。そこでファースト・ロットは三万台、残りは三カ月後ということになった。[45]

並行してPR部門はネーミングを考え始める。販促チームリーダーの河野透が「ウォーキー」を提案し、それでいこうということになった。ところが東芝がすでに商標登録していることがわかり、ボツになってしまう。ウォーキーを諦めきれない河野は「プレスマン」と「ウォーキー」を足して二で割り「ウォークマン」を考案した。「こんなポータブルステレオは初めてだから、どういうものか誰もわからないと思ったんです」と彼は話してくれた。「それで、消費者が直観的にわかるようなネーミングがいいと思った」[46]。英語にはウォークマンという言葉はないとして盛田はあまり賛成ではなかったが、「ウォークマンが英語でないことはわかっています……日本語だと思ってください」と黒木は押し切った。[47]

報道発表は新聞記者向けと雑誌記者向けの二本立てで、後者は代々木公園までバスで記者を運んで行われた。音楽を外へ連れ出して楽しむためのガジェットだから、実際にサイクリングやローラースケートをしながら聴くデモンストレーションをやってみせようという発想である。「あまり予算がなかったので」と河野はため息まじりに語っている。だがマスコミの反応は冷ややかで、とくに全国紙にはほとんど無視された。ウォークマンは一九七九年七月に発売されたものの、音楽を聴く形を決定的に変えることになるこのガジェットの当初の売れ行きはひどく低調だったのである。

ウォークマンの登場は、日本も欧米も激動期に入った時期と重なっている。一九七九年一月にイラン革命が勃発し石油生産が停止したことが引き金になって第二次オイルショックが起き、原油価格は高騰し、大混乱が生じる。アメリカではパニックになった市民がガソリンスタンドに押し寄せるという事態になり、ガソリンが厳格な配給制になってソ連と見紛うような長い列ができた。危機が起きたのはマスコミの策略のせいだ、いや石油会社だ、いや政治家だと陰謀論が飛び交い、不満が爆発して暴力沙汰が起きた。ペンシルベニア州レビットタウンでは怒ったトラック運転手二〇〇〇人がタイヤや車を燃やしてメインストリートを封鎖し、燃料価格の高騰に抗議している。

翻って太平洋の向こう側では日本がオイルショックをうまく乗り切り繁栄を謳歌していた。自動車とエレクトロニクス製品で世界のトップ・サプライヤーになるだけでなく、消費者を魅了してやまない製品を次々に作り続け、アメリカの自動車産業の労働者や経営者や政治家を怒らせたものである。一九七八年には日本は輸出を原動力として世界第二位の経済大国にのし上がった。

ウォークマン

三〇年前には主要都市がことごとく焼け野原になっていたのだから、信じられないような勝利である。六〇年代後半に荒れ狂った学生運動もおさまって好況は続き、人々は高度成長と低インフレという最高の組み合わせに恵まれた（当時の日本のインフレ率はわずか三・八％だったが、アメリカは一三・三％に達している）[48]。失業率は低く、雇用保障は手厚い。戦争から完全に復興した大都市は、新しい流行やトレンドの発信地になった。国民はおおむねゆたかになり、教育水準は高く、可処分所得もあったし、余暇を楽しみたいという欲望も持っていた（もっとも、絶えず忙しくせかせかしている日本人には余暇を楽しむ時間などほぼなかったが）。人々は、人口が密集し慌ただしく時の流れる都会のストレスから逃れ手っ取り早く楽しめるものを渇望した。つまり、ウォークマンのようなファンタジー・デリバリー・デバイスの魅力に非常に敏感になっていたのである。カラオケが大人たちを虜にし、プロの歌手のようにパフォーマンスできるというファンタジーに酔わせたように、ウォークマンは自分で選んだ音楽をどこにでも持ち運び自分一人で聴けるという夢のような約束をしてくれた。それに、ウォークマンはふつうの生活にBGMをもたらしてくれる。ごくありきたりで単調な生活も、背景に音楽が流れた瞬間にスリリングなドラマの世界に変貌する。平凡な現実を瞬時に魅力的なファンタジーに変えてくれる画期的な現実逃避デバイス、それがウォークマンだった。

ウォークマンがデビューしたまさにその時、日本のクリエーターたちがもう一つの電子的な逃避手段を完成させたのはけっして偶然ではない。それは、ゲームである。

テレビゲームを発明したのはアメリカ人だった。世界初のテレビゲームの名は*PONG*（ポン）

という。[49] 一九七二年九月にカリフォルニア州サニーベールでお目見えした。制作したのは電子工学エンジニアのアラン・アルコーンである。彼はシリコンバレーのゲーム開発スタートアップ、アタリ（Atari）の四人目の社員だった。社名のアタリは、囲碁のアタリ（相手の石を包囲し、あと一手で石がとれる状態）に由来する。

当時の技術的基準から見ても、『ポン』は原始的で素朴なゲームである。要するに二人のプレーヤーがラケットに相当するパドルでボールを打ち合うピンポンだ。ただしそれを黒いスクリーン上で行う。ルールはと言えば、コインを入れるだけ。注意点は「高得点を出すにはボールから目を逸らさないこと」だそうである。二五セント硬貨を投入すれば、二人のプレーヤーがビデオ・ピンポンで対決する世界初のパブリックなバーチャルスポーツが始まる。満員のスタジアムでプロが激しく戦うｅスポーツの小さな小さな第一歩がここにあった。

単純なゲームながら、『ポン』はクセになる。デビューから二年間でアタリはこのゲーム機を全米各地に数千台出荷し、アーケードゲームで最も稼いだ企業になった。一九三〇年代からアメリカに定着している「ピンボール」の場合、週五〇ドル儲けがあればいいほうだが、『ポン』は最低でも週二〇〇ドルはコンスタントに稼ぐ。唯一の問題は、二人いないと遊べないことだった。アタリの共同創業者であるノーラン・ブシュネルはすでに一人用のゲーム *Breakout*（日本では『ブロックくずし』の名で知られる）の構想を温めていた。これは基本的に『ポン』の一人バージョンで、パドルを使ってボールを壁に当て崩していくゲームだが、「うまくなるほど長時間遊べる」といった画期的な特徴を備えている。

この頃には、ゲーム機は初期の配線だらけの設計からプログラミング可能なＩＣチップを使った設計に進化していた。しかし当時のチップは非常に高価なうえ過熱しやすく、ひんぱんに交換が必要だった。コストを下げるため、ブシュネルはできるだけチップの数を減らした設計にするようスタッフにハッパをかける。そして五〇個を基準に、一つ減らすたびにボーナスをはずむことにした。

いまやシリコンバレーの神話となっている逸話によると、スティーブ・ジョブズという名前のアタリの若い社員がインド旅行から戻ってきてこの挑戦に志願した。一説によると、ジョブズはまだインド風の黄色の衣装でスキンヘッドだったという。もっともジョブズ自身がチップ減らしの仕事をしたわけではない。彼はこれをほかならぬスティーブ・ウォズニアックに下請けに出した。[50] 子供の頃トランジスタラジオに夢中になったあのウォズニアックである。二三歳になった彼はいまや天才エレクトロニクスエンジニアだった。彼は昼間はヒューレット・パッカードで働き、夜はガレージかアタリのオフィスでジョブズと作業した（「ジョブズとウォズが親友なのは知っていた。ウォズがＨＰの社員であることもね」とブシュネルは二〇一五年にあるサイトに投稿している。「もしジョブズを夜勤にしておけば、一人分の報酬で二人のスティーブを雇えたわけだ」）。[51]

ブシュネルはとくに締め切りを設けたわけではないが、ジョブズはアタリからまた研究休暇を取ろうと目論んでいたので、ウォズニアックに四日でやってくれと頼む。ウォズニアックはまる三日寝ずに奮闘してチップを二五個まで減らし、ジョブズはまんまと五〇〇〇ドルのボーナスを手にする。そして何も知らないウォズニアックには七五〇ドルしか渡さなかった。ようやく騙されたと気づいたのは、たまたまブシュネルからあの大金の分け前で何をするつもりか、と聞かれてからである。もっとも、ウォズニアックの天才的な設計は複雑すぎてアタリでは量産できず、結局最終的に一〇〇個のチップが搭載されている。それでも『ブロックくずし』はよく売れ、『ポン』に続くヒット作となった。

ブシュネルは、日本にはゲーム機の長い歴史があることを知っていた。ピンボールによく似た電気機械式のゲームが人気を博している。その代表格であるパチンコは一九三〇年代に日本で発明され、戦争中は禁止されたものの、戦後すぐに安上がりな気分転換として再び大人気になっていた。[52]パチンコはピンボールを縦置きにしたようなもので、打ち出された玉をできるだけ多く受け皿に入れることを狙う。最後に玉を数えて景品と交換するのだが、だいたいすぐ現金と交換できるようになっている。このしくみはほぼ合法的であるとして当局から容認されており、パチンコは賭博ではないことになっていた。法規制により大当たりの確率は意図的に低く設定されており、大金を投入して一日中打ち続けても、数万円稼げば御の字である。だがパチンコ店の利益は大きい。ある推定によると、パチンコ産業は日本の国内総生産（ＧＤＰ）の四％を占めるという。[53]これはラスベガスとマカオのカジノの合計よりも大きい。

ブシュネルはアーケードゲームが日本でも流行るかもしれないと感じ、ナムコ（現バンダイナムコエンターテインメント）と提携する。ナムコは一九五五年に百貨店屋上に設置した二台の木馬から出発したアミューズメント企業で、創業者は造船技師だった中村雅哉である（ナムコは旧社名「中村製作所」の英文頭文字に由来する）。ナムコは遊園地やデパート屋上遊園の遊具を主に手掛けていた。

中村はアタリ製品の価値にすぐに気づく。『ブロックくずし』の最初の出荷分が日本に入ってきたのは一九七六年で[54]、瞬く間に大ヒットとなった。新奇な「テレビゲーム」だというので評判になったのである。一台当たり一日数千円の売り上げがあり、喫茶店などにも置かれて「ブロックくずしブーム」が出現し、パチンコの客を奪うようなった。

問題は、アタリが出荷したのは数十台にすぎないことである。それ以外は全部偽物であり、偽造メーカーの多くはヤクザとつながっていた。もともとパチンコなどの遊技産業は裏社会とのつながりが深いと言われており、これは驚くにはあたらないだろう。偽物が出回っていることに気づいたナムコは再三アタリに手を打つよう要請するが、日本の事情に疎いアタリは対応が鈍く、結局ナムコも目には目をとばかり改良機を製造して売り出した。ブシュネルは憤慨したが、ナムコにしてみればやむを得なかった。偽造問題はあとあと日本のゲーム機市場を脅かすようになる。

もちろん偽物ばかりが出回っていたわけではない。野心的なプログラマーたちはブレイクアウトの変種や改良版を出したし、さらにまったく新しいゲームも考案した。中でも空前のヒットとなったのが、西角友宏(にしかどともひろ)の開発した『スペースインベーダー』である。西角は電気工学技術者で、当時はタイトーの子会社にいた[55]。一九七八年夏にタイトーから発売されたこのゲームは、ビデオゲームの概念を様変わりさせる。それまでの単純なボールの打ち合いや壁当てから、何か映画のような要素が入ってきたのである。ラケットはビーム砲に、ブロックはインベーダーに姿を変え、軍団となってスクリーンの上から降りてくる。そう、これはただの的当てではなく、攻撃してくる敵を迎え撃つゲームだ。もうあなたは、タバコの煙の立ち込める薄暗い部屋で暇つぶしにゲーム機のレバーを操作するしがないサラリーマンではない。地球防衛軍の司令官だ！　モノクロ画面に浮かび上がる輝点が想像力をかき立て、現実を忘れさせる。ひとたびゲーム機に向かえば、誰もが次から次へと迫りくる侵略者から地球を守るヒーローになるのだ。

『スペースインベーダー』には反応性のいい操縦桿があった。チャーミングなグラフィックもあった。ギザギザしたカニやタコのような小さなエイリアンたちは、おそらくゲームの世界で初めて何だか判別できるキャラクターだったと言えるだろう。しかもこのエイリアンたちは攻撃してくるのだ。これらの特徴が、別世界に浸り切る新しい感覚を提供してプレー

ゲーム機がすべて『スペースインベーダー』になった「インベーダーハウス」が国中に増殖した。
（写真：朝日新聞社提供）

ヤーを虜にし、『スペースインベーダー』は日本のアーケードゲーム史上最大のヒットとなる。アーケードゲーム機をすべて『スペースインベーダー』にしてしまうホールも出現し、「インベーダーハウス」と呼ばれた。ゲームセンターのはしりである。あまりに人気になったものだから、待合室や駄菓子屋の店先などゲーム機が置けるところならどこにでもインベーダーゲーム機が出現した。多くの喫茶店がテーブルの代わりにテーブル型のインベーダーゲーム機を置いた。中には飲み物をタダにした店もある。できるだけ長時間ゲームをやってもらうほうが儲かるからだ。みんながどんどん硬貨を投入するので、一〇〇円玉が足りなくなるという前代未聞の事態も起きた。[56]

こうしてインベーダーゲームが社会現象化すると、さまざまな問題が起きてくる。電子音の響きが耳について眠れない、視力が落ちる、青少年を非行に走らせる、日本人のモラルを貶める、などと批判されるようになった。ゲーム代欲しさに子供が盗みや万引きを働くといった問題も起きている。ひどいときには、東京の中学生が一週間で五〇人も補導された。ただでプレイしようと機械をこじ開けたり、偽造コインを使ったりしたのである。インベーダーハウスは風俗営業でないため取り締まる方法がなく、警視庁は子供をゲーム場に行かせないよう親たちに注意喚起した。またPTAが放課後にパトロールし、子供たちがインベーダーハウスへ行くのを阻止した。業界も遅まきながら子供に保護者同伴を求めたり、一八歳未満は夜一一時以降の入店を禁止するなど自主規制を行っている。[57]

一九七八年のうちに日本社会は文字通りインベーダーに侵略され飽和状態になってしまう。そして世界に輸出され、行く先々で人々を熱狂させた。ある推定によると、一九八二年までに世界中のプレーヤーが投じたコインは、二五セント硬貨に換算して一〇億枚に達するという。

小菅のジープは占領下日本の国境を越えることはなかった。アニメは輸出はされたが欧米では珍品扱いだった。カラオケもまだ主に国内現象にとどまっていた。この時点までに日本のファンタジーで世界に知られる存在になっていたのは、ハローキティだけである。ただし夢中になったのは主に子供だった。これに対して『スペースインベーダー』は、初めて日本のファンタジー・デリバリー・デバイスが世界の心をとらえたケースである。「かわいい」ゲームに否定的な米国ゲーム業界の懸念を尻目に、『スペースインベーダー』は後の『パックマン』や『ドンキーコング』の先駆けとなった。外国では日本以上にあり得ないところにインベーダーゲーム機が出現したものだ。スーパーマーケット、コンビニから歯医者、果ては葬儀場まで。さまざまなゲーム機の電子音から逃れられるところはほとんどないというありさまになったのである。[58]

こうして『ポン』がカリフォルニアの煙の充満する酒場に登場してからわずか一〇年で、日本のゲームデザイナーがアメリカ人に本気の挑戦状を叩きつけたのだった。

「いまパリから戻ったところだが、あっちじゃみんなこれを着けていたんだ」とアンディ・ウォーホルが得意げに答えたのは一九八一年のことだ。[59]「その頭につけた妙なものは何か」という質問に対する答えである。「妙なもの」というのはソニー製ヘッドフォンのことで、腰に装着したウォークマンＴＰＳ－Ｌ２に接続されている。つねに流行の最先端にいたウォーホルは、ジョブズと同じく、この小さな機械が単なる新しいガジェット以上の存在だと直感的に理解した最初のアメリカ人の一人だった。その後数年にわたり、ポップアーティストがはっきりウォークマンとわかる特徴的なヘッドフォンを着けて楽しそうに街を闊歩するスナップ写真がひんぱんに登場することになる。ウォーホルにいたっては街中どころか会食中も外さないほどで、ビートジェネレーションを代表する作家ウィリアム・バロウズとのディナーの席で撮った有名な写真でもヘッドフォンを付けている。

こうしてウォークマンは世界を虜にした。世界の扉を開く暗号を解いたのは盛田である。問題は単純なことだった。どこへでも連れて行けて一人で聴ける音楽はまったく新しいコンセプトだということである。それは口では説明できない。体験するほかない。

カラオケの発明者の一人である井上大佑は、バーのホステスに金を渡して客をデュエットにさそってもらったが、ソニーも同じようなことをしている。ファッショナブルな若いカップルを雇って、銀座の目抜き通りを歩いてもらう。もちろん、これ見よがしにウォークマンを聴きながら。そして通りすがりの人に「ちょっと、これ、聴いてみてください」とヘッドフォンを差し出すのだ。体験部隊は高校、大学の運動会や文化祭にも出没した。[60]

数カ月はかかったものの、こうした販促活動はじわじわと効いてくる。有名タレントがウォークマンを着けてグラビアに登場するようになった効果もあり、ファースト・ロットの三万台は九月までに売り切れた。すぐに生産は二倍に、さらに三倍に拡大されたが、とても需要に追いつかない。しかしこの品薄状態はソニーに有利に働いた。品切れ店が続出してそれが話題になり、話題になると購買意欲を掻き立て、作るそばから売れるという好循環である。ソニーは小さなステレオを単なる音響製品からステータスシンボルに押し上げたのだった。映画スターなどは、なかなか手に入らないこのアイテムをファッション誌やテレビ番組で得意げに見せびらかしたものである。「ある日の東京では誰もウォークマンを持っていなかった」と当時日本に住んでいた音楽評論家のピーター・バラカンはこう語る。「ところが次の日には全員がヘッドフォンをしていた。ほんとうに電光石火の出来事だった」[61]。

日本で最初に飛びついたのは大学生など若い消費者である。だが欧米では少々事情がちがった。ウォークマンがアメリカとヨーロッパにお目見えするのは一九八〇年二月になってからだが、世界を忙しく飛び回る著名人たちは早くからその存在を知っていた。盛田がお土産感覚で彼らにウォークマンを手渡していたからである。日本公演をしたベルリン・フィルやニューヨーク・フィルの団員は全員この貴重なお土産を受け取った。映画スターやロックスターはもちろん、ビタス・ゲルレイティスやビヨン・ボルグといったプロテニス選手も[62]。さらにポール・サイモンは一九八一年グラミー賞授賞式で誇らしげにウォークマンを着けていた。ハリウッドではウォークマンが必須ギフトアイテムとなる。「ディスコの女王」の異名をとるドナ・サマーは、クリスマス用に何十台も買い込んでプレゼントした（もっとも、この現象を誰もがよろこんだわけではない。マンハッタンの高級百貨店バーニーズの店長は、このデバイスは「八〇年代の病」だと述べた[63]）。

ウォーホルは、ウォークマンのもう一つの予想外の面も理解していた。それは、とにかく大事なのはウォークマンを着けている姿を見られることであって、何を聴いているかなんて問題じゃ

ウォークマン

ないということである。だから、おしゃれな有名人が全然イケてない音楽を聴いている可能性はかなり高い。現にウォーホルはほとんどオペラばかり聴いていた。ウォールストリート・ジャーナル紙は「大音響のブームボックスに対する中・上流階級の報復」は中年に差しかかった裕福な白人だけが「そっと耳元でクラシックを聴けること」だと書いている。[64] もっとも、この状況はすぐに変わることになる。

一九八一年に、当時はまだ無名だったカナダのSF作家ウィリアム・ギブスンは初めてウォークマンでイギリスのロックバンド、ジョイ・ディヴィジョンを聴きながらバンクーバーの街を歩いていた。「突然バンクーバーの街並みが消えて、豪華なディストピアを歩いているような奇妙な感じがした。あんな感覚は初めてだ。」と後年に述懐している。「その後一カ月はウォークマンを付けたまま生活をしていた」。そんなある日、ギブスンは散歩中にアップルのパソコンのポスターを目にする。そのとき彼は、「もしもパソコンが処理するデータをウォークマンと同じように直接感じることができたら」と閃いたという。[65]

このギブスンの感覚は、ウォークマンの没入体験が人間の意識を深く変えたことを端的に捉えたと言えるだろう。とはいえアメリカ人消費者の多くは、ソニーの新しいファンタジー・デリバリー・デバイスになお懐疑的だった。盛田は一人がウォークマンを聴いているとカップルの相手が仲間はずれにされたように感じるのではないかと配慮し、初期のモデルにはヘッドフォン・ジャックを二個用意している。そして、二人の若い女性が一緒にウォークマンを聴きながら歩くC

Mも流した。だがすぐに日本でも世界でも、ほとんどのユーザーは音楽を一緒に聴くことに興味がないとわかった。彼らが求めているのは逃避なのだ。「クラクションを聞かずにパヴァロッティを聴くのはいい感じだ」とウォーホルは一九八一年のワシントンポスト紙で語っている。[66]

音楽学者の細川周平は、自ら一人で音楽に浸りたくなる現象を「ウォークマン効果」と名付けている。車、建設現場、サイレン、漏れ聞こえる会話など従来の都市生活では音の共有は避けられなかった。だがヘッドフォンをジャックに差し込むだけで自分で編集した音の風景に浸れるようになったおかげで、従来の制約から解放された、と細川は指摘する。

ウォークマンがアメリカ市場に投入されてまもない1981年、ニューヨークの地下鉄の光景。
(写真：New York Daily News Archive ／ Getty Images)

こうした音への逃避にはナルシスティックな要素もあり、音楽が日常生活に常駐するようにいたっては、一種の中毒になるという。[67]ウォークマンはけっして世界を遮断するわけではないが、いつものストリートを映画のセットに変えてしまう魔力がある。カラオケが歌っている間はあなたをスターにしてくれるように、ウォークマンはカセットが流れている間はあなたを平凡な日常のスターにしてくれるのだ。正確には片面が終わってひっくり返さなければならなくなるまでは。

一部のアメリカ人にとって、ウォークマンが社会現象化したときに最も気になるのはそれが日本製だということだった。ウォーホルのようなトレンドセッターやスティーブ・ジョブズのようなハイテクオタクは、日本製品の侵略を気にしなかった少数派である。戦争に負けた日本がいつの間に自分たちの国を脅かせるほど再生に成功したのかを考えるにつけ、戦後に彼の国を見下していたアメリカ人たちは憤慨するようになる。経済評論家は新聞のコラムで日本の商習慣を真珠湾攻撃に擬えた。エズラ・ヴォーゲルの『ジャパン・アズ・ナンバーワン』（邦訳阪急コミュニケーションズ）やカレル・ヴァン・ウォルフレンの『日本　権力構造の謎』（邦訳早川書房）といった本がベストセラーになった。日本製の自動車や家電がアメリカ市場にあふれ、「ジャパン・バッシング」なる言葉が喧伝された。こうした現象は悲劇も生んだ。デトロイトでは自動車工場を解雇された労働者二人が中国人を日本人とまちがえて殴り殺す事件が起きている。「おまえたちのせいで俺たちは失業したんだ！」と叫びながら。

盛田は、日米関係に軋みが生じたこの困難な時期に控えめな姿勢を貫いている。すでにかなり前に日本に戻り、現場を離れて会長に就任していた。ソニーは一九八八年にＣＢＳ傘下のＣＢＳ

レコードを買収（一九六八年に同社との日本での合弁事業としてCBSソニー・レコードを発足させていた）し世界最大のレコード会社になると、翌八九年には映画大手のコロンビア・ピクチャーズを公開買い付けで買収する。この野心的な買収はアメリカ人の警戒心を一段と掻き立てることになった。この頃には他の日本企業もアメリカの象徴的存在を次々に買収している。たとえば三菱地所は一九九〇年にロックフェラーセンターのビル群を買収し、任天堂は大リーグ球団シアトル・マリナーズの筆頭オーナーになるという具合だ。これですでに充満していた怒りは一気に憤怒となって爆発する。アメリカ企業は尻馬に乗って火に油を注いだ。一九九〇年のゼネラル・モーターズのための広告には、こうある。「いまから何年か先の一二月には、ヒロヒトセンターに巨大なクリスマスツリーを見にいくことになるだろう」[68]。

エンターテイメントの世界も例外ではない。リドリー・スコット監督の『ブレードランナー』（一九八二年）には、すさんだ大都会の高層ビル群に勝ち誇ったような巨大な日本の広告（それも芸者が強壮剤を勧める広告だ）が輝くシーンがある。またウィリアム・ギブソンの一九八四年の長編SF小説『ニューロマンサー』に描かれる近未来のディストピアでは、財閥と呼ばれる巨大企業とヤクザが経済を牛耳る。この小説は、SFやファンタジーを対象とする文学賞ネビュラ賞を受賞し、サイバーパンクの走りとなった。おまけにハリウッドでは、日本人のモンスターサラリーマンが悪役で登場する。たとえば『バック・トゥ・ザ・フューチャー　パート2』（一九八九年）には「伊藤富士通」なる人物がテレビ電話に登場し、主人公に冷酷にクビを言い渡すと、ご丁寧にファックスで通告してくる。フィリップ・カウフマン監督の『ライジング・サン』（一九九三年）

にいたっては、娯楽作品を装ったジャパンバッシングと言うほかない。『ジュラシック・パーク』で名高いマイケル・クライトンのサスペンス小説が原作で、ロサンゼルスを舞台に貿易摩擦をめぐるアメリカと日本の対立が生々しく描き出されている。日本人は技術優位に立ち、通訳や売春婦に落ちぶれたアメリカ人を見下しているが、その日本人は「ベッタク」に愛人を囲い「カール」を食べるといった調子だ。

かくしてジェネレーションXと呼ばれる一九六〇年代初めから七〇年代半ばに生まれた世代は、アメリカの未来はハイテク帝国に握られてしまった、そのハイテク帝国では人間のニーズよりも顔の見えない日本の大企業のニーズが最優先されるのだと憤る大人たちに囲まれて育つことになった。大人たちのそうした主張を、僕たちジェネレーションXは肩をすくめてやり過ごした。だってウォークマンを聴いたり、任天堂のゲームで遊んだり、アニメのビデオを見たりしているのに、そんな大人の言い分を聞いていられるだろうか？

ウォークマン自体は、車やテレビやコンピュータのようには怒りと報復の対象にはなっていない。ウォークマンが画期的な製品であって欧米には競合するものがほとんどなかったことが、理由の一つだろう[69]。だが最大の理由は、ウォークマンが製品として大成功を収めたとは言っても、ユーザーが自分の好きな音楽を再生する装置にとどまっていたことにある。音楽を聴く体験を楽しく親しみやすくはしたけれども、ウォークマンを四六時中手放さない人でさえ、日本のコンテンツを聴くことを強要されたわけではない。何を聴くかは完全にユーザーの自由だ。ウォークマンのマーケティングを担当した黒木は、テクノロジーにおける「ハード」と「ソフト」のちがいに言及して嘆息したことがある。日本は世界の消費者にアピールしてハードである機械を買わせることはできても、歌やストーリーといったソフトな文化で世界の人々の心を掴むことはできていない、と彼は感じていた。[70]

だがそうだったとしても、それは変わろうとしていた。いや、すべてのことが変わろうとしていた。

一九八九年に開局四〇周年を迎えたＴＢＳテレビは、ソ連に一四〇〇万ドル払って社員をミール宇宙ステーションに送り込むというアイデアを思いつく。[71] この事業を大々的に宣伝し軌道上から一週間にわたり番組を放送すれば、ＴＢＳのイメージアップに大いに貢献するのではないか、というわけだ。それはまた、日本のテレビ局がきわめて裕福で、大国の宇宙開発計画に一般人を一人割り込ませるだけの資金を潤沢に持ち合わせていると見せつける効果もある。

ＴＢＳから数百人が応募し、最終候補者は二人に絞られた。一人は二六歳のカメラマン菊地涼子、もう一人は四八歳の外信部デスク秋山豊寛（あきやまとよひろ）である。前者は登山、サイクリング、スキーが趣味。後者は慢性的に残業続きで一日四箱タバコを吸うというヘビースモーカーである。八〇年代後半の日本経済を支える典型的なサラリーマンだったと言えるだろう。ソ連での訓練の末に秋山が選ばれたのは偶然ではあるまい。

ともかくも、これは人類の歴史において初の商業宇宙飛行だった。しかも日本で初めて（毛利衛より早く）宇宙飛行を経験することになった秋山は、ミノルタの広告に囲まれたバイコヌール

ウォークマン

宇宙基地の発射台から一九九〇年一二月二日にソユーズに搭乗し宇宙空間に送り込まれる。ソユーズは不似合いにも日本のエレクトロニクス・メーカー、クレジットカード会社、生理ナプキン・メーカーのロゴで飾り立てられていた。軌道に乗り宇宙ステーションとドッキングすると、ソ連の宇宙飛行士たちは親切心から宇宙服をＴＢＳのＴシャツに着替えたものである。もちろんＴＢＳはこの様子を連日放送した。サラリーマンにとって小さな一歩、テレビ局のブランド戦略にとっては大きな一歩だったと言えるだろう。

秋山は一二月一〇日に地球に帰還した。彼の宇宙飛行は、日経平均株価が急降下した時期とほぼ時を同じくしている。日経平均は一九八九年末に史上最高の終値三万八九一五円をつけ、四万円をうかがう勢いだったが、これをピークに九〇年年明けから下がり続け、一〇月には瞬間的に二万円を割り込み、年末になっても二万三〇〇〇円台を低迷していた。また株価にやや遅れて、景気も九〇年一〇月をピークに後退に転じている。日本がグローバル経済に多大な影響力を誇った「バブル景気」は終わったのである。「失われた二〇年」が始まろうとしていた。

PART

第2部 一九九〇年代

THE 1990S

東京証券取引所、株価急落　さらば日本株式会社[1] ●スーパーシナジー　より優れたハードとソフトが創造するスーパーエンターテイメントの世界、任天堂スーパーファミコン[2] ●「インターネットじゃ、こっちが犬だなんてこと誰にもわからないのさ」[3] ●行け、パワーレンジャー！[4] ●次世代の商用コンピュータおよび通信技術において世界をリードするのはアメリカであって日本ではない。[5] ●「ご存じ、愛と正義のセーラー服美少女戦士セーラームーン！月に代わっておしおきよ！」[6] ●アメリカでは現在、日本のポップカルチャーに対する関心が高まっている。理由はわからない。[7] ●バーチャルアイドルは、本物の女の子に興味を持てない私のような男にとってエネルギー源のような役割を果たす。[8] ●彼女は二六歳。美人で、愛車はＢＭＷだ。二八〇〇ドルもするシャネルのハンドバッグを持っている。独身を謳歌し、銀行勤務だが両親と一緒に住んでいる。そんな彼女を周囲は「パラサイトシングル」と呼ぶ。[9] ●日本のアニメは精神を解放する。[10] ●社会から引きこもった日本の子供たちは、ひょっとすると新しい生き方の先駆者なのかもしれない。[11] ●ピカピカピカピカチュウ　ピカピカピカチュウ！[12]

第6章 女子高生王国

——スクールガール文化、世界へ

すべてが崩壊したとき、その国についてよく知ることができる。ちょうど潮が引くとたくさんのものが砂浜に残されるように。

——ティモシー・ガイトナー、アメリカ財務長官、一九九〇年[1]

絵文字

二一世紀が始まろうとする頃、日本経済はまだ破滅の底にあった。失業率は一五%を超え、労働年齢にある健康な数百万人が失業している。自分たちを待つ未来が灰色であることに気づいて幻滅したティーンエイジャーは、おおっぴらに親や教師に反抗するようになった。六〇年代の安保闘争や学生運動の記憶が生々しい日本政府は自信を失い子供を恐れ、「新世紀教育改革法」なる法律を成立させる。毎年中学校から一つのクラスを選び、無人島に送り込んで最後の一人にな

スクールガール文化、世界へ

るまでクラスメート同士で殺し合いをさせるという法律だ。国民の間に相互不信感を植え付け、反政府勢力の結集による革命を防ぐことが目的である。島は軍隊が包囲しているうえ、生徒の首には発信器と盗聴器付きの首輪がつけられ、遠隔操作で爆破可能になっているため逃げられない。各自にはランダムに武器が配られ、水と食料と地図が与えられる。ルールは単純だ。殺せ。さもなければ殺される……。たった一人生き残った者は生還を許される。前回の優勝者はジープに乗せられ軍隊のパレードでマスコミに顔を晒される。ぼろぼろになった制服のまま人形を抱いてジープの後部座席に座っているのは一五歳の少女だ。彼女はカメラの放列の中で血塗れの顔を上げ、微笑む。

　これが二〇〇〇年に大ヒットした深作欣二監督作品『バトル・ロワイアル』のオープニングシーンである。この映画は、激しい論争を巻き起こした一九九九年の高見広春の同名の小説に基づいている（スーザン・コリンズの小説『ハンガー・ゲーム』（二〇〇八年）は『バトル・ロワイアル』との類似性をたびたび指摘された。コリンズは『バトル・ロワイアル』を読んだことはなく、存在も知らなかったと述べている）[2]。破壊された街や社会の崩壊を描いた映画は、言うまでもなく『バトル・ロワイアル』が初めてではない。古くは一九五四年の『ゴジラ』から、一九八八年のＳＦアニメ『ＡＫＩＲＡ』にいたるまで、日本には数多くの作品が存在する。社会派ながらファミリー向けアニメの巨匠である宮崎駿でさえ、この頃には衰退する文明をテーマに取り上げ、一九八四年に大作『風の谷のナウシカ』を発表した。だが『バトル・ロワイアル』には他の作品とは異質の要素が一つある。それは、女子生徒（スクールガール）だ。この映画の最も衝撃的なシーンのいくつかには彼女たちがいる。たとえばクラス一の美少女、千草貴子。彼女は迫ってきた男子生徒を相手にナイフを構え、何度も刺して殺す。筋骨隆々の男子ではなくはかなげな美少女が一対一の格闘で生き残るという予想外の展開は、国内のみならず外国の観客も魅了した。クエンティン・タランティーノは『バトル・ロワイアル』がすっかり気に入り、一九九二〜二〇〇九年の映画ベストテンの筆頭に挙げたほどだ。それに彼の *Kill Bill: Volume 1*（『キル・ビルＶｏｌ・１』）は日本映画へのオマージュが満載で、千草を演じた栗山千明は、女子高生の格好をした殺し屋として『バトル・ロワイアル』のオマージュを自ら演じている。[3]

このダークな映画が深い共感を読んだのは、日本が試練の時を迎えていたことの証拠と言えるだろう。二〇〇〇年当時の実際の日本は『バトル・ロワイアル』ほどひどくはなかったが、深刻な状況にあったことはまちがいない。一九九〇年に株価が暴落したときからすでに一〇年が経っていたにもかかわらず、である。そしてこの後の一〇年間も、一時的な景気浮揚はあったものの、二〇〇八年にはリーマンショックで壊滅的打撃を受けることになる。

振り返ってみれば、悲劇の芽を孕んだ不動産バブルが始まったのは一九八五年九月だった。このときニューヨークのプラザホテルに先進五カ国の財務相が集まり、プラザ合意を発表する。対日・対欧貿易赤字の膨張を解消したいと躍起になったアメリカ政府の呼びかけに応じ、先進国は自由貿易体制を守るべく協調的にドル安誘導を図ることで合意した。合意当時は一ドル＝二四〇円台だった為替相場は急激に円高ドル安へと傾き、翌年夏には一ドル＝一五〇円台まで円高が進んでいる。ドル安という意味ではアメリカの思惑通りにはなったわけだが、円高になることは、日本がアメリカ国内で買い物をしやすくなることを意味する。前述のロックフェラーセンターやコロンビア・ピクチャーズ、さらにはペブルビーチ・ゴルフクラブ、ユニバーサル・スタジオなどを日本企業が買い漁ったのはまさにこの時期だ。個人も負けてはいない。大昭和製紙名誉会長だった齊藤了英はゴッホの『医師ガシェの肖像』を一二五億円で落札し、死んだら棺桶に入れてくれと発言して文化遺産に対する冒瀆だと世界中から囂々たる非難を浴びている（彼はすぐに冗談だと取り繕った。この作品はちゃんと現存する）。[4] 主婦が夫のボーナスで金箔入りの数万円もするコーヒーを楽しんだのもこの頃だ。[5] 何よりすさまじい動きを示したのは不動産市場である。常軌を逸した土地投機によりピーク時には日本の土地の時価総額は一九九〇年に二四〇〇兆円に達する。これは、アメリカの土地の時価総額の四倍にあたる。[6] なにしろ地価上昇率はピーク時には年一五%に達し、五%程度だった経済成長率の三倍の勢いだった。日本で一番地価の高い場所として知られる銀座鳩居堂前は、ピーク時（一九九二年）に一坪一億円を上回っている。[7] だがそれでもこれがバブルだとは誰も思わなかった。土地というものは永遠に値上がりするのだと信じられていたのである。

今日でも、バブル崩壊の真の原因は正確にはわかっていない。言うまでもなく原因は一つではなく、さまざまな要因が複雑に絡み合っているにちがいない。一つはっきりしているのは、日経平均株価は一九八九年末に史上最高値をつけ、今日にいたるまでそれは回復されていないということだ。株価に続いて地価も下落に転じ、二〇〇五年には土地の時価総額は一二〇〇兆円となった。一五年間でピーク時の半分が消失したことになる。多額の融資を受けて不動産を買った企業と個人は、土地の価値が半減してしまったのに借りた金は返さなければならない状況に追い込まれる。企業が相次いで倒産し、投資は冬の時代を迎えた。経済学者は重々しく宣言した——日本は資産価格バブルに見舞われていた、そしてバブルというものはいずれ必ず崩壊するのであって、たしかにその通り崩壊したのだ、と。富は失われ生活は破壊された。夢と希望の代わりに景気後退と絶望がやってきた。自殺率が急上昇し、先進国では前例のない高水準に達している。

サンリオの辻信太郎も手ひどい損害を被った一人だ。彼の会社は着々と成長し、混乱の時代にも盤石であるかのように見えた。しかしサンリオといえどもバブル崩壊から逃れることはできない。一九九〇年九月に同社は投資で一八〇億円を失う。ある雑誌は「株狂いのワンマン経営でサンリオが大赤字に転落」と書き立てたものである。[8] 辻がやっていたのは「財テク」と呼ばれる資産運用で、バブル期の企業経営者の多くがこれに精を出していた。辻は会社の余裕資金を株、不動産投資信託を始めハイリスク・ハイリターンの金融商品に投じ、バブルの間はこの果敢なリスクテークが大きな実りをもたらした。一時期は財テクによる利益が本業の利益を上回ったほどである。強気の辻は東京多摩市にサンリオ初のテーマパーク「ピューロランド」を建設する計画を立てた。だがサンリオの株価は九〇年七月に九〇四〇円の最高値をつけた後は急落し、九二年には六四〇円まで落ち込んでしまう。時価総額が九〇％以上吹き飛んだ計算だ。「睡眠薬の助けなしには眠ることもかなわないありさまだった」と辻は痛ましく告白している。一度ならず自殺も考えたという。[9]

たしかに暗い時代だった。現実の世界に希望が見えない中、日本の若者は次第に内向きになってファンタジーを追い求めるようになり、新しい文化やサブカルチャーを次々に生み出していく。彼らの主力のレジャーはゲームになった。また奇抜なファッションや凝ったコスプレが公の場に登場するようになる。アニメや漫画は娯楽というよりもむしろライフスタイルそのものとなり、コミックマーケットなどそうした若者が集う場は一九九〇年代に入って急増した。それでも、この時代を生き抜いた若者の中で最も注目すべき存在は、何と言ってもスクールガール、主に女子高生である。彼女たちは手に入るあらゆる小道具を使って変身し、失われた二〇年に沈む日本を疾走した。サラリーマンが築き上げた日本株式会社は粉々に砕け散り、彼女たちはその骨を拾う。少女漫画やサンリオのグッズなど、ふつうなら成長するにつれて捨てていくものを彼女たちは堂々と愛し続けて大人になろうとした。その一方で、誕生したばかりの新技術を用心深い大人たちよりずっと早く採り入れている。ガジェット類の市場を支えたのは彼女たちだと言っても過言ではあるまい。女子高生たちは新しく開発されたデジタル通信技術を貪欲に取り込み、自分たちのニーズに合わせて使いこなしていく。たとえばポケベル、ＰＨＳ（ピッチ）、絵文字……。おそらくこれらがソーシャルメディアの基盤を築くことにつながったのだろう。いま当たり前のように常時つながっている状況は、東京の女子高生から始まったと言える。

彼女たちの表舞台への登場は、社会に劇的な変化を引き起こした。消費者はメーカーから差し出されたものを受け取るだけの受動的な立場から、自分たちの欲しいものを欲しいように作り出していく創造的な集団になる。男たちと工場は日本を経済大国にしたが、一九九〇年代には女の子たちが文化のスーパーパワーとして日本を作り変えていく。その一翼を担ったのが、ハローキティだった。

　気が進まないながらもハローキティのデザイナーを一九八〇年に引き受けた山口裕子は、その後一五年にわたりキャラクターの再生と自分自身のキャリアアップに邁進した。そもそもこの野心的な若きグラフィックデザイナーは、日本の大企業が女性には与えないチャンスを求めてサンリオに入社したのである。だが、ちょっと待った。山口裕子は二五歳でハローキティのチーフデザイナーに就任したのだから、一五年後と言えば四〇歳じゃないか。どういうことだ。サンリオという会社は若い女性がどんどん寿退職で辞めていくところじゃなかったのか。そう、たしかに。だが時代は変わった、そういうことである。

　山口はデザインという得意分野で多くのチャンスをモノにした。だが有能な女性に対す

ハローキティの「マネジャー」山口裕子。サンリオギフトゲートにて。（写真：朝日新聞社提供）

る会社の無神経な待遇にひそかに欲求不満を募らせていた。なるほど表面的には申し分ない。サンリオの女性スタッフは男にお茶を出すことなど強要されない。当時の大企業ではそれがあたりまえだった（すくなくとも入社一、二年目の女性社員はそうだった）。それに一人前に仕事を任され、デザインの提案にしても製品ラインの管理にしても大幅な自由裁量の余地が認められる。だが自由は与えられても昇進にはつながらない。山口は有能な女性が不満を溜めて辞めていくのを何年も見てきた。キティのデザイナーとして徐々に成果を挙げていた山口は、ついにもうたくさんだと意を決して常務の部屋に乗り込む。「このまま女が役職になれないなら、私は会社を辞めます」[10]。この戦術は功を奏した。ほどなく山口より年上の女性は全員役付きに昇進したのである。そして九〇年代も半ばに差し掛かる頃には、山口は単にキティのデザイナーではなく、物言わぬキティのマネジャー兼代弁者として八面六臂の活躍をするようになる。

　山口は髪にショッキングピンクのメッシュを入れ、リボンを結び、いかにも少女っぽい格好をして日本全国を飛び回った。サンリオ直営のギフトゲートのほか、ショッピングモールやデパートの中のサンリオショップを訪れてサイン会を開くためだ[11]。サンリオ本社の苦境をよそに、これらの店は繁盛していた。山口は机の前に座り、やって来た若い客一人ひとりにキティちゃんの絵を描いてあげながら言葉を交わす。もともとはキティの宣伝のために始めた活動だったが、何年もたつうちにむしろ山口のほうがリアルタイムでキティ・ファンのトレンドを観察し、移り気な消費者の好みを肌で感じる場になっていった。同時にこの活動を通じて、山口自身がサンリオ・ファンの間で一種の有名人になっていく。

これらのイベントやファンからの手紙によって、山口はキティ・ファンの年齢層が変わってきていることに気づく。キティに限らずサンリオのマスコットたちはどれも、幼稚園から小学校ぐらいの女の子を対象にしている。七〇年代後半の第一次キティ・ブーム、八〇年代半ばの第二次ブームを支えてくれたのはそういう小さな女の子たちだ。だが九〇年代になると、山口のサイン会の主な来店者だった小さな女の子とその母親たちに混じって、女子中高生が来るようになる。キティちゃんに囲まれて育った彼女たちは、大きくなっても子供の頃大好きだったこのキャラクターから卒業しようとしない。[12]それに気づいていたから、一九九五年のある日の午後、女子高生三人がサイン会に来たこと自体はとくに驚きではなかった。

彼女たちはセーラー服だった。高校の制服としては日本全国おなじみのスタイルである。白いブラウスに白のラインの入った紺の大きな襟、赤いスカーフ、紺のプリーツスカート、ハイソックスにローファー。ただし当時の高校生はそこにちょっとばかり手を加えている。何より目立つのは、お尻が見えるほど短いミニスカートとだぼっとした白のルーズソックスだ。ルーズソックスは分厚い編み地で作られた長めのハイソックスで、それをレッグウォーマーのように足首あたりでたぐませ、靴にかぶせるようにして履く。九〇年代半ばになぜか爆発的にヒットし、日本中の女子高生が履いていたと言っても大げさではない。ルーズソックスにローファーは「コギャル」と呼ばれた女の子たちの定番にもなっている。コギャルは八〇年代のバブル期に我が世の春を謳歌した「ギャル」の高校生バージョンで、ファッションに目がない点は共通である。コギャルの溜まり場は渋谷だった。もうバブルは崩壊していたが、コギャルが欲しがるのは、やっぱりバーバリーのマフラーやルイ・ヴィトンのバッグといった高級ブランド品である。だがバブル期のお姉さんギャル世代とはちがい、コギャル世代はそんなお金は持ち合わせていない――そこに問題があった。

渋谷はお隣の駅にあるファッションの街原宿に比べるとにぎやかだがごみごみしていて汚く、家賃はいくらか安い。たむろする若者はティーンエイジャーが中心だ。渋谷の文字通り中心にあるセンター街には、居酒屋、ファストフード・チェーン、安いラーメン店、五〇円（通常は一〇〇円）で遊べるゲームセンター、カラオケボックス、低価格のファッション、化粧品、アクセサリー店の入ったショッピングモールなどが立ち並ぶ。要するに、女子高生に必要なものがすべて揃っている。そこはネオンが輝き、ガード下や裏通りは落書きにまみれた都会の谷間であり、そのすべてをタバコと下水と終夜営業のコンビニの外にあるゴミ箱の空き缶から立ち上る匂いが覆っていた。

サイン会のために店に入ろうとした山口は、化粧の濃い女子高生三人が外で交わしていた会話を小耳に挟む。「エンコー」という言葉が聞こえた。「援助交際」の略である。この言葉は、その頃日本中で話題になっていた。一九九六年に週刊文春はルポルタージュを連載している。レポーターの黒沼克史はテレフォンクラブやデートクラブに潜入し、その実態を抉り出して世間を騒然とさせた。[13] テレフォンクラブ通称テレクラとは、電話を介して女性との会話を斡旋する店のことだが、ティーンエイジャーたちはこれが裕福なオジサンにアクセスする便利な手段であることに気づく。ステータスシンボルとなるブランドものが欲しくてたまらない女子高生たちは、〇〇のバッグか××のジーンズと引き換えに一時間お付き合いしてもいいわ、とメッセージを発する。商品の色やサイズまで指定することが多かった。

ときには、ほんとうにレストランでの食事だけといったお付き合いで終わることもある。ときにはもっと進むこともある。だがこれは断じて売春ではなかった。男の側も女の子の側も、そのレッテルだけは必死に避けようとした。そして「援助交際」という婉曲表現が生まれたわけである。黒沼のルポルタージュは純粋な調査報道だ。だがいったんこれが世に出ると、大衆紙や低俗週刊誌はエルメスに飢えた女子高生が性に飢えた好色なおやじに体を売ると興味本位に書き立て、それまで援助交際など知らなかった女の子たちまでやりたがるようになり、それがまた報道を過熱させるという悪循環が起きた。

山口はテーブルの前に座り、大きなぬいぐるみのキティを抱きながら、何か彼女たちに言ってあげられないものかと考えた。女の子たちは静かに順番が来るのを待っている。ほんとうは、エンコーなんかやめなさい、と言いたかった。だがそんなことを言っても相手は引いてしまうだろう。そこで山口はキティちゃんの絵を描きながらそっと訊ねた。

「なんでエンコーなんてするの？」

その質問は一瞬宙に浮いたようだった。女の子たちはキティちゃんからたずねられたのかと思ったのかもしれなかった。彼女たちは目を合わそうとしなかったが、とうとう一人がこう答えた。

「ブランドの財布が欲しいから」

「なんでブランドじゃなきゃいけないの」

「素材とか凝ってて、かわいいし」

山口はそういうことか、と思った。それからこう提案した。私がキティちゃんの財布を作る。ピンクで。ブランドものみたいに仕上げるけど、値段は安い。どう？　すると女の子の顔が輝いた。[14]

こうして一九九六年にピンクキルト・シリーズが発売される。財布のほか、ハンドバッグ、バニティケース、携帯電話ケースなど女子高生の必須アイテムがそろうシリーズだ。すべてパールピンクで、オリジナルの合成皮革製キルト生地で作られている。小学生向けだったちっちゃなプチパースとは全然別物だ。これなら老舗ブランドが作ったっておかしくはない。ただし大きなちがいは、ブランドのロゴの代わりにキティちゃんのおすまし顔がついていることである。

成長したキティ・ファン向けのシリーズはこの年の大ヒットとなり、文字通り会社を上向かせることになる。三・四億円の赤字と予想されていたのに、二八億円の利益を叩き出したのだ。[15]キティのこの新しいファッション・ラインは、山口を含めこれまで誰も考えたことのなかった潜在需要を掘り起こし、小学生向けのキャラクターをティーンエイジャー向け、さらには大人向けに再提案する道を開いた。八〇年代のギャルたちは派手でセクシーなファッションを好み、洗練されたアイテムを持ちたがった。九〇年代のコギャルたちもそういうアイテムは好きだが、それを子供の頃から慣れ親しんだ大好きなアイコンで飾ろうとする。こうしたアイコンは、類は友を呼ぶ視覚コードの役割も果たした。のちにジャーナリストの山根一眞は、ふつうの日用品にプリントされるだけで価値の上がるキャラクターやアイコンを「化粧」と捉え、この化粧が意思疎通力を備え、同じ価値観、同じ理解を共有する効果を持つことを指して「コミュニケーション・コスメティックス」と呼んでいる。[16]

振り返ってみれば、サンリオの戦略は完璧に理に適っていた。子供時代の幸福なよろこびに浸りながらスタイリッシュに装い大人の夜を満喫することは十分に可能だ。いや、これは言い過ぎかもしれない。だがすくなくともセンター街の午後を楽しむことは十分に可能である。ただ、サンリオを思いがけず破綻から救ったのは、山口がたまたま女子高生の会話を小耳に挟んだからだという事実はどのメディアも報じていない。

もちろん、女子高生がみんなエンコーをしたがっていたわけではない。援助交際をするのはごく限られた一部の生徒だった。欧米と同じく日本でも、平均的なティーンエイジャーのファンタジー・ライフの中心を占めるのはロックやポップスのスーパースターである。

一九九六年に日本のポップシーンで最も輝いていたのは、作曲家にしてプロデューサーの小室(こむろ)哲哉(てつや)とその秘蔵っ子で恋人でもある歌手の華原朋美(かはらともみ)だった。[17] 華原は小室に出会う前からアイドルではあったが、小室がプロデュースしたシングルで歌手デビューし、九六年六月に出したファーストアルバム『LOVE BRACE』がわずか二カ月でミリオンセラーとなって一躍スターダムにのし上がる。小室と華原は街中を堂々とデートし、国中のカメラに追いかけ回された。このカップルはおしゃれなレストランでシャンパンのボトルを空けたのだろうか。それともゴージャスな一流クラブでスポットライトと称賛を浴びたのだろうか。それとも高級ホテルでロマンティックな夜を過ごしたのだろうか。

どれも外れだ。二二歳の華原は、サンリオピューロランドに連れてって、と一六歳年上のボーイフレンドにねだったのである。

サンリオが一九九〇年秋に巨額の損失を発表したときにはほとんど完成していたピューロランドは、同年一二月に開園した。ユニバーサル・スタジオやディズニーのアトラクションに関わっていたデザイナーからヒントを得た辻は、ピューロランドを「愛と夢とでできた国」と位置付けている。小学生ぐらいの女の子向けのパステルカラーのワンダーランドだ。簡素な乗り物、ステージショー、サンリオのマスコットの着ぐるみを着たお兄さんお姉さんたち、そしてもちろんたくさんのギフトショップ。当初ピューロランドは大赤字だった。そもそも一九八三年に開業した東京ディズニーランドに比べて規模が断然小さい。しかも小さな女の子向けだから顧客層も限られている。最初の三年間、ピューロランドは巨額の赤字を垂れ流した。外野はそれ見たことかとばかり、「箱」にばかり金をかけて中身がないなどと批判し、銀行からは売ってしまえなどと圧力をかけられたという。[18] 週末は必ずピューロランドに行ってショーに出たりゴミ拾いをしたりしている辻は、来園者の反応を見ながらさまざまな改善を重ねていった。たとえば子供の付き添いできたお父さんたちが退屈そうにしているのに気づき、ダンサーの衣装をちょっとセクシーにする、といった具合に。[19] やがてピューロランドの入場者数は増え始め、小幅ながらも黒字になる。だが実のところ、黒字に貢献したのは衣装をセクシーにしたからではない。ティーンエイジャーや若い女性が来るようになったからだ。そう、華原朋美のように。

カメラが回る中、華原は等身大のハローキティと腕を組んで園内を闊歩した。それからギフトショップに入ると、ありったけの商品をどんどんピンクのバスケットに詰め込んでいく。ステーショナリー、日用品、ふわふわのお人形……。それらはすべていくつもの大きな袋に入れられ、黒服を着た付き人が手際よく運んでいった。華原は見たところいたって健康で成熟した女性である。だが彼女の話し方も動作もまるで幼稚園の女の子のようだった。スキップをするように歩き、腕を振り、甲高い声で話し、興奮してうさぎみたいにぴょんぴょんしている。ステージ上の華原はプロフェッショナルなシンガーだ。集中し、音楽に身を委ね、あくまで大人の澄んだ高い声でラブソングを歌い上げる。だがピューロランドでの華原はまさに「かわいい」を体現しており、棚に並んだ商品のどれかが突然歩き出したようにさえ見えた。彼女は演技をしていたのだろうか、それとも何かが彼女の中の子供の精神を刺激したのだろうか。ともかくも二つのペルソナの間を揺れ動いているように見えた。成功の頂点にいる成熟した女性アーティストがこんなふうにふるまうことは、すくなくとも欧米ではまずない。たとえばマドンナ、セリーヌ・ディオン、トニー・ブラクストンを思い浮かべてほしい。

いや、そう断言するのは早とちりかもしれない。アメリカにはライオットガール（riot grrrl）がいた。一九九〇年代に流行したガールズバンドの一群を指す言葉で、男性ロックシンガー全盛だったアメリカに新しい風を吹き込んだ。彼女たちは性差別を攻撃する過激な歌を歌いながらも、お姫様みたいな髪飾りをつけたり、小さな女の子の着るような服を着たりして、ある種のかわいらしさを武器にしていた。アメリカには日本のような「かわいい」のコンセプトがなかったため、主流の側の抵抗感は強く、「幼稚園の売春婦」などと呼ばれて侮辱されたものである。
　これに対して華原は、大人なのに子供っぽい真似をしたり子供のような服装をしたりしても社会から拒絶されることはなかった。むしろ彼女がプライムタイムのテレビ番組でキティ愛を宣言することで、ティーンエイジャーのファンを一気にキティ・ファンにしたと言っても過言ではない。ミニスカートにルーズソックスのコギャルたちも、子供時代の楽しみを捨てようとしない点では華原に負けない。彼女たちはお小遣いをはたいてピューロランドへ行き、「かわいい」アイテムを買い込むようになる。

　言うまでもなくコギャルは、一世代前の学生運動家のような反体制の闘士や、反抗心もあらわに政治的・社会的メッセージを発するパンクロックのアーティストとはまったく無縁である。日本の男性優位社会に真っ向から歯向かうのではなく、消費文化の基盤をちびちびと削り取っていく。それも、ごく受身的に好きなものだけを買うという方法で。このやり方は結果的に途方もなく、おそらくはパンクロックのアーティスト以上に破壊的だったとわかった。女子高生たちの感性によって認識を変えざるを得なくなった業界の一つにカラオケ産業がある。カラオケは長い間タバコの煙の充満するクラブやスナックでご機嫌に歌うおじさんたちのものだったが、一九八五年にカラオケボックスが登場して女性、ファミリー、中高生に一気に市場が広がったことはすでに述べたとおりである。そして九〇年代前半には女子高生たちがほとんど一夜にして、若い女性を決定的にカラオケの中心的プレーヤーに押し上げることになる。その結果カラオケは、いやもっといえば日本の音楽業界全体が、彼女たちの好きな曲は何か、好きなアーティストは誰かを気にかけるようになった。

こうした大変化が起きるとは誰も予想していなかったし、もちろん誰かが計画したわけでもない。これは、通信カラオケという新しい技術がもたらした予期せぬ結果である。第3章に書いたように、初代カラオケは8トラック・カートリッジテープに楽曲が録音されていた。その後カセットテープやCDが登場し、さらに一九八二年には老舗音響メーカーのパイオニアがレーザーディスク（LD）カラオケを出して、これが一番人気になる。音楽と画像を同時再生でき、頭出しもできた。音質もよい。しかしCDにせよ、LDにせよ、場所を食うことがカラオケを置く店の悩みの種だった。一四四枚のLDを格納したオートチェンジャー付きカラオケマシンは軽く冷蔵庫ぐらいのサイズになってしまう。これではジュークボックス時代と変わらない。しかも、新曲のカラオケ・バージョンがCDやLDの形で店に届くまでにかなりのタイムラグがある。録音し、マスター盤を作り、量産し、流通させるのに最低でも一、二カ月かかった。これでは、お気に入りのアーティストの新曲を歌うというわけにはいかない。

この問題を解決するのにかなり高度な知識が必要だったことはまちがいない。というのも、通信カラオケ（より現代的に言うなら「ストリーミング・カラオケ」）を発明したのは、プラズマ物理学を専門とし原子力工学博士号を持つ人物なのである。通信カラオケは世界初のデジタル音楽配信サービスであり、一九九二年に運用を開始する。当初はカラオケの中核層である中高年男性がターゲットだったが、思わぬ成り行きから若年層をターゲットに切り替えて成功し、日本のポップミユージック・シーンを大きく様変わりさせることになる。皮肉なのは、この発明をした安友雄一（やすともゆういち）がまったくのカラオケ嫌いだったことだ。

「カラオケは歌いません」と安友は名古屋の事務所にある会議室で断言した。カラオケ事業から引退してだいぶ経つ彼は、いまはスタートアップのテクニカルアドバイザーをしている。「一度だまされて歌ったことはありますが」。自虐ネタを飛ばすユーモラスで控えめな安友は、通信カラオケのシステムをホワイトボードに書いて説明するときには目に見えて生き生きしてきた。「社員としてやっているので、収入はいっさい増えてない。これやらなくても同じ給料になっていました」と笑いながら言う。「かみさんにはどうかしてると言われます」[20]。

プラズマ物理学とカラオケはどうにも関係がなさそうに見える。ともあれ八〇年代にはカラオケは巨大産業になっていた。カラオケ産業がさまざまな技術を育てたプロセスは、アメリカにおけるポルノグラフィと相通じるところがある。ポラロイドカメラ、ビデオデッキ、ケーブルテレビ、有料電話サービス、インターネットがアメリカで普及したのは、すべてポルノのおかげと言っても過言ではない[21]。同様に日本のカラオケ産業は、オーディオビデオ技術、とりわけ記憶媒体とコンテンツ配信システムの発展を促した。記憶容量が大きくなり、より多くの曲をより早く届けられるようになったのはそのおかげである。カラオケの影響は音楽業界の外にもおよんだ。その一例として挙げられるのは任天堂のファミコンである。ファミコンのコントローラにはマイク機能が搭載されているが、これは将来カラオケのように音声で遊ぶ可能性を見越したからだという。またカラオケがなかったら、ソニーのプレイステーションだってどう転んでいたかわからない。そもそもソニーの経営陣は、一九九〇年代の競争熾烈なゲーム業界への参入に気乗り薄だった。世界のソニーが「京都のおもちゃ屋」と競争して負けたら格好悪い、という雰囲気だったという。久夛良木健（くたらぎけん）と組んでプレイステーションを成功させた丸山茂雄（まるやましげお）も、ゲーム機開発の話に乗ったのは「家庭でカラオケをやりたかったから」だと語っている。[22] ゲームだけでなくカラオケにも使えるとわかれば売れるかもしれない、というわけだ。

さて、安友である。安友は北海道大学で博士論文を書き上げると、名古屋に本社のあるブラザー工業から熱心な誘いを受ける。ブラザーはもともとミシン・メーカーだが、ミシン需要が衰退する中、プリンター、コピー機、ファックスなどパソコン周辺機器や通信機器に事業を広げており、異分野の頭脳を求めていたのである。「好きなことをやっていい」という言葉に惹かれて安友は就職を決めた。入社して彼が最初に設計したのはソフトウェアの自動販売機である。名前はＴＡＫＥＲＵ。ブラザーの店頭や家電販売店に置き、ネットワークで結んだ。客が注文すると電話回線を使ってソフトを送り、フロッピーディスクにダウンロードする。ソフト開発会社にしてみれば在庫を持つ必要がなく、客からみれば品切れがない。いまならウェブからダウ

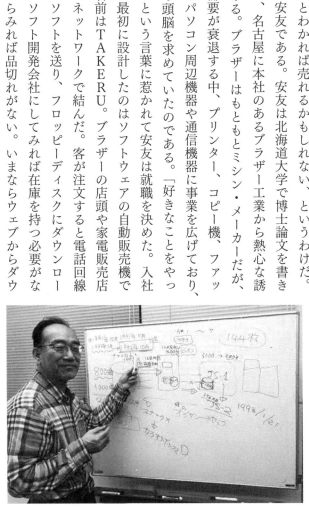

通信カラオケを開発した安友雄一（写真：著者撮影）

ンロードするのを代わりにやってくれる機械というところだ。しかしこれは時代を先取りしすぎていたのか、なかなか黒字にならず苦労する。そんなとき、MIDIに変換した楽曲（主にクラシック）が三〇〇〇曲あるのでTAKERUで売ってくれないかという話が舞い込む。このとき安友は閃いた。楽曲をTAKERUで！　これはカラオケに応用できるんじゃないか。こうして彼はTAKERUに第二の人生を与えた。昼間はソフトの自動販売機として稼働する。だが店が閉まるとTAKERUはカラオケ・ネットワークのサーバーに変身するのだ。そして最新の楽曲のデータをこれから開発するデジタル・カラオケ端末に送り込む。理論上は、どんなスナックもカラオケボックスも、一度その端末を買ってしまえばもはやCDだのLDだのを買う必要はない。しかも最新の楽曲をすぐにカラオケで歌うことができる。

ここでポイントは、「理論上は」というところだ。今日ではありとあらゆるコンテンツがデジタル化されて配信されるが、通信カラオケが発明された一九九二年にはまだインターネットすら普及していなかったことを忘れてはいけない。そのことを思い出すと、通信カラオケの先進性はいっそう驚嘆に値する。電話回線の容量が限られているため、デジタル録音した音源そのものを送信することは不可能だった。楽曲はMIDIに変換して送信しなければならない。MIDIとは音楽の演奏情報をデータ化し機器間で転送・共有するための共通規格である。MIDIデータを受け取れば、電子楽器やパソコンで再生することができる。もちろんカラオケ端末でも。つまりMIDIデータは、受信側が演奏を再現するための楽譜と言えるだろう。ただ、MIDIは音質がよくない。多くの人が安友の発想をばかばかしいと一蹴した。あるカラオケ会社の幹部は、

「君ね、カラオケってね、音楽でしょう? 音楽って文化なんだよ。それをピコピコサウンドでやろうとするなんて、いい加減にしたまえ」と叫んだという。[23] それに通信カラオケが配信するのは音楽だけで、画像はなかった。要するに通信カラオケの利点はひとえに利便性にある。いったんMIDIに変換してしまえば、すべてのデジタル端末に瞬時に送信できるということだ。

いまかんたんに「MIDIに変換して」と言ったが、じつはここにすこしばかり問題がある。と言うのも録音された演奏をMIDIに変換するのは手作業なのだ。何かソフトで一発変換というわけにはいかない。すくなくとも当時はそうだった。へこたれない安友は、カラオケ用楽曲のMIDI変換のためにデータ入力のスペシャリストを一〇〇人雇った。うち四〇人は地元の音楽専門学校の学生である。ビルを借り切り、パソコン一〇〇台を並べ、一人ひとりがヘッドフォンを当てて作業した。演奏を再生しては止め、また再生を繰り返しながら耳で楽器別に音を聞き分け、一つひとつパソコンにMIDI信号として入力するのである。使われている楽器が多ければ多いほど大変であることは言うまでもない。じつに時間のかかるしんどい作業だ。五分程度のシンプルな曲でも一週間はかかるという。複雑な楽器編成だともっとかかる。結局、最初の三〇〇〇曲のデータが揃うまでに毎日作業してまる一年半かかった。この変換作業だけで六億円かかっている。さらに安友は、MIDIデータのテスト演奏をずっと試聴していたせいで高音域が聴こえなくなってしまうという代償も払った。

初代通信カラオケ「ジョイサウンド」は一九九二年に市場に投入される。しかしこの時点ではいわゆるナツメロが入っていなかったため、中高年客にそっぽを向かれて苦戦した。ナツメロの多くはレコード会社が著作権を持っており、通信カラオケに使用許諾を出してくれなかったためだ。ここで安友はカラオケボックスに来る若い客層を狙う方向に方針転換し、またもやスペシャリスト軍団に再招集をかけて、若者好みのＪポップ二〇〇〇曲をＭＩＤＩ化する。そして翌九三年に満を持して二代目ジョイサウンドを投入した。

すると突如として、この二代目の置いてあるカラオケボックスに若者が列を作るようになったのである。彼らにとって、音質が悪いなどということよりも、歌いたい歌が歌えることのほうがずっと大事だった。発売から二年と経たないうちに、カラオケボックスの六割が通信カラオケに切り替えている。あいにくブラザーの独壇場とはならず、タイトーという手強いライバルがいてシェア争いをすることになったが。

通信カラオケの登場は、音楽業界に大きな変化をもたらすことになる。理由はこうだ。このシステムは利用者が何を歌ったかをカウントする。これは再生回数を調べてロイヤルティを計算するためだが、楽曲別の再生回数は人気投票と同じ役割を果たすことになる。もはやカラオケは虚空に向かって歌われるのではない。レコード会社はこのロイヤルティ・データの重要性にすぐに気づく。データを分析すれば、どんな曲、どんな歌手が人気なのか、カラオケで人気だとどの程度ＣＤの売り上げに結びつくのかがわかるからだ。また逆に、歌われた曲から利用者の年齢層を推定することも可能だ。たとえばラブホテルに置いてあるマシンで、古い演歌に続いてティーンエイジャー好みのポップスが歌われたら援助交際を疑うことができる、というふうに。

つまり安友は図らずも、彼が言うところの「音楽のビッグデータ」を作り出したことになる。[24]

通信カラオケのなかった時代には、CDシングルのうちミリオンセラーになるのは一年間で数えるほどしかなかった。それが、通信カラオケが登場した翌年の一九九三年には一〇枚もミリオンセラーが出た。その二年後には二〇を記録している。つまり一年間で二〇〇〇万枚もCDが売れたということだ。比較のためにイギリスの例を見てみると、九〇年代全体でミリオンセラーになったシングルは二六枚しか出ていない。年間一〇以上のミリオンセラーというのは、世界を見渡しても前例のない現象だ。まして日本は景気が落ち込んでいた時期なのだからなおさらである。これはまったくもって通信カラオケのおかげだった。もっと正確に言えば、カラオケを熱狂的に自分たちの生活に取り込んだ若者のおかげだった。

女子高生は最も早い時期から通信カラオケを熱烈に支持したグループである。カラオケはあまりお金をかけずに仲間と盛り上がることができるうえ、アイドルと同化することもできる。そう、キティ大好きの華原になりきることもかんたんだ。じつのところ、華原の成功は通信カラオケに負うところが大きい。彼女のボーイフレンドにしてプロデューサーの小室は、ネットワーク化された通信カラオケが単なる音楽配信装置でないことにすぐに気づいた一人だ。このネットワークをうまく活用すれば、若いファンの心にダイレクトに食い込むことが可能になる。小室と彼のレーベルであるエイベックスは、通信カラオケから得られる膨大なデータに街頭調査と女子高生のフォーカスグループ調査の結果を突き合わせ、これを参考にしながらどんな曲をシングルカットするか、どんな歌詞が受けるか、どんなタイプの歌手がどんな衣装をつけるとよいか、といったことまで決めていく。[25] これらのデータから判明したのは、若いファンが望んでいるのは自分たちと同じようなアイドルだということだった。欧米では、歌がうまい、楽器を演奏できる、といったことがプロとアマの間に厳然たる壁を作り、クリエーターと消費者を分ける。一方日本では、それを決めるのは女子高生と通信カラオケだ。カラオケで歌いやすいということが、曲作りの段階から重要な要素になった。思えば七〇年代にすでに弾き語りの連中はカラオケが脅威であることに気づいていた。その点に関して彼らは正しかったわけだが、まさかカラオケがプロの歌手のキャリアまで脅かすとは誰も想像もしなかったにちがいない。

Ｊポップのアーティストたちは、生得の才能で選ばれるのではなく、女子高生を含めた日本の平均的な若者がまねをしたいと思うかどうかで選ばれる。あの澄んだ声の華原も、健康的な男の子のグループであるＳＭＡＰやＴＯＫＩＯも嵐も、そうだ。彼らは伝統的な歌手やロックシンガーをヒットチャートから蹴落としていく。カラオケの活用に長けた小室のようなキングメーカーはこうして巨万の富を築いた。大ヒットとなったＳＭＡＰの「世界に一つだけの花」にもあるとおり、「ナンバーワンにならなくてもいい」。この歌はやすらぎと元気を与えようと作られた愛と受容の歌だと言えるが、同時にまた日本のことを歌った歌であるとも言える。不況の中をとぼとぼ歩んでいく。その不況があまりに長くて、ほんとうに終わりがあるのかと疑い始めるような日本のことを。

一九九五年は日本にとって激動の年だった。一月に阪神大震災があり六〇〇〇人以上の死者を出したが、政府の反応はひどく鈍く、自衛隊の派遣を決断するまでに七二時間以上を要し、ついには地元のヤクザが乗り出して食料や日用品を市民に配る始末だった。[26] それからわずか二カ月後の三月にはオウム真理教による地下鉄サリン事件が起きる。都心のラッシュ時の電車に神経ガスを散布するという前例のない無差別テロで、死者一四人、負傷者六〇〇〇人以上（うち重傷者五〇人）の甚大な被害をもたらした。このようなことが立て続けに起きると、いったい誰の責任なのかという厄介な問いが沸き起こってくるのも当然だった。

その一方で、日本の消費経済と輸出の屋台骨だった日立、東芝、三菱、NECといった重電やハイテクメーカーはアジアのライバルに敗れ、あっという間に市場シェアを失っていった。クリントン大統領が一九九八年にアジアを歴訪した際、数年前だったら考えられなかったことが起きる。彼は東京をスキップしたのだ。アメリカの政治とビジネスを率いるリーダーたちは、台頭する中国と韓国に目を奪われていた。「ジャパン・バッシング」に憤慨していた日本の政治家たちは、この「ジャパン・パッシング」に悄然としたものである。

いっこうに好転の兆しの見えない経済の低迷は若者に深刻な影響を与え、マスメディアは社会の崩壊と病弊をさかんにかき立てた。「ひきこもり」や「学級崩壊」といった言葉が話題に上るようになる。また採用を中止する企業が続出する中、新卒者は男女を問わず就職が困難になり、九〇年代半ばから二〇〇〇年代半ばにかけては「就職氷河期」と呼ばれるようになった。大学を出たばかりの何百万人もの若者が働けないという異常事態に陥ったのである。これではとても正気ではいられない。[27]

すべてが混乱の極に達し、かつて偉大だった国は空中分解しつつあった。社会人になるという大きな節目に到達できなかった日本の若者たちは、次第に主流的な文化に背を向け、本流を外れたサブカルチャーに向かうようになる。若者たちは男女を問わずファンタジーの世界に浸るようになり、漫画、テレビゲーム、アニメにかけて「通」になるという新しいアイデンティティを身に纏うようになった。とは言え最も衝撃的で、最も世界に影響を与えた変化は、またしても女の子たちによるものだった。渋谷と原宿を中心に、新しいアイデンティティを誇示する女子高生や若い女性が新しいスタイルの通信手段でつながり合うようになったのである。彼女たちが使いこなすツールは、プリクラであり、ポケベルであり、携帯電話であり、インターネットにアクセスできるモバイル端末である。日本における携帯電話からのインターネット接続サービスの開始は一九九九年で、世界でもかなり早い部類に入る。気難しい評論家連中は、絶えずつながろうとする女の子たちを責任の欠如だとか、かつては誇らしかった社会の幼児化だとか、大量落ちこぼれだなどと批判した。だがこのトレンドをもっと注意深く見ていれば、彼女たちがまったく新しい何かにスイッチを入れようとしているのだと気づいたはずだ。

絶えず相互につながっているというこれまでにない経験を味わった若い消費者たちは、貪欲なまでにつながり合うことを求めた。それは新しいソーシャルネットワークを形成し、日本の都会を文化的イノベーションの培養皿に変身させる。バブル崩壊で疲弊しきった日本経済の中で、オタクとスクールガールは最後の消費者として残ったのである。『バトル・ロワイアル』はフィクションではあるが、もしかするとかなり真実だったかもしれない。

一九九六年は、小菅のジープが京都で売り出された年からほぼ半世紀の五一年後に当たる。この年の一一月二三日に奇妙な新しい製品が東京に出現した。この製品は、ちょうど小菅のジープがそうだったように時代の空気を的確に読んでおり、そして小菅のジープと同じように、大勢の人が玩具店の外に列を作ってなんとか手に入れようとした。ただし廃物利用ではない点が、小菅のジープとちがう。廃物利用どころか、多くの点でこの新製品は最先端の電子工学の賜物だった。シリコン製のコンピュータ・チップ、切手サイズの小さな液晶ディスプレイを搭載したこのハイテク玩具はカラフルなプラスチック製のボディに収められ、たちまち女子中高生を夢中にさせる。名前は「たまごっち」という。

たまごっちという名前になったのは、当初腕時計としてデザインしようと考えていたためだ。たまご型のウォッチ、というわけである。たまごっちは見たところ携行可能なテレビゲームといった風情だが、敵をやっつけたり難問を解いたりすることとはまったく無縁だ。小さな白黒スクリーンの中には小さなふにゃふにゃしたものが「生きている」。この生き物は、本物のペットのようにのべつ注意を払うことを要求する。きちんきちんと食べ物と水をやり、きれいにうんち(この生き物はちゃんとうんちをするのだ)を掃除してあげれば、たまごっちは「成長する」。何段階かを経て大人になるのである。最終的にどんなふうに育ちどれだけ長生きするかは、生まれたての頃から思春期にいたるまでの「飼い主」の世話の仕方に懸かっている。たまごっちの最大の特徴は、ポーズ・ボタンがないことだ。たまごっちをパッケージから出した瞬間から、この小さなデジタル生物の一生に責任を持つことになる。こちらの都合で中断はできない。おなかが空いたとか、機嫌が悪いとか、電子音で呼び出されたら応じなければならない。どんな理由であれ、あまりにも長い間ほったらかしにしておくと、たまごっちは弱って、しまいには死んでしまう。最後は哀れにも幽霊になって小さな墓の上をさまようことになる。

うんちをするとか、死ぬなどということは、どう考えてもおもちゃで楽しく遊ぶのにふさわしいとは思えない。ましてヒット商品になるとは想像もできない。だが起業家の横井昭裕の考えはちがった。[28] たまごっちのアイデアが浮かんだのは一九九五年初めのことである。玩具大手のバンダイに勤めていた横井は独立してウィズという会社を設立していた。玩具関係を中心に企画開発を手がける会社である。たまごっちのアイデアは、横井の動物好きに端を発している。彼は犬や猫のほかにオウムなんてものも飼っていた。会社の応接室には三〇〇リットルの大型水槽があって珍しい熱帯魚が泳いでいるし、社長室ではリクガメも飼っているらしい。出張となるとこれらを置いて行かなければならないのがいつも心残りだった。だからたまごっちは携行できるペットである。いつでもどこへでも連れて行き、心ゆくまで世話をし、大人になるまで育てることができる。このアイデアを横井とウィズのチームは数カ月かけて煮詰めていった。

横井の企画書には、一枚には腕に巻いたたまごっちがピルピルピルと電子音を発してあわてている男の子の姿が描かれている。もう一枚には巨大なたまごが立っていて、それに寄りかかっている洞窟人の姿が描かれていた。[29] これではどう見ても男の子向けである。だがすぐにプロジェクトのターゲットは女の子に絞られた。理由の一つは、当時の技術的制約にある。

コストを切り詰めるために、たまごっちの液晶画面はとても小さい。16ドット×32ドットしかないのだ。こうした制約から頭でっかちなマリオが生まれ、最低限のデザイン要素で生き生きと動き回るキャラクターになったことはすでに述べたとおりである。だがすでに時代は「かわいい」だけでは古くなっていた。横井はたまごっちを何か全然新しいへんてこな生き物にしたかった。中高生が読んでいる雑誌をぱらぱらめくってみた横井はおもしろいことに気づく。多くのイラストがえらく幼稚

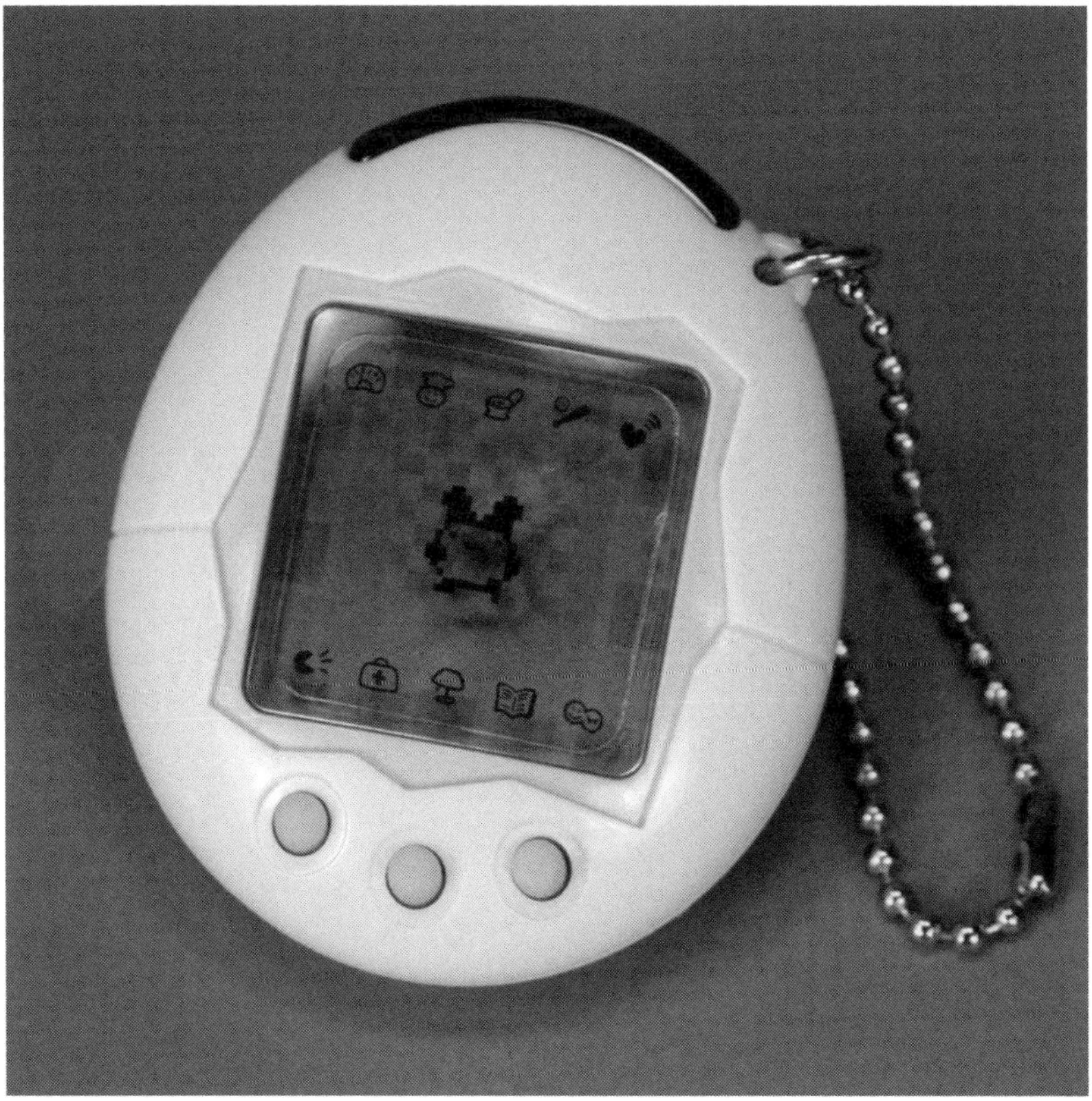

たまごっち（写真：共同通信社提供）

というかへたくそなのだ。グラフィックデザインというよりは、幼稚園児の描いた絵みたいだった。[30]四コマ漫画によくあるタイプとも言えた。それが少女向け雑誌ではむしろ標準のようなのである。こういうスタイルは「ヘタウマ」と呼ばれる。これにはちゃんと定義があって、「一見へタのようだが実はウマい」、「技巧の稚拙さがかえって個性や味となっている」とされている。[31]ハローキティはかわいらしいけれども、技巧は稚拙どころか洗練されたグラフィックデザインそのものである。マリオもそうだ。最初はドット絵の制約があったけれども、ゲーム技術が進化するにつれてどんどんなめらかな線になり、ついには3Dになっている。これに対してヘタウマの魅力は、消費者に「これなら自分にも描けるんでは」と思わせてしまうところにあった。

実際にはヘタウマにはかなりの技術を要する。横井は社員全員にキャラクター案を描いてくれと頼んだ。ちょうど一九八〇年にサンリオがキティちゃんのチーフデザイナーを決めるために社内コンペをやったように。そして意外にも採用されたのは、入社したばかりの白椿陽子という女性のイラストだった。まだ二五歳で、ターゲット層である女子高生とさほどちがわない年齢である。美術学校を出てから四年間で三〇もの職を転々としたという変わり種だけあってか、[32]彼女の描くたまごっちはヘタウマそのもので、強烈にへんてこでぐにゃぐにゃしていた。目は点なのにくちばしだか唇だかは妙にぶあつかったりする。ヒトデのようにも見えたし、耳が一つしかないウサギのようでもあった。とにかく異様だが、印象深いと言えば印象深い。ウィズではこの白椿のヘタウマイラストを下敷きにしてキャラクターを作成することになる。

キャラクターが決まりゲームのストーリーが決まれば、あとは外観である。これについてはバンダイの真板亜紀らのマーケティングチームが中心になって市場調査を行った。原宿と渋谷に集まってくる女子中高生たちに聞き取り調査をしたのである。ボードに試作段階のたまごっちを二〇種類ほど示し、どのデザインが好きか、どの色が好きか、いくらなら買うかを答えてもらう。[33]最初に向かったのは原宿だった。原宿から表参道に続くケヤキ並木にはハイエンドのブティックが立ち並び、洗練されたオーラを放っている。女子高生には垂涎の的だがちょっと手が出ない。表参道まで行くとシャネル、エルメスといった超高級ブランドの旗艦店が立ち並び、一段と近寄りがたい雰囲気だ。だがこうした表通りから一歩入った裏通りには、知る人ぞ知るドメスティックブランドのブティックが立ち並ぶ。裏原宿と呼ばれるこの地区のマニアックなファンも多い。このように原宿は懐が深く、週末になるとファッション好きの若者が日本中から原宿のストリートに押し寄せた。

言い換えれば原宿は、たまごっちのような一風変わったもののテストをするには格好の人種が集まる場所だった。猛暑の八月のさなか、真板たちは原宿ラフォーレ前、続いて渋谷センター街の路上で、中学生ぐらいから若いOLぐらいまでを対象に試作品を見せて質問していった。真板がこれはいけそうだと感じたのは、「答えてあげたんだから、これ、くれるんでしょ」とサンプルを欲しがった女子高生が何人もいたことである。テストセールスの売れ行きも上々だった。それでも実際に携帯ペットなんてものに大勢の消費者がお金を払ってくれるのか、不安のほうが大きかった。なにしろ最初に一〇〇万個というとてつもない数の生産を決断してしまったのである。こればかりは実際に売り出してみて結果を待つほかなかった。

スクールガール文化、世界へ

たまごっちは腕時計ではなくキーホルダー型にすることに決まった。単純に大きくなりすぎるからである。五×四センチ、厚さ一・八センチぐらいになってしまう。そこでキーホルダー型にしてボールチェーンをつけようということになった。そのほうが結果的によかった理由は二つある。一つは、女の子は何かしらをカバンやリュックにぶら下げるのが大好きだということだ。キーホルダーとか、マスコットとか、何やかやである。そしてもう一つは、当時の彼女たちは家を出るとき必ずポケベルも持って出ることだった（ついでに言うと、男の子たちも腰から下げていた）。だからたまごっちも携帯可能な形にすれば、この必要不可欠なツールとなじみやすいと考えられた。

もうポケベルを知らない人のほうが多いかもしれないが、ポケベルは携帯電話以前の時代の必需品だった。マッチ箱ぐらいの大きさで、小さな白黒の液晶ディスプレイが片面についており、端末ごとに番号が割り当てられている。端末の機能は呼び出し音が鳴りディスプレイに送信者の番号が表示されるだけ。受信したら公衆電話から送信者へ電話をかける。主に医療従事者や営業マンが携行し、つねに病院や本社と連絡を取れるようにするためのツールだった。だが一九八七年に一〇桁程度の数字をディスプレイ表示できるようになると、意外にも女子高生が飛びつき、九〇年代前半には大ブームとなる。

ポケベルは同時期のアメリカの若者の間でも重要な地位を占めていた。ただし使い手の種類はまったくちがう。アメリカでポケベルが必需品だったのは高校生ではない。ドラッグの売人や売春斡旋業者やラッパーだった。彼らの使い方は医者や営業マンと同じで、受信したらその番号の相手に電話を入れる。言うなれば正統派だ。

だが日本の女子高生たちは、設計者が思いもよらなかった使い方をした。数字を巧みに文字に置き換えて、一見すると暗号のようなテキストメッセージを送り合うのだ。送る側はプッシュフォンでないと送信できないので、公衆電話に列ができたという。こんな巧みな技があるとは誰が想像しただろう。だがそこは女子高生だ。彼女たちはこの新しいツールの真のパワーユーザーだった。たとえば「0840」は「おはよう」、「0906」は「遅れる」、「3341」は「さみしい」という具合に。するとと相手は「10105」と言ってくるかもしれない。これは「いまどこ?」だ。渋谷にいるなら「428」と答えればよい。もっとも送る側と受け取る側がこの暗号を承知していればよいが、複雑な組み合わせを送りつけられて解読できず、頭を抱えた男の子もいたらしい。そのうえ、暗号メッセージはコールバックする電話番号に代わって表示されるので、誰から送られてきたのかがわからない。だからある程度事前に暗号の鍵を了解しておく必要があった。そうした不便さはあったにせよ、ポケベルは瞬く間に普及し、テレビドラマ『ポケベルが鳴らなくて』(一九九三年)が放送され主題歌が大ヒットするほどの社会現象になる。携帯電話もメールもない時代に可能になったリアルタイムのコミュニケーション。いまやあたりまえになったモバイル端末でのテキストメッセージのやりとりを、日本の女子高生たちは地球上で初めて実行したのである。

彼女たちは絶えず機関銃のようにメッセージを打ち合った。そして一九九一年の時点では契約件数の九〇%はビジネスユーザーだったのが、九六年には全体の七〇%を個人ユーザーが占めるようになる。女子高生がサラリーマンを上回ってしまったわけだ。また九七年に東京都が実施した調査によると、女子高生の四八・八%、ほぼ二人に一人がポケベルを持っていたという。このため九〇年代半ばには女の子向けのデザインのポケベルが矢継ぎ早に商品化された。シーズンごとにニューモデルが発売され、次第に技術的にも高度になり、使いこなすのがむずかしくなっていく。やがてアルファベットやカナ、さらには漢字まで表示できるようになり、最後は絵文字も登場する（プッシュフォンから「88」または「89」と送るとハートマークが表示された）。これらはすべて女子高生にウケることを狙って開発されたと言っても過言ではない。ピーク時にはポケベルの契約件数は一〇〇〇万件を上回ったが[34]、その過半数が女性であり、女性の過半数は十代だった。彼女たちの必需品となったポケベルは、もともとは女子高生向けではない。だから彼女たちは消費者からイノベーターに大変身を遂げたというべきだろう。スクールガールはモバイル技術のパワーユーザーでありトレンドセッターだった。そして日本のハイテク産業はそれをちゃんと知っていた。

ある意味でたまごっちはポケベルから通信機能をなくしたようなものと言えるかもしれない。どっちも小さくてかわいい。たまごっちには数字の羅列の代わりにスーパーかわいいキャラクターの軍団が詰まっている。

発売翌年の一九九七年には、たまごっちは単なるヒットではなく、社会全体を巻き込む熱狂的なブームになっていた。バンダイはどうがんばっても需要に追いつけない。品切れが慢性化し、入荷するとわかると、どの玩具店の前にも徹夜の長い行列ができた。原宿キディランドでは、表参道駅までずっと列が続いたときもあったという。

宮澤エマは八歳で、その年齢の女の子たちと同じようにたまごっちを欲しがっていた。でも買えない。どこへ行っても売り切れだ。だがエマには切り札があった。おじいちゃんが宮澤喜一なのである。つい四年ほど前まで日本の総理大臣だったあの宮澤喜一である。[35]

エマの誕生日が近づいており、たまごっちをおねだりすると、さっそく買いに行こうということになる。リムジンにエマ、元首相のおじいちゃん、そしてSPが乗り込んで出発。原宿キディランド前に乗り付けた。初冬の午後のことである。

つい先頃まで日本の最高権力者だった宮澤は状況を観察した。列はすでに数百人に達し、入り口付近では数十人が固まっている。どうみても割り込むには芳しくない状況だ。だが宮澤はもっとひどい状況を切り抜けたこともある。ジョージ・ブッシュ（父）が公式晩餐会で宮澤の膝に吐いたことだってあるのだ。それに比べれば、若者の行列などとるに足らない。

エマの手を引いて宮澤は決然とキディランドのドアへ向かって大股で歩いていった。後年になってエマは、あれ、宮澤喜一じゃない、という声が群集から上がり、モーセが手を差し出すと海が割れたように、人々の群れがさーっと分かれたと回想している。このとき初めてエマは、おじいちゃんてすごい人だったんだと気づいたという。

こうして御一行は売り場に進み出ると、宮澤は最高権力者だった男の威厳をもって、ポップカルチャー王国の宝を守る護衛つまり店員にこう言った。

「たまごっちください」

キディランドの店員は元総理を一瞬見つめ、それから彼の後ろに長い列を作っている人々を見た。

「恐れ入りますが、列にお並びください」

元総理といえども例外にはできない。たまごっちブームのピーク時にはそれを許さない雰囲気があった。

たまごっちは日本中にほぼ行き渡ると、今度は国境を軽々と跳び超えアメリカやヨーロッパを虜にすることになる。デビューからたった二年で、地球上では四〇〇〇万匹のたまごっちが生息し、食べたり眠ったりうんちをしたりしていた。横井らは一九九七年にイグノーベル賞経済学賞を受賞している。「数百万人分の労働時間を仮想ペットの飼育に費やさせた」というのが受賞理由だそうだ。じつはたまごっちシリーズはいまも続いている。二〇周年を迎えた二〇一七年には全世界累計販売個数が八二〇〇万個に達した。[36] これほどたまごっちシリーズが長寿なのは、時代に合わせて進化してきたからである。二〇〇四年には赤外線通信機能が付き、二〇〇八年には液晶画面がカラーになり、二〇一八年にはスマートフォンのアプリと連携できるようになった。また「かわいい」カルチャーを一段と拡大強化し、サンリオキャラクターとの出会いも用意されている。プレーヤーは元祖たまごっちとキティちゃんを融合させることもできる、らしい。ただしキティちゃんが不快な状況に陥らないよう、いくらか制限付きのようだ。元祖たまごっちはうんちもするし放っておくと死んでしまったりもするが、キティちゃんがどうなるのかはいまのところ不明である。

日本の文化は食べ物からマンガにいたるまで世界に輸出されているが、ポップミュージックは欧米進出を果たしていない。華原朋美も、安室奈美恵も、浜崎あゆみも宇多田ひかるも、アメリカではたぶん誰も知らない。皮肉な向きは、日本のシステムは凡人が報われるようにできているからだと言うだろう。だが実際には日本だって音楽のすぐれた才能には事欠かない。日本のポップスシーンでアイドルが君臨しているのは、高度な技術や職人芸よりも快楽と現実逃避に高い評点を与えるデータベースからJポップの本流が生み出されてきたからにほかならない。現に「アイドルは歌とダンスができない方がかわいい」と元AKB48のアイドル指原莉乃が二〇一三年にテレビで発言して物議を醸した。「アイドルのファンっておじさんが多いじゃないですか。おじさんはできない子の方がかわいい」というのである。[37]

指原の意見が妥当かどうかはともかく、すくなくとも他のすべての点では「おじさん」の意見は第一ではなくなっている。日常生活にしっかりと入り込み影響力を発揮しているのはスクールガールたちの判断基準であって、それが世界中に広がっているのである。たまごっちはばかばかしい玩具に見えるかもしれない。ポケベルもえらく原始的な通信手段かもしれない。だがそこには、いまやあたりまえになった常時つながるライフスタイルの萌芽が見受けられる。女子高生たちは、ガジェットの価値をたった一つの基準に集約してのけた。「これは自分と友達をどんなふうにつないでくれるのか」ということだ。たまごっちは、スクールガールの琴線に触れたものが世界でも大ヒットした最初のアイテムである。そしてハローキティ以外では初めて、日本の「かわいい」文化が世界に大々的に輸出されることになった。このことは同時に、トレンドが世界に広まる道筋に根深い変化が起きたことを示している。

日本市場特有の個性は、世界で最も情報通と目される企業にも大ショックを与えた。アップルが二〇〇七年にiPhone（アイフォン）を発売すると、全世界で瞬く間に大ヒットになったのだが、一つだけ顕著な例外があった。日本である。世界中で日本でだけは全然売れなかった。理由はちゃんとある。絵文字がなかったからだ。[38]

絵文字は敢えて英語に訳すなら"pictogram"が適切かと思うが、二〇一三年にはオックスフォード辞典に"emoji"としてそのまま収録され、二〇一六年にはニューヨーク近代美術館に絵文字の見本が収蔵されており、世界にその存在を認められている。

絵文字が日本の携帯電話に登場したのは一九九七年だが、本格的にブレイクしたのは一九九九年である。NTTドコモがｉモードを導入し、携帯電話からインターネット経由でメールのやりとりができるようになったとき、ポケベルの例から絵文字の重要性を認識していた栗田穣崇（くりたしげたか）らのチームが絵文字約一七〇種類を開発した。[39] じつは、当初はその大半はメッセージ用ではなかった。当時のモバイル通信速度は非常に遅く、ウェブサイトのロードに時間がかかって通信料金が嵩んだ。そこでデータ量の多い画像の代わりに絵文字を利用することを想定して実装されたのである。だがここでもまた予期に反して女子高生がメッセージにどんどん絵文字を使い始める。彼女たちはとかくぶっきらぼうになりがちなメールに小さなハートやスマイルマークや泣き顔をつけたくてたまらなかったにちがいない。絵文字を単なる視覚記号からオンライン・コミュニケーションの新たな文法に昇格させたのは、彼女たちである。二〇〇〇年代に入る頃には、絵文字はもはや日本の女性ケータイユーザーだけのものではなくなり、テキストのやり取りに必須のツールとなっていた。だが当時の携帯電話のテキストやデータのやり取りでは、互換性が保証されていなかった。競合するキャリア同士に協力したり標準化したりするインセンティブは存在しないため、絵文字はキャリアごとにいくらかちがっていたのである。そしてキャリアの選択に関して、世の男は彼女や妻に従うことが多い。よって女性に選ばれないとそのキャリアは売れない。アップル

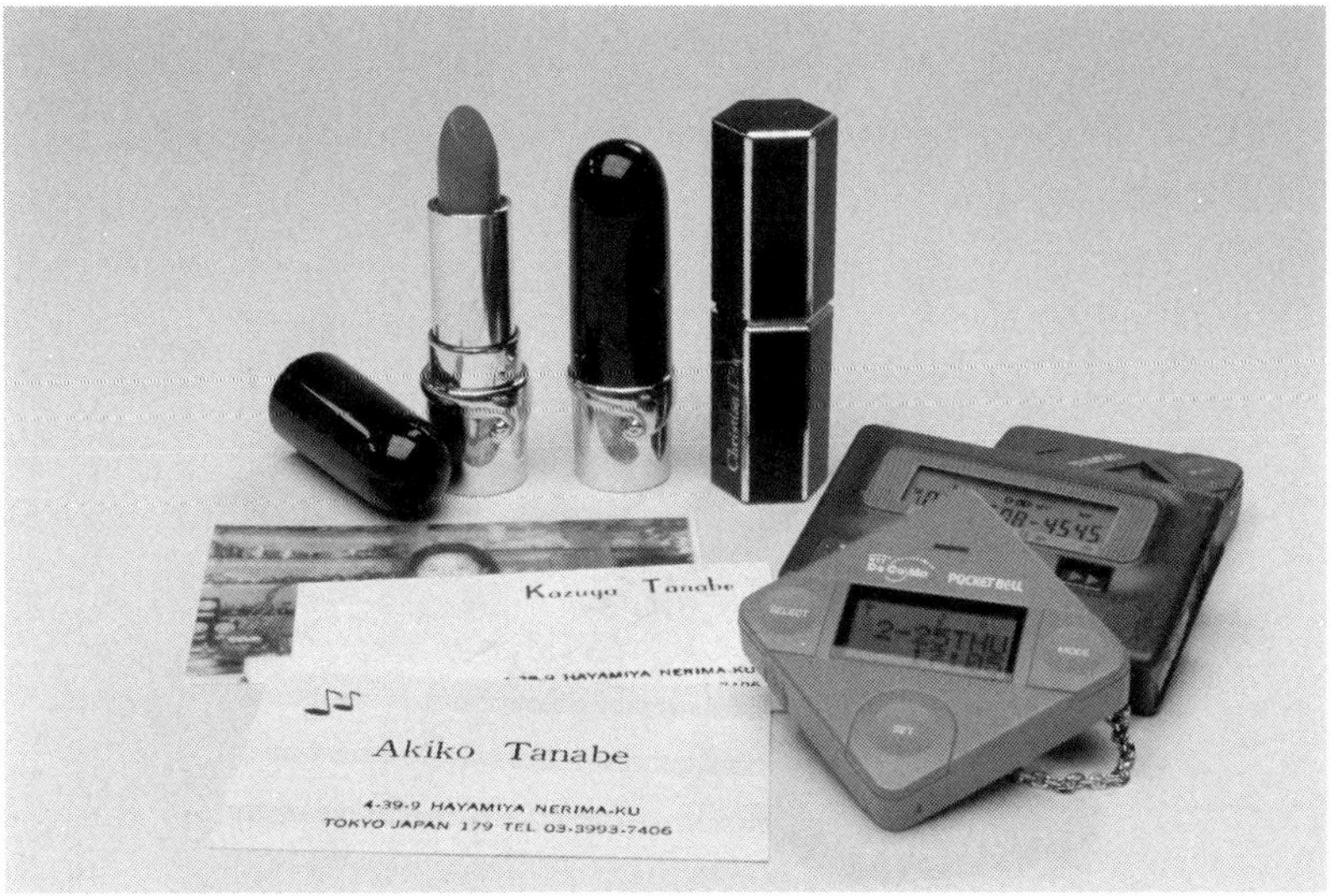

ポケベル、口紅、名刺。90年代の若い女性の「三種の神器」と称された
（ポケベル、ルーズソックス、プリクラという説もある）（写真：朝日新聞社提供）

はこれに気づくのが遅かったわけだ。一方、二〇〇七年にKDDIと提携して日本市場に乗り込んだグーグルは、絵文字の重要性をよく承知していた。アップルもパートナーを組んだソフトバンクの孫正義に絵文字の必要性を説得され、グーグルとアップル両社が絵文字をUnicode（ユニコード）コンソーシアムに提案する運びとなる。Unicodeは全世界共通で使えるように世界中の文字を収録する文字コード規格である。絵文字は二〇一〇年にUnicode6.0に正式に採択され、日本で誕生した絵文字は、新しい文字として世界的に認められることになった。二〇一一年にiPhoneのソフトウェアキーボードに絵文字が登場したとき、全世界の人々はついに日本のスクールガール流のメールを打てるようになったのである。

二一世紀が始まったとき、世界の文化の中心であるハリウッド、ニューヨーク、ロンドン、パリは引き続き世界のトレンドの発信地として機能していた。だが世界のポップカルチャーの流れの中で新しい反主流を代表していたのは、あるいは絵文字であり、あるいはたまごっちである。日本の若者がおもしろいと思うものを、世界の若者がおもしろいと思うようになった。たまごっちブームが下火になっても、次のニューウェーブ、そう、ポケットサイズのモンスターが来る道は開かれていた。女の子たちのためにデザインされたたまごっちは、たまたまピタリとはまったが、後継者たちは確信的に世界の創造力を日本化（ジャパナイズ）していく。だがいったいどうやって？ それを語るには、ファッショナブルな都会の街角からちょっと離れ、いくらか回り道をしなければならない。

プリクラはもともとはサラリーマンが名刺に貼るために考案されたが、
90年代の女子中高生に必携の交換アイテムとなった。（写真：共同通信社提供）

スクールガール文化、世界へ

第7章 アニメ新世紀——オタク

特定の分野・物事にしか関心がなく、その事には異常なほどくわしいが、社会的な常識には欠ける人——『広辞苑』第六版（二〇〇八年）

日本のアニメは人間観察が嫌いな人間がやっている。だからオタクの巣になるんだよ。
——宮崎駿（二〇一四年）[1]

一九九七年七月一八日。奇妙な広告が朝日新聞に出現した。[2] その広告は、左側に手塚治虫のアニメ映画『ジャングル大帝』、右側にやはりアニメ映画『たまごっちホントのはなし』の広告の間に挟まれている。どちらも「最高傑作！」だの「映画館で待ってるよ」などと熱心に誘っているが、真ん中の広告だけは全然ちがう。単に文字の羅列なのだ。全部で三三行もある。こんな調子だ。

失望の海……残酷な他人……無への願望……閉塞した自分……危険な思考……孤独な
ヒトビト……価値への疑問……空しい時間……破滅への憧憬……夢の終わり

そして最後にひとまわり大きな文字で「では、あなたは何故、ココにいるの?」と疑問が投げかけられる。

これは何か創作ノートなのだろうか? それとも病気の症状? 自殺者が残した遺書? 自己啓発書の著者からの挑発的な広告? どれもちがう。これもまたアニメ映画の広告なのである。タイトルは『新世紀エヴァンゲリオン劇場版Air/まごころを、君に』(英題は *The End of Evangelion*)。エヴァンゲリオン完結編である。

とても夏の映画祭に向く映画とは思えない。だがこの暗く懐疑的な映画はヒットした。若いファンは劇場公開される何カ月も前に映画館にどっと押し寄せ、前売り券を手に入れようと列を作る。『新世紀エヴァンゲリオン劇場版Air/まごころを、君に』は、その年の邦画配給収入ランキングで四位にランクインしている(ちなみに一位になったのは、二位以下を大きく引き離して宮崎駿監督の『もののけ姫』である。この作品は、洋画の『インデペンデンス・デイ』、『ロスト・ワールド/ジュラシック・パーク』をも軽々と上回った)[3]。そして翌年には、第二一回日本アカデミー賞話題賞を受賞する[4]。見る人を不安にさせるような映画がセンセーションを巻き起こしたのだった。

社会からのけ者にされた人たちが、エヴァンゲリオンの主人公碇（いかり）シンジのような孤独で無力な若者に自己投影をするのは不思議ではない。おそらく当時なら日本中の若者がシンジか、同じように精神的に傷ついた登場人物の誰かに自分自身を見出したことだろう。エヴァンゲリオンというダーク・ファンタジーが日本を席巻するようになると、新聞は「ブームが映す病んだ世代」といった見出しで警告を発した。[5] メディアがもっと正直だったら、「病んだ日本」と書いたはずである。一九八七年の日本はすべてにおいて上り調子だったが、一九九七年の日本は長引く景気後退の影響のケーススタディをするには格好の対象だった。社会全体としても、個人のレベルでも、である。一九九五年の阪神大震災や地下鉄サリン事件後も、日本はほとんど何も変わっていなかった。終わりが見えないどころかますます暗澹としてくる不況の中、若者はいまだに将来設計ができずに苦悩していた。

『新世紀エヴァンゲリオン劇場版Ａｉｒ／まごころを、君に』は、一九九五年に放送が始まったテレビアニメ・シリーズ『新世紀エヴァンゲリオン』（英題は*Neon Genesis Evangelion*）の第二五話と最終話をリメイクして制作された完結編である。時代設定は二〇一五年。西暦二〇〇〇年に起きた大災害セカンドインパクトによって世界人口の半分が失われてから一五年後である。主人公の碇シンジは一四歳だ。彼はおぞましい子供時代を送った。生まれたときから母親を知らない。まだ赤ん坊のときに父親は失踪した。物語の冒頭でシンジは長く不在だった父、碇ゲンドウから未来型要塞都市、第三新東京市に突然呼び出される。ゲンドウはじつは国連の影の特務機関ＮＥＲＶ（ネルフ）の総司令官だった。ネルフは地球を攻撃する謎の敵、使徒と戦うために、巨大な人型決戦兵器エヴァンゲリオン（ＥＶＡ）を三機建造していた。これは生命工学を駆使して作られた生命体で、内部からしか操作できない。パイロットになれるのはティーンエイジャーだけ。ＥＶＡと神経接続を行い、うまくシンクロしたときこの巨大な生命体を操ることができる。ゲンドウがシンジを呼び出したのは、何も息子に会いたくなったからではなく、パイロットが不足していたからだった。使徒を倒せるのはＥＶＡしかないのである。しかもいまや敵が迫っていた。

長年の心理的・物理的ネグレクトがトラウマになっていたシンジは、勇気を奮って父親の命令を拒絶する。それを見越していたのか、父親はストレッチャーで運ばれてきた美少女を息子に見せる。重傷を負い包帯に血が滲んでいる。零号機のパイロット綾波レイだった。このまま彼女を戦わせたら死ぬに決まっている。それはシンジのせいだ……。やむなくシンジは初号機に乗り込むが、予想通り最初は使徒にさんざんにやられてしまう。父親はその一部始終を何の感情も表さずに見ている。戦いに次ぐ戦いに送り出されるうちに、シンジは自分の男性性が絶えず試されていることに気づく。精神崩壊の瀬戸際で生きているシンジにとって、唯一の逃避先はベッドの上にまるまってソニーＳ－ＤＡＴを聴くことだ。これは、ウォークマンのデジタル進化形である。

おそろしい巨大な使徒は次第に超自然的な進化を遂げ、しまいに人間の形をとるようになる。そしてクラスメートとしてさも親しげにシンジの生活に入り込んできた。度重なる災厄で荒廃した世界に投げ込まれた無力なシンジ。彼は、これから起きることにまったく準備ができていない。にもかかわらず、地球の未来はこの脆く壊れやすい少年の肩に懸かっている。他の人は、困惑し、逡巡し、傷つくシンジをはらはらしながら見守ることしかできない。

『新世紀エヴァンゲリオン』は、アニメ制作会社ガイナックス（Gainax）の作品である。[6] この会社はシンジ自身とよく似ていて、何度も破綻の危機に瀕している。草創期のメンバーは関西の大学アニメサークルの学生たちで、自主制作映画で腕を磨いた。とくに名を挙げたのが、一九八三年日本SF大会（大阪で四回目の開催なので、DAICON4と呼ばれる）のオープニングアニメである。無題の五分ほどのアニメで、網タイツを履いたセクシーなバニーガールが空高く舞い上がり、剣をサーフボードのように操りながら、往年の日米欧のポップカルチャーの上を飛んでいく。ゴジラも出てくる、ウルトラマンも、ダースベイダーもヨーダも出てくる。そのほかに何百ものマンガやテレビアニメや映画のキャラクターたちが、ほんの数分の一秒ずつちゃんと顔を出す。アニメファンの心のデータベースから取り出したファンタジーのコラージュを、誰もが楽しめるスペクタクルに仕上げた作品だった（このオープニングアニメに登場するすべてのキャラクターを見分けるには、よほど観察眼の鋭いアニメ通でなければなるまい）。

このDAICON4のオープニングアニメはアニメファンの間では伝説と化しており、いま見てもプロフェッショナルな仕上がりである。[7] とても、たった一二人のアマチュアアニメーターが古い繊維工場の薄汚れた部屋にこもって徹夜に次ぐ徹夜で制作したとは思えない。ただし、全編これ無許可である。イングランド出身のロックバンド、エレクトリック・ライト・オーケストラのヒット曲 *Twilight*（『トワイライト』）を含め、著作権の使用許諾をいっさい得ていない。したがって公式の配給ルートには乗らない運命だったが、違法だということが制作にスリルと緊張感を与えたのかもしれない。アニメファンの間では違法コピーが広まっていった。ある種の「見る麻

報道陣に公開されたエヴァンゲリオンの胸像＝２０１０年7月、山梨県富士吉田市の富士急ハイランド。
（写真：共同通信社提供）

オタク

薬」のように、これを観ているとアニメは動く漫画以上のものだという確信がふつふつと湧き上がってくる。このアングラで無法で熱気のあるアニメを制作した面々がプロになって一九八五年に起業したのが、ガイナックスである。

『新世紀エヴァンゲリオン』は、多くの点でこのオープニングアニメと似ている。古いアニメやSFを参照し模倣したパスティーシュになっている点がそうだ。と言っても芸術的にデザインし直され、新しいものにリミックスされている。『新世紀エヴァンゲリオン』は若者の心を捉えた。彼らが最近見たどんなアニメよりも、いやおそらくは歴史に残るどんなアニメよりも。エヴァンゲリオンは視覚的な言語を介してダイレクトに若者に語りかける。鉄腕アトムが一九六三年に登場して三十数年を経たこのとき、アニメはおどろくほど高度で洗練されたアートになっていた。スタッフはいつもスケジュールに間に合わず、最後の二話は鉛筆によるラフスケッチ程度のもので放送されてしまう。[8] しかも最初のほうで提起された謎は答えが示されないまま投げ出された状態で最終回が終わってしまったため、視聴率の低かった本放送終了後に再放送やビデオなどを通じてファンが急増する結果となった。

こうしてエヴァンゲリオンがある種の社会現象になると、思春期の現実逃避、試練の時期における虚構への耽溺などと言われるようになる。だが熱狂的にのめり込んでいるファンでさえ、けっして社会から脱落していたわけではない。時代精神に新たな息吹を吹き込んだのは彼らだった。

エヴァンゲリオンを創作し監督を務めたのは、庵野秀明(あんのひであき)である。もじゃもじゃの髪に顎ひげを生やし、いつもサングラスをかけていてどこか鬱屈した様子の、当時三七歳だった。[9] 彼は自分のアニメや映画を見る人たちをよく知っていた。なぜなら自分もその一人だったからである。そう、庵野はオタクだった。オタクという言葉についてのくわしい説明は後段に譲るとして、オタクである庵野のものの見方がコアなアニメファンの心に響くのは当然だろう。だが彼の作品がより幅広い聴衆にアピールするようになると、国民的人気を誇る主流の巨匠、たとえば宮崎駿などと競争関係にあると見られるようになる（じつは『風の谷のナウシカ』の原画担当として庵野を採用し、プロとして最初の仕事を与えたのは宮崎だった）[10]。

『新世紀エヴァンゲリオン』のテレビアニメとのちの劇場版が予想外の成功を収めたことで、子供のものとされてきたアニメが突如メディアの脚光を浴びるようになる。それはまた、いつまでも大人になれない子供として、どうかするとまるで犯罪者のように社会から見られてきたオタク自身が堂々と誰はばかることなく世に出ることでもあった。ごくふつうの傍観者の目には、オタクはまるで新種の生物が虚空から突如現れたように見えたことだろう。だがもちろんそんなことはない。彼らが言わば市民権を獲得した背景には、政治、社会、サブカルチャーにまつわるさまざまな要因が絡んでいる。その一つは言うまでもなく日本経済の崩壊である。二つ目は、若者がこの新しい状況で抱いた「見捨てられた」という感覚である。終身雇用という親世代を支えていた盤石の雇用保障を、彼らは突如取り払われてしまった。だがおそらく最も重要な要因は、長らく忘れられていた八〇年代初めからの夢が実現したことだろう。その夢とは、アニメを単に子供向けの「動く漫画」ではなく、全世界の若者にとっての新しい表現形式として社会が認めることである。この夢をみんな忘れていた――オタク以外は。

話は一六年前に遡る。一九八一年二月二二日、冬の寒い夜明けの新宿に差し込んだ朝日は、新宿駅東口駅前広場で毛布にくるまっている数百人の若い男女を照らし出した。[11] 冷たいコンクリートの上に座って、見るからに寒そうだ。まるで終戦直後の光景のように見えたが、もちろんちがう。そこはサンリオのギフトゲート一号店から数ブロックしか離れていない繁華街だし、彼らは難民ではなくアニメファンだった。午後一時から始まる特別なイベントのために前夜から徹夜で並んでいるのである。多くがそのイベントのための衣装を着用していたが、それはどう見てもうすっぺらで冬には向いていない。だが誰も寒さなど気にしていなかった。全員が一九七九年のテレビアニメ『機動戦士ガンダム』の熱狂的なファンであり、今日はその販促イベントの日なのだから。

『機動戦士ガンダム』はSFファンタジーで、舞台は遠い未来の宇宙世紀〇〇七九年。地球上の人口が多くなりすぎたため、スペースコロニーへの宇宙移民が始まって約半世紀経つという設定だ。スペースコロニーの一つが地球連邦に独立戦争を挑んでおり、ガンダムは連邦側コロニーで極秘に開発された巨大ロボット型兵器モビルスーツの一つである。つまりこの状況では、どちらの側にもそれぞれの言い分がある。標準的な子供向けアニメでは「正義が悪に勝つ」が定石だが、そうではないのだ。人間関係も複雑である。従来のアニメでは向上心と責任感があり任務遂行に突き進む熱血漢が主人公だったが、『機動戦士ガンダム』はまったくちがう。主人公は機械いじりの好きな内向的な一五歳の少年アムロ・レイである。彼はたまたま戦火に巻き込まれてしまうが、誰とも戦いたいとは思っていない。大人たちから有無を言わさずガンダムのパイロットに命じられ、思いがけず戦闘能力を発揮するが、敵を撃退してもなんの満足感も得られない。むしろ心の傷は増すばかりだ。それでも闇の中に希望の光が差し込む。死闘を繰り返すうちにアムロは「ニュータイプ」として覚醒し、地球との絆を離れ宇宙で生きるように進化していく……。

テレビアニメというものは、七〇年代の大方のテレビアニメがそうだったように、一つの明確な目的のために制作される。それは、子供向けにロボット玩具を売ることだ。[12]「アニメは玩具のCM」などと揶揄される所以である。『機動戦士ガンダム』のスポンサーも玩具メーカーであり、原作・監督の富野由悠季は小学生向けのアニメにすることをスポンサーから期待されていた。しかし彼が作ったのは暗く、血なまぐさく、思春期の不安が渦巻くような作品であり、エスタブリッシュメントや権威だけでなくすべてのものに挑戦的に反抗し、戦いに次ぐ戦いの描写の中で勝者と目された者までが死んでいくドラマだった。端的に言えば、劇画がお茶の間の画面に飛び込んできたようなものである（実際、かつて富野は『あしたのジョー』のテレビアニメ制作に参加したことがある）。

『機動戦士ガンダム』は『スター・ウォーズ』（ジョージ・ルーカス監督、一九七七年）に対する日本の答えだと言ってみたくなる。『スター・ウォーズ』は一九七八年夏に日本で公開され、アメリカの聴衆をノックアウトしたのとまさに同じように日本の聴衆を圧倒し、壮大なスペースオペラへの熱狂を巻き起こした。ガンダムが影響を受けたことはあきらかだ。宇宙を舞台にした冒険活劇であるという点がまずそうだし、ガンダムのビームサーベルはジェダイのライトセイバーとよく似ている。またアムロの敵役であるシャア・アズナブルはダースベイダーのようなヘルメットと仮面を着けている。そして恋愛も共通だ。もっともルーカスは黒澤明からヒントを得ており、『スター・ウォーズ』の原案は『隠し砦の三悪人』（一九五八年）に酷似していた。

とは言え『スター・ウォーズ』はアメリカ流ニューウェーブの感性で制作されてはいるものの、基本的には三〇年代のＳＦ、たとえば『フラッシュ・ゴードン』への先祖返りであり、闘争も第二次世界大戦の戦勝国アメリカらしく最後は勝利に終わる。一方『ガンダム』は、敗者の側からしか語ることのできない戦争物語だ。それは、制作スタッフの多くがかつて学生運動家だったとという事実と無関係ではないだろう。これは意外なことではない。七〇年代前半の学生運動の終焉後に「まともな」仕事に就くことができず、幻滅した元運動家の多くがマンガやアニメ業界に流れ込んだからだ。[13]

『機動戦士ガンダム』はしっかりした構想を持つ作品であり、描画もみごとだしデザインも秀逸だ。とはいえ、全然子供向けではない。第二次世界大戦の隠喩、複雑な政治的駆け引き、戦いの嫌いなオタクのヒーロー……。ロボット同士のはなばなしい戦いを期待していた子供たちは拒絶反応を示し、大挙してチャンネルを換えてしまう。最悪なのは、スポンサーである玩具メーカーが用意したガンダムの玩具も買ってくれなかったことである。当時はグッズの売れ行きがテレビアニメの成否を測る唯一の物差しだった。そこでスポンサーはどうしたか。なんと、途中で打ち切ったのである。当初は全五二話の予定だったのを四三話で終わらせることになり、監督は大急ぎで話をまとめなければならなくなった。最終話は一九八〇年一月二六日に放送されている。過

テレビ放映３０周年を記念し、東京・お台場に完成した高さ１８メートルの巨大ガンダム像、２００９年7月１０日（写真：共同通信社提供）

オタク

去には数々の人気番組が最終話の放送を終えると静かに消えていった。だが『ガンダム』はそもそも成功もしていない。だからこそ終わらせられたのだが、しかし静かに消えはしなかったのである。『ガンダム』を見ている人はちゃんといた。ただ、玩具を買うタイプではなかったということだ。ちょうど不器用な悩める主人公と同じ年頃のティーンエイジャーたちは、アムロ・レイに自分を投影していた。だから放送打ち切りに激怒する。

そこで、一九八一年二月二二日の朝なのである。朝早い列車が新宿駅に入ってくるたびに、広場に集まる若者の数は増えていった。彼らが来た目的はただ一つ、「アニメ新世紀宣言」と銘打たれたイベントに参加することである。なんだかごたいそうな名前のイベントだが、要は新作映画のプロモーションである。放送終了後からファンの熱心な嘆願により再放送、再々放送が行われて人気が高まり、アニメ雑誌では『ガンダム』復活を働きかけようとのキャンペーンが盛り上がる。「ガンダムの真のテーマは人類の再生だ」と一九歳の熱烈なファンは語っている。「新しい認識方法、新しい思考力を備えた新人類が必要であることは、いまの日本の政治を見ただけでもすぐにわかる」[14]。

キャンペーンは功を奏する。この異様な盛り上がりぶりをみて映画会社の松竹が興味を持ち、テレビアニメの映画化に出資する運びとなった。早期打ち切りで雑な終わり方になっていたところもしっかり完結させるとの約束の下、劇場公開は一九八一年三月と決まる。公開を一カ月後に控えて開催されたのが「アニメ新世紀宣言」というわけだった。

主催者側はしごく楽観的に、一〇〇〇人も来てくれれば上出来だと考えていた。ところが午前中の時点でざっと数えて八〇〇〇人はおり、さらに続々と増えるという状況に彼らはだんだん不安になってくる。それは警察も同じだった。最後に当局がこの手の集団を新宿で目にしたのは、一九六八年の新宿騒乱である。このときは労働者、過激派学生に野次馬が加わって二万人が機動隊に投石したり火炎瓶を投げたりした（第2章参照）。それからもう一〇年以上が経つ。東口広場に集まった群衆は年齢的には過激派学生に近いが、暴徒と化す兆候は見受けられなかった。ただ数が多いだけだ——危険なほどに。若者たちは広場から脇道やガード下にあふれ出していた。大半が男だが、そこここに女の子も混じっている。年齢は中学生ぐらいから大学生ぐらいといったところ。『ガンダム』の登場人物の衣装を着けているのはごく少数で、残りはジーンズにコートにニット帽という冬のありふれたいでたちだった。数千人がぎゅう詰めになっているということを除けば、どの国の都会にも違和感なく溶け込めただろう。

　一二時半になる頃には、何か手を打たなければならない状況になっていた。最前列を確保するために徹夜をした連中は後から来た人間の圧力でステージに押し詰められている。群衆の前進を食い止めるために張られたロープは、とうの昔に乱暴に踏みつけられていた。焦った主催者側は人間の鎖よろしく腕を組み、最前列がドミノ倒しになるのを防ごうとする。永遠に終わりのないように若者が新宿駅のいくつもの出口から広場に流れ込んでくるにつれて、ついに「押さないで！」「もっと下がって！」という怒号が飛び始める。誰かが押しつぶされるのは時間の問題に見えた。そのとき一人の男がステージに上がり、マイクを掴むと大声で言った。

「みなさん、落ち着いて！」[15]

このイベントの参加者が語るには、このときすでに一万五〇〇〇人に達していた群衆がさあっと静まり返ったという。ステージに上がったのは、『機動戦士ガンダム』の原作者であり監督である富野由悠季だった。二階建てぐらいの高さの巨大なロボットの前に立っているのでなければ、ティーンエイジャーの集団がおとなしく耳を傾けるような相手には見えない。三九歳で、痩せて背が高く、だいぶ頭髪が後退しており、ダブルのスーツを着用している。まずまずサラリーマンといった風情だが、金ボタンに真っ赤なネクタイ、薄く色のついたメガネがそれを裏切っていた。富野は若者たちに完璧な対応をする。「イベントである以上、祭りです」。もちろん比喩的な意味でだが、富野はあえて神事を指す言葉を使っている（インターネット上で騒ぎになることを意味する今日的な使い方は、このときはまだない）。「集まってくれたみなさんの熱意はわかりますし、感謝しています。でも、ここで事故が起きてごらんなさい。世間には、所詮アニメファンの集まりだ、集まっただけで騒ぎを起こした馬鹿者だと言われます」[16]。

ここで富野が「世間」と言ったのは、大人、広くは社会を指すと考えられる。これはけっして浅薄な迎合ではない。彼は核心を突いていた。日本の文化をめぐる戦いは、長いこと大人とヤングアダルトの間で繰り広げられていた。六〇年代には精神分析医の土居健郎（どいたけお）が学生運動を「甘え」としたことは有名だ。大きくなりすぎた子供が周囲の注意を引こうとしている、と分析したわけである[17]。一九八一年には学生運動は過去のものになっていたが、今度は慶應大学教授の小此木啓吾（おこのぎけいご）がマスメディアに大きく取り上げられる。小此木は日本の若者が無関心、無感動でゲームやマンガのような単純な快楽にふけり、定職につこうとせず人生の選択を回避して永遠に青春を維持しようとする様子を批判的に分析した一連の論文を、のちにベストセラーとなる著書『モラトリアム人間の時代』（中央公論新社、一九七八年）にまとめた。小此木は「いかなる組織や集団にも帰属意識を持たず、あてどなく漂流し、管理された社会から逃避し、若者文化に執着する人々が増えており、社会はそうした人を受け入れている」とし、「私は彼らを〝モラトリアム人間〟と呼ぶ」と書いている。[18]

「アニメ新世紀宣言」のために集まったティーンエイジャーは、まさにこの広く共有された若者バッシングの格好の対象だったと言えるかもしれない。彼らは大人の入り口に差し掛かっていながら、いまだにマンガを読みアニメを観ていた。街頭に繰り出して抗議運動をするにせよ、家の中で静かにマンガを読むにせよ、子供たちに勝ち目はなさそうに見える。彼らが、歪んだ目的のために若者を操ろうとするずる賢い大人を描いた富野を崇拝したのも当然だろう。

とは言え、そこに集まった若者たちはけっして甘ったれでも無感動でもなかった。それに、富野のビジョンには大いに共感している。そもそも彼らは、ファンタジーの作り手である富野に会いに、彼に敬意を表しに来たのである。若者たちは押し合いへし合いするのをやめ、大きく一歩下がった。スタッフは安堵のため息を漏らし、組んでいた腕を緩める。その日、大人が問題視するような事故は一つも起きなかった。

イベントは予定通り午後一時に始まる。二時間にわたり、デザイナー、アニメーター、スタッフが次々に登壇して挨拶した。アニメーターというものは、一人長時間部屋にこもって仕事をするのがふつうだ。だからその存在が公に知られることはめったにない。大好きなアニメを実際に作っているアーティストたちを見るのは、多くのファンにとって初めての出来事だった。彼らが自己紹介をするたびに群衆は歓喜し、裏方として骨を折ってきた作り手たちをヒーローのように迎える。この日新宿に集まった若い男女は、一世代前の学生運動家に劣らず情熱的に一つのことに熱中していた。そのエネルギーが向かう対象を大人が理解しないから、どうだというのだ。そんなことは彼らにとってこれっぽっちも問題ではなかった。というよりも、大人にはわからないということこそが重要だったのだろう。

『ガンダム』の登場人物の衣装を身につけた参加者は、ステージに上がるよう促された。これは、日本でやがて「コスプレ」と呼ばれるようになるものが大勢の前で披露された最初のシーンと言っていいだろう（コスプレの開祖として知られるのはSF評論家の小谷真理である。彼女は一九七八年の「第一七回日本SF大会」の仮装パーティーで、エドガー・ライス・バローズの『火星の秘密兵器』（一九六七年）の表紙イラストの仮装をした。とはいえ「コスプレ」という和製英語が定着するのは一九八〇年代になってからである）[19]。お手製の衣装を着た参加者たちはお気に入りの『ガンダム』のシーンからとった即興の演技をし、本職の声優が声をつけた。最後に、シャアとララァの衣装を身につけた若い男女のコスプレイヤーがそびえ立つガンダムを背景に声を合わせて宣言文を読み上げる。結びの文章は、こうだ。「いま、未来に向けて誓いあおう。私たちは、アニメによって拓かれる私たちの時代と、アニメ新世紀の幕開けをここに宣言する」[20]。

　このイベントについては貴重な短い映像と数枚の写真しか残っておらず、当時のマスメディアにはおおむね無視された。今日では、映画の宣伝としてよりも重要な宣言がなされた日として記憶されている。その後数週間にわたり、若いアニメファンたちの行動はさまざまな形で世間に知られることになる。もちろん最大の行動はお金を投じることだ。封切り前に数十万枚の前売り券が売れた。公開日になると、「アニメ新世紀宣言」の日の新宿のような光景が日本中の都市で再現される。ファンは前日から映画館の前で徹夜し、持ち込んだポータブルテレビやラジカセの周辺に群がり、通りは即興の「祭り」になったものである。新宿のある映画館では六〇〇人のファンが列を作った。「映画も見たいけど、この行列の雰囲気も好き」とある高校生が朝日新聞の記者に語っている。[21] 劇場版『機動戦士ガンダム』は配給収入九億四〇〇〇万円とアニメ映画としては十分すぎる成功を収めた。[22]

予想外のヒットを受けて、続編の制作が決まる（富野は最初からそのつもりだった）。三部作の三作目『機動戦士ガンダムIII めぐりあい宇宙編』（一九八二年）は配給収入一三億円を達成し、その年のアニメ映画のトップとなる。また富野自身がノベライズした小説のほうもベストセラーとなっている。さらにテレビアニメの本放送終了後にバンダイが玩具の商品化権を獲得し、ガンダムのプラモデルいわゆる「ガンプラ」が爆発的に売れた。発売後半年で一〇〇万個を突破し、その後も売れ続け、二〇二〇年五月時点における累計出荷数は合計七億個を突破。近年は年間販売額の半分が海外となるなど、世界規模の人気商品となっている。[23] そうなると、テレビアニメの本放送ではそっぽを向いた子供たちも玩具店に群がるようになる。需要は膨れ上がり、供給は追いつかず、玩具店で暴動が起きて不運な子供たちが病院に搬送される騒ぎとなった。[24] ガンダムはもはやただの漫画ではなく、社会的ヒステリーの様相を呈するにいたる。

日本初のテレビアニメ『鉄腕アトム』が登場したのは一九六三年のことである。このとき、子供たちのエンターテイメントに革命的変化が起きた。アニメを見たら、そのキャラクターの玩具を買って遊ぶようになったのである。続く七〇年代後半から八〇年代前半にかけて思春期のアニメファンがどっと増えると、日本のアニメの影響は国内のみならず世界に広がるようになる。六〇年代には劇画が学生運動家の抵抗のシンボルになったが、八〇年代には劇画、漫画、アニメそれ自体が一つのムーブメントになる。熱狂的なアニメファンは、始めは好奇の目で見られ、数が増えるにつれて不安定で常軌を逸した連中とみなされるようになり、八〇年代が終わる頃には社会の禍そのものだと括られるようになった。だがそうした評価の傍で、彼らは主流文化を深いところで変えていたのである。見る目の肥えた若いファンの感性は日本の漫画やアニメを円熟したアートへと昇華させた。この意味で彼らは、海外での熱心なファンの出現を後押ししたと言えるだろう。その過程では、ビデオカセット、ケーブルテレビ、インターネットといった新しいテクノロジーの登場も大きな役割を果たしている。

日本のアニメが世界に受け入れられるようになったのは、もちろん富野一人の力ではないが、彼はアニメクリエーターになる完璧な資質と経歴を備えていた。生まれは一九四一年、真珠湾攻撃の一カ月前である。大学で映画を学び、六四年に手塚治虫の虫プロダクションに入社。六八年にフリーランスになる。当初は絵コンテを描く仕事が中心だった（『あしたのジョー』も手がけたことはすでに述べたとおりである）。経験豊富で仕事が早いと重宝され、あちこちのスタジオで働き、さまざまな新進の才能と巡り合うことになる。

その一人が宮崎駿で、一九七八年に『未来少年コナン』の絵コンテ描きとして雇われる。[25] だが富野の描いた絵コンテは宮崎にすべて描き直された。富野だけがそうだったわけではなく、宮崎はなんでも自分でやらないと気が済まないタイプで、誰の絵コンテも一から描き直すのである。それでも富野は大いに傷ついた。そしてこのリベンジは自分のアニメでやってやると心に誓う。それが『機動戦士ガンダム』だった。この頃には富野は数多くのアニメ作品の監督を務めており、少数ながら自身の原作の作品も手がけていた。その富野にしても、本放送終了後に日本のティーンエイジャーの間で人気が沸騰し、再放送が嘆願される事態になるとは思いもよらなかった。

「アニメ新世紀宣言」から数年が過ぎる頃、子供ではないのに取り憑かれたようにアニメや漫画に没頭するこの新世代をどう名付けたらよいのか、アニメファン自身も社会全体もとまどっていた。多くのファンは自分たちを「マニアック」だと形容した。自虐的に「ビョーキ」だと言う者もいたし、「ネクラ族」だと卑下する者もいた。[26] アニメファンに対して否定的な社会の認識をそんなふうに楽しんでいたとも言える。評論家の中島梓（小説家としてのペンネームは栗本薫、本名は今岡純代）は著書『コミュニケーション不全症候群』（一九九五年）の中で彼らを揶揄するように「ヤドカリ」と呼んだ。大量の本や雑誌や同人誌、それに特製のスクラップブックなどを「ヤドカリの移動さながらどこへゆくにも持ち歩く」というのである。[27] 精魂込めて収集してきたこれらのアイテムは、彼らのアイデンティティの拠りどころだった。アニメのない生活はもちろんのこと、大切なアイテムのない生活など考えられない。アニメは人生そのものだった。

ガンダムの熱烈なファンが、いやガンダムに限らずアニメの熱烈なファンが蒐集した個人コレクションはそれ専門の雑誌さらには主流の老舗週刊誌などでも紹介され、驚嘆と垂涎の的となる。美少年モノを集める女性ファンに対し、男性ファンはもっぱら女性キャラクターのほかロボットや宇宙船などメカのデザインに夢中で、信じられないほどの数のフィギュアやプラモデルを買い込む人もめずらしくない。彼らの部屋はアニメ関連の本や雑誌、お気に入りのキャラクターの資料で埋め尽くされている。このような行動は戦前にも戦後にも前例がないし、世界のどの国にも見られない現象だと言っていいだろう。アメリカ人にも『スター・トレック』や『スター・ウォーズ』の熱狂的なファンには事欠かないが、彼らは共通の関心で結ばれた仲間同士で交流するケースが多い。これに対して日本のコアなアニメファンは蒐集した情報やアイテムを使って主流文化の外にまったく新しいアイデンティティを作り上げた。とくに没入の激しいファンは「二次元コンプレックス」（略して二次コン）を抱くに至る。二次元コンプレックスとは「二次元平面つまり絵に描かれた女性以外には性的興味を示さない心理状態」を指す。

　そしてついに一九八三年に、若手コラムニストの中森明夫がこの偏執的なポップカルチャーファンの多様な新世代にぴったりの言葉を公に活字にする。[28]「オタク」である。当時二三歳だった中森は、コミックマーケットの取材に出かけた。一九七五年に始まったコミケは年二回のイベントに発展し、一万人が訪れるようになっていた。そこで人気のある同人誌の多くは相変わらず「やおい」である。ボーイズラブの人気漫画のエロティックなパロディで、美少年同士のセックスを描いたものだ。もちろん熱心な読者は女性である。ただ一九七九年頃から興味深い変化が始まる。男性向け漫画の人気が盛り返し、「ロリコン」という新しいジャンルがコミケを席巻するようになった。ロリコンは「ロリータ・コンプレックス」の略で、ウラジーミル・ナボコフの小説『ロリータ』に由来する。いたいけな幼女や少女への愛をテーマとするのがロリコン漫画である。ロリコン漫画誌の創始者とされる吾妻ひでおは「ヤオイ本って読んだことあるけど、理解できないし楽しくもないし、別に興奮もしない。喜んでいるのは女性だけだしね。なぜそんなものがコミケで大きい顔をしているのか、理解できなかった」と二〇一一年のインタビューで語っている。[29] 吾妻が創刊した同人誌「シベール」には、手塚治虫と石ノ森章太郎を足して二で割ったようなキュートな少女たちが不道徳な状況に置かれる漫画が満載されているほか、このジャンルを擁護するふざけたエッセイも掲載されている。『源氏物語』における幼女の性的興奮に言及するもの、ルイス・キャロルの『不思議の国のアリス』を引用するもの、そしてもちろん、ウラジーミル・ナボコフの『ロリータ』を論じるもの、等々。この手の同人誌にしては盛り沢山な内容と言える。コピーをホチキス留めして何の変哲もない真っ黒な表紙をつけただけの雑誌だが、その後数年にわたりブームとなるロリコン漫画の火付け役となった。「半分は楽しみのため、半分はみんなを困らせてやろうというつもりでやっていた」と吾妻は回想している。「いつも自分がやっているのは〝悪いこと〟だとわかってやっていた。でも後から来た連中はほんとうにあれが好きでやっている」。

　日本にはポルノグラフィックな絵の長い伝統がある。なにしろ平安時代からその種の絵が存在していたのだ。江戸時代には百花繚乱で、菱川師宣(ひしかわもろのぶ)に始まり、鈴木春信(すずきはるのぶ)、喜多川歌麿(きたがわうたまろ)、葛飾北斎など一流の絵師も描いており、春画はれっきとしたアートの一ジャンルだった（二〇世紀初めのパリでは、「日本の〝版画〟を手に入れたので見に来ませんか」とご婦人を誘うのは暗にセックスの誘いを意味していたとか。ちなみに現代の英語圏では「ネットフリックスを一緒に見てくつろがない？」"Netflix and chill?"と言う）。

アニメ映画にヌードが登場した記念すべき瞬間もあった。一九八二年に公開されたガンダム第三作『めぐりあい宇宙編』では、女性パイロットのセイラ・マスが長い任務を終えて入浴するシーンがある（未来の宇宙船に風呂があることは、日本では違和感なく受け入れられたようだ。何と言っても日本は清潔好きな文化で知られ、銭湯やウォシュレットが定着している国なのである）。入浴シーンはわずか一五秒ほどだが、警報が鳴ったためセイラはバスタオルを巻き付けただけで脱衣所に出てくる。このとき胸が一瞬だけあらわになった。アニメにヌードが登場するのはこれが初めてではないが、おそらくこの瞬間ほど多くの人が見たシーンはないだろう。そして男性ファンのファンタジー・ライフに多大な影響を与えることになる。記念に残そうと映画館にこっそりカメラを持ち込み、その瞬間を撮影したファンもいたほどだ。心理学者の斎藤環は、アニメ史上でいまや伝説となったこのシーンについて、「登場人物が画面上でヌードになることのインパクトに富野は無頓着だった」と述べている。「彼が求めたのは、ひたすらキャラクターをより現実的で人間的にすることだった。だが思いがけず架空のキャラクターに対する欲望の存在をあきらかにする結果になった」[30]。

架空のキャラクターに対する欲望こそ、コミックマーケットの原動力である。中森は実際に会場を訪れて、一万人以上の来場者が同人誌を買い漁る様子に衝撃を受ける。「何に驚いたっていうと、とにかく東京中から一万人以上もの少年少女が集まってくるんだけど、その彼らの異様さね。なんて言うんだろうねぇ、ほら、どこのクラスにもいるでしょ、運動がまったくだめで、休み時間なんかも教室の中に閉じ込もって、日陰でウジウジと将棋なんかに打ち興じてたりする奴らが。モロあれなんだよね」と彼はいまや有名になった「『おたく』の研究」というコラムに書いている。「そんな奴らが、どこからわいてきたんだろうって首をひねるぐらいにゾロゾロゾロゾロ一万人！」[31]。このとき中森が注目したのは、彼らがお互いを呼び合う奇妙なやり方だった。

日本語には「あなた」と呼びかける言葉が何通りもあり、年齢や性別、状況によって使い分ける。コミケに来ているティーンエイジャーたちは、ごくふつうに使われるカジュアルな呼びかけではなく、「おたく」と呼び合っていた。もともとは相手の家を指す尊称で、「先生のお宅」とか「お宅はみなさまお元気ですか」などというふうに使い、どちらかと言うと上品な年配のご婦人が使う言葉である。それをコミケに来る若者が使っていた。まるで内々の隠語のように。ただし「おたく」と呼び合ったからと言って彼らが親しくなるわけではない。むしろ、互いのことなどより漫画のほうにずっと興味のある人たちが、相手と距離を置くために使う言葉だと言うべきだろう。

かくして中森は「なにかこういった人々を……統合する的確な呼び名がいまだ確立してないのではないかなんて思うのだけれど、それで……われわれは彼らを『おたく』と命名し、以後そう呼び伝えることにした」と宣言する。こうして奇妙な呼びかけが彼らの名称として固定されることになった。中森のこの文章には反発も大きく、連載は途中で打ち切られるのだが、オタク(本書では読みやすさの観点からカタカナ表記とする)という新しい名称はピタリとはまった。そして漫画・アニメの周辺で急速に浸透していく(「ついに彼らのための言葉ができたと感じたね」と友人のジャーナリスト、町山智浩は話してくれた)[32]。とはいえオタクという言葉が市民権を得たとまでは言えず、平均的な日本人には知られていなかった。一般の日本人にとっては日本が経済大国として上り調子であることが主要関心事であって、アニメや漫画のコアなファンがポップカルチャーというジャンクフードに耽溺していることなどにあまり関心がなかったのである。だが一九八〇年代末におぞましい事件が起き、オタクはサブカルチャーの日陰から引きずり出されてマスコミの好奇と吟味の視線を浴びせられることになる。

一九八九年に宮崎勤が東京郊外で四人の幼女・女児を誘拐、殺害するという事件が起きた。この猟奇的な事件の動機を説明しようと躍起になった日本のマスコミは、宮崎の散らかった部屋にホラー映画やアニメや漫画のビデオが数千本もあることに注目し、彼を「オタク殺人者」と定義する。日本の若者の間にアニメや漫画が浸透し非常な人気を博していることを考えれば、ずいぶんと拡大解釈と言わざるを得ない。だがこの定義ははまった。いまや日本中の人がオタクの存在を知ったのである。と同時に、それは忌むべき存在となった。

その結果、彼らは何年も影の存在となる。「アニメ新世紀」の到来はまだ待たねばならない。しかしそのときは近づいていた。オタク批判論者が望もうと望むまいと。

八〇年代のファンタジー制作者はなぜ二〇一九年という年に魅せられたのだろうか。リドリー・スコットが一九八二年に手がけたSF映画『ブレードランナー』は二〇一九年のロサンゼルスが舞台である。また一九八七年に公開されたアーノルド・シュワルツェネッガー主演の『バトルランナー』も物語が始まるのは二〇一九年だ。そして、一九八八年に公開された日本のSF映画『AKIRA』も設定は二〇一九年である。オタク好みのこの映画は世界に強い影響を与えた。日本の社会ではオタクたちはひっそりと生きていたが、『AKIRA』という高度に洗練されたファンタジーはオタク文化を海外の聴衆に知らしめるうえで重要な役割を果たすことになる。

『AKIRA』は、一九八二年から八年にわたり連載された同名の長編漫画に基づいて制作された。作者は大友克洋（おおともかつひろ）である。一九七〇年代後半に初の単行本を出した大友は、手塚治虫のデビュー長編『新宝島』が戦後日本の漫画を再定義したときに劣らぬ衝撃を日本の漫画界に与える。彼の作風は漫画でも劇画でもなく、超写実的で立体的で信じられないほど緻密な描き込みと自在に視点が移動するカメラワーク的な画面構成が特徴である。このような表現手法はそれまで存在しておらず、このため漫画の表現史を画するものとして「大友以前、大友以後」という言葉が語られるほどだ。[33] 大友は一九五四年生まれ。手塚治虫の漫画や六〇年代の劇画を貪り読んで育ち、東京に出て一九七三年に漫画デビューする。まだ一九歳のぽっと出の青年は、都市のありとあらゆる景観を吸収していったことだろう。大友初期の作品はほとんどすべて都市の影の部分を描いている。犯罪者、警官、麻薬の売人や依存者、革命家、場末の酒場のホステス、いっこうに売れないロックバンド……。一九八三年に大友は漫画『童夢』で日本SF大賞を受賞するのだが、日本SF作家クラブが選定するこの賞を小説以外の作品が受賞したのは初めてのことである（大友の受賞は手塚を苛立たせたらしい。当時何かの会で大友と同席した手塚は、大友の絵を褒めちぎったあとで「でもねえ、ボク、あなたの絵を描こうと思えば描けるんですよ」と言ったという）[34]。『AKIRA』はアメリカのコミックショップでも大々的に売れた初めての日本の漫画である。マーベル・コミックスが翻訳し、オールカラーにして一九八八年に大ヒットした。

大友自身が監督を務めた『AKIRA』の劇場版は、多くの意味で「アニメ新世紀宣言」の申し子だと言えるだろう。アニメ映画としては破格の予算が投じられ、ヤングアダルトをターゲットに設定したという点で、まさにニューウェーブの到来だった。『ガンダム』大ヒットの驚きが覚めやらぬ中ということもあり、バンダイも出資に参加した。とは言え『AKIRA』のビジネスモデルは、従来のアニメ映画の「玩具で稼ぐ」とはまったくちがっていた。もう一つの日本のイノベーションであるビデオカセットレコーダー（VCR）の普及により、ビデオ販売が見込めたのである。『ガンダム』の時点ではまだVCRは揺籃期にあったが、八〇年代半ばには世界中の家庭に普及していた。ビデオはまったく新しいコンテンツ提供手段だ。これがあれば、制作者はテレビ局を完全に飛ばして思春期の新しいファン層に直接アニメを届けることができる。劇場公開後に販売することも、直接ビデオ化することも可能だ。VCRの出現によって、アニメはもはやお菓子や玩具の販促媒体ではなく、それ自体が製品として販売されるようになった。

『AKIRA』は一九八八年に日本で公開され、翌八九年のクリスマスにアメリカのアートシアター系で小規模に公開された。日本でこれまでに制作されたアニメ映画の中で最大規模の予算を投じた作品だが、当時のアメリカでは、ディズニー以外のアニメ映画にはアートシアターでの公開以上のことは望めなかったのである。いくら予算をかけ芸術的に制作されていようと所詮アニメは子供のもの、という見方がアメリカではまだまだ主流だった（なにしろアメリカの一部の映画評論家は、『AKIRA』を六〇年代の手塚の『鉄腕アトム』と比較したものだ。このことは、二〇年以上が経っているというのにアメリカの映画評論がいかに進歩していないかを雄弁に物語っている）[35]。

映画「AKIRA」（1988）大友克洋監督。1988年7月に日本、12月に全米公開される。
（AF Archive/ Allstar Pi/ Mary Evans Picture Library / 共同通信イメージズ）

『ＡＫＩＲＡ』は最終的には漫画否定論者がまちがっていることを決定的に証明し、アメリカのティーンエイジャーとヤングアダルトに大きなインパクトを与え、物語の媒体としてのアニメの潜在性に彼らの目を開かせることになる。この衝撃は、遠い島国の日本つまり知らない場所から来たという事実によって一段と大きく感じられた。その日本は、第一級のモノづくりの国として長らく称賛され、ソニー、トヨタ、三菱といったビッグネームが知られているものの、コンテンツということになると、日本発の大ヒットはおおむねテレビゲームに限られていた。そして当時はまだテレビゲームは小学生の遊びに過ぎなかったのである。『ＡＫＩＲＡ』はこの限られた世界から真の一歩を踏み出し、日本人はゲームのプログラミングのみならず絵や画像による物語の創作においてもゆたかな創造性を備えていることを世界に示したのだった。

不気味な偶然というべきか、『ＡＫＩＲＡ』の時代設定は二〇二〇年東京オリンピックの前年になっている。ただし『ＡＫＩＲＡ』の二〇一九年は、人類が通り過ぎてきたばかりの二〇一九年ではない。第三次世界大戦から三一年後の二〇一九年なのである。第三次世界大戦のきっかけとなったのは大量破壊兵器の爆発で、真っ黒な泡（バブル）が東京を包み壊滅させる（ここでもまた、現実の日本経済でバブルが崩壊することを予告したような不気味な偶然を感じざるを得ない）。そして三〇年の歳月が流れ、生き残った人々は新首都「ネオ東京」を建設して暮らしている。超高層建築が立ち並び、青や緑のビルの灯や眩いネオンが輝き、有機物らしきものはいっさい存在していないように見える。縦横に張り巡らされた高速道路をハイテクな車が唸りを上げて走り過ぎる。とは言えネオ東京は住みづらい街だ。腐敗した政治家が跋扈し、ドロップアウトした若者による暴力行為が横行し、武装警官と過激派の衝突が繰り返される。六〇年代後半の東京をさらに無法にした都会といえばいいだろうか。

映画が進むにつれて、第三次世界大戦のきっかけとなった爆発はアキラという少年が引き起こしたことがわかってくる。アキラは、日本政府が超能力を持つ子供から武器を創造する目的で秘密裏に開発した個体である。そのアキラが覚醒し能力の暴走によって東京を壊滅させ第三次世界大戦を引き起こすと、アキラの肉体と臓器は極秘に冷凍封印され、厳重な管理下に置かれた。だがこの事件の教訓をいっこうに学ばなかった政府は、三一年後の二〇一九年に危うく歴史を繰り返すところだった。鉄雄という少年が覚醒して制御不能になり、ネオ東京を爆破しそうになるのである。鉄雄と同じ暴走族仲間のリーダーである金田が止めなかったら、爆破していただろう。

だが正直に言えば、『AKIRA』はストーリーで魅せる映画ではない。何千ページもの漫画の内容を詰め込んだうえ、英語版では翻訳が冴えなかったことも相俟って、外国の聴衆には誤って伝わった部分も少なからずあった。では何が世界中のファンを夢中にさせたのか。それは端的に言ってスクリーン上に爆発するエネルギーだ。暴走族。テロ。SWAT部隊。SOL（軌道レーザー衛星兵器）。合成ドラッグ。祭囃子や太鼓の音が取り込まれるなど、音楽も独特である。これはアニメの形をとったロックンロールそのものだ。「音楽について書くのは建築について踊るようなものだ」とよく言われるが、映画について書くのも建築について踊るようなものだ。これは、『AKIRA』にとくによく当てはまる。というのも『AKIRA』ではネオ東京という都会が人間の登場人物に劣らず重要な役割を果たすからである。ネオ東京のおどろくほど緻密な描写は、アメリカの若者に妥協を許さない日本の職人気質を見せつけた。日本の職人魂は伝統工芸だけでなく、アニメのセル画にも存分に発揮されている。

『AKIRA』が一九八九年にアメリカのアートシアターで公開されたとき、『AKIRA』といくらかでも比べられるような作品はアメリカには存在していなかった。一九八〇年代のアメリカのアニメはあくまでお子様向けだったのである。アメリカでは連邦通信委員会（FCC）が六〇年代後半から子供向けテレビ業界の監督を開始し、あらゆる商業的な要素を子供向け番組から締め出している。しかし玩具業界から圧力をかけられたレーガン大統領が一九八二年に規制緩和の方針を打ち出し、FCCはそれまでの規則を撤廃する。[36] こうしてアメリカの玩具メーカーがテレビ番組を制作し玩具を売ることが可能になった。ただしこの変更があまりに急だったため、アメリカの玩具メーカーにはコンテンツの用意がなかった。

一方、日本にはコンテンツが豊富にあった。最初に放送された日本由来のコンテンツは、ナムコが開発して大ヒットしたアーケードゲーム「パックマン」に基づくアニメである。ゲームのキャラクターを使ってアニメ制作会社ハンナ・バーベラ・プロダクション（『トムとジェリー』で有名である）がテレビアニメ化し、『ザ・パックマン・ショー』として一九八二年から放送して大人気を博した。その後しばらくアメリカの玩具メーカーは、日本のアニメ制作会社に大幅に依存することになる。たとえばテレビアニメ *G.I. Joe*（日本では『地上最強のエキスパートチームGIジョー』のタイトルで一九八六年から放送された）は、「リアルアメリカン・ヒーロー」という男の子向けミリタリーフィギュア・シリーズから着想されたが、実際の制作を担当したのは東映動画である。またテレビアニメ *The Transformers*（日本では『戦え！超ロボット生命体トランスフォーマー』のタイトルで一九八五年から放送された）はアメリカ人の手になるものだが、商品化はタカラが手がけた変形合体ロボット「ダイアクロン」シリーズをベースにしている。アメリカ政府や議会は車や家電など日本からの輸入品に頭を悩ませていたが、規制緩和された子供向けエンターテイメント業界は日本人による創作を巧みに活かしてアメリカの子供たちの心を掴んでいったのだった。テレビ放送に日本発のコンテンツが増えるにつれて、玩具店も日本製品で溢れるようになる。アメリカの仕様に従って日本は単に生産するだけ、という時代はもう過ぎ去っていた。五〇年代に登場したあのバービー人形でさえ、日本で日本の子供向けに作られたものがいいというのでアメリカに輸入されたほどである。そしてなぜか不思議と惹きつけられるサンリオの製品群、パズルのように変形し合体するロボットたち、そして文字通りゲームを変えた任天堂のファミコン……。一九九三年に『パワーレンジャー』シリーズ（アメリカでは *Mighty Morphin Power Rangers* のタイトルで放送された）がアメリカに上陸したときには、日本の玩具メーカーはもう自信満々でアメリカ市場に臨んでいた。「日本の子供たちに受けたのだからアメリカの子供たちにも受けるとわかっていた」と担当した玩具デザイナーは語っている。[37]

　日本ではこのように玩具メーカー、アニメ制作会社、テレビ局などが協力し、最初のコンテンツをアニメ、映画、ゲーム、玩具など他のさまざまなメディアに展開して収益性の高いコンテンツに成長させることを「メディアミックス」と呼ぶ。[38] 一方アメリカでは、子供向け玩具を売るための手段としてしかアニメを見ていない。だが『ガンダム』は、玩具を買わない年齢のティーンエイジャーやヤングアダルトにもアニメがアピールすることを証明した。そして『AKIRA』ではまったく新しいアプローチが採用され、もはやアニメは商品を売るためのツールではなくなり、アニメそのものが商品となる。『ガンダム』と比べると、『AKIRA』で開発された商品はごく少ない。監督本人からファンにいたるまで、この作品のポイントはゆたかな映像の世界の中で自分を見失い、そして自分を発見することにあると理解していた。

すでに述べたように『AKIRA』はアメリカではアートシアター系の映画館でごく小規模に公開されただけなので、どう贔屓目で見てもほんの一握りの熱狂的なファンにアピールしたとしか言えない。『AKIRA』が海外の若者の心を真に捉えたのは、ビデオが発売されてからである。ちょうど八〇年代前半に熱心なファンの間で庵野の伝説のアニメ（DAICON4のオープニングアニメ）がコピーされていったように、『AKIRA』のビデオは若者の間で貸し借りされたりクチコミで話題になったりしてファン層を広げていった。最先端のエンターテイメントはもはやハリウッドの独壇場ではない、という興味深い予兆が現れたのである。かつてウォークマンは、いつでもどこでも自分の好きな音楽を聴くという選択肢をユーザーに与えた。まさにそれと同じように、ビデオのちにはストリーミングメディアは、いつでもどこでも自分の好きな映像作品を観るという選択肢をユーザーに与える。大勢の若者が輸入アニメをどしどし観るようになった。かつてない量の日本のファンタジーが玩具、漫画、ビデオの形でアメリカ市場でかんたんに手に入るようになると、両国のポップカルチャーのテイストは混ぜ合わされ、融合し始める。それも、多くは予期していなかった形で。

僕は一五歳のとき、ワシントンの古びた映画館で初めて『ＡＫＩＲＡ』を観た。一九九〇年のことである。瞬間的に電気が走るような衝撃を受けたことを覚えている。目にしているのはアニメなのに、実写以上にリアルだと感じられた。まばゆい高層建築や路面店の中でいったい何が起きているのか、思わず知りたくなる。背景は細部にいたるまで緻密に描かれており、そこで繰り広げられているドラマを暗示していた。路地に積み上げられたゴミの山にまで細心の注意が払われている。また登場人物は、従来のアニメや欧米のマンガでは適当に抽象化された容貌だったのに対し、あきらかに日本人とわかる顔立ちだ。黒い髪に切れ長の目、それに皮膚の色。これらすべてが、ドキュメンタリーを上回る迫真性をもたらしていた。

『ＡＫＩＲＡ』や、その後の『GHOST IN THE SHELL／攻殻機動隊』（一九九五年）の決定的な成功は、少数ながらも増え続けているアメリカのアニメファンの存在を雄弁に物語る出来事となった。一九九六年にアナハイム（カリフォルニア州）で開かれたアニメ・エキスポには三〇〇〇人近い来場者が訪れ、初回の一九九二年と比べ二倍に増えている。[39] アニメ・エキスポは日本アニメーション振興会が主催する北米最大のアニメ・コンベンションである（もっとも、日本の同種の催しには桁違いの人数が集まる。一九九六年の東京コミックマーケットには三五万人が来場した[40]）。

一九九六年のアニメ・エキスポのゲストは、ほかならぬ庵野秀明である。『エヴァンゲリオン』は、日本での放送とほぼ同時期にアメリカのアニメファンの間でも知られていた。日本のテレビアニメから違法に複製された海賊版ビデオ（アメリカのアジア人向け市場でレンタルされていた）が出回ったからである。その後に公式の英語版ビデオが発売された。だから庵野が登壇すると、集まったファンはまるで英雄の凱旋のように迎えたものである。『エヴァンゲリオン』はアニメ・エキスポで最優秀テレビアニメ賞を受賞した（注目されることを楽しんでいた庵野は、ファンから映画の謎めいた最後はどういう意味なのか教えて欲しいと質問され、途中まで通訳を介してあのエンディングが悪かったとは思っていない、あれを好きか嫌いかは観る人の問題だと答えたのち、自らマイクを握って英語で愉快そうに言い放った。「Too bad!」（それは残念だ！）[41]）。ともかくも、最初から最後まで日本で制作されたにもかかわらず、庵野のSFファンタジーがアメリカのファンの心にも響いたことはまちがいない。

一方日本では、『エヴァンゲリオン』のファンは当時まだ新しい媒体だったオンラインのチャットルームや掲示板を使って、この映画に対してもやもやと抱いていた不満をぶちまけていた。『新世紀エヴァンゲリオン』というタイトルは、新宿で高らかに読み上げられたあの「アニメ新世紀宣言」に呼応するものと考えられる。ファンは完結編である『新世紀エヴァンゲリオン劇場版Ａｉｒ／まごころを、君に』に、悩めるヒーローのある種の贖罪を期待していた。ところが突きつけられたのはさらなる謎ばかりである。「庵野は登場人物がダメージを受けたところから変わっていくことを望んでいた」とマイケル・ハウスは話してくれた。マイケルは『エヴァンゲリオン』制作当時、ガイナックスで通訳を務めていた人物である。「ところが彼らはダメージを受けすぎて、もっともらしいやり方では変化できなくなった。そこで、物語が進むにつれてだんだんに成長するのではなく、どんどん破綻していくようになってしまった」[42]。庵野自身はさまざまな取材に応じてもっと単刀直入な発言をしている。たとえば朝日新聞には「主人公のシンジは現在の僕です」と語った[43]。一部のファンは伏線の解決が得られないことに逆上し、庵野に脅迫状を送りつける。のちに「有毒ファン」（toxic fandom）として知られることになる現象の走りと言える。だが庵野はその脅迫状を逆手にとり、劇場版のワンシーンとして挿入した。

日本では、アニメは一つのジャンルというよりは情報伝達媒体とみなされている[44]。日本にはごく小さい子供向けの長寿アニメ『アンパンマン』がある。幼稚園児に大人気で、二〇〇二年には「最も売れたキャラクター」の座を一時的にハローキティから奪ったほどだ。さらに小学生向けには、こちらも長寿の『ドラえもん』がある。そしてティーンエイジャー向けには『ガンダム』や『エヴァンゲリオン』があり、さらに大人向けには、たとえば『この世界の片隅に』（片渕須直監督、二〇一六年）がある。学校で鑑賞する教育アニメが多数ある一方で、個人が（願わくは）こっそり観るエロティックなアニメもある。アニメは日本では広く受け入れられており、ハリウッドの大作映画を興行収入で上回ることもめずらしくない[45]。たとえば『君の名は。』（新海誠監督、二〇一六年）は公開年に『スターウォーズ』を上回っただけでなく、二〇一九年末時点の日本における歴代興行収入ランキングで第四位となり、これを上回った洋画は『タイタニック』（二位）と『アナと雪の女王』（三位）だけである。

では一位は？　日本の歴代興行成績一位はやはりアニメ映画の『千と千尋の神隠し』である。読者もよくご存知のとおり、原作、脚本、監督は宮崎駿だ（なお二〇二〇年一〇月に『「鬼滅の刃」無限列車編』（外崎春雄監督）が公開され、瞬く間に歴代一位に躍り出た。これもまたアニメ映画である）。

二〇〇三年、第七五回アカデミー賞授賞式。二〇以上ある部門の先陣を切るのは長編アニメ映画部門だが、プレゼンターのキャメロン・ディアスとしては別の役をやりたかったことだろう。なにしろこの部門は数ある中でいちばん期待の薄い部門であり、映画芸術科学アカデミーはアニメ制作会社のピクサーやドリームワークスから強い圧力をかけられ、前年にようやく渋々ながらこの部門を追加したばかりだった（栄えある第一回受賞作品はドリームワークスの『シュレック』である）[46]。アニメ部門が設立されるまでは、アニメ映画は実写映画と作品賞を争わなければならず、ほとんどつねに負けていた。一九九二年第六四回アカデミー賞でディズニーの『美女と野獣』（一九九一年）が候補作に残ったのが初めてのケースである。しかし作品賞を獲ることはできなかった（受賞作品は『羊たちの沈黙』）。

ディアスはいくらか風変わりな口上を述べると（「かつては親が子供たちをアニメ映画に連れていきましたが、今日では子供が親を連れていくようになるほどアニメ映画の質が上がっています」）、すぐに候補作の紹介に移る。ハリウッドで制作されたフォックスの『アイス・エイジ』、ディズニーの『リロ&スティッチ』と『トレジャー・プラネット』、ドリームワークスの『スピリット』、そして対抗馬が宮崎駿の『千と千尋の神隠し』（英題は *Spirited Away*）というラインナップである（『千と千尋』は前年に第五二回ベルリン国際映画祭で最優秀作品賞である金熊賞を受賞している）。

受賞したのは『千と千尋の神隠し』だった。

この作品は当初アメリカ人には向かないという理由でアメリカの配給会社から断られたことを

考えると、じつに数奇な運命を辿ったと言える。[47]『千と千尋の神隠し』は、一〇歳の女の子、千尋が現代の東京の郊外で奇妙な異世界に迷い込み、豚に変えられた両親を救うために冒険に巻き込まれる物語だ。舞台は謎めいた湯屋「油屋」。油屋には怪物のような姿をした八百万(やおよろず)の神々が客としてやってくる。この八百万の神という概念自体が日本の民俗や宗教観に根差すものだし、そのほかにも懸念すべき環境破壊や社会で若い女性が直面する壁など、日本社会に固有の言外の意味が数多く隠されている。つまりこれは、本質的にも意図としてもとことん日本的な映画だ。

宮崎は授賞式の場におらず、思いがけない栄誉をその場で祝うことはできなかった。彼はアメリカにすらおらず、受賞直後に記者会見をして声明を発表することもしていない。最終的に宮崎は次のような受賞コメントを出している。「いま世界は大変不幸な事態を迎えているので、受賞を素直に喜べないのが悲しいです。しかし、アメリカで『千と千尋』を公開するために努力してくれた友人たち、そして作品を評価してくれた人々に心から感謝します[48]」。この「大変不幸な事態」とはアメリカのイラク侵攻を指す。宮崎のアートは進歩主義的な主張とつねに絡まり合っている。彼は最初に就職した東映で労働組合を組織した。東日本大震災で福島第一原子力発電所のメルトダウンが起きたときには、会社として原発に反対する姿勢を打ち出し、「スタジオジブリは原発ぬきの電気で映画をつくりたい」と大書した横断幕をスタジオジブリの屋上に掲げた。[49]宮崎はまた、米軍の日本駐留に強く反対している。

政治的意見を積極的に発言する人が意見を異にする人々から遠ざけられることはめずらしくない。だが日本では宮崎はある意味で国宝のような存在だ。それに日本人でなくても、宮崎の作品が直接自分に語りかけていると感じる人は少なくない。たとえば映画評論家の故ロジャー・エバートは宮崎の作品をいくつか挙げて解説したあとで、「こうした作品を観ると天啓に打たれたように感じる。それまでアメリカ人はアニメの何たるかを完全には理解しておらず、したがってアニメ映画に何ができるかをわかっていなかった。だが初めて『となりのトトロ』を観たとき、もうそれについて説明してもらう必要はないとわかったのだ」と熱く語った。[50] カナダのヴァイス・メディアは「宮崎駿の普遍的な魅力」を絶賛している。日本と中国は永久に続くかのような緊張関係にあるが、その中国でさえ、『千と千尋の神隠し』が遅ればせながら二〇一八年に劇場公開されると史上最高の興行収入を記録している。もはや日本の宮崎ではない。世界の宮崎なのである。

宮崎自身は自分の作品がアメリカを始め外国で人気を博したことに当惑したと述べている。[51] だが宮崎のアプローチが、やはり現代日本を代表するクリエーターである村上春樹のアプローチと共通点が多いことを考えると、海外での高い評価に驚くべきではあるまい。宮崎の作品、とりわけ『千と千尋の神隠し』は、村上の脚本から切り取ったような印象を受けるのは僕だけだろうか。魔法をかけられたように屈折した現実。無力な主人公。その主人公は、現実の周縁のほんの一歩先に存在する超自然的な世界にふとした偶然から迷い込んでいく……。宮崎の映画は村上の小説と同じく日本独特の美意識に支えられているが、日本文化についての知識がとくになくても楽しめる点も共通している。

だから宮崎の作品はすばらしく美しく、理屈抜きに愛され、興行的に成功する。しかしだからこそ、アニメ全体を代表する存在とは言い難い。宮崎は一般的なアニメ制作チャネルの外におり、通常とはかなりちがうやり方で映画を制作している。彼の作品は理解しやすく、普遍性を備え、高度に洗練されていて非の打ち所がなく、世代、文化、さらには政治さえ超えた存在になっている。みんな宮崎が大好きだ。彼は多くの意味で、「ミヤザキ」というジャンルを体現していると言ってよい。そのことを雄弁に物語る事実がある。宮崎が二〇一三年に引退を宣言すると（それは七度目の引退宣言だった）、スタジオジブリはアニメ制作スタジオを閉鎖することを決めたのである（五年後に宮崎が引退を撤回すると、スタジオは再開された[52]）。

宮崎の勝利は、日本のアニメーターたちが営々と積み上げてきたすべてのものの末に長く待ち望まれていた瞬間、すなわちアニメに脚光が当たる瞬間が訪れたのだというふうに見たくなる。ある意味では

アカデミー賞を受賞した「千と千尋の神隠し」（© 2001 Studio Ghibli・NDDTM）

実際そうだった。手塚の作品は国際的に認められはしたものの、彼は一九八九年に亡くなるまで、アカデミー賞受賞に匹敵するようなことはついに成し遂げられなかった。宮崎の二〇〇三年のオスカー獲得は、日本のファンタジーにとって大きな転機となる。以後ハリウッドのトレンドセッターたちは、映画にアニメを直接採り入れるようになった。たとえば『マトリックス』三部作の監督・脚本を担当したウォシャウスキー姉妹は、『マトリックス』をモチーフにした九つの短編から成るオムニバス作品を手がけ、このとき日本のアニメーターたちとコラボレーションしている。またクエンティン・タランティーノは『キル・ビルVol・1』で登場人物の過去をアニメで描いており、アニメ制作に日本のプロを採用した。さらにテレビアニメ・シリーズ*Avatar: The Last Airbender*（二〇〇五年、ニコロデオン制作。日本では『アバター伝説の少年アン』のタイトルで二〇〇七年から放映・配信された）や*Teen Titans*（二〇〇三年、ワーナー・ブラザース・アニメーション制作。日本では『ティーン・タイタンズ』のタイトルで二〇〇四年から放映された）のヒットを受けて、アメリカのアニメ制作会社も日本流のコンテンツを作るようになる。こうしてアニメはもはやサブカルチャーではなくれっきとした文化になった、ように見えた。

ほんとうにそうだろうか。たしかに一時的には、いま挙げたように文化の枠を超えてアニメがメジャーな舞台に躍り出た例はあったものの、それはあくまで実験的な試みであって、すぐにまたサブカルチャーのニッチな日陰に戻ってしまう。宮崎アニメがアメリカの評論家に評価され、アニメがハリウッドで脚光を浴びたにもかかわらず、自分はアニメが好きだと告白するときにはちょっと小声になるアメリカ人が多い。主流的なメディアに登場するアニメファンは、どちらかと言えば笑い者扱いされがちだ。たとえばアメリカのコメディドラマ *30 Rock* では、俳優のジェームズ・フランコが「キミコたん」と名付けた秘密の恋人である抱き枕と共に登場する。[53] 彼が片時も離さない抱き枕には、キュートでセクシーなアニメキャラが描かれているのだ。まあこれはいささか極端にしても、アメリカではいまだにアニメを見るのはダサいとみなされている。たぶんそのせいだろう、『千と千尋の神隠し』以後も質の高いアニメが日本で作られているにもかかわらず、日本のアニメ映画は宮崎以降アカデミー賞をとっていない。二〇一八年にはゲーム関係の著名サイト「コタク」(Kotaku) で、「誰もアニメを見ていないふりをするのはいい加減にやめよう」という主張が展開されたほどである。[54]

だがこの永遠にアウトサイダーである位置付けこそが、アニメをアニメたらしめているのではないだろうか。オタクっぽさ。思春期の無駄に横溢するエネルギー、青春の青臭い悩み。暴力的表現。年齢相応の行動やジェンダーの役割などに関する社会常識への冷笑と軽蔑。価値観や感覚のちがう人たちにとっては完全に不可解な世界。アニメは普遍的な魅力以上にこうした本質的な異邦性を備えている。その世界に自己没入できるある種の人々にとって、アニメがあれほど魅力的なのはこのためだ。アメリカではアニメはずっとアウトサイダーのためのメディアだったし、現在もそうである。

宮崎(一九四一年生まれ)や富野(同一九四一年)のように戦前に生まれ戦後期に育ったクリエーターたちは、海外から輸入されたアニメーション技術を活用して主流の視聴者を惹きつけることに全力を注いだ。これに対して大友(同一九五四年)や庵野(同一九六〇年)のように戦後生まれで、ごく幼い頃から漫画を読みアニメを見て育ったクリエーターたちは、彼ら自身がアニメファン新世代の代表者だ。彼らは技術ではなく日本アニメという芸術に全身全霊を捧げている。言うまでもなく彼らとて成功を望んでいるが、彼らが子供の頃に感動した作品のパロディやパスティーシュやオマージュといった手法を使って自分たち自身とよく似たファンにアピールする必要性を強く感じている点が特徴的だ。これは、コアなファンの感覚の自然な延長と言えるだろう。それを育てたのは、コアなファンによってコアなファンのために作られたコミックマーケットなどの場だった。コアなファンからプロになった庵野は、日本の新世代のアニメクリエーターにとってまさにロールモデルである。

だが結局のところ、アニメを平均的なアメリカの家庭に送り込んだのは宮崎でもなければ富野でもなく、もちろん大友でも庵野でもなかった。そもそも大友と庵野の作品は、日本での公開からかなり後になってからでなければアメリカでマス向けに公開されていない。アメリカの若者を夢中にさせ、グローバルなアニメ新世紀を導くことになったのは、まったくちがう種類のアニメだった。玩具や漫画ではなく、テレビゲームをベースにしたアニメである。そのゲームを作った男の名前は田尻智(たじりさとし)。ゲームの名は『ポケットモンスター』、略してポケモンという。

第8章 世界を虜にするゲーム

――ファミコン&ゲームボーイ

僕にとってゲームは悪。

――富野由悠季（『機動戦士ガンダム』の監督）[1]

ゲームが悪い？　みんなロックンロールについてもそう言っていたじゃないですか。

――宮本茂（『スーパーマリオブラザーズ』のデザイナー）[2]

一九九九年七月、ミネアポリス。[3]全米最大級のショッピングセンター、モール・オブ・アメリ

ファミコン&ゲームボーイ

カにやってきた人がまず気づくのは長い列だった。子供たちが何千人も並んでいる。次に気づくのは、騒音がないことだ。七歳から一四歳くらいまでの子供が五万五〇〇〇人もいたら、ふつうはワイワイガヤガヤとんでもなくうるさいはずだ。だが並んでいる子供たちがたてる音は、ちょっと大きなひそひそ声程度だった。なぜなら、子供たちはみんな下を向いてゲームボーイをやっているか、ポケモンカードを収納したバインダーをいじくっていたからだ。モール内のあちこちに用意されたテーブルでバトルを繰り広げるためである。なんとしてもポケモンマスターの称号を獲得しなければ！

ミネアポリスは、ポケモン・リーグのサマートレーニングツアーが行われた最初の都市である。このツアーは、わずか一〇カ月で世界で最も人気のあるテレビゲーム、カード、アニメシリーズになったポケモンの販促キャンペーンとして行われた。ミネアポリスで見られた光景は、全米主要都市で繰り返されている。

アメリカ中の子供たちが映画、テレビ番組、ゲームなどに夢中になるのはとくに目新しい現象ではないし、日本のゲーム会社がこうしたキャンペーンを行うのも初めてではない。ソニーがやはり同じ戦略を使って一九九七年に『ファイナルファンタジーⅦ』を大ヒットさせている（序章参照）。だがポケモン人気の広がりは、従来のゲームとはまったくちがった。ポケモンは国中のほとんどすべての子供、つまり幼稚園児から小学校高学年までの子供を虜にし、親たちはポケモン図鑑（英語はPokédex）、モンスターボール（英語はPoké Ball）、ヒトカゲ（図鑑番号〇〇四のとかげポケモン、英語はCharmander）、フシギダネ（図鑑番号〇〇一の種ポケモン、英語はBulbasaur）、ベロリンガ（図鑑番号一〇八のなめまわしポケモン、英語はLickitung）、ピカチュウ（図鑑番号〇二五のねずみポケモン、英語はPikachu）といった「専門用語」をマスターしなければならなくなった。いまや誰もが日本の玩具メーカーに一目も二目も置くようになる。だがポケモンがこれほどの影響力を持つとは、アメリカ人にとってはもちろん、じつは日本人にとっても衝撃的だった。

ポケモンは一九九六年に日本で発売された。あくまで任天堂ゲームボーイ専用ソフトの一つとしてであって、それ以上の何物でもない。正直なところ、任天堂自身もポケモンにとくに高い期待はかけていなかった。[4] ゲーム業界では、発売から六年と言えばゲーム機本体としては長寿である。ゲームボーイは八年に近づいていたから、すでに時代遅れになりかかっていたと言ってよい。そしてポケモンは、任天堂にとってさえいささか風変わりだった。任天堂がポケモンを最新ゲーム機のローンチタイトルにせず、寿命の終わりに近づいたゲームボーイに割り当てたのはそのためである。

そもそもゲームボーイは携帯型ゲーム機ゲーム&ウォッチの次世代機であり、一九八九年に発売された時点で最先端技術を投入した製品ではなかった。設計者は横井軍平（よこいぐんぺい）である。液晶ディスプレイはモノクロで、鈍い黄緑色のため視認性が悪く、キャラクターが移動するとぼやけたりするなど、他社のカラーディスプレイに対抗できるのかと横井は気を揉んでいた。「人生最大の失敗です。一時は真剣に自殺することを考えました」と横井は回想している。[5] 任天堂としては、ゲームボーイに引退の花道を作ってやるのにポケモンはちょうどいいと考えたのかもしれない。当時は、ゲームセンターで遊ぶアーケードゲームに代わって家庭用ゲーム機や携帯型ゲーム機が若者を夢中にさせており、ゲームの種類としては『ロックマン』や『スーパーマリオ』シリーズのように走ってジャンプしながらゴールをめざすアクションゲーム、『魂斗羅（コントラ）』シリーズのようなシューティングゲーム、『テトリス』のようなパズルゲームが主流だった。だがポケモンはそのどれにも似ていない。なんだか牧歌的なのである。一一歳の主人公が奇妙な生き物ポケモンを捕まえてポケモン図鑑を完成させることをめざす途中でライバルと競ったり、悪と戦ったり、ポケモンジムに挑戦したりするという冒険譚だ。捕まえたポケモンを強くすることができる点はたまごっちとすこし似ているが、その目的は戦闘に勝つことである。通信ケーブルでゲーム機同士をつなぎ、友達とポケモンを交換することもできる（まだWi-Fiのない時代で、ケーブルでつなぐのが一番確実な方法だった）。もっとも戦闘と言っても、自分のポケモンと相手のポケモンが対峙し、「たたかう」とか「にげる」といったコマンドを選ぶだけ。誰も死んだりしない。最悪の場合でもパワーがゼロになって「ひんし」になるだけである。しかも傷ついたポケモンは回復させることが可能だ。任天堂はこのゲームのデザイナーである田尻と仕事をするのは初めてだったので、万全を期すためにあの「マリオ」の宮本茂をプロデューサーとして田尻のメンターにつける。開発は長引き、六年もかかった。いよいよ日本で発売されるというときになって、「この手のものはアメリカ人には受けないと言われた」と宮本は回想している。[6]

　だが、予想外の展開になる。とくに販促活動をしなかったにもかかわらず、ポケモンはクチコミで日本中に広まり、あれよあれよと言う間に売り上げが伸び続けたのである。こうなると任天堂としても考え直さなければならない。あわててメディアミックスを強化するためのパートナーを探し、テレビアニメ、劇場版、漫画などが次々に制作された。また海外展開も計画され、英語版は「ポケモン・レッドバージョン」と「ポケモン・ブルーバージョン」が一九九八年後半にアメリカで発売される。アメリカ上陸に際しては、ゲームのほか、テレビアニメ、カードゲーム（これはゲームボーイがなくても遊べる）などもどっと同時に投入された。そして一年後の一九九九年末に任天堂は、シリーズ累計で五〇億ドルを売り上げたと発表する。[7] その年におけるアメリカのゲーム業界全体の売り上げに匹敵する額である。アメリカでは、いや世界でも前代未聞の出来事だった。『スターウォーズ』のほうが上かもしれないが、あれはハリウッドの大作であり、ちっちゃなジャパニーズ・モンスターとはわけがちがう。

アメリカでヒットした映画「Pokémon 4ever」（邦題『劇場版ポケットモンスター セレビィ 時を超えた遭遇』（AF Archive/ Warner Bro/ Mary Evans Picture Library/ 共同通信イメージズ）

タイム誌は「ポケモン・フィーバー」というタイトルで特集記事を組み、このゲームを「有害なポンジースキーム」だと決めつけた。[8]

任天堂が夢にも思わなかった大ヒットである。単にゲームがヒットしただけではない。ポケモンによって日本はファンタジーのスーパーパワーになったと言ってよい。加えて後段で述べるように、欧米の子供たちを虜にした日本発のポップカルチャーは、けっして幸運のおかげでヒットしたわけではなく卓越した職人技の賜物であることも証明された。タイムの批判的な特集記事は、二〇前の日本のマスメディアによるスペースインベーダーの扱いを思い出させる。タイムによれば不正行為や非行が頻発しているとされ、アメリカの販売代理店がポケモンカードの供給を人為的に制限したとニュージャージーの親たちが訴訟を起こしたとか、ゲームを巡ってティーンエイジャーが強盗や殺人を犯したと報道されている。[9]だがこうした批判は、ポケモンの大ヒットが忽然と現れたわけではないことを見落としている。この大成功のルーツは、第二次世界大戦の終戦以来連綿と続いてきた文化の流れにある。それがついに怒濤のような洪水になったというだけだ。

静かに退場するはずだったゲームボーイも、一九九八年には再びあり得ないほどの輝きを放つようになる。このゲーム機自体は、日本の玩具製造の伝統とウォークマンが開拓した道筋とを受け継いだと言える。ゲームボーイという名前も、持ち運べる電子のオモチャというコンセプトの生みの親のソニーに敬意を表しているように見える。それに、バーチャルの世界に次々に出現するモンスターたちは、とにかくかわいい。頭が大きく、ぽよぽよしていて、愛嬌たっぷりだ。まさに日本的「かわいい」の面目躍如である。タイムの批判論者でさえ、ピカチュウが「ハローキティ以来最も愛されたキャラクター」だと認めざるを得なかった。[10]

ポケモンゲームの予想外のヒットを受けて日本で大急ぎで制作されたテレビアニメは、アメリカではゲームの発売とほぼ同時の一九九八年七月から放送された。そしてワーナーブラザーズが英語版の『劇場版ポケットモンスター ミュウツーの逆襲』（英題は *Pokémon: Mewtwo Strikes Back!*）の公開を発表すると、チケットを手に入れようとする子供と親たちからの電話が毎分七万回もかかってきたという。[11] この映画が一九九九年一一月のとある水曜日に封切られると、それを観るために大勢の子供が学校を早退けし、ニューヨーク・タイムズ紙は「ポケモンインフルエンザ」が大流行だと揶揄したものである。公開初日で一〇〇〇万ドルの興行収入を上げ、その後にビデオが一〇〇〇万本売れた。

ポケモンゲームのクリエーターである田尻は、ゲームが日本で発売された当時三〇歳だった。「田尻は日本人が〝オタク〟と呼ぶタイプである」とタイム誌は書いている。[12] まちがいなく多くのアメリカ人にとって、初めて聞く言葉だった。「彼らはリアルとバーチャルのちがいをわきまえてはいるが、バーチャルのほうを心地よく感じる」。田尻が初めてテレビゲームに接したのは一三歳のときだった。[13] 近くの店にインベーダーゲームが出現したのである。田尻はすっかりはまってしまい、ゲームをするために学校をサボるようになった。怒った両親からは、ゲームにうつつを抜かすのは「万引きをするのと同じぐらい悪いことだ」というようなことを言われたと田尻は回想している。工業高専を卒業してほどなく仲間と会社を設立し、ゲームを企画して大手に売り込む仕事を始める。戦前の小菅が試作品を作って大企業に売り込んでいたのとよく似ている。

ポケモンの任天堂への売り込みに成功したこと、それが大ヒットしたことは、田尻がまちがっていなかったと証明すると同時に、田尻のようなすべての人にとっても心強い先例となった。『エヴァンゲリオン』が日本で予想外の成功を収めたときオタクは新たな生命を与えられたが、いまや日本だけでなくアメリカの主流メディアからも存在を認められたのである。あとから考えれば、アニメ新世紀宣言は控えめにすぎたと言わざるを得ない。

ポケモン旋風がなぜ日本とアメリカで大勢の人を夢中にさせたのか、本章ではそのからくりを解き明かしたいと考えているが、その前にこのグローバルな現象を生み出したおおもとの源泉について触れておかなければならない。それは、怪獣である。怪獣は一九六六年に出現し、三〇年後にポケモンが日本中の子供たちを虜にしたのとまさに同じように、日本中の子供を虜にした。一定の年齢以上の日本人はいまだに怪獣を懐かしく覚えている。

日本は重大な事態に巻き込まれていた。都市は絶えず攻撃され、ビルが崩れ落ち、住民は怯えて逃げ惑う。凄腕の戦闘機パイロットでも歯が立たない。敵ははるかに大きくはるかに強力だ。もはや奇跡を願うしかない……

まるで第二次世界大戦末期のような光景である。だがこれは一九六六年の夏のことだった。ただし舞台は、小学生に大人気のテレビ番組の中である。そして奇跡は起きた。ウルトラマンという形をとって。第一話が放送されたのは一九六六年七月一〇日の午後七時である。三〇分後に番組が終わったとき、日本のエンターテイメントは永久に変わる。レーザー光線も効かない巨大な怪獣。飲み干される湖、焼き尽くされる森。ハイテク潜水艦、ジェット戦闘機。これらがすべて最初の一〇分間で登場し、その後の展開はますますヒートアップした。そしてウルトラマンが登場する。科学特捜隊のエースパイロット、ハヤタ・シンが変身した姿だ。人間の心をもって人間の味方をし、怪獣並みの力をもって怪獣を投げ飛ばす。職人技で精巧に作られた高層ビルに怪獣がぶち当たって倒壊する様子は本物もかくやと思わせる。ウルトラマンは無敵だ——ただし三分間だけ。三分経つとエネルギー切れになってしまう（ここにはどうやら大人の事情もあったようだ。ヒーローの戦闘シーンの撮影で予算の大半を食われてしまうので、三分程度に抑えざるを得なかったという[14]）。

ウルトラマンを制作したのは、特撮の神様と呼ばれる円谷英二（つぶらやえいじ）である。このときすでに六〇歳を過ぎていた。彼の履歴は『ゴジラ』や『ウルトラマン』を筆頭にヒット作のリストそのものだ。戦時中に戦意高揚映画に加担したかどで公職追放となるが、それが解かれて復帰すると特撮に生涯を捧げ、ゴジラ、ラドン、モスラ、キングギドラなどを登場させ、他の監督にも古典的な怪獣を創作し提供している。祖国が破壊されるのを自らの目に焼き付けた円谷は、それを怪獣に破壊される都市という形で子供たちの喜ぶエンターテイメントに作り替えたのだった。

小菅のキャデラックで名高いマルサンは、ウルトラマンや怪獣のフィギュアも手がけている。材料のソフトビニール（業界ではソフビと略される）を鋳型で成形して怪獣の表皮らしくするのだが、子供たちが怪我をしないように尖ったところはすべて丸くするというあたりに職人らしい気遣いがうかがわれる。ソフビ人形を発案したのは、一五歳のときからマルサンで働いている鐏三郎である。このとき三〇歳になっていた鐏は、怪獣が子供たちに人気になるにちがいないといちはやく見抜いていた。子供たちが『ウルトラマン』の前身である『ウルトラQ』を見るとき、怪獣が来るぞ来るぞというシーンでは手で顔を隠し、指の間からこわいもの見たさで恐る恐る画面を見ているることにちゃんと気づいていたのである。[15]

日本の神話や民話には、さまざまな神様や奇妙な生き物が登場する。その起源はおそらく、森羅万象に神が宿るという多神論、すなわち「八百万の神」にある。上はまごうかたなき神から下は幽霊や化け物にいたるまで、じつに多彩な生き物と日本人は共存していた。科学以前の時代には、説明のつかない事象や予見不能な現象、人間の力ではどうにもならない自然現象を擬人化するほかなかったのだろう。このように日本には外見もふるまいも多種多様な摩訶不思議な魑魅魍魎が存在していたことが、現代になってさまざまなキャラクターを生む下地となったと考えられる。日本の都市を脅かすいろいろな姿形の怪獣は、長い民間伝承の産物であり、現代の都市に生まれ育った子供たちに新しいおとぎ話を与えてくれたのだった。

鐏がソフビで怪獣人形を作ることを思いつくまでは、子供のヒーロー願望を叶えるための商品と言えば、ヒーローの衣装やお面か、鉄腕アトム印のチョコレートやキャンディぐらいしかなかった。鐏のアイデアは、子供たちの遊びにまったく新しい展開をもたらす。それは、「コレクションする」という楽しみである。『スター・ウォーズ』のジョージ・ルーカスが「フィギュアはカネになる」と気づくより一〇年はやく、そして「ポケモン、ゲットだぜ!」が合言葉になるより三〇年もはやく、日本の子供たちは増え続けるコレクションにもう一匹怪獣を加えようと親におねだりをしていたのである。[16] 当然ながら、他のアニメ制作会社や玩具メーカーも遅れてはならじと参入してくる。一九六七年には、激しい競争が始まっていた。アニメは終わった、今度は怪獣だ、というわけである。

アメリカ人とイギリス人がヒッピー・ムーブメントに巻き込まれているとき、日本は怪獣元年を迎えていた。週に七回は怪獣の出てくる番組が登場し、休日ともなれば『怪獣島の決戦 ゴジラの息子』といった映画を上映する映画館は子供たちで満員である。突如として、巨大な怪獣があちこちに出現した。デパートや遊園地ではヒーローと人気怪獣のぬいぐるみショーが繰り広げられ、会場ではソフビ怪獣人形が販売され、子供たちを夢中にした。バスに乗り遅れるなとばかり、出版社は怪獣の図鑑だのガイドブックだのを出版する。そこには名前、外観、身長、体重から、ばかばかしいような細部まで怪獣情報が満載されている。たとえば、ゴジラの脳はあまり

マルサンの初代怪獣「ウルトラQ」シリーズ（写真：マルサン提供）

大きくないとか、体内に原子炉を備えていて口から熱線を発射する、等々。
　怪獣フィーバーはあらゆる階層、あらゆる年齢層におよんだ。皇太子一家は都内で買い物した際、当時六歳だった徳仁（なるひと）親王（現天皇）は本屋で怪獣百科を購入したという。[17]三島由紀夫は陰鬱な調子で、「私もまた怪獣である。ただし、火焔ではなく毒ガスを吐き出す。このガスは〝小説〟と呼ばれている」と書いている。[18]
　そしていよいよ『ウルトラマン』の放送が始まると、ウルトラQシリーズの怪獣に加えてウルトラマンと新種の怪獣のソフビ人形が製造される。かくして子供たちは、正義のヒーローと怪獣の両方を手にすることになった。従来はヒーローの玩具しか製造されなかったから、両方あるというのは遊ぶうえでじつに都合がよい。子供たちは番組を見ると怪獣ソフビが欲しくなり、それで遊ぶとまた番組を見たくなるという具合だった。一時期は生産が需要に追いつかないほどのブームとなった。『ウルトラマン』の放送終了とともにブームは下火になるが、怪獣は日本のポップカルチャーに消すことのできない大きな足跡を残したのだった。一九九〇年に田尻がカプセルモンスター（のちのポケットモンスター）の企画書を書いた背景には、こうした怪獣の歴史がある。このとき田尻は口から火焔を吹くゴジランテというトカゲっぽい怪獣を使って戦闘システムを説明した。[19]このようにポケモンはポケットサイズではあるが、そのDNAは怪獣にある。怪物のような外観デザインも、互いに戦うというコンセプトも、絶えず新種が発売されコレクションに加えたくなるというビジネスモデルも、大幅に現代的に洗練されているにしても。

コンピュータ技術が進化して、映画やテレビに対抗できるほど精緻に作り込んだキャラクターをゲームに登場させられるようになったのは、ようやく八〇年代に入ってからである。当時最大のヒットは、一九八〇年五月に発表されたアーケードゲーム『パックマン』だった。発売元はナムコ（現バンダイナムコエンターテインメント）、デザイナーは岩谷徹（いわたにとおる）である。パックマンという名前は「ぱくぱく食べる」からとったと言い、パックマンがモンスターを避けながらドットを食べ尽くすとレベルクリアとなる。[20] 当初日本では「PUCK-MAN」と表記していたが、不心得者がPの一部を削ってFにしてしまうことをアメリカでの販売元ミッドウェイゲームズが危惧したため、"PAC-MAN"に改められた。[21]

『パックマン』はゲームの世界における最

1967 年メーデーの大阪での一コマ。アメリカの巨大な影響を象徴する「アメゴン」を押し立てている。（写真：毎日新聞社提供）

初のスーパースターだ。わかりやすく直感的に遊べるし、ビジュアルもじつにチャーミングである。迷路にいるパックマンは追跡してくるモンスターをかわしながらドットを食べる。ただし迷路内に四個だけあるパワーエサ（パワークッキー）を食べると、一時的にモンスターと立場を逆転させることができる。登場人物がそれとはっきりわかる特徴的なキャラクターになったのは、これが初めてのことだった。パックマンは丸くて黄色でピザみたいだし、モンスターはちゃんとぐりぐり動く目があってカラフルだ。赤はオイカケ（英語はBlinky）、ピンクはマチブセ（Pinky）、青はキマグレ（Inky）、オレンジはオトボケ（Clyde）と名前があり、それぞれちがうアルゴリズムで動き回る。さらに、パクパクパクパクパク……といった感じの背景音もついている。単純で楽しく、しかも戦略性があるといった要素が女性にもウケて、世界中の老若男女を夢中にした。

アメリカのメディアはこの現象を「パックマン・フィーバー」と呼んだものである。あのフィーバーに実際に浸った僕は、いまだにゲーム開始の合成音を聞くと、あれから数十年が過ぎた今日でさえ反射的にわくわくしてしまう。あの音は、ゴリ押しの末に、あるいは泣き落としの末に、親から勝ち取った貴重な一五分が始まる合図だ。興奮と緊張で体がウズウズする。今度はどこまで行けるかな？　二五六面まで到達してパーフェクトゲームを達成すると何が待ち受けているんだろう？　ハイスコアに自分のイニシャルが表示されるようになりたいなあ。それともドジを踏んでまたチャンスを逃してしまうんだろうか……といった考えが頭の中をぐるぐる駆け巡る。

パックマンは、ゲームセンターを飛び出して日常生活に入り込んできた最初のゲームキャラクターでもある。『パックマン』にはまった僕は、いや友達もみんな、パックマンのシーツで眠り、

『パックマン』印のコーンフレーク

ファミコン&ゲームボーイ

パックマンのタオルで顔を拭き、パックマンのシャツを着てパックマンのシリアルを食べた。学校にサンドイッチを持って行くときは、もちろんパックマンのランチボックスだ。バックナー＆ガルシアの一九八二年の大ヒット曲『パックマン・フィーバー』を聴き、家庭用ゲーム機Atari 2600で『パックマン』をプレイした。いい加減にしなさい、と親にゲーム機を取り上げられると、今度はパックマンのテレビアニメ（ハンナ・バーベラ・プロダクション制作）に慰めを求める……といった調子だった。同世代の子供はみんなそうだったと思う。その結果、いい年をして大人になりきれないいまの僕ができたというわけだ。

これほどの大成功を収めた『パックマン』だったが、このフィーバーは結局一時的なブームに過ぎなかった。ゲームの文化的インパクトは、翌一九八一年に別のアーケードゲームがリリースされるとすっかり薄れてしまう。そのゲームのタイトルは『ドンキーコング』（英題も*Donkey Kong*）。このゲームが任天堂の京都本社から出荷され、ニンテンドー・オブ・アメリカ（NOA）のシアトルの倉庫に到着すると、現場はひどく当惑する。そもそも名前が理解できない。セールス・マネジャーはタイトルを聞いたとき、山内溥（やまうちひろし）（当時の社長）は頭が変になったのだと思ったという。[22] ドンキーはロバのことで、ロバといえば愚か者の象徴である。それに、ドンキーなんだって？　ドンキー・ホング？　ホンキー・コング？　どう頭を捻っても意味がわからなかった。NOAの社員には、われわれの使命は最上のゲームを提供することだ、われわれは先駆者だという矜持があった。バトルやシューティングが満載のマッチョなゲームを用意し、プレーヤーが宇宙船のパイロット気分を味わったり、エイリアンの攻撃から地球を救うスーパーヒーローになったり、できるようにしなければならない。だが『ドンキーコング』をプレイしてみた彼らは呆れ返った。こんなの、全然クールじゃない。かわいいだけだ。子供向け漫画が動いているだけじゃないか！　いやしくもアメリカの男の子がこんなもので遊ぶはずがない。伝えられるところによれば、『ドンキーコング』に幻滅したあるマネジャーは転職先を探し始めたという。

『ドンキーコング』がアメリカにやってきた一九八一年に僕は八歳だった。いま大人の目で振り返っても、この楽しいゲームについてあのときNOAの社員がなぜあれほど否定的だったのか理解できない。当時のゲームにつきものだった警告音や爆発音など不吉で耳障りな合成音の氾濫の中で、『ドンキーコング』のリズミカルで呑気なサウンドも心地よかった。こうして八歳の僕たちは、パックマンをヒーローの座から追放してしまうようなキャラクターに出会ったのだった。NOAの大人たちがかわいいだけだと馬鹿にしたことについても、僕たち子供はちがう感じを抱いていた。たしかにアメリカ人の使う言葉の意味では、伝統的に「かわいい（cute）」はクールではない。でもだからと言って、クールでないとは言えなかった。それはとにかく、いい感じだった。あのとき初めて僕たちは「かわいい」デザインに遭遇したのだと思う。まだ当時は誰もそれを説明する言葉を持ち合わせていなかったけれど。

僕たちの知っているアーケードゲームは木製のキャビネット（筐体）に収まっていて、けばけばしいイラストの装飾が施されている。そこには、スクリーン上に現れるドットやブロックが何を表しているかを説明する絵が描かれていた。たとえばドットはミサイルで、ブロックはミサイルを手で掴んで投げ飛ばすモンスターだったりする。あるいは敵対的な異星の上を飛行する宇宙パイロットだったり、核弾頭を善良な市民の頭上に落とそうとする空飛ぶ円盤だったりする。だが『ドンキーコング』では、そういう説明はいっさいいらない。ちゃんとキャラクターに見えるキャラクター、勇気を鼓舞するようなサウンド、男の子が女の子を助けるというわかりやすいストーリーは、まさにマンガをゲームでプレイしているような感覚だ。これ以降、キャラクターを▲や◆の記号で代用するようなゲームには、プレーヤーはもはや満足できなくなる。『ドンキーコング』の大ヒットにより、任天堂は晴れてテレビゲーム制作会社の仲間入りを果たす。そして大人たちが音楽や映画をチェックするのと同じように、子供たちは任天堂から次に何が出るかをチェックするようになった。

じつは任天堂が新しいアーケードゲーム『ドンキーコング』を開発する運びになったのは、一九八一年に発売したシューティングゲーム『レーダースコープ』の売れ行きが悪く、その基盤が大量に余ってしまったという裏事情がある。[23] そこで第4章で述べたように、社長の山内が二七歳の宮本にもっと売れるゲームを作れと命じたわけである。宮本は大学で工業デザインを学び、デザイナーとして任天堂に入社した。当初は麻雀のラベル、カルタのデザインからアーケードゲームの筐体のイラストなど、デザイン全般を手掛けていたという。[24] アタリ、タイトー、ナムコといったゲーム制作会社はプログラミングの経験のない人間にはゲームを作らせないが、任天堂はそうではなかった。当時の任天堂はまだアーケードゲームを独力で作る能力がなく、技術的なことは外注していたからである。『ドンキーコング』の場合、放送用機材の専門メーカー池上通信機がプログラミングを担当した。

『ドンキーコング』の核となるアイデアは、宮本の上司である横井が『ポパイ』をみていて思いついたという。[25] 一九三四年にフライシャー・スタジオがアニメ化した *A Dream Walking*（日本では「夢遊病御難」と訳されている）である。オリーブが夢遊病患者のように建設現場を歩いている。いまにも落ちそうだ。ポパイとブルートは彼女を助けようと、建設中の高層ビルの鉄骨上を飛び移りながら格闘し、絶体絶命になったところでポパイが例のホウレンソウの缶詰でパワーアップする（『パックマン』の岩谷も、このホウレンソウにヒントを得て「パワーエサ」をゲームに組み込んだ）。[26] 任天堂は『ポパイ』の使用許諾を得ようと交渉するが失敗に終わり、キャラクターも宮本がデザインすることになった。こうしてブルートはゴリラに、オリーブは金髪のおさげの女の子に、そしてポパイはジャンプマンになってセーラー服の代わりに赤い帽子と青いオーバーオールを着て登場する。

　宮本は当初このジャンプマンを「ミスタービデオ」と呼びたかったという。その理由について「自分のつくるゲームに全部こいつを使おうと思っていたので。たとえばヒッチコック監督が自分の映画に全部出てきたりして、それがかっこいいな、と思っていたんです。それに手塚治虫さんや赤塚不二夫さんのマンガでもいろんな作品に同じキャラが登場することがありますよね」とのちに語っている。[27] ゲームのコンセプトが決まってタイトルを考える段になったとき、宮本は辞書をめくって「まぬけ」を意味する単語として「ドンキー」を見つける。それに、大好きな怪獣映画からキングコングの名前を借用した。

ニンテンドー・オブ・アメリカ（NOA）からの批判の声に対し、社長の山内は「これでいいのだ」とピシャリと答える。[28] となれば、もはや売るしかない。そこでアメリカの社員は一つ譲歩を勝ち取った。キャラクターの名前を変更することが認められたのである。それまで名無しだったガールフレンドはポリーンと命名された。そしてジャンプマンはマリオに決まる。マリオに決まった経緯については、ヒゲの人物がＮＯＡの倉庫の家主だったマリオ・セガールに似ていたからだと伝えられている。名前の議論中に入ってきて滞納された家賃を請求したのだとか。

一〇年前の『ポン』と同じく、『ドンキーコング』のアーケードゲームもショットバーでデビューした。そしてゲームを据え付けた当のアメリカ人が日々の売り上げに驚くことになる。マッチョなゲーム全盛の中で、このまったく新しいゲーム体験、宮本が「走ってジャンプして登るゲーム」と一言で表現したゲームの潜在需要が存在していたらしい。ＮＯＡは一九八一年末までに六万台以上の『ドンキーコング』を販売し、パートナー企業をにわか長者にし、特大の利益でもって下請け企業を破産の瀬戸際から救った。やがてＮＯＡの社員は「ドンキーコングの会社です」と自己紹介するようになる。[29] 賢いやり方だった。任天堂を知らない人でもドンキーコングは知っていたからだ。そしてすぐに、「任天堂を知らない人」もいなくなる。

ほんの数年前までは、世界のアーケードゲーム業界を牛耳っていたのはアメリカ企業だった。ところがいまやこの業界を席巻する三大ゲームは『スペースインベーダー』、『パックマン』、『ドンキーコング』と、日本製ばかりである。日本のゲームクリエイターたちは、アメリカのゲーム産業のまさに本拠地で大ヒットを連発してのけたのだった。そしてその後に、誰も予想していなかったことが起きる。

アメリカが退却したのだ。

かつて磐石だったアタリは、映画『E.T.』をベースにしたお粗末なゲームに破滅的に巨額の投資をした末に過剰在庫を抱え、株価が急落する。今日では、これは「一九八三年ビデオゲーム大暴落」と呼ばれている（日本ではアタリショックと呼ばれることもある）[30]。突然の出来事に競合他社は動揺し、あるいは自ら選択し、あるいは倒産して業界から姿を消していった。一九八三年末には、アメリカのビデオゲーム業界は瀕死の状態となる。かつては数十億ドル規模だった市場がわずか数カ月でたった一億ドル程度になってしまったのである。もはや近い将来に家庭用ゲーム機を製造販売しようという企業は一つもなくなっていた。

任天堂のファミコン（海外ではニンテンドー・エンターテインメント・システム、略称NES）を開発したのは上村雅之（うえむらまさゆき）である[31]。日本では一九八三年に、欧米ではその二年後に発売されたこのゲーム機は、大方の人がもう死んだと思っていた世界のゲーム産業を蘇らせることになる。

上村は一九四三年に京都で生まれた。子供の頃、小菅のブリキのジープで遊んだという。大学で電気工学を学び、早川電機（現シャープ）に入社。その後、横井に誘われて一九七一年に任天堂に移った。現在は立命館大学ゲーム研究センター長を務めている。家庭用ゲームシステム、ソフトウェア、雑誌などの保存を目的とする数少ない学術機関の一つである。テレビゲームというものは驚くほど短命だ。コンピュータ・チップもテレビもゲーム機本体も技術の進歩や消費者の好みに合わせてどんどん変わっていく。時代遅れになったゲームはあっさりゴミ箱行きだ。そこで上村のいるゲーム研究センターではビンテージと化したものから最新のツールにいたるまで網羅的にコレクションし、古いカートリッジやディスクからデータを抽出して保存している。そこではまるで時が止まったかのようだ。上村のインタビューは共用の研究スペースで行った。周囲には学生や若手研究者のデスクがあり、それぞれに専門分野の調査を行っている。初期の3Dゲーム、PCゲームからアナログなボードゲームやテーブルトークRPGにいたるまで、テーマはさまざまだ。上村と僕の間のテーブルには、なつかしい一九八〇年代のファミコンが鎮座していた。もとはベージュ色なのだが、年代がついて黄ばんでいる。このファミコンは、同じく年代物のブラウン管テレビにつながれていた。スクリーン上では『ドンキーコング』が無音で展開されている。オフィスの新しい絨毯、古いダンボール、電気製品が放つ特殊な匂いが感じられ、子供時代のこと、実家の地下室で攻略本に囲まれながらゲームにのめりこんだことが懐かしく思い出された。

ファミコン発売以前の任天堂はカセット式のゲーム機を出していなかった、と上村は説明した。ある意味で、任天堂はゲームを作ったことはないとも言える。任天堂の製品の中枢部をつくっていたのは、三菱やシャープやリコーといったハイテク企業だった。『ドンキーコング』のプログラミングを手がけたのが池上通信機だったことはすでに述べたとおりである。任天堂はこの先猛烈な勢いでプログラミングをはじめゲーム開発のノウハウを学習していくことになるのだが、当時それをわかっている人間はほとんどいなかった。

上村はファミコンの開発にあたってアメリカの人気テレビゲーム機を購入し、アタリ2600

やマグナボックス・オデッセイ2を完全に分解する。そして半導体工場に協力してもらってCPUのカバーを外し、回路の写真を撮って拡大し、配線パターンをトレースした。こうして六カ月かけて競合機の心臓部を分析した結果、はっきりしたことが一つある。どれも新しいゲーム機を作る役には立たないということだ。「みんなすでに時代遅れの技術だった」と上村は回想している。

上村のチームの一人が、興味深いショートカットを提案した。当時任天堂でいちばん売れていたアーケードゲーム『ドンキーコング』を新しいゲーム機に移植してはどうか、というのである。『ドンキーコング』だけでなく、他のゲームも遊べるようにすればいい。これは、口で言うのは簡単だが技術的にはむずかしい注文である。しかも社長からは「できるだけ安く」という毎度ながらの最優先の命令が来ていた。ファミコンがおもちゃ風になったのは、「こういうデザインしかできなかった。いちばん安いから」と上村は笑う。

苦労の末に完成されたファミコンは一九八三年七月一五日に発売される。この時点では、その後の大ヒットを予感させるような前兆はまったくなかったという。消費者が期待したものが何もなかったからだろう、と上村は分析する。ひっそりと世に出たベージュとエンジ色の小さなボックス型のゲーム機に対する消費者の反応は、よく言っても低調だった。製品発表会で失礼にもある記者は「どこがおもしろいのか?」と上村に質問したという。「キーボードもないじゃないですか!」。アメリカでは大手ゲーム会社は家庭用ゲーム機からホームコンピュータの開発に軸足を移していた。そうした野心的なプロジェクトに比べると、ファミコンは意図的且つ挑戦的にオモチャっぽく作られている。そんなものは目じゃないと言わんばかりに、セガは同じ日にゲーム機を発売した。こちらにはキーボードがついている。あのときはさすがに凹んだ、と上村は語った。

その時点で任天堂にはファミコンというハードはあったが、そのハードを買ってもらうための強力な理由、今日で言うキラーアプリが欠けていた。必要なのは、これをやるためにどうしてもファミコンを買わなくちゃ！　と思わせるような魅力的なゲームである。

当時の任天堂の社長だった山内溥の波乱万丈の長い仕事人生（なにしろ二二歳で社長に就任した）において最高にラッキーだったのは、宮本茂を発掘したことである。宮本は一九五二年生まれ。京都北西部の小さな山村で育った。家には車もテレビもなく、玩具もほとんどない。だが、そんなものは宮本にはいらなかった。生き物がたくさんいる水田や小川や森や野原が遊び場だった。宮本は取材を受けると、小さな洞窟を発見したときのことを自己形成の体験としてよく語っている。小さなランタン一つを頼りに夏中かけて洞窟の秘密を探ったという[32]。子供の頃のそうしたゆたかな時間が、のちに数々のゲームを生み出す原点となった。

『ドンキーコング』は、宮本がキャラクターを生み出しゲームの世界を形成する特別な才能の持ち主であることを証明した。横井は宮本に続編を作るよう促し、こうして『ドンキーコングJR』が、続いて『マリオブラザーズ』が誕生する。『マリオブラザーズ』では初めてマリオの名が公式タイトルに現れるとともに、弟ルイージが登場する。だがなんと言っても「ゲームの神様」

と言われるまでに宮本の名を世界に轟かせることになったのは、『スーパーマリオブラザーズ』だった。

『ドンキーコング』もビッグヒットではあったが、『スーパーマリオブラザーズ』はプレーヤーを心底夢中にした。もはや固定画面ではなく「横スクロールアクション」が導入され、クッパ率いるカメ一族にさらわれたキノコ王国のピーチ姫を救出すべく、マリオとルイージは落とし穴を避け、吊り橋を渡り、海中を泳ぎ、カメ族を踏んづけ蹴飛ばして、クッパ城めざして突き進む。『スーパーマリオブラザーズ』は世界初の横スクロール式プラットフォームゲームというわけではないが(『パックマン』の横スクロール版『パックランド』が前年に出ている)、最もよくできた横スクロール式ゲームであることはまちがいない。チャーミングなグラフィック、直感的に遊べるゲーム性、病みつきになるサウンド、次々に現れる一風変わったキャラクターたち。そして何より重要なのは、見えないところにどうやらたくさんの秘密が潜んでいるらしい、というわくわくする感覚だった。この感覚が、『スーパーマリオブラザーズ』を単なるゲーム以上のものにしていた。なんだか子供時代の想像の世界が表現されているような感じがしたのである。大方のプレーヤーはそれまでのゲームですでに主人公のことは知っていたから、あとはスクリーン上で進行するゲームをはるかに凌ぐ壮大な冒険に参加する準備ができていた。こうしてゲームはただの遊びではなく、神秘の世界への入り口となる。ゲームセンターで寸刻を惜しんでムキになるよりもっとずっとゆたかな新しいデジタル・レジャーへの跳躍台、それが『スーパーマリオブラザーズ』だったと言えるだろう。

『スーパーマリオブラザーズ』が偉大なゲームであることはまちがいないが、ゲームセンターへの社会的な風当たりが強くなった時期に発売されたという幸運もあった。[33] 一九四八年に制定された風俗営業法ではキャバレー、バーや麻雀、パチンコ店への未成年の入場を禁止しているが、この法律が一九八四年八月に大幅改正され（「風俗営業等の規制及び業務の適正化等に関する法律」という長たらしい名称になった）、ゲームセンターが対象に含められる。当時全国に二万六〇〇〇店あったゲームセンターは風俗営業の許可を得ることが義務付けられ、一八歳未満は午後一〇時以降、一六歳未満は午後六時以降の入店が禁止された（二〇一六年六月に再改正され、一六歳未満は保護者同伴であれば午後一〇時までの在店が可能になっている）。[34] 当局がゲームセンターの急増に懸念を募らせた末の措置である。さらにPTAなどがゲーム反対運動や通学路のパトロールを行ったため、ゲームセンターへ気軽に入場できなくなった年少者が家庭内でテレビゲームに興じるようになる。改正法は翌八五年二月に施行され、『スーパーマリオブラザーズ』の発売はその七カ月後だった。つまり、ファミコンは「ゲームセンターの家庭内化」の受け皿となったのである。[35] ゲームが青少年におよぼす影響を心配した人々にとってはじつに悩ましいことに、家庭用ゲーム機の販売台数はうなぎ上りになり、ファミコンブームが起きた。家でゲームをするというこの新しい娯楽の魅力は絶大で、『スーパーマリオブラザーズ完全攻略本』（徳間書店）が二年間（一九八五年、八六年）にわたって書籍ベストセラー一位に君臨したほどである。[36] 二年連続一位は、村上春樹も「ハリー・ポッター」のJ・K・ローリングも成し遂げていない快挙だ。

ファミコンがニンテンドー・エンターテインメント・システム（NES）としてアメリカとヨ

ーロッパで一九八六年に発売されたとき、売りの一つは『スーパーマリオブラザーズ』がローンチタイトルだということだった。アメリカのゲーム産業は三年前に壊滅的打撃を受けていたから、任天堂は敵のいない敵地に上陸したようなものである。かくして日本のゲームクリエイターたちは、二一世紀初めになるまで世界中の子供たちの心を捉えて離さなかった。

ゲームは単なる暇つぶしではないかもしれない、と世間が思うようになる出来事が一九八八年二月に東京で起きている。水曜日の朝早く池袋駅に到着した乗客は、数百人が辛抱強く列を作っているのを見て仰天する。行列は大型家電店のビルを取り巻いて数ブロック先まで続き、冷たい朝のことで人々の白い息が立ち上っている。同じ光景が全国各地で見られ、池袋の行列の人数は一万人を超えたという。人々が徹夜までして並んで手に入れようとしていたのは、エニックス（現スクウェア・エニックス）が販売するファミコン用ゲームソフト『ドラゴンクエスト3』だった。一九八六年に発売された第一作から人気はあったが、爆発したのはこの第三作である。学校を休んで買いに行く子供が続出するなど、社会現象を引き起こした（次作からは日曜日に発売されることになった）[37]。

『ドラゴンクエスト3』は正統派ロールプレイングゲーム（RPG）で、アクション満載の点数を競うゲームではない。そもそも点数は出ない。プレーヤーには行動の自由があり、城や地下牢のあるおとぎの国のような世界を冒険して難題を解決していく。今日の基準からするとグラフィックは粗いが、全体として従来のテレビゲームをはるかに凌ぐ訴求力があった。しかもパッケージや取扱説明書には、大人気の漫画『ドラゴンボール』の作者で『ドラゴンクエスト』のキャラクターデザインを担当する鳥山明のイラストが描かれている。『ドラゴンクエスト3』のめざましい成功で、ゲームデザイン・脚本を担当した堀井雄二はコンピュータゲームクリエーター新世代の顔として脚光を浴びるようになる。ゲームクリエーターは毎ビットごとに真剣にバーチャル世界の構築に取り組むが、それはかつて日本が玩具、ラジオ、テレビ、自動車、家電などのものづくりにクラフトマンシップを発揮したのとすこしも変わらない。ゲームクリエーターにとってファミコンはただのゲーム機ではなく、自分たちの創造性を世界に発信するためのプラットフォームだった。彼らクリエーターは無意識のうちにアニメや漫画や怪獣ショーで記憶に焼きついたものをゲームにとりこんでいる。だからファミコンやその後継機は、日本の感性を世界が理解する手がかりを与えたという意味で、ロゼッタストーンの役割を果たしたと言えるだろう。外国の多くの子供たちは、テレビや漫画やアニメではなくゲームを通じて、初めて「かわいい」デザイン、オタク好みの「メカ」、キャラクターが「パワーアップ」するというアイデアに遭遇したのだった。

任天堂のNESは全世界で驚異的な台数が売れ、欧米では「ニンテンドーをプレイする」といえばテレビゲームで遊ぶという意味になったほどである。一九九三年には、任天堂の利益はハリウッドの映画スタジオ上位五社の合計をも上回った。[38] なんとアメリカで行われた認知度調査で、マリオがミッキーマウスを抜いたこともある。とはいえ任天堂の海外での顔は上村や宮本ではなく、NOAの社長である荒川實（山内の女婿）でさえなかった。アメリカで任天堂の顔と言えば、ハワード・フィリップスである。彼は倉庫係としてNOAに入社し、役得として倉庫にあるアーケードゲームに習熟。ゲームにくわしいことが買われてNOAの公式テストプレイヤーとなる。やがてNESが爆発的にヒットすると、ゲームマスターとして子供たちにゲームをプレイする楽しさを教えるためにアメリカ各地を飛び回るようになり、テレビやイベントにもひっぱりだこの人気者になった。ゲームの攻略法や設定などの情報を欲しがる子供たちの要望に応じてNOAは*Nintendo Power*という雑誌を発行するようになるが、その情報をチェックする仕事もこなしている。この雑誌にはフィリップスが登場する*Howard & Nester*という漫画も連載されて人気を博した。[39] こんな具合にアメリカ人は日本のゲームにぞっこん惚れ込んでいたが、しかし日本そのものを好きになる用意はまだできていなかった。そうなるまでにはまだあと数年待たねばならない。

任天堂のライバルであるセガ（ジュークボックスのレンタルと修理から出発したことを読者は覚えておられるだろうか）は、一九八八年後半に日本でメガドライブを発売する。家庭用ゲーム機市場で五年にわたり圧倒的なシェアを誇っていた任天堂に、ついに真のライバルが登場したのだった。光沢のあるブラックとクロム仕上げのメガドライブは、日本ではファミコンとPCエンジン（NEC製）の後塵を拝することになったものの、セガはあまり気にしなかった。もうこの頃には、ほんとうのバトルが待っているのは海外市場だとわかっていたからである。たとえばアメリカでは、幼児・児童向けで最大規模を誇るケーブルテレビ・チャネル「ニコロデオン」を見る子供よりニンテンドーをプレイする子供のほうが多い。[40] となれば単純な話である。ゲームがどれほど日本に普及したとしても、外国にいる子供の数のほうが多い、ということだ。七〇年代後半の日本の漫画やアニメファンがそうだったように、小さい頃からテレビゲームで遊んで育った外国の子供たちは、大きくなってもゲームを卒業しようとしない。ただし大人になると、より高度で洗練されたゲームを求めるようになる。

メガドライブは、「ジェネシス（Genesis）」という名前で一九八九年にアメリカで発売される。すでに六年経っている任天堂のファミコンを軽く上回るハイスペックだ。二週間後にPCエンジンが「ターボグラフィックス16（TurboGrafx-16）」の名前で発売され、任天堂は国外で初めて熾烈な競争に直面することになった。ゲーム機戦争の始まりである。正面切ったシェア争奪戦が海外で発生したのは当然とも言えた。日本企業はライバルと比較して自社の優位性をアピールするといった比較広告手法をとりたがらないことで知られている。海外、とくにアメリカでは競合製品を公にけなすことが珍しくないが（ペプシがコカコーラに挑んだコーラ戦争が有名だ）、日本ではそうした攻撃的な広告手法は好まれない。

中年の配管工という位置付けのマリオに対抗するためにセガが打ち出したのは、ソニック・ザ・ヘッジホッグ（通称ソニック）という青いハリネズミのキャラクターである。ソニックはなかなか強気のキャラで、自由気ままが大好きだ。超音速で走れる能力の持ち主で、ゲーム全体もスピード感あふれ、ファミコン用のいちばん高速のゲームでも足元にもおよばない。『スーパーマリオブラザーズ』が漫画をプレイしているような感覚だとすれば、ソニックが主人公の同名のゲーム『ソニック・ザ・ヘッジホッグ』は興奮剤を注入されたような感じ、とでも言えばいいだろうか。頭でっかちのかわいいデザインとクールな要素の両方を世界のゲームファンに届けようという意欲的なゲームである。最初に『ドンキーコング』を遊んでみたNOAの社員が幻滅したように、セガ・オブ・アメリカの社長もハリネズミなんてものが主人公なのは全然イケてないと思ったようだ。[41] だがこのときもまた、アメリカ人がまちがっていて日本人が正しかった。何百万人もの子供たちが、そのことをお財布で（正確に言えば親の財布で）証明したのである。ソニックの存在自体が、任天堂のゲームの本流とは正反対だ。『ソニック・ザ・ヘッジホッグ』にはとらわれの乙女は出てこない。ジッとしてなんかいられないソニックはひたすら疾走する。ソニックはジェネシスにヒップでとんがったイメージを与えたが、それは時代の「オルタナティブな」文化、つまり主流から外れた文化に完璧にフィットした。セガはファンを増やすためにできることはなんでもやった。紙媒体やテレビの広告では「ニンテンドーにできないことがジェネシスにはできる！」と煽ったものである。[42]

もうその頃には子供はみんなゲームをしているような状況で、テレビゲームをするかしないかは問題ではなくなっていた。問題は**どんな**ゲームをしたいかということである。六〇年代には、クルマに取り憑かれた改造車マニアの若者たちがデトロイトに由来する新しいボキャブラリーを作った。シェビー（シボレーの愛称）、V8へミエンジン（クライスラーの半球状エンジン）、ビッグブロック（シボレーのV8エンジン）、等々。そして九〇年代のゲーマーも、日本製ゲームに由来するイディオムを英語の辞書に加えていった。パワーアップ、レベルアップ、ミニボス、ボスバトル、リミットブレーク、カットシーン、セーブポイント、等々。彼らは八ビットか一六ビットかで熱く論争したり、好みのゲームの悩ましい翻訳ミスを発見して内輪ネタにしたりする。なにしろ話題には事欠かない。任天堂の完成度の高いゲームが他のゲームの評価基準となったとか、NECのターボグラフィックス16はCD-ROMドライブを装備した初めてのゲーム機として音楽や音響が向上したとか、セガのエッジィな姿勢とスピーディなゲームはディープなファンにも初心者にもウケたとか……。僕は一九九一年に大学生になったが、子供の頃からの長年の相棒NESをもう片付けてしまおうという考えは一瞬たりとも浮かばなかった。ジェネシスは学用品なんかより大事だった。ゲームボーイという名前の小さなガジェットも。

任天堂はファミコンの後継機の開発にじっくり時間をかけていた。技術革新の最前線にいたことのない任天堂は、横井軍平の開発哲学に基づく方針に従っている。それは、「枯れた技術の水平思考」というものだ。技術者はとかく最先端技術を使いたがるが、それでは売れない商品、高い商品ができてしまう。新しい技術の値段が下がるまで、待つ。つまり、その技術が熟成し枯れるのを待つ。それは、その技術が実証され信頼性が高いことを意味する。そうした枯れた技術のそれまでなかった新しい活かし方を考えるのである。[43] たとえば、電卓の枯れた技術からヒット作のゲーム&ウォッチを開発したのは、その典型例だ。一見すると時代逆行的なこの発想から、横井は携帯型ゲーム機の名品ゲームボーイを開発し、その名をゲーム業界に永遠にとどめることになったのだった。

ゲームボーイが発売されたのは一九八九年である。ゲームボーイは、ウォークマンが一九七九年に音楽でやったことを、ゲームでやってのけた。ゲームボーイ以前にも携帯型ゲーム機は存在したが、出先に気軽に持ち歩いて遊べるようになったのはゲームボーイが初めてである。もうゲームセンターへ行ったり、自宅のテレビにコントローラをつないだり、しなくてよいのだ。ゲームボーイがあれば、いつでもどこでも好きなときにゲームができる。最先端技術を駆使していない点も、ゲームボーイはウォークマンに似ている。ディスプレイはモノクロで、キャラクターがあまりすばやく動くと、はっきりわかるほどぶれてしまう。業界通の評価は低かった。アメリカのゲーム制作会社インタープレイの共同創業者レベッカ・ハインマンは、「私たちはレームボーイ（Lame boy）と呼んでいたわ」と明かす。[44] レームとは「時代遅れの、ださい」という意味だ。たしかにスペック的には専門家には時代遅れと見えただろう。だが端的に言って一般ユーザーはそんなことを気にしない。『鉄腕アトム』のテレビアニメが電気紙芝居に見えたとしても誰も気にしなかったように、ウォークマンが録音できなくても全然問題にならなかったように、ゲームボーイの場合は利便性とコンテンツのよさがすべてを上回った。みんなが欲しがっていたファンタジーをゲームボーイは持ち歩ける小さな形で届けてくれた。しかもマリオが同時発売だ。どんなにハイスペックなライバルも、これには敵わなかった。だからもちろん、友達も僕もゲームボーイをレームだなんて思うはずがない。ゲームボーイは必需品だった！

　たとえ技術仕様が見劣りしても、他のすべての面でゲームボーイは他社製品の上を行っていた。まず、デザインがすっきりしていてニュートラルだ。男性的でも女性的でもなく、子供っぽくも大人向けでもなく、ハイテクではないがレトロでもない。ライバル機はシャープで真っ黒でハイテクであることを誇示していた。ティーンエイジャーの男の子が仲間内で見せびらかしたくなるようなとんがり具合である。対するゲームボーイは使い心地重視だ。文庫本ぐらいの大きさで、ちょっと気の抜けたネーミングと言い、おとなしいグレーの本体と言い、右下の角がまるくなっているところと言い、どうか一緒に連れて行って、とお願いされているようだ。誰でも本能的に手の中にすっぽり入れたくなるはずだし、手のひらになじむ感じがたまらない。やっぱり「かわいい」と言いたくなる。だがその一方で、電池寿命は伸びているし、携帯用電子機器の必須条件である頑丈さは折り紙付きだ。とにかく壊れない。湾岸戦争中にアメリカ兵がクウェートに持ち込んだゲームボーイが爆撃を受けても壊れずに動き続けた話は有名である（二〇一九年現在、ロックフェラーセンター内の任天堂直営店にこのゲームボーイは展示されており、テトリスのデモ画面が動いている）[45]。だがなんといってもゲームボーイの強みは名作ゲームがそろっていることだ。ゲームボーイを一九九〇年代のトップセラーに押し上げたのは、人気者のキャラクターたちである。競合する携帯型ゲーム機に圧勝しただけでなく、スーパーファミコン、ジェネシスなど据置型ゲーム機も寄せ付けなかった。ゲームボーイカラーやゲームボーイアドバンスといった進化形も含めれば、ゲームボーイはこれまでで最も売れたゲーム機である。

　ゲーム機戦争は最先端技術を投入したハードウェアのスペック競争だったが、ゲームボーイはそこにコンテンツと利便性を持ち込んで勝利を収めた。若者がゲームボーイに夢中になったのは、ファンタジーが身近にやって来たからだ。ファミコンでおなじみのクラシックなゲームたち、たとえば『スーパーマリオランド』、『メトロイド』、『ゼルダの伝説』、『悪魔城ドラキュラ』シリーズのゲームボーイ版が出ている。大人がゲームボーイを大いに気に入ったのは、『テトリス』があるからだった。もともとはソ連の科学者が教育用ソフトとして開発したものだが、これがまたやりだすと止まらない。まさにキラーアプリの法則通り、『テトリス』はこれまで一度もゲームをやったことのない人たち、いやゲームをやるなんて考えたこともなかった人たちをも虜にする。その一人がジョージ・H・W・ブッシュ（父ブッシュ）大統領だ。甲状腺手術から快復してゲームボーイをプレイしている姿が写真に残っている。女性の間でも大人気で、ゲームボーイ・ユーザーの四六％は女性だという。[46]「すっかりファンになったわ」とヒラリー・クリントンも一九九三年にタイム誌の取材で認めている。娘のチェルシーのゲームボーイを横取りしないために、自分用に買ったそうだ。[47]アメリカの元大統領とファーストレディが日本製のゲーム機でソ連発のパズルゲームで遊ぶとは、グローバル化も極まれり、というところだろうか。権力の座にある人々が外国から供給されたファンタジーに夢中になって政策になんらかの形で影響がおよんだという兆候は、見当たらない。すくなくともいまのところは。これについては次章でくわしく取り上げる。

任天堂は意図してか偶然にか、男女平等を実現した。これは他のゲームメーカーがやろうとしなかったことである。いや、男女平等という言い方はあまり適切ではないかもしれない。むしろゲームボーイという名称にもかかわらず、ライバルとは異なり慎重に男っぽさを避けることによって誰からも愛されたと言うべきだろう。「携帯性とかわいいデザインを組み合わせた結果、多くの人がゲームを連れて歩くようになった」とガーディアン紙は二〇一五年に分析している。[48]この頃には、「かわいい」が何かをわざわざ説明する必要はなくなっていた。かわいいが“kawaii”

としてすでに定着していたからである。「任天堂は、小さなものがかわいいこと、かわいいはゲーム体験そのものに浸透することを理解していた。いままさに同じことが、スマートフォン用のゲーム『キャンディークラッシュ』、『フルーツニンジャ』、『アングリーバード』で展開されている」。そしてあのかわいい『Pokémon GO』(『ポケモンGO』)は、二〇一六年の発売からたった一カ月で一億回以上ダウンロードされた。

アーケードゲームは公共の場で遊ぶものであり、ゲーム体験を共有するだけでなく、社会的な相互作用を伴う。まず物理的にゲームセンターへ行かなければならないし、他のプレーヤーの動きを観察し、対戦ゲームをしたければ相手を見つけなければならない。ローカルルールを知ることも重要だ。たとえば、連コインと呼ばれる連続してコインを投入する行為はOKか、NGか、など。これに対して携帯型ゲーム機は定義からして一人で遊ぶものであり、持ち歩かず自分の部屋にこもってやったってかまわない。すでに八〇年代後半のバブル絶頂期には、日本の評論家たちは子供たちが外で遊ばず家でゲームばかりしていると警鐘を鳴らしていた。たとえば一九八九年の新聞には「情報社会が子供を歪ませる」といった記事が掲載され、また『子供部屋の孤独』といった本も出版された。[49] だがこれはゲームだけの問題だろうか、むしろ社会の問題ではなかったか。ゲーム悪者論では、往々にして歴然たる事実が忘れられがちだ。日本の不動産市場の高騰を背景に、原っぱや森や林、それどころか空き地すら、都市部や郊外からおそろしい勢いで姿を消していった。外で遊ぶ機会が少なくなればなるほど、子供たちが家に閉じこもってスリルたっぷりの仮想世界で遊ぶようになるのは当然のことだ。

ポケモンの生みの親である田尻もそうした子供の一人である。彼は一九六五年に東京の町田市

ゲームボーイをプレイするファーストレディ、ヒラリー・クリントン。
1992年、エアフォース機上にて。（William J. Clinton presidential Library 提供）

で生まれた。都心から電車で四五分のところにある郊外の街で、「小学生の頃は周囲にたくさん自然が残っていて、友達と競ってザリガニを捕まえたり、クワガタをとったりする毎日だった」と彼はインタビューで話している。「クワガタの越冬に成功したり、オタマジャクシをカエルにしたり、小学生の頃はたくさんの生き物を育てた」[50]。だが中学生になる頃から周囲の環境が一変する。急速な都市開発で、自然がなくなってしまったのだ。原っぱは消え、宅地になったりビルが建ったりした。よく通った駅前の釣り堀はゲームセンターになってしまう。

とはいえゲームセンターとの出会いがあったからこそゲームクリエーター田尻が誕生したことは、それとして認めなければならない。「虫が捕れなくなったかわりに『インベーダーゲーム』とか『ギャラクシーウォーズ』ができるようになった。一気に自分の人生の興味がそっち側に傾いていった」[51]。田尻少年がゲームに取り憑かれたようになると、両親は息子が不良になってしまったと嘆いた。田尻は普通高校ではなく、工業高等専門学校に進学することを決める。そのほうがゲーム開発に必要なプログラミングを学べると考えたからだった。受験に備えて予備校に通わなければならなくなると、ゲームセンターの近くにある予備校を選び、一五分休みにそこへ走っていって『ミサイルコマンド』をやったという熱中ぶりである。高専在学中にミニコミ誌「ゲームフリーク」を創刊。新作ゲームの紹介や攻略法などを手書きし、コピーしてホチキス留めしただけのものだが、ゲーム専門誌がほとんどなかった時代だったこともあり毎号ほぼ完売だったという。この頃に漫画家志望の杉森建と知り合い、表紙を描いてもらうようになる。意気投合した二人は、一九八九年に雑誌と同名のゲーム制作会社ゲームフリークを設立した。杉森はのちにポケモンをはじめゲームキャラクターのデザインを担当することになる。

ポケットモンスターの最初の着想では「カプセルモンスター」という名前だった。この企画書を見た任天堂が開発を支援してくれることになる。ただし、任天堂の仕様に従ってアイデアを練り直すことが条件だった。開発プロセスで田尻のメンター役を務めたのが宮本茂だったことはすでに述べたとおりである。田尻にとって、それは夢のような時間だった。「『ドンキーコング』で遊んでいた十代のときから、彼は私のロールモデルだった」と田尻は一九九九年にタイム誌に語っている。「彼がくれたアドバイス一つひとつをいまも覚えている」[52]。田尻は宮本への敬意から、主人公サトシのライバルをシゲルと名付けた。

最終的に商標の関係から「カプセルモンスター」はボツになり、「ポケットモンスター」となる。略称「ポケモン」が「カプモン」より言いやすいという利点もあった。しかし開発に六年もかけている間にスーパーファミコンやプレイステーションなど新しいゲーム機が登場し、ゲームボーイはいよいよ古くなってしまう。一九九六年に『ポケットモンスター赤・緑』を発売するときの任天堂は、後継機を売り出す前に長年愛されたゲームボーイの送別会をやるような気持ちだっただろう。

開発に六年を要したと書いたが、実際には田尻にとってポケモンは二〇年越しの構想だった。ポケモンに反映されているのは「あくまでも少年時代の自分」であり、「体験をひとつひとつ思い出して『ポケットモンスター』のなかに詰め込んだ」と田尻は語っている。[53] 大人たちは原っぱをつぶしてしまったかもしれない。だが田尻はゲームボーイの中に子供たちが自由に走り回り、ふしぎな生き物を探せる場所をつくった。この世界のアーキテクトとして、田尻は現実の場所以上に魅力的で説得力のあるものにしようと試みたのである。プレーヤーは出会った野生の生き物をモンスターボールに格納し、よりパワフルに育てることができる。そういう生き物を田尻は日本の子供たちに無制限に提供した。いや、無制限は言いすぎた。すくなくとも最初の『赤・緑』では、モンスターはたった一五一種類しか出てこない。

任天堂の横井軍平はゲームボーイを設計したときにいくつもの要素を断念したが、一つだけ絶対にあきらめなかったものがある。それが通信ケーブルだ。ケーブルがあれば、ゲーム機をつないで対戦することができる。ゲームボーイがあれほどヒットしたのは、初めて対戦や協力など複数の人数で遊べるようになったという要素も大きい[54]。今日の臨場感あふれる3Dゲームの基準からするとまだまだ原始的ではあるが、テトリスやテニスやカーレースでの対戦ができるようになった（繰り返すようだが、『ポケットモンスター』が発売された一九九六年はまだインターネットもWi-Fiも普及していなかったことを忘れてはならない）。やってみると、それは楽しく病みつきになる体験だった。

こうしたマルチプレイゲームの初期のものは主に対戦だったが、そこへ予想外の進化形をもたらしたのが田尻である。「ゲームボーイの登場は衝撃的でした。通信ケーブルで何ができるだろうと考え、真っ先に浮かんだのが〝交換〟という言葉。入手しにくいアイテムを友達と交換できるようになれば、ゲームの世界がぐんと広がるに違いないと思った」と田尻は語っている[55]。実際『ポケットモンスター』では、自分のゲームボーイだけでは一五一種類全部をゲットすることはできないようになっている。ゲームは赤と緑の二バージョンで発売され、それぞれポケモンの出現率が異なり、片方だけにしか登場しないポケモンがいる。ポケモンをたくさん集めるためには、別バージョンと通信ケーブルでつなぎ、ポケモンの交換をする必要があるのだ。こうして子供たちは初めて、それぞれのポケモンを増やすという共通の目的のためにゲーム機同士をつなぐことになった。マルチプレイゲームは数々あれど、今日にいたるまで、田尻のこの「交換」というアイデアほど、一人で家で遊ぶゲームを公共空間に引き戻したイノベーションはほかにないと言ってよいだろう。

それだけでなく、田尻は『ポケットモンスター』の中に日本を旅する新しい強力なツールを仕込んだ。その自然は野放図な都市開発によって破壊され、その社会構造は失われた二〇年によって混乱に陥っている。『ポケットモンスター』の最初のシーンは意味深長だ。自分の部屋でゲームをしていた主人公は階下に降りていく。そこでは母親がコーヒーか何かを飲みながらテレビをじっと見ている（たぶんどの部屋にもテレビがあるのだ）。テレビに映っているのは、映画『スタンド・バイ・ミー』の一場面。少年四人が線路の上を歩いている。そして主人公は心に決めるのだ。「ぼくももういかなきゃ！」。こうして少年は自分の知恵だけを頼りに、友達を見つけ、仲間を育てながら未知の世界に乗り出す。失われた二〇年が始まったとき田尻はすでに二〇代半ばだったが、子供時代の遊び場が失われた悲しみを忘れることはなかった。だからこそ世界中で同じような経験をしている子供たちにとって、『ポケットモンスター』はこれほどの訴求力を持ち得たのである。

別の言い方をするなら、テレビゲームの普及は、人と人との交流がデジタル化する種子を蒔いたのかもしれない。この種子は思いがけない形で身を結び、やがて人々はインターネットというまったく新しいコミュニケーション媒体を通じて全世界の人々とつながるようになっていく。

第9章 反社会的ネットワーク——2ちゃんねる

インターネットをなめんなよ。

——4chan 掲示板、匿名

人はみな自ら装ったものになれる。
だから、何を装うかにはよくよく注意しなければならない。

——カート・ヴォネガット『母なる夜』より

電車男は典型的なオタクである。[1] 二三歳だがまだ実家で親と暮らしている。子供のときから暮

2ちゃんねる

らす部屋はオモチャのロボットやアニメのフィギュアであふれんばかりだ。彼女はいない。それどころか、一度もデートしたことがない。髪はぼさぼさで、服は子供の頃ママに選んでもらったときとほとんど変わらない。毎日長時間会社で事務の仕事をしている。貴重な休日に行くのはきまって秋葉原だ。夜はずっとコンピュータの前で過ごす。

ある日の帰宅途中に若い女性が酔っ払ったサラリーマンに絡まれているのを見た彼は、柄にもなく女性を守ろうと割って入る。酔っ払いが喧嘩を売ってきたため、駆けつけた車掌が警察に通報し、男は取り押さえられた。騒ぎが鎮まると、女性は電車男の住所を訊ねる。何かお礼の品を送りたいというのだ。彼はへどもどしながら住所を教えるが、どうしても彼女の連絡先を聞く勇気は出せなかった。自分にがっかりしながら帰宅し、コンピュータを開けてインターネットに慰めを求める。

電車男（その時点ではまだ「名無しさん」だったが）が彼女との出会いの詳細を2ちゃんねる（通称2ちゃん）に投稿したのは、二〇〇四年三月一四日の夜九時五五分だった。2ちゃんねるは日本最大のオンラインの匿名掲示板群である。そこには「独身男性板（通称毒男板）」があり、そこに「男たちが後ろから撃たれるスレ」というスレッドが立てられている。ここは、他のスレッドのしあわせそうなカップルのやりとりをコピー&ペーストしてきて、それを眺めてみんなで欝になるという、じつに自虐的なスレッドだった。「独身男性板」は2ちゃんねるでも人気の掲示板、略して「板」の一つで、恋愛に縁遠い独身男性から毎日数万件の投稿がある。バブル崩壊から一四年が経ち、日本の出生率は低下し、コンドームの売り上げまで落ち込んでいた。週刊誌

「AERA」が同年五月に「若者よ、セックスを嫌うな」という巻頭記事を掲載したほどである。[2]

「独身男性板」の投稿はどれも諦念と悲哀と慰めに満ちている。電車男の投稿もその一つに過ぎず、次々に上げられる投稿の洪水の中にすぐに埋没してしまう運命だった。だがこのときはちがった。予想外の展開になったのである。

四八時間後、電車男は再び投稿し、件の女性から手書きの手紙とお礼の品が届いたと報告する。その品物はエルメスのペアのティーカップだった。ペアである！　これはどう解釈したらいいのか？　配達伝票から彼女の住所と電話番号はわかった。だが「彼女なし歴＝年齢」という電車男はここで再びうろたえる。「女の人になんか電話なんかかけられん…＿|￣|○」。この最後の記号のようなものはアスキーアートと呼ばれるプレーンテキストで作成された顔文字の一種で、打ちひしがれて地面に膝をつく様子を表す。「独身男性板」にはひんぱんに登場する顔文字だ。電車男の置かれたこの状況はどこかしら共感と同情を誘ったのだろう、スレッドの常連たち（スレ住人と言う）は俄然勢い付き、恋愛初心者の電車男に矢継ぎ早にアドバイスとエールを送る。すぐに電話をしろだの、手紙のほうがいいだの、勇気を出せだの……。中には「俺までドキドキしてきた」と感情移入する住人もいて大いに盛り上がる。それまで孤独だったスレ住人たちは、言うなれば大切に育てるべき「たまごっち」を見出したのだった。

電車男はその後も律儀に状況報告する。すると住人たちは一段と熱心に助言し後押しする。もはや彼らは「電車男はまだか？」と投稿を待ち受けているのだ。彼らの応援を背に受けた電車男は勇気を振り絞ってエルメス（ティーカップを送ってくれた若い女性はこう呼ばれている）に電話をかけ、食事に誘う。住人たちのアドバイスに従い髪を切りに行き、服装もおしゃれにし、手頃な店を探す。オタクとしてコンピュータの知識を総動員し、PCを買うという彼女に適切な機種を選んであげたりもする。二人の仲は徐々に進展し、最初の出会いから二カ月後、電車男はエルメスにプロポーズすると宣言した。プロポーズ決行の日に向けて、スレッドがさらにアドバイスとエールの洪水になったことは言うまでもない。そしてエルメスはOKした！ **キタ――――――（゜∀゜）――――――**。おめでとう。よくやった！ 祝福と顔文字の嵐である。感極まり「泣けた」という声も少なくない。そして電車男はスレ住人にお礼の言葉を残して掲示板から姿を消し、二度と戻ってこなかった。だってもう彼は独身男ではないのだから。

だが話はここでは終わらない。この感動的なスレッドは2ちゃんねるの他の掲示板にも波及し、主な投稿を編集したまとめサイトも出現する（こうしたサイトは広告収入を当て込んでいる）。ほどなく複数の大手出版社がこの現象に目をつけ、一〇月に新潮社から出版される運びとなった。書籍化に際してはディスプレイ上で見えるとおりに組版・印刷され、アスキーアートも半角文字も再現されている。その多くは門外漢には理解できないため、2ちゃん語のくわしい解説がつけられた。その結果この本は、オンライン社会に不慣れな人々にとってロゼッタストーンの役割を果たすことになる。担当編集者の「私はワープロやメール機能は使えても、ディスプレイの向こう側に広がる世界についてはほとんど知識を持っていません。私のような人が世の中にはたくさんいるはずです。その人たちにもぜひこの『電車男』を読んで欲しい」という願い通りになったのである。[3]『電車男』は発行からわずか三週間で二五万部売れ（最終的に一〇〇万部を超えた）[4]、翌二〇〇五年には日本のエンターテイメント業界を広く巻き込むブームとなった。漫画、映画、テレビドラマが制作され、どれもヒットしている。ちなみにテレビドラマのオープニング曲には、庵野の伝説のアニメのバックに流れたエレクトリック・ライト・オーケストラの *Twilight* が使用された。『電車男』が出版された頃の日本経済は相変わらず芳しくなかった。就職氷河期がまだ続き、もともと低かった出生率もほとんど上向かず、雇用、ジェンダー、さらには日本という国そのものの存続が広く議論されるようになっていた。『エヴァンゲリオン』が社会から脱落した負け犬というオタクのイメージを一新しトレンドセッターに仕立てたとすれば、書籍から映画にいたる一連の『電車男』は独身者を永遠の一人ぼっちから結婚予備軍として再定義したと言えるだろう。オタクはもはや禁句ではなくなったし、まして幼女殺人者の婉曲表現でもなくなった。社会がイメージするオタク像は徐々に変わっており、そのことはかなり遅れて『広辞苑』の定義にも反映されることになる。『広辞苑』の第七版（二〇一八年）では、それまでの「社会的な常識には欠ける」という記述が消え（第7章冒頭の引用を参照されたい）、「特定の分野・物事には異常なほど熱中するが、他への関心が薄く世間との付合いに疎い人。また広く、特定の趣味に過度にのめりこんでいる人」というふうに一般的な説明が追加された。要するにオタクはちょっとディープすぎて誤解されがちだが、もっと愛をもって接すべき存在になったと言えるだろう。君たちはアニメの女の子（または男の子）だけじゃなく、本物の女の子（または男の子）も好きになれるんだね、と社会は理解したのである。

　電車男のストーリーが二カ月にわたり続いたことは奇跡というほかない。「独身男性板」のように人気のある掲示板では投稿が非常に多く、投稿が一〇〇〇を超えると新しいスレッドを立てるルールになっているため、一つのスレッドは数日、ときには数時間で終わってしまう（その後は過去ログ倉庫というものに格納される）。それでも住人たちはまめにスレッドを追い続け、電車男のストーリーはずっとつながった。これは例外的な現象と言えるだろう。このことも、電車男がいかに共感を呼んだかを雄弁に物語っている。投稿者の身元を特定する方法がないため、電車男の物語の権利は2ちゃんねるの設立・運営者である西村博之、通称ひろゆきが管理することになる。2ちゃんねるの参加者はみな、ひろゆきを知っていた。電車男に代わって出版社との交渉やメディア対応をしたのは、ひろゆきである。

電車男のプライバシーを守るため、書籍の著者名は中野独人（なかのひとり）となっている。これは「中の一人」を意味するシャレであって、実在の人物ではない。電車男は誰なのか、新聞、雑誌からウェブにいたるまでさんざん探索が行われたが、今日にいたるまで誰だったのかはわかっていない。[5] もちろん陰謀論も取り沙汰された。エルメスのマーケティングチームが拵えあげたとか、出版社のでっちあげだとか、2ちゃんねるのステータスを高めるためにひろゆきがやったのだとか……。そのたびにひろゆきは否定している。ある意味では、電車男が実在したのかどうかなどどうでもよいとも言える。重要なのは、彼のストーリーがなぜあれほど多くの日本人の共感を呼んだのか、ということだ。

哲学者兼作家の東浩紀（あずまひろき）はオタクについての著書の中で、電車男がスポットライトを浴びた瞬間を「日本は突如として、オタクばかりの国になった」と説明している。[6] 子供向けのアニメや漫画を見ることもコスプレをすることも受容され、ときには大人の娯楽として奨励されるようになった。テレビゲームも文化の輸出として高く評価されるようになる。なにしろ小学生から高齢者にいたる幅広い年齢層の人々が街中の公園で『ポケモンGO』を楽しんでいるのである。また、かつてはティーンエイジャーとオタクだけにウケていたアイドル歌手が音楽業界を席巻するようになった。政治家も秋葉原に擦り寄り、公然とコミック本を読んだり、アニメの衣装で選挙運動をしたり、している。[7] JR、国税庁、自衛隊といったお堅い組織でさえ、親しみやすい印象を与えようと独自のキャラクターを作成した。[8] 日本の平均的な若者が大なり小なり電車男に似ていること、すくなくとも好みの一部を共有していることをみなよく知っているのである。

『電車男』が日本に登場した時期は、アメリカでも遅ればせながらオタク文化が花開いた時期と一致する。アメリカでは日本と順序が逆で、アニメや漫画から入るのではなく、日本発のテレビゲームから始まった。その後に九〇年代を通じて日本のさまざまなシリーズの英語版が次々に世に送り出される。『パワーレンジャー』（日本のスーパー戦隊ものの英語版）、『ドラゴンボールZ』、『セーラームーン』、『新機動戦記ガンダムW』（ガンダムシリーズの一つだが、アメリカではこれが最初に放送された）、そしてもちろん『ポケモン』等々。こうした状況で、すっかり日本文化にかぶれたハリウッド映画、それも主流中の主流二本が大ヒットとなる。ウォシャウスキー姉妹の『マトリックス』（一九九九年）、タランティーノの『キル・ビルVol・1』（二〇〇三年）である。彼らが映画の中にアニメを採り入れ、日本のプロとコラボしたことはすでに述べたとおりだ。もっともこれらの映画が成功したと言っても、それはアメリカ人の感性を通したアニメ文化だった（ちなみにウォシャウスキー姉妹は『マトリックス』のアイデアを売り込む際にプロデューサーのジョエル・シルバーに押井守（おしいまもる）のアニメ映画『GHOST IN THE SHELL／攻殻機動隊』のコピーを送りつけ、「これを実写で映像化したい」と言ったという）。[9]

だがミレニアル世代と呼ばれる一九八〇年頃から二〇〇五年頃にかけて生まれた新世代は、誰かの手で修正されたりアメリカナイズされたりしていない本物の、それも新鮮なコンテンツを求めた。そして、インターネットへ行けばそれはちゃんと見つかる。とくに規模が大きいのは、4chanと呼ばれるウェブサイトだ。[10] 4chanはアニメファンのクリストファー・プールが二〇〇三年に開設した画像掲示板群である。当時彼は一五歳だった。本名よりmoot（ムート）というハンドルネームで知られている。開設当初の4chanはアメリカのアニメオタクのティーンエイジャーが群がるだけだったが、インターネットの進化と普及を背景に急成長し、インターネット文化の重要な発信地へと変貌を遂げる。二〇一九年現在、月間ビジター数が四〇〇〇万〜六〇〇〇万人、それも世界中からアクセスするという巨大サイトになっている。[11]

4chanでかつてもいまも最も人気があるのは、ポルノや馬鹿騒ぎや政治的に正しくない議論など職場で閲覧するには不適切な掲示板である（英語では“not safe for work”、略してNSFWという）。これらの掲示板は、新しい刺激に飢えた人たちの投稿であふれている。4chanの最大の特徴は短命なことだ。新しいスレッドに置き換えられた瞬間に元のスレッドは失われる。4chanで起きたことは4chanの中にとどまる。すくなくとも、当初のアイデアではそうだった。このルールは何の意味もない騒ぎと怒りを起こすだけだったように見える。それでも4chanが、オンラインであれオフラインであれ、アメリカ文化に現実の影響、ときにおぞましい影響を与えてきたことはまちがいない。4chanは奇妙奇天烈なインターネットミーム（インターネット上の流行）の世界最大の発信源であると同時に、性差別、女性蔑視、白人至上主義、投票誘導、さらにはテロ計画の温床にもなっている。言い換えれば4chanはインターネットの暗部を体現している。しかしそれはある意味で現代の生活そのものでもあった。

4chanを理解するためには、まずは4chanの元祖である日本の掲示板に立ち戻り、そのシステムと文化を知る必要がある。

西村博之はかつて、電車男をはじめ独身男性板の他の住人とさほど変わらない孤独な若者だった。[12]一九九九年の春に2ちゃんねるを設立したとき、西村は二二歳の留学生で、セントラルアーカンソー大学で心理学を学んでいた。

彼が孤独だったのは、大学が夏休みでキャンパスにはほとんど人がいなかったからである。2ちゃんねるという名前は半ばジョークで、その頃日本で人気の「あめぞう掲示板」が不安定でつながりにくいことから、避難所として「あめぞうのサブ的な位置づけ」というほどの意味だった（なお「あめぞう」自体も、「あやしいわーるど」というアングラ的な総合掲示板を受け継いだものである）。2ちゃんねるという名称について、ひろゆきはこう語っている。「もともとテレビを意識していたのですが、昔のテレビの2チャンネルというのはファミコンを繋いだりビデオを繋いだりというチャンネルですね。既存のテレビの使い方とちょっと違った使い方、つまりサブカルチャーという意味で『2ちゃんねる』にしました」[13]。

2ちゃんねるには技術的に自慢できるようなものは何もない。当時の基準からしてもかなり原始的で、はっきり言って見た目は全然魅力的でない。「あめぞう」と同じソフトを使っており、必要最低限のユーザーインターフェースしか備えておらず、要するにテキストがずらずら並んでいるだけである。画像らしく見えるものも、実際にはプレーンテキストで構成されたアスキーアートだった。アスキー（ASCII）は、数字やアルファベットなどの文字をコンピュータで扱うための最も基本的な文字コードである。2ちゃんねるは見てくれより機能を優先し、一〇年前に主流だったダイヤルアップ接続時代の掲示板システム（BBS）に先祖返りしていた。BBSはもともとパソコン通信で利用されていたシステムである。パソコン通信とはパソコンをモデムに接続し電話回線を通じてデータ通信を行う会員制サービスのことで、八〇年代初めに誕生した。読者の中には覚えている方もおられるだろうか、アメリカではAOLやコンピュサーブ（CompuServe）、日本ではニフティサーブやPC－VANなどが大手だった。とはいえBBSを利用していたのはごく初期にコンピュータを導入した人やマニアなどごく一部の人々である（僕もその一人で、友達とBBSにアクセスし、スレッドを立てて議論したりした。メール、チャットルーム、ファイル共有など、いまでは当たり前になった機能をパソコン通信で楽しんだことを懐かしく思い出す）。一九九〇年代初めにワールドワイドウェブ（WWW）が発表され、インターネットブラウザが導入されると、インターネットの利用者数は爆発的に増える。国際電気通信連合（ITU）の調査によると、一九九九年には二億四八〇〇万人、全人口の四%に達した（二〇二〇年六月の時点では四八億人、全人口の六二%）[14]。いま見ると少ないように見えるが、当初は一部の研究者が利用していただけだったことを考えれば驚くべき数字だ。日本は世界に先駆けて携帯電話からのインターネット接続を実現したこともあり、先進国の中でも高い普及率を誇った。

オンラインの掲示板の多くは利用時の登録などが必要だが、2ちゃんねるは一切不要である。パスワードなどもいらない。固定的なハンドルネームを使ってもよいが、そうしたくなければ「名無し」でよい（電車男も最初は名無しだったが、途中から電車男というハンドルネームが与えられた）。そして2ちゃんねるが最高なのは、アメリカのインターネットプロバイダーと契約してサイトを運営しているので、日本の当

2ちゃんねる創業者の西村博之（読売新聞社／アフロ）

2ちゃんねる

局はユーザーに手を出せない点だ、とひろゆきは語っている。たとえどんなに怪しい投稿をしても、である。他の掲示板もそれなりにプライバシーの保護を謳ってはいるが、2ちゃんねるには本物の完全な自由がある。しかもパソコンでブラウザを立ち上げ「2ch.net」と入力するだけで、かんたんにアクセスできる。それを、アーカンソーの片田舎で日本人のコンピュータオタクが一人で作ったのだ。「ありとあらゆるタイプのオタクがアニメやマンガについて存分に語り合うスペースが誕生した」と、インターネット文化にくわしいある評論家は述べている。「オタクの趣味を毛嫌いする主流の側から攻撃されたりバカにされたりする心配もない」[15]。こうして彼らは群れをなして新しい王国2ちゃんねるに吸い寄せられていった。

開設からわずか数週間後に、2ちゃんねるで騒ぎが起きる。ハンドルネームAkkyが買ったばかりの東芝製のビデオテープレコーダが故障だと販売店に持ち込んだところ、東芝の担当者から暴言を吐かれたとして、その一部始終の録音を自身のウェブサイトで公開。サイトへのリンクを2ちゃんねるに投稿したのである[16]。Akkyの録音によれば、東芝の担当者は「お宅さんみたいのはね、お客さんじゃないんですよ、もう。ね、クレーマーっちゅうのお宅さんはね。クレーマーっちゅうの、もう」と言ったことになっている。これは「東芝クレーマー事件」と呼ばれることになり、2ちゃんねるは事件を扱う特設掲示板を設けた。掲示板の参加者たちは大挙して東芝のサイトやコールセンターに苦情を浴びせる。七月にはAkkyのサイトのページビューは七〇〇万を超え、たびたびの面会申し入れに応じないAkkyに業を煮やした東芝は、サイトの一部差止めを求める仮処分を申請した。だがこれは裏目に出た。「お客様は神様」とされる国で弱い消費者を恫喝する大企業という図式になり、新聞や雑誌までこの事件を取り上げるようになる。こうして、それまで一部のインターネット利用者のみに認知されていた事件が一般社会に知れ渡ることになって、もはや穏便にことを済ませることは不可能になる。東芝は仮処分申請を取り下げ、さらには副社長が福岡に出向いて本人に謝罪するという不面目な事態となった。2ちゃんねるをメガホンのように活用したオタク集団が、文字通り大企業に頭を下げさせたのである。この事件は企業のクレーム対応の教訓として広く影響を与えることになった。

それからほどなく、2ちゃんねるでは田代まさしという元歌手（顔を黒く塗ったドゥーワップグループ「シャネルズ」のメンバーだった）の話題で盛り上がる。[17] 田代は二〇〇〇年に女性の下着を盗撮したとして書類送検されていたが、その翌年には近所の家の風呂場を覗き見したとして現行犯逮捕される。さらに自宅から覚醒剤が発見され、所属事務所から契約解除されるという最悪の事態になった。2ちゃんねるの住人たちはこのなりゆきに異常に関心を持つ。その挙句、「タイム」誌の「パーソン・オブ・ザ・イヤー」で田代を一位にしようという呼びかけに大勢が乗り、「田代砲」なる連続投票スクリプトまで開発されて、タイムのオンライン投票システムに大量の票を投じた。[18] そして四八時間足らずで田代はオサマ・ビン・ラディンとジョージ・W・ブッシュを差し置いて一位に躍り出たのである。これもまた匿名のマスによる一つの勝利にはちがいない。もっともこの年はほかにも実在しない人物やあきらかにふざけた人物に組織票が集まったため、タイム側の判断で911テロの際にリーダーシップを発揮したニューヨーク市長ルドルフ・ジュリアーニが二〇〇一年のパーソン・オブ・ザ・イヤーに選ばれている。この悪ふざけは、2ちゃんねるでは「荒らし」ではなく「祭り」と呼ばれた。田代祭である。[19]「アニメ新世紀宣言」のときに富野が使った言葉と一致しているのは偶然だろうか。

オンラインの祭りが現実の世界に飛び火したのはその翌年だった。発端は二〇〇二年FIFAワールドカップである。招致段階で他国に先駆けて名乗りを上げ強力にロビー活動を行った日本と、後発ながら激しく追い上げた韓国の一騎打ちになり、両国間の緊張は高まっていた。結局はFIFA理事たちの勢力争いの末に日韓共催という誰もが望まなかった形で決着したこともあって、両国の対抗意識はいやが上にも高まる。[20] 2ちゃんねるの住人たちは、韓国の試合で疑惑の判定が多数あったにもかかわらず、中継したフジテレビの解説者がしかるべき疑義を提起しないことに憤慨する。彼らだけでなく、一回戦で韓国と対戦したイタリア、準々決勝で対戦したスペインのファンも、審判が韓国に有利な判定を下すことに逆上していた。ただしヨーロッパの人々が審判やFIFAに腹を立てたのに対し、2ちゃんねらーはFIFAや韓国を標的にはしなかった。もしそうしていたら、ほんとうになんらかの衝突が起きていたかもしれない。代わりに彼らは、韓国寄りの偏向報道をした（と考えられる）フジテレビのメンツを潰そうとした。

フジテレビの毎年恒例の番組の中で、その年は「湘南一万人のごみ拾い」というイベントがあった。それに目をつけた2ちゃんねるのある投稿者が冗談半分に、このイベントを邪魔してやろうと持ちかける。[21] フジが来る前にゴミを拾い尽くしてしまって困らせようという企みである。ものの数時間と経たないうちに実行計画が立てられた。待ち合わせ時間と場所が決められ、キャラクターまで準備される。イベント開始二日前の七月五日から、ピンクの腕章をつけた数百人の2

ちゃんねらーが砂浜のゴミを徹底的に拾った。四八時間後にテレビ局のカメラクルーが到着したときには、撮影すべきゴミはかけらもなかったのである。フジテレビのプロデューサーは咄嗟に新しいストーリーを拵え上げ、大勢の人が前の日からがんばってくれたというような話をして、2ちゃんねるにはいっさい言及しなかった。ある参加者は自身のブログに「偽造ニュースだ」と書き込む。[22] インターネットの住人と主流メディアの間で勃発する文化戦争の最初の狼煙だった。

ゴミ拾いは痛快の部類に属する抗議行動だが、日韓共催ワールドカップサッカーのあたりから、中国や韓国との関係悪化に伴いネットの住人たちは両国への苛立ちを募らせるようになり、ネット右翼（略称ネトウヨ）という新しいタイプの投稿者が増殖し始める。彼らには排他主義的、嫌韓・嫌中、政治的保守といった共通項があり、いくつかの調査によればネット右翼は日本人の一%程度とされるにもかかわらず、ネット上の意見を代表しているかのようにふるまう。[23]

ネット右翼の属性については諸説あるが、ある社会学的研究によると男性が多く、年齢や学歴には有意な特徴はないという。インターネットのヘビーユーザーで、ソーシャルメディアの中ではツイッターを活発に利用する。2ちゃんねるを含む掲示板全般や動画サイトの利用頻度も高く、右派系のニュースサイトを選択的に閲覧し、ネット中毒の程度が強いとされる。[24] かつてネット右翼だったというある人物は「自分は孤独で何もやることがなかった。それで、ずっとネットを見ていた」と告白している。「学校では教えてくれないことやテレビでは得られない情報を知って自分が偉くなったように感じた」と。[25]

ネット右翼が目につくようになった頃、日本は最初の「失われた一〇年」から次の「失われた一〇年」に突入しつつあった。失業率は二〇〇九年に五%を上回り、戦後最悪の水準に達する。[26]働く機会を与えられなかった多くの若者にとって、コンピュータの画面だけが外の世界との唯一のつながりになる。「自分は完全に脱落者だと感じた」とかつてひきこもりだったという人は語っている。「となれば、自分は日本人だということにすがるしかなかった」[27]。

2ちゃんねるの存在が世に知られ、投稿者が増えれば増えるほど、サーバー使用料や保守費などサイト運営コストがかさむようになる。のちにひろゆきは広告を導入して利益を上げるようになるのだが、当初はすべてポケットマネーでコストを負担していた。[28]ひろゆきが料金を払わなかったためにサイトがダウンしたことも一度や二度ではない。2ちゃんねるが生活の中で重要な位置を占めるようになっていた多くのユーザーは、サイトがダウンしたときの避難所として二〇〇一年夏に「ふたば☆ちゃんねる」を開設した。公式には2ちゃんねるとは無関係だが、URLは2chan.netとなっている。

ふたば☆ちゃんねるは当初は2ちゃんねるのクローンに過ぎなかったが、ほどなく管理人が画像をアップロードする機能を導入する。[29]結果的にこれがサイトの雰囲気を大きく変えることになった。2ちゃんねるのテキストの洪水、それも独特の用語や記号や冗談（なのかどうかわからないやりとり）には日本人でもまごつく。その中をうまく泳ぎ切るには相当の2ちゃんリテラシーを必要とする。だが画像投稿が可能となれば、話はちがってくる。投稿するのに文章はいらないし、閲覧するのも見るだけでいい。アニメ、漫画、ポルノ等々、あ、これ面白い、と思うものが次々に投稿されていく。スクロールしながらそれを見るのは、永遠に終わらない漫画のページを繰っていくような感じだ。

こうして緊急避難的な場としてスタートしたふたば☆ちゃんねるは、すぐに独自の文化を育てていくことになる。社会批判や風刺や抗議が渦巻く2ちゃんねるに対して、ふたば☆ちゃんねるはクリエーティブな要素が強い。自分の描いたアニメキャラクター、映像作品のスクリーンショット、アーティストへのオマージュ、写真、コラージュ、ポルノにいたるまで、ありとあらゆる画像のオンパレードだ。作り手と受け手の境界はどんどん曖昧になっている。それはオンラインだけの現象ではない。たとえばコミックマーケットは参加者・来場者ともに膨れ上がる一方で、二〇〇一年には三万五〇〇〇のサークルが出展し、五〇万人近くが訪れた。[30] 失われた一〇年の始まった一九九一年の二倍以上である。

画像掲示板としてのふたば☆ちゃんねるは、外国のファンにとって日本の匿名掲示板文化とその住人たちを知る最初の機会を提供することになる。コミックマーケットに行くには物理的な移動が必要だが、ふたば☆ちゃんねるにアクセスするにはクリックひとつでいい。アメリカでは主流的なサイトはすでに匿名ではなくなり、ソーシャルネットワーキングという新しいコンセプトに軸足を移していた。ソーシャルネットワーキングサイト（SNS）は参加者に氏名とパスワードを登録させ、信頼と評判を確立するとともに、マーケティング目的での個人情報の追跡を可能にしようとした。しかし多くの人は、実名でインターネットを利用することをいやがった。インターネット上での行動を現実の生活では誰にも知られたくなかったからだ。

2ちゃんねる

当時一五歳だったクリストファー・プールもその一人である。彼は二〇〇三年夏に日本のアニメにはまってしまう。[31] 以前だったら、新しいコンテンツに出会うにはテレビで放送されるのを待つか、ビデオレンタル店で探すか、でなければファンクラブや交流会に参加するほかない。だがこの頃にはもう、家から一歩も出ずに手に入れることが可能だった。合法性の疑わしいファイル共有サイトにファンが大量のアニメをアップロードしていたからだ。それに、アニメに関する最新情報もオンライン・コミュニティでかんたんに入手できるようになっていた。当時最も人気のアニメ関係のフォーラムを主催していたのは、Something Awful（サムシング・オーフル）というサイトである。この名前は、「何かひどいもの」を意味する。

サムシング・オーフルは、一九九九年にリチャード・ロータックス・キャンカが開設した。当初はキャンカの書いたものを保存することが目的だったが、たちまち多くの読者を獲得し、オンライン・コミュニティとして発展する。キャンカは、本人曰く「インターネットのクソのようなもの」に魅せられていた。奇妙で怪しく危ういもの、あるいはパロディなど主流文化をおちょくっているもの……。そうしたものが集積されたサムシング・オーフルは、まだツイッター（Twitter）、レディット（Reddit）、フェイスブック（Facebook）、インスタグラム（Instagram）などが表舞台の主役になるだいぶ前の初期オンライン文化で人気スポットになったのだった。[32]

サムシング・オーフルでは、誰もクリストファー・プールの本名を知らない。彼は moot で通っている。それがどんな意味かなんて、誰も気にしない。インターネットでは、プールがティーンエイジャーで漫画オタクだなんてことは誰も知らなかった。もっとも、彼がしょっちゅうアクセスするのはサイト内のアニメ掲示板ばかりだったから、早々にばれていたかもしれないが。

　じつはサムシング・オーフルのアニメ掲示板には「アニメ・死・触手責め・レイプ・売春宿（Anime Death Tentacle Rape Whorehouse）」という物騒な名前がついている。キャンカはアニメが大嫌いで、最後は渋々アニメ掲示板の追加に同意したものの、できるだけ厄介な名前をつけて憂さ晴らしをしたというわけだった。[33] 彼がアニメからすぐさまセックスを連想したのは、一九九〇年代のアメリカのレンタルビデオ店では大量のポルノアニメが並んでいたからである。その大半は、劇場公開を前提とせずレンタル用に制作されたものだった。アメリカのファンはそれをポルノと呼ばずにヘンタイと呼んでいた（もっとも日本人はポルノをヘンタイと

4 chan 創始者のクリストファー・プール（Hutton Supancic/ Getty Images）

2ちゃんねる

は呼ばない。むしろ英語のエロティックを縮めてエロと言ったり、アダルトビデオという和製英語を使うことが多い）。

日本ではわいせつを規制する法律を巧みにすり抜けて多くのポルノアニメが作られてきたが、その中で最も早く英語版がアメリカに入ってきたのは、アニメ版の『超神伝説うろつき童子』（英題は *Urotsukidoji: Legend of the Overfiend*）（一九八九年）である。無垢な女学生が魔界の化け物に陵辱されるといったシーンが延々と続く代物だが、このような過激なセックス描写が出現したのは、じつは法規制の結果だった。日本の刑法一七五条（わいせつ物頒布等）には、「わいせつな文書、図画、電磁的記録に係る記録媒体その他の物を頒布し、又は公然と陳列した者は、二年以下の懲役」と定められている。[34] 刑法は一九〇七年に制定され、今日もなお有効だ。もちろん改正は何度も行われている。一七五条に関しては、インターネットの普及を背景に、電磁的記録や電気通信といった文言が二〇一一年に追加された。とはいえ趣旨は何ら変わっていない。この規定では肝心の「わいせつ」とは何かが明確に定義されておらず、解釈に大きな裁量の余地があることから、表現の自由を脅かすものだという批判が絶えない（この条文に挑戦する試みは何度も行われ、何度も敗退してきた。たとえば漫画家のろくでなし子は、自身の女性器の３Dデータ（３Dプリンタで再現できる）を配布した罪に問われ、最高裁まで争った末、二〇二〇年に罰金刑が確定している）。[35]

日本の出版社は一七五条に神経を尖らせ、モザイクをかけるといったテクニックを使ってしのいでいる。だが表現の自由を主張する側と取り締まる側のいたちごっこが続く状況は、道徳を正すという意味では逆効果だ。裸や性器や性行為がダメならポルノはいっさいやめようとはならず、ハダカでなければいいだろう、人間でなければいいだろうとばかり、筋違いの方向に進んでいくことになる。わいせつの定義があいまいなせいで、取り締まる側は摘発の基準としてヘアヌードやら性器の露出やら露骨な性行為といった判断しやすいものに集中することになり、逆にそれ以外は野放しになった。

『超神伝説うろつき童子』の作者である漫画家の前田俊夫にインタビューした際、わいせつを巡る日本の奇妙な状況について興味深い発言を聞くことができた。インタビューは東京のとあるバーで行ったのだが、完璧にスーツを着こなして現れた前田の胸元を飾るのはアニメの女の子のついたネクタイだったので、僕は二度びっくりしたものだ。前田が広めたとされる「触手責め」について、なぜあれを選んだのかと僕は聞いてみた。「その頃まだね、検閲がキツくて、男女が重なってもダメだった。だから離さなくてはいけなかった。でも離すと届かないでしょ。触手は長いので届くから。それに性器じゃないから、大丈夫だった」という。[36]

前田の奇抜な発明は欧米のエロティックなファンタジーにも多大な影響を与え、日本ではもはや時代遅れの触手責め（tentacle porn）がいまだにポピュラーな検索ワードになっている。九〇年代には『攻殻機動隊』や『ポケモン』のような主流的な作品が世界的に話題になる一方で、ヘンタイは日陰の世界でひっそりと花開き、アニメのイメージに一段と新奇な色合いを加えることになる。そもそも日本発のアニメ自体、アメリカではまだアングラ的なサブカルチャーの位置付けだった。それに、テレビアニメやその劇場版は子供が見るものとされていた。そこにポルノアニメが登場したのだからショッキングだったわけである。

サムシング・オーフルのアニメ掲示板にアップロードされる作品の中で出来がよいものは、どれもふたば☆ちゃんねるから来ていた。アメリカのファンがアニメを検索して再投稿したものである。ふたばの掲示板に新しいコンテンツが次々に投稿されるスピードに感心したmootは、ふたばのオープンソース・ソフトウェアをダウンロードし、オンラインの翻訳アプリ「バベルフィッシュ」を使って英語にする（翻訳ソフトを使ったため、「名無し」を「匿名（anonymous）」にしてしまうというちょっとしたミスがあった）。次に、ドメインを取得した。4chanになったのは、3chanがすでに使われていたためである。[37] かくして彼はサイトを作ったことを二〇〇三年一〇月一日に誇らしげに投稿する。「2ちゃんねるの英語版4chan.netを作ったよ！」。4chanの愛称は「よつば」である。ふたばとのつながりを示すと同時に、当時彼の大好きだった漫画『よつばと』（英題は*Yotsuba&!*）へのオマージュでもあった。ちょっと変わった五歳の女の子よつばを主人公に何気ない日常を描いた漫画で、累計一三〇〇万部を突破し、一三カ国語に翻訳されている。

開設当初の4chanには、/b/という掲示板一つしかなかった。なんでも投稿していいランダム掲示板である。だが二四時間と経たないうちにあまりにたくさんのヘンタイ作品が投稿されたため、mootは専門の掲示板を用意しなければならなかった。[38] 一週間後にはかわいいアニメ専用の掲示板が、続いてボーイズラブ専用の掲示板が登場する。こうしてアニメから出発した4chanだったが、やがてテクノロジーやゲームなど、広くオタク文化全般へと枝分かれしていく。その多くがメイドインジャパンだった。現実の世界では、日本と欧米は海で隔てられている。だがオンラインでは一つに融合しつつあった。

「今日は特別な単語を教えるよ」とShutがマイクに身を乗り出して語りかけた。[39] スタイリッシュなビンテージのボタンダウンシャツを着ていて、ネット掲示板の管理者には見えない。Shutはもちろんハンドルネームだ。本名は明かしていない。見たところ二〇歳ぐらいだった。「ドイツ語なんだ。ちょっと長いけど、発音はむずかしくない。シャーデンフロイデ（Schadenfreude）っていうんだ。みんな発音できたかい？　これは要するに、他人の不幸に興奮するって意味だ。誰かを困らせる投稿をして楽しむとかね。インターネットの掲示板ではこれはものすごく重要なことだ。なんたって、4chanは興奮するためにあるんだから」。聴衆は歓声を上げ、拍手と指笛が鳴り響いた。

この呼びかけが行われたのは二〇〇五年八月のことで、4chanの開設から二年が経っていた。開設当初からmootはボランティアのモデレーターに掲示板の運営を任せており、Shutはそうしたボランティアの一人である。彼が呼びかけた相手は、オタク・コンベンション略してオタコンに集まってきた人たちだった。オタコンはメリーランド州のボルチモア・コンベンションセンターで主に開催されるアメリカ最大級のアニメイベントの一つで、二〇〇五年には二年連続で二万人以上の参加者数を記録している。日本のファンタジーがアメリカの若者の生活に浸透し始めたことの証と言えるだろう。4chanのライブトーク・イベントも大人気で、会議室は超満員だった。放課後にたむろしているティーンエイジャーの集まりか、夏休み前の最後の授業みたいな盛り上がりぶりである。ほとんどが男で、ほとんどが白人で、だいたいShutぐらいの年齢で、無駄なエネルギーを持て余している感じ。Shut が 4chan の歴史を話す（話そうとする）間も、叫んだり、仲間内のジョークを飛ばしたり、下ネタで盛り上がったりした。Shut が用意したパワーポイントのスライドにはこう書かれている。

4chan は誰でも使える匿名の英語テキストおよび画像掲示板ネットワークである。日本の 2ch と 2chan をモデルにしている。4chan の主な活動は、日本のアニメ、漫画、同人誌、文化、言語について議論することである。だがこれ以外のテーマもつねに活発に議論されている。

Shut がわざとまちがって 2ch を「ツーチ」のように発音すると、聴衆はどっと湧いた。みんな正しい発音を知っていたからだ。同人誌を「ドージンシ」と発音することだって知っていた。最後に moot が登壇した。背が低くて痩せた彼が野球帽をまぶかにかぶってノートパソコンの後ろに座っている様子は、まるでステージから消えたがっているように見える。「ボクが 2chan で気に入っているのは、数分でページが新しくなり、二〇も三〇も新しい画像が見れるようになるところだ。これはすごくクールだ。古いのが残らないっていうのがね。いつだって、新しいのが見られるんだ。それがおもしろくて楽しいものなら最高だ」。

「それであのサイトのソフトをコピーしたわけだ」と別のモデレーターが説明した。「日本はイケてないことはやらない、そうだろう？」

これはもちろん皮肉だが、聴衆のほうは真剣に受け止めた。誰もが自分たちの思い描くファンタジーの国ニッポンの虜になっていたのである。なにしろみんな生まれたときからゲームで遊び、輸入された漫画を読み、テレビアニメを見て育ち、十代にもなればネット上でポルノアニメを探してこっそり見たりしてきたのである。だから4chan は彼らの新しい王国だった。二〇〇三年には一日のビジター数が数百人程度だったサイトが二〇〇五年には五万人を上回るようになると、そのユーザー基盤は日本のポップカルチャーの発信源として思いがけずニューウェーブを体現するようになる。

この時点までは、日本のファンタジー・デリバリー・デバイスはなんらかの製品の形で欧米世界に入ってきており、そこには必ず企業が介在していた。ウォークマン・ブームにカラオケ・ブーム、ゲーム機戦争、サンリオのギフトゲート、カートゥーンネットワーク(CartoonNetwork)のアニメ放映枠「Toonami」、ボーダーズ書店チェーンの「正真正銘の本物揃い」の漫画コーナー、任天堂が主催したショッピングモールでのポケモン大会、等々。だが4chan はちがう。製品もなければ介在する企業もない。草の根から生まれた混沌とした奇抜で独創的なオタク的コンテンツがダイレクトに、それもリアルタイムで、欧米のサブカルチャーに流れ込んでくる。八〇年代、九〇年代に十分な地ならしができていたからこそ、二〇〇〇年代に入ったとき、欧米のインターネットユーザーは日本からのコンテンツを受け入れる準備が整っていたと言えるだろう。生のままはもちろん、妙な具合に翻訳されていたとしても。

たとえば"All your base are belong to us."というフレーズがある。[40] これは東亜プランの『ゼロ・

ウィング』というゲームのセリフが下手くそに翻訳されたもので、二〇〇〇年頃にサムシング・オーフルに投稿され、一年足らずで拡散し、初のインターネットミームの一つとなった。もともとは地球の防衛基地を掌握した宇宙海賊CATSのリーダーが「君たちの基地はすべてCATSがいただいた」と見栄を切る決め台詞である。それが文法的にまちがった幼児の片言のような英語（これをEngrishという）になってしまったことがウケて、ゲームのスクリーンショットに加え、コラージュ画像やアニメなどが多数投稿された（いまもインターネットで画像検索すれば見ることができる）。アニメアートと珍妙なセリフの組み合わせはいまでもインターネット文化の定番であり、世界中のポップカルチャーが出会ったときに生み出される思いがけないパワーの象徴となっている。

だがそこには影の面もある。

日本とアメリカの感性が4chan上で混ざり合うにつれ、4chanユーザーたちは無意識のうちに先行する2ちゃんねらーのたどった道をなぞるようになる。2ちゃんねるに倣ってオタクの天国として出発した4chanは、やがて世間を騒がすような抗議運動や悪ふざけをするようになり、さらに一部が人種差別、陰謀論、アイデンティティ・ポリティクスへと傾倒していく。河が曲がりくねりながらも必ず海に注ぎ込むように、つねに新しい刺激を求める衝動は、2ちゃんねるがそうだったように、4chanでもユーザーを怒りや暴挙へと押し流したのだった。

2ちゃんねるでユーザーの投稿からリアルの世界で東芝への抗議運動が起きたように、4chanでは一本の動画の流出からリアルの世界で宗教団体に対する抗議運動が起きた。[41] 発端は、新興宗教サイエントロジーの信者として知られる俳優のトム・クルーズを特集した同教会の宣伝ビデオが流出し、ユーチューブにアップロードされたことにある。信者に見せるために制作された内部のビデオで、誰がどのように入手したのかはわかっていない。ともかくもサイエントロジー教会はこの動画を削除するようユーチューブに圧力をかけ、これに4chan ユーザーが猛反発する。サイエントロジーだかなんだか知らないが、ネット上のお楽しみを取り上げる権利が誰にあるのか、というわけだ。

彼らは2ちゃんねるの「名無しさん」が誤訳された「アノニマス（Anonymous）」を名乗り、サイエントロジーの拠点にいたずら電話やファックス、ピザの注文攻撃を仕掛ける作戦をチャットルームで練り上げた。並行してハッカーたちは教会のウェブサイトにサイバー攻撃を仕掛ける。きわめつけは二〇〇八年二月一〇日だった。七〇〇〇人の4chan ユーザーが世界各地にあるサイエントロジー教会に押しかけたのである。全員が（ウォシャウスキー監督『Vフォー・ヴェンデッタ』に倣って）ガイ・フォークスの仮面をつけ、反サイエントロジーのプラカードを掲げたりスローガンを叫んだりした。これが単なるデモではなく手の込んだ悪ふざけであったことは、彼らがばかでかいラジカセから *Never Gonna Give You Up* を流していたことからもあきらかだ（これはリック・アストリーが歌って八〇年代後半に大ヒットした曲である。4chan では「エロ動画のリンク先」を装って当て外れの動画にアクセスさせる「釣り」行為が流行っており、この古くさい歌とダンスの動画に誘導する「リックローリング」なる行為がさかんに行われていた）。仮面集団は一時間後に静かに解散する。いったい誰が組織したのか？　いや、そもそも誰か黒幕がいたのか？　誰がリーダーで、誰が追随者で、誰が野次馬かをみきわめるのは容易ではない。

2ちゃんねるの歴史は翌年にも繰り返された。4chanユーザーはタイム誌のウェブサイトで注意深く組織された投票キャンペーンを開始し、二〇〇九年の「世界で最も影響力のある人物」にmootが選ばれるという華々しい成果を上げることに成功したのである。当時のタイム誌のウェブサイトがまったく無防備なのをいいことに、4chanのアノニマス集団はさまざまなトリックを駆使してmootに一六七九万四三六八票を投じる。その結果、mootはバラク・オバマ、ウラジミール・プーチン、オプラ・ウィンフリーをも上回ったのである。[42]ちなみに二一歳のmootはマと一緒に授賞式に出席した。ほかに招待する人がいなかったので。

オンラインのおふざけがリアルの世界に溢れ出すことは、mootが生まれたてのサイトに望んでいた「新しくておもしろくて楽しいこと」にちがいない。こうしてオンライン、オフラインでの悪ふざけが人目を引いたことで、4chanのトラフィックは二〇一〇年前半にはビジター数が一日七〇〇万人を数えるまでに膨張する。いまやタイム誌のおかげでインターネットのセレブになったmootは、漫画オタクのティーンエイジャーから4chanの「極端な匿名性」の熱烈な擁護者に脱皮し、あちこちで発言するようになる。マサチューセッツ工科大学（MIT）テクノロジーレビュー誌の対談では、自分はフェイスブックのマーク・ザッカーバーグと正反対の立場だと断言した。ザッカーバーグが「一人の人間が二つのアイデンティティを持つことは誠実の欠如の一例だ」と語ったことは有名である。これは誤った認識だとmootは主張した。かつての4chanは、アニメ、ポルノ、ゲームのディープなファンが集ってクダを巻くオンライン上の酒場のようなものだったかもしれないが、いまはもうそれ以上の存在になっている。オンラインのプライバシー保護が急速に侵される中、4chanは言論の自由を守る砦なのだ。匿名でなかったら、いったいどうやってインターネットユーザーは権力に対抗して真実を語ることができるのか。あるいは、世間的に受けの悪い意見を村八分にされる恐れなしに主張できるのか。たとえそれらがばかばかしい意見だとしても、「人間には過ちを犯す場があっていい」とmootは熱く語る。[43]

しかしほどなく、mootのこの信念は試練を与えられることになった。試練の一つはゲーマーゲートと呼ばれるようになった一連のハラスメントの形で、もう一つはオルタナ右翼（alt-right）を自称する集団の出現という形をとって訪れる。どちらも二〇一六年大統領選挙の予備選あたりから存在感を増してきた。そして偶然なのかどうか、どちらも日本と何かしら関連づけられる。ゲーマーゲートは日本のゲームを偏愛し、オルタナ右翼のほうは日本が単一民族国家であるとの幻想を抱いていた。4chanは彼らに「過ちを犯す場」を与えたのである。

ゲーマーゲートの発端は二〇一四年夏に遡る。[44] もとはと言えば二四歳のコンピュータプログラマーがゲームデザイナーの彼女と喧嘩別れした、それだけのことだ。彼イーロン・ジョニも彼女ゾーイ・クインもそれぞれの仕事に忙しい。行き違いもある。最後の夜は口論になり、非難の応酬になり、クインの申し立てによれば暴力も振るわれたという。そこでクインは出て行き二度と戻らない。女に捨てられた屈辱を感じたジョニはコンピュータに向かう。だが彼は電車男ではない。慰めを求めるのではなく復讐を試みた。

八月一五日、ジョニはサムシング・オーフルに九〇〇〇語もの長文を投稿する。別れた彼女の個人情報を晒したうえ、あの女は自分の開発したゲームに色よい評価をしてもらおうとゲーム誌の記者と関係を持った、と匂わせたのである。すべて、彼女の評判を個人的にも仕事上でも落としてやろうという魂胆だった。たまたまそれを読んだユーザーは「精神異常者の悪態」だと感じ、[45] のちにジャーナリストは「言葉による爆弾」だと形容している。[46] ともかくもその投稿は、モデレーターによって瞬時に削除された。だがジョニはその可能性を見越しており、すぐに同じ投稿を自分が主催するウェブサイトに表示する。そこなら誰も手が出せない。そのうえでこっそり4chanの複数の掲示板にリンクを貼った。この作戦がとくに功を奏したのは、/r9k/という掲示板である。そこは、社会でうまくやっていけない連中がみじめな報告を共有する場で、ちょうど2ちゃんねるの独身男性板のようなところだった。

ジョニの投稿は、そこで電車男の心温まる物語とはまったくちがう展開を見せる。住人たちはジョニの味方になったわけではなく、むしろ彼に「ダメ男」のレッテルを貼った。そのくせクインがゲームメディア関係者にいわゆる枕営業をしたというあてこすりに注目したのである。それは事実ではない。のちにジョニ自身がそう訂正している。[47] だがその時点では事実かどうかはもはや問題ではなくなっていた。掲示板/r9k/の孤独な連中は、格好の獲物を見つけたのである。

彼らは表向きはゲームメディアの職業倫理を問うというもっともらしい旗印を掲げたが、プライベートなチャットルームでは本音をあからさまにした。要するに、「あの女のキャリアをぶっつぶす」ということである。[48] それから数週間にわたって彼らはクインのSNSアカウントをハックし、個人情報を晒すいわゆるドクシング（doxing）攻撃を仕掛け、クインを擁護した者も巻き添えにした。悪意のある呼びかけが#Gamergateのハッシュタグでネット中に拡散すると、クインやゲーム業界関係者はもとより女性の立場に立って発言する一般ユーザーまで攻撃され、レイプ予告や殺害予告が執拗に送りつけられるという事態になる。その結果、攻撃された人たちはしばらく身を隠さなければならなくなり、それが数カ月続くケースもあった。このオンライン・ハラスメントは二年近くにわたってインターネットを混乱に陥れることになる。

アノニマスの悪ふざけと同じく、ゲーマーゲートも行動を組織した首謀者がいるわけではないので、何が目的なのか、何を主張したいのか、正確に理解するのは困難だ。一つ言えるのは、彼らが女とは共存できない、男女平等は男の権利を犠牲にするたくらみだと信じ込んでいることである。現実の世界で女どもは政治的公正（ポリティカル・コレクトネス）だの多様性（ダイバーシティ）だのを振りかざして男の楽しみを一つずつ奪ってきた。それだけでも腹立たしいのに、今度は厚かましくゲームの世界にも来やがった！というわけだ。

だが改めて言うまでもなく、ゲームの世界にはずっと前から女性がいた。ゲームボーイが登場して以来、ゲームで遊ぶ人の半分近くが女性である[49]。アメリカのゲーム開発者はそれを最近になってようやく理解し始めたところだが、日本のゲーム会社は多様性がビジネス的にも好ましいことをほとんど最初から知っていた。ファミコン時代に遡ると、任天堂の一九八六年のヒット作『メトロイド』は、主人公が女性であることが最後に明かされてファンを驚愕させた（ゲームをクリアしないと素顔を見ることはできない）。そして『ドラゴンクエスト』、『ファイナルファンタジー』、

『キングダムハーツ』などの大ヒットシリーズは大勢の女性ファンを惹きつけてきた。

だがゲーマーゲートの集団ヒステリー状態では、そうした事実はもはや問題ではない。いや、ゲームすら問題ではなかった。要するに、それまで男の世界だったところに女が土足で踏み込んでくることがとにかく気に入らないのである。たとえば二〇一四年のサンディエゴ・コミコンはゲーマーゲートの数カ月前に開催されているが、参加者の半分は女性だった。[50] となれば、オタクの女の子がどっと押し寄せてきてオタクの男の子はよろこんだにちがいないと考えたくなるが、話はそう単純ではない。社会から軽蔑され排除されて孤独になったと感じている男たちからすれば、女は仲間ではなく邪魔者であり、傷つきやすい男が自分の優越を実感できる最後の役割の強奪者にすら見えてしまう。その役割とは、ゲーム、漫画、アニメなどポップカルチャーの大量消費者というものである。自分は社会から除け者にされたと感じている大勢のアメリカの若者が、その役割を自分のアイデンティティとしている。

さしもの moot も今度ばかりは譲れなかった。彼はサイトの完全な支配権を握っている。と言うよりも、匿名の群衆が耳を傾ける相手がいるとすれば、それは moot だけだった。ハラスメントと個人情報の投稿に関する確立されたルールを引用したうえで、彼はゲーマーゲート関連のスレッドを 4chan から削除した。[51] すると、予想されたとおりの反応が起きる。「moot はアンチ・ゲーマーゲートの味方に回った。4chan はもう終わった」と怒りの投稿があり、多くのユーザーがもっと無法地帯の 8chan に大移動する。頻発する騒動に疲れ果て、影響力の強いユーザーがサイト自体を政治利用することにも嫌気がさした moot は、二〇一五年初めに管理人を辞めると発表する。そして九月にはあっさり売却した。[52]だがいったい誰がこんなサイトに金を出すのか。問題の起きやすい 4chan には、ほとんど創設当初から広告主も出資者もつかなかったというのに。

買ったのは、ほかならぬひろゆきである。じつは訴訟にまで発展したすったもんだの末に、ひろゆきは二〇一四年に2ちゃんねるの管理権限を失っていた。[53] 2ちゃんねるを掌握したのは 8chan のオーナーで、この人物は両方のサイトをフィリピンのサーバーで運営し、日米双方の規制から逃れている。そこでひろゆきは、かつて自分のものだった2ちゃんねるから着想を得た 4chan を買って、現場復帰を果たしたのだった。「moot が東京に来て一緒に飲んだ」とひろゆきはフォーブズ誌の取材に応じて語っている。「彼は辞めたがっていた。だが彼も私も 4chan は存続させたいと考えた」。[54] moot 自身はもっと踏み込んだ発言をした。「彼は、何万人もの利用者にデジタルの居場所を一〇年以上にわたって提供することがどういうことかをよく理解している数少ない人間の一人だ」。[55] 以来 4chan の管理人はひろゆきが務めており、本書の執筆時点でもそれは変わらない。

「失われたシリーズ〝デジモン〟はなぜ復活に値するか」という記事がオンラインメディア「ブライトバート」に登場したのは二〇一四年のことである。ブライトバートはすでに極右の好戦的な論説で知られるようになっていたが、この記事は珍しく政治的ではない。書いたのは、マイロ・ヤノプルスと名乗る売り出し中の若手ライターだ。「日本の文化は一九九〇年代に子供やティーンエイジャーの想像力に独自の影響を与え、『ドラゴンボール』や『遊戯王』といった愛すべき作品群を生み出した……これらの作品は興行的に大成功を収めただけでなく、オタクと呼ばれる熱心なファン層が広がり、消えることのない足跡を文化に残したと言える」[56]。

デジモンはデジタルモンスターの略で、たまごっちの後継として一九九七年にバンダイが発売した手のひらサイズのデジタル玩具である。たまごっちと同じチームが開発に携わり、たまごっちにはなかったバトル要素が加わったことが特徴だ。だが日本から数年遅れでアメリカに上陸したときにはすでにポケモンが大ヒット中で、多くの人が初めからデジモンを負け犬と見なしたものである。中には、デジモンはポケモンのコピーだと勘違いした人もいたほどだ。だが「ゲーム界におけるイデオロギー的純粋主義者」を自認するヤノプルスはちがった。彼に言わせると、ポケモンには「魂がこもっていない」という。「デジモンのファンこそ、ゲームとアニメ文化におけるワグネリアンだ……貪欲で、頑固で、知的好奇心が強い」。

要するに彼は熱狂的なデジモン・ファンなのである。ゲーマーゲートの最中に投稿されたこのオタク的長文は、あっという間に忘れ去られる運命だった。この記事について長々と言及したのは、これがヤノプルスの最初期の記事の一つだからである。当時三〇歳、ブリーチした金髪が目を引く彼はまだ無名だったが、すぐに注目を集めることになる。

ヤノプルスが投稿したブライトバート・ニュースネットワークの経営者は、のちにトランプ政権に登用されることになるあのスティーブン・バノンである。六〇代で銀髪、大柄で押し出しのいいバノンは、ブライトバートを単なるニュースサイト以上のものにしたいと意気込んでいた。ウェブの編集者で終わるつもりは毛頭なく、現実の政治で力を振るいたいと野心満々だったのである。そのためには適切なターゲット層を惹きつける必要がある。バノンの言う「根なしの白人男性」だ。[57]

根なし（ルートレス）には、定職を持たない、社会に居場所がないといった意味がある。バノン自身はこの言葉でおおむねオタクを指しているつもりだった。もちろん根なし＝オタクではないが、重なり合う部分は大きい。ピュー・リサーチ・センターが二〇一四年に行った調査によると、一八〜三四歳のアメリカ人男性で親と一緒に住んでいる人の数が、一人暮らしまたはパートナーと暮らす人の合計を上回った。[58] 一九四〇年以降で初めての現象である。教育水準が低い人ほど、実家暮らしの率が高い。考えてみれば当然だろう、グローバル金融危機後の大不況の中、高卒以下の就労や所得の見通しはすっかり暗くなっていたのだから。幸運にも（いや不幸にも）暇な時間がたくさんある彼らは、一日の大半をコンピュータの前で過ごし、ゲームや掲示板に没頭する。「リアルの場」で友達と何かすることは極端に少ない。彼らにとってバーチャルがリアルに劣るということはない。刺激をくれると同時に存在価値を奪い、元気づけると同時に孤独にする点ではリアルもバーチャルも同じだった。

彼らは刈り取られるのを待つばかりに熟した果実のようなものだったと言える。バノンは、4chan へ行けばこの種の果実がいくらでも見つかることをよく知っていた。匿名で隠されてはいても、2ちゃん語にもよく似た 4chan の仲間内の言葉、傷つきやすい思春期の男の子たちが使う独特の言い回しや差別語を見れば、この掲示板の住人がある種の均質な集団だとすぐに察しがつく。そのうえ、およそ思いつく限りの挑発的で攻撃的な表現が執拗に使われており、ユダヤ人の陰謀、フェミニストの謀略といった具合に、白人男性以外のほぼすべての集団が誹謗中傷の標的にされている。となれば、4chan の住人の属性が、唯一標的にされない白人男性であることは火を見るよりもあきらかだ。

バノンにはこの連中を活用できる自信があった。

彼に欠けているのは、突破口となるような何かである。そこで、ヤノプルスに出番が回ってきたというわけだった。「君ならあの連中を動かせる」とバノンは激励した。[59] ヤノプルスは独断的で、雄弁で、挑発的で、イデオロギー的純粋主義者である――すくなくともデジモンに関する限りは。それ以外のことでヤノプルスがどんな意見の持ち主なのか、じつはバノンにはわかっていなかった。だが、そんなことはどうでもよろしい。必要なのは面倒なことをやってくれる男だ。彼が欲しいのは結果だけだった。バノンが夢見たのは、ブライトバートを「殺人マシン」にすることである。[60]

ボスの指図を受けたヤノプルスは、毒を撒き散らす対象をポケモンから進歩主義思想へとあっさり転換する。そしてすぐに、ゲーマーゲートは利用できると閃いた。ヤノプルスはゲーマーゲートを擁護する記事を書く。「権威主義的な左翼のごろつきが野放しになっていたとは恐ろしいことだ」云々。[61] 悪いのはハラスメントをした側ではなく正義の十字軍気取りの連中だという発言は、社会の主流から疎外されたと感じる孤独な男たちの耳にじつに心地よく響いたことだろう。こうしてヤノプルスはゲーマーゲートのスポークスマンを演じ、大量の読者をブライトバートに呼び込むことに成功する。続いて彼は「主流派保守のためのオルタナ右翼ガイド」というマニフエストを共同執筆した。[62] マニフェストでは聖人列伝よろしくオルタナ右翼を構成する集団を列挙しているが、そこにはネオナチが含まれていた。ヒラリー・クリントンはこのマニフェストを「差別主義的イデオロギーを煽る」として公に非難する。[63] 彼女としては最大級の非難をしたつもりだったが、オルタナ右翼からすれば、主流に批判されるのはお墨付きを得たのと同じことである。かくして極右過激派の間でブライトバートは絶大な支持を勝ち得ることになった。

　共和党幹部は次第に先鋭化するオルタナ右翼の物言いに神経質になりつつも、「オルタナ右翼ガイド」に絶大な効果があることに気づく。バノンとヤノプルスの煽り戦略のおかげで、かつてないほど大量の若者が共和党に流れ込んできたからだ。「ゲーマーゲートから来たにせよ、どこから来たにせよ、彼らは政治とトランプ支持に向かった」とバノンは語っている。[64] ゲーマーゲートの扇動者やオルタナ右翼の軍団が、"Make America Great Again"（「アメリカを再び偉大な国に」）と描かれたキャップをかぶったアニメの女の子をフィーチャーするインターネットミームを起こし、あちこちのサイトにそういう女の子が登場するようになると、主流メディアも取り上げるようになる。[65] もっとも、保守派がみな彼らを歓迎したわけではない。共和党のストラテジストのリック・ウィルソンは、「オルタナ右翼を自称する騒がしくて頭のおかしい連中、ドナルド・トランプが大好きで、ツイッターのアイコンにヒトラーの肖像を使うような連中は……アニメでマスターベーションをするような結婚できない独身男性だ」と二〇一六年にニュース専門放送局MSNBCに語っている。[66] オルタナ右翼という言葉の生みの親と称するリチャード・スペンサーは、すぐさまツイッターで「アニメは、ポルノアニメでさえも、共和党よりはヨーロッパ文明の進化に貢献してきた」と切り返した。[67]もっとも、本家の日本ではアニメや漫画が極左集団の精神的支えになっていたのだから、皮肉ではある。

共和党が支持者を増やす一方で、ヤノプルスの運命は暗転した。[68]彼のお気に入りの発信手段であるツイッターからはアカウントを一時停止され、その後永久追放となる。リメイク版『ゴーストバスターズ』に出演したアフリカ系アメリカ人女優レズリー・ジョーンズに女性蔑視の嫌がらせを繰り返したためだ。その後、問題の多い動画が何本も表面化して物議を醸した。そのうちの一つでは、ダラスのカラオケバーで愛国歌『アメリカ・ザ・ビューティフル』を熱唱するヤノプルスにスペンサーを含む聴衆がナチ式の敬礼をしている。[69]別の動画では、小児性愛（ペドフィリア）は「完全な合意に基づく」こともありうるとあからさまに擁護し、のちにマスメディアから問いただされたときも同様の発言を繰り返した。[70]その結果、影響力の大きい保守政治行動会議（CPAC）で講演する予定だったが招待を取り消される。また、大手出版社サイモン&シュスターと二五万ドルの出版契約を取り交わし、近々自伝的な著作を出版する運びとなっていたが、こちらも取りやめとなる。[71]おそらく最も痛手だったのは、ブライトバートの編集主任の地位まで失ったことだろう。もう用済みというわけだった。多額の借金を抱えたヤノプルスはクラウドファンディング・サイトのペイトリオン（Patreon）に救いを求めたが、すぐにこちらも利用禁止となっている。[72]

一方のバノンはうまくやった。彼は二〇一六年八月に共和党の大統領候補ドナルド・トランプの選挙対策本部長になり、トランプ当選の暁には大統領上級顧問兼首席戦略官に指名される。根なしの白人男性アニメファン軍団のおかげでホワイトハウスに入り込むことに成功したわけだ。もっともバノンの栄華も長くは続かず、一年足らずで早々にホワイトハウスを去ることになる。それでも政権とアニメのつながりは残った。まったく信じがたいことだが、国務省の外交政策を世界に発信するサイト“ShareAmerica”には「アメリカのアニメファンの大幅増」についての記事が掲載され、漫画の神様・手塚治虫について「彼の父親は日本の将来の繁栄はアメリカとの同盟関係にあると考えていて、息子がアメリカを敬愛するよう、戦前からアメリカのアニメーションを見せて教育していた」などと書かれている。[73]

二〇一八年一〇月にギャビン・マキネスはニューヨーク・メトロポリタン共和党クラブで演説をする。髭をたくわえ鼈甲縁のめがねをかけたマキネスは、なかなかスタイリッシュな感じだ。彼はヴァイスというメディア・グループを共同創設したが、二〇〇八年に手を引き、保守の論客となる。なかなかうまくいっているように見えた。その夜の共和党クラブの聴衆は、マキネス自身が二年前に立ち上げた組織プラウドボーイズのメンバー一〇〇人ほどだった。雑多な集団だが、“Make America Great Again”の赤いキャップをかぶっているところが共通する。マキネスは自分と白人至上主義者を区別するために「ショービニズム」（排他的愛国主義）という言葉をしきりに使うが、実際には両者のちがいはごくわずかしかない。プラウドボーイズの集会は4chanの政治系掲示板がオフラインになったような感じで、差別的発言、反ユダヤ主義、女性蔑視、超保守的な政治思想に声高に賛同を叫ぶ（マキネスに言わせれば、フェミニズムはたわごとである。彼は「トランスジェンダー嫌いは完全に自然だ」と題する小論を書いたことがある）。マキネスは演壇に上がる前に、

2ちゃんねる

吊り上がった目を描いたメガネをかけ（アジア人のつもりらしい）、日本刀を得意げに見せびらかした。一九六〇年の日本で起きた浅沼暗殺事件を再現しようというのである（第1章を参照されたい）。マキネスは暗殺者である山口二矢を演じ、浅沼役（アジア系のメンバーが演じた）に切りつける。それから缶ビールを開け、「悪を根こそぎにしろ」と宣言して乾杯するという趣向である。じつに奇妙なことだが、山口はオルタナ右翼の寵児になっているらしい。精神的に不安定な若者ではなく、社会主義の悪魔から伝統的保守精神を守った英雄という位置付けになっている。日本がきわめて強固で社会主義的な健康保険制度を堅持していることを彼らは知らないのだろう。自分たちは進歩から取り残された犠牲者だと感じるアメリカの若者の頭の中では、日本の歴史と幻想がオンラインでもオフラインでもごちゃまぜになっている。

多くの白人至上主義者が、日本についてこれとよく似た妄想を抱いている。白人至上主義を標榜する雑誌「アメリカン・ルネサンス」の編集長ジャレド・テイラーによると、日本は白人国家建設のお手本になるというのだ。「日本は単一民族国家であり、きわめて国家主義的である」。テイラーはガーディアン紙に「彼らは難民を受け入れよという圧力に抵抗してきた。彼らに神の祝福あれ、と言いたい」と語っている。[74] 日本が難民の受け入れを拒んできたことは事実だが、高齢化の急速な進行を背景に、政治指導者は遅ればせながら移民労働者受け入れの必要性を認識するようになった。二〇一七〜一八年には安倍政権が法律改正を行い、特定技能を持つ移民に速やかに在留資格を与えるとともにブルーカラーの就労ビザの発給件数も大幅に拡大されている。[75] NHKの取材によると、東京二三区では、二〇一八年の新成人の八人に一人が外国出身だった。[76]

日本のアニメや漫画が大好きなアメリカ人は、なにも白人至上主義者やオルタナ右翼だけではない。それどころか、最もディープなファンの一部は彼らが敵視するマイノリティだ。虐げられた日本のオタクたちが惹かれた負け犬的キャラクターは、マイノリティの人々の絶大な支持を得ている。カトゥーンネットワークで放送されたテレビアニメ『ドラゴンボールZ』(英題も *Dragon Ball Z*) はその典型例だ。超弩級の武闘ファンタジーで、孫悟空が修行や死闘を経て最強の戦士に成長していく物語である。『ドラゴンボールZ』では殺されたキャラクターが何度も生き返り、重力をものともしないアクションが展開され、戦闘力の上がる「パワーアップ」が繰り返される。孫悟空が数々の苦難、さらには死でさえも体当たりで乗り越えていく姿は、若いアフリカ系アメリカ人の心にとりわけ響くものがあった。彼らは「白人の半分を稼ぐのに二倍働かなければならない」。[77] ラッパーのRZA（リッザ）は、『ドラゴンボールZ』は「アメリカの黒人の旅」そのものだと語る。[78]

かくして二〇一六年の大統領選挙の前哨戦では、社会的にも経済的にもバブル後の日本と薄気味悪いほどよく似た光景が繰り広げられることになった。アメリカの若者は、ちょうど失われた二〇年の間の日本の若者たちと同じように漂流していた。ある意味でアメリカは「オタクばかりの国になった」ように見えた。すくなくともオタクのように考える人間、つまり自分を社会の落ちこぼれと考え、自分が興味を持てる領域のウェブサイトやユーチューブに没頭し、誰であろうと同じような関心を持つ同類のネットワークだけにつながっている人間だらけになった。

日本のオタクは、爛熟した資本主義にとって炭鉱のカナリアのような役割を果たしたと言えなくもない。いまにしてみれば日本のバブルの崩壊は、世界の主要先進国で同様の現象が起きることの予兆だった。だから日本人は世界より二〇年近く早く、ゆたかさの失われた時代を生きる文化的ツールを手に入れたことになる。希望がどんどん失われてゆく中、ファンタジーが果たす役割はますます重要になった。日本という国は、きれいにパッケージされたファンタジーを表現しているようにも思える。世界を一つの国のサイズにミニチュア化したわかりやすい仮想現実。サバイバル・ツールとして日本の若者の拠りどころになったこのファンタジー・デリバリー・デバイスは、だからなおのこと世界の他の国にとっても価値を増している。ここで、複数の集合の関係を表すベン図を描いてみよう。日本のオタクの円、ネット右翼の円。極左のアンティファの円、オルタナ右翼の円。ゲーマーゲート扇動者の円、ユーチューバーの円、思春期特有の「中二病患者」の円。ブラック・ライブズ・マターのサポーターの円、LGBT活動家の円……。すると信じられないかもしれないが、重なり合う中心に日本にまつわるモノたちが来るだろう。漫画、アニメ、そしてファンタジーの国・日本への憧憬である。

4chanが誕生したばかりの頃に熱く語られたユートピアへの情熱を、いまになってバカにするのはたやすい。絶対的な匿名性は党派や集団の形成を妨げ、真にオープンな議論を可能にするとモデレーターたちは主張した。でも現実にはそうはならなかった。アニメポルノについて語り合うことが存在理由だった実態から容易に想像がつくように、4chanに集まってくるのは思春期の若者である。だから、そもそもの発端から単一の属性を備えた集団だった。その一方で、日本発のファンタジーを起点に創設された英語圏のコミュニティに共通するパワーを4chanも持っていた。

　エスタブリッシュメントへの軽蔑や揶揄に大盛り上がりに盛り上がる文化が4chanには根付いている。その結果、反逆者や変人やドロップアウトにとって天国になった。完全な匿名性のおかげで、掲示板は極端な過激表現のオンパレードになる。マニアやオタクの文化が花開き、サブカルチャーが発展する一方で、ネット荒らし、狂信的な言動、さらにはヘイトスピーチを助長している。4chanはロルキャット（猫の画像に綴りや文法のまちがった英語でキャプションをつけること）、リックローリング、ドージ（柴犬の画像に犬の気持ちを表すモノローグを綴りや文法のまちがった英語でつけること）といった愉快なミームの発祥の地であり、これらは主流のインターネット文化にまで爆発的に広まった。だが、社会の周縁部にいた集団を一段と先鋭化させたことも否めない。社会正義を標榜する左傾した活動家集団アノニマス、アナーキストのハッカー集団ラルズセック(LulzSec)、オルタナ右翼の白人至上主義運動、そして「根なしの白人男性」たち……。

　これらが醜悪であることは言うまでもない。だがありとあらゆる欠点はあったものの、なお4chanには4chanでなければ実現できない長所があった。4chanの匿名性は、新しい活動家世代が真実を発言するための決定的に重要なツールとなったのである。[79] ハッキングやガイ・フォークスの仮面をつけた悪ふざけの背後にあった分散型オンライン組織は、「ウォール街を占拠せよ」運動でも、二〇一一年のアラブの春でも、重要な役割を果たしている。匿名性とリーダーを識別できない分散型組織は、二〇一九年の香港民主化運動の特徴でもあった。逃亡犯条例改正案をきっかけに、中国による恣意的な拘束や不当な裁判を懸念した市民による大規模な抗議運動が起き

2ちゃんねる

たことは記憶に新しい。抗議運動では、4chanから借用した日本のアニメがしきりに引用された。ある参加者は「われわれはみな碇シンジだ」と語っている。[80] 邪悪で腐敗した大人と戦うために団結する理想主義的な若者たちというテーマはまさに香港の現実そのものであり、『新世紀エヴァンゲリオン』の影響は抗議アートにも見てとれる。また市民に結束を呼びかけるスローガン「繋がりを断ち切らず、仲間を売らず、仲間を非難しない」は『ワンピース』にインスパイアされたものだ。一九六〇年代の日本で学生運動家が『あしたのジョー』を精神的支柱としていたことが思い出される。一方、外国映画の公開本数を制限している中国本土では、新海誠の『君の名は。』やようやく公開された宮崎駿の『となりのトトロ』(日本公開から三〇年遅れ)と『千と千尋の神隠し』(同一八年遅れ)が大ヒットを記録している。[81]

インターネットによって新たにつながった漫画やアニメファンの手でひそやかにアメリカに移植された日本のファンタジーは、こうして新たな意味づけとエネルギーを得てグローバルな文化に再注入された。日本のファンタジーが海外で定着した理由の一つは、世界が経済でも政治でも社会でも日本が歩んで来た「失われた二〇年」に似通ってきたことにあるだろう。それだけではない。個人のレベルでも重なり合う部分が増えている。テクノロジーの進歩が混乱と二極化を引き起こし、経済が低迷する中で格差は拡大し、政治は無力でなすすべがなく、地球環境と人類の未来についての懸念は深まるばかり。この分断と対立の時代を人々は嘆くけれども、一つ確かなことがある。日本発のファンタジーを愛し必要とする点では、分断も対立もないことだ。

そして二〇一〇年代

THE 2010S

ソニーはいまや時代遅れになったウォークマンの製造を打ち切った。[1] ●富士山麓の青木ヶ原樹海では孤独な人々が大勢死んでいく。[2] ●**「こういう漫画を嗜好する人は変態であり、DNAが狂っている」そう言って石原東京都知事は会見中に漫画本を床に投げつけた。**[3] ●地震と津波が東北地方を襲い、福島第一原子力発電所でメルトダウンが起きた。●**ハローキティはじつは猫ではない。小さな女の子である。**[4] ●「今日は、アメリカの人々、とりわけ若い人々が、日本から来た大好きなもののすべてにありがとうを言うよい機会です……マンガ、アニメ、そして絵文字……」。[5] ●**「コスプレは、私たちがモノじゃないってことをみんなに思い出させる一つの方法なの**[6]**」。**●スクリーン文化の台頭は人間関係を破壊するか？●ある調査によると、Pokémon GOで数百人の死亡事故が起きている。[7] ●アメリカの若者はセックスをしなくなっている。[8] ●世界保健機関（WHO）は二〇一九年五月、ゲームのやり過ぎで日常生活が困難になる「ゲーム障害」を国際疾病として正式に認定した。[9] ●**彼女は今月、一人息子の結婚式に列席することを拒絶した。理由はわからなくもない。息子の結婚相手はホログラムだった。**[10]

終章

「あたしは四五年かけてひとつのことしかわからなかったよ……人はどんなことからでも努力さえすれば何かを学べるってね。どんなに月並みで平凡なことからでも必ず何かを学べる。どんな髭剃りにも哲学はあるってね……」

——村上春樹『１９７３年のピンボール』

主人公は三四歳、離婚歴のある元サラリーマンだ。[1] 東京の都心部に住んでいる。職業はフリーランスのライター。広告のコピーや雑誌の記事を書いてそれなりにいい暮らしをしているが、仕事は楽しくない。「穴を埋めるための文章を提供してるだけのことです。何でもいいんです……でも誰かが書かなくてはならない。で、僕が書いてるんです。雪かきと同じです。文化的雪かき」と彼は自分の仕事を自嘲気味に説明する。主人公「僕」の名前は本の最後まで明かされない。そのことが彼の空虚さと居場所のなさを強調する。ゆたかな社会で生産的な仕事をしているのだから、もっと人生を謳歌していいはずだ。だが実際には彼は生き延びているだけである。

だがこの男はただの人生を見失った都会生活者ではない。村上春樹の小説、ここでは『ダンス・ダンス・ダンス』(一九八八年)の主人公なのだ。バブル最盛期に発表されたこの作品は、やはり「僕」の視点で語られる『羊をめぐる冒険』(一九八二年)の続編という位置付けである。『羊をめぐる冒険』を発表してからの六年間で、日本経済のはなばなしい勝利(とされたもの)の中で多くの日本人が漠然と感じていた存在論的不安を村上は鋭敏に感じ取ったのだろう。

ホテルのエレベーターの扉が開いたとき、「僕」は別の世界への入り口に立ったことを知る。一六階があったはずのフロアを圧する一片の光もない漆黒の闇。もちろん、われらが主人公は踏み込む。失うものなどないのだ。そして凍りついた廊下の先で羊男との邂逅を果たす。世界との繋がりを断ってしまった「僕」が繋がりを取り戻すことを助けてくれる役回りだ。薄汚れて脂じみた羊の毛皮ですっぽりくるまれ、独特の言葉を話す羊男は、あきらかに現実の世界と切り離された次元に存在している。その親切な存在はいつも日常の裏側にいて、ただの人間が独力では乗り切れなくなったとき、そのやさしい手(あるいは蹄)を差し出してくれる。

「僕は見失っているし、見失われている。混乱している。どこにも結びついていない」と「僕」は認め、「いったいどうすればいいんだろう」と問いかける。

すると羊男は言う。

「踊るんだよ。音楽の鳴っている間はとにかく踊り続けるんだ……踊るんだ。踊り続けるんだ。なぜ踊るかなんて考えちゃいけない……」

オドルンダヨ。オンガクノツヅクカギリ。

ややあって「僕」は尋ねる。

「これまでいろんな場所で君の影を見てきたような気がする。君がいろんな形をとってそこにいたように思えるんだ」

羊男は答える。「あんたの思っているとおりだよ。おいらはいつもそこにいた。おいらは影として、断片として、そこにいた」

翻訳のヴェールを通しても、村上には世界中の読者に「これは自分のことだ」と思わせる力が備わっている。[2]「彼はアメリカの作家で、たまたま日本語で書いているだけ」だと村上作品の英語の翻訳者であるアルフレッド・バーンバウムは語る。ところがポーランド語の翻訳者アンナ・ジェリンスカ＝エリオットも村上作品の「普遍性」を高く評価しているし、ロシア語の翻訳者イアン・セルゲーヴィッチ＝ロガチェフにいたっては、ロシアの読者は村上作品の中で「自らのアイデンティティを発見する」と述べている。歴史的経緯から日本に対して含むところのある韓国と中国でさえ、村上フィーバーは止まらない。韓国語の翻訳者である梁億寛（ヤン・オクグアン）は「韓国人は村上作品に親近感を抱く」と話す。「彼を評価する文化的素地があるからだ」。

村上作品が愛されるのは、風変わりなストーリー展開に引き込まれるからだけではない。自分に引き寄せられるからだ。たとえバブル期に書かれたものであっても、いまの時代のために書かれたように読める。あり得ないほど繋がっているのに孤独な時代、一日二四時間一年三六五日情報が流れ込んでくるのに何が正しいかわからない時代、ありとあらゆるモノに取り囲まれているのになお買い続ける時代が、現代アメリカ文学の巨匠フィリップ・ロスの言う「われわれのけばけばしい物質主義時代に対する村上の視点」を通じて描かれているように感じるのだ。加えて村上はポップカルチャーについてじつに幅広い知識を持っており、その独特の感性が作品のあちこちにさりげなく優雅に散りばめられていることも魅力の一つになっている。読み進むうちに読者は、なんだか魔法の粉を振りかけられてカルチャー通になったような気分を味わえる。何があってもうろたえない登場人物は感動的に奇妙な恋愛に投げ込まれ、超非現実的な設定で「踊り続ける」。だから読者は、どんな変なことが起きても人間なんとかやっていけるものだと自分の可能性を信じたくなってくる。村上の作品には存在論的不安が充満しているとしても、けっしてそれが絶望に変わることはない。主人公はもがきながらも安らぎを見出す。

多くの人がそれぞれの理由から村上にのめり込むのは、きっと誰もが自分の羊男を探しているからなのだろう。

一九九九年に科学ジャーナリストのメアリー・ローチは東京を訪れる。[3] 日本を覆い尽くす「かわいい」文化を取材するためだ。サンリオの辻信太郎と山口裕子にインタビューした後、彼女はこう結論づけた。「アメリカ人は小学校時代から遠ざかるほど、純粋な意味での〝かわいい〟に対する抵抗が強くなる。〝かわいい〟を知りたいなら日本に行くしかない」。「かわいい」は日本にしかない奇妙なトレンドだという見方が誤りだったとわかるまでに、アメリカは六年を要した。二〇〇五年にフォーチュン誌は驚くべき新現象を報じる。女性役員が会議室に堂々とハローキティのメモ帳を持ち込むというのだ。[4] そして二〇一七年にはトランプ大統領の女性蔑視に抗議するウィメンズ・マーチが全米各地（およびロンドン、パリなど）で展開され、ワシントンだけで五〇万人もが参加したが、参加者は「プッシーハット」と呼ばれる猫耳ニット帽をかぶっていた。そのせいで、リンカーン記念館から国会議事堂までがピンクの海に見えたものだ。プッシーハットの考案者の一人で編み方をインターネットに投稿したクリスタ・スーは、「私はサンリオに囲まれて育ったようなもの」だと語っている。[5]

一九七二年にエンターテイメント業界誌バラエティは、手塚治虫の実験的な大人向けアニメ映画『クレオパトラ』をこきおろし、「マンガのキャラクターが胸を出してみせたところで、性的興奮を得られるとは思えない」と片付けた。[6] だが二〇一八年にはアメリカのアダルト動画サイトのポルノハブ（Pornhub）が、「ヘンタイ」が二年連続で検索用語ランキングの二位を堅持したと発表している（同サイトによると、「クッパ姫（英語はBowsette）」の検索数が同じ一週間でゼロから一気に三〇〇万回に急増したという。クッパ姫は、マリオシリーズの魔王クッパがパワーアップしてピーチ姫に似た姿に変化したという設定の非公式のキャラクターである）。[7]

二〇〇一年にはSF作家ウィリアム・ギブスンが東京での奇妙な発見について書いている。「女の子たちが携帯電話で絶えず猛烈なスピードでキーボードを打っていた。彼女たちはあれを音声通話には使わないらしい。あのモバイルガールたちは何をそんなに忙しそうにやりとりしているのだろうか」。[8] 六年後にiPhoneが登場したとき、もう誰もギブスンの疑問は抱かなくなる。世界中どこでも、スマートフォンを持った若者はみんなそうしているからだ（そしてやっぱり音声通話はめったにしない）。

日本がいつもちょっとだけ先にいるのはいまに始まったことではない。一九世紀に日本の港が世界に開かれたときから、そうだった。北斎や歌麿をはじめとする浮世絵がどっとヨーロッパに流れ込んでくると、それまでの絵画の常識を覆し、印象派に大きな影響を与えることになる。とくにファン・ゴッホは浮世絵を模写しただけでは飽き足らず、「日本の光」を求めてパリを離れ、南仏アルルへと移り住んだ。[9]

一九五〇年代のアメリカで歴史は繰り返された。鈴木大拙がアメリカ各地で仏教思想の講義を行い、戦後世代にとってのカウンターカルチャーのアイコンとなったのである。[10]鈴木はすでに八〇代になっており、小柄で髪は薄く印象的な眉毛の持ち主だった。アメリカ人にとってはまさに東洋の仙人のように見えたことだろう。話術が巧みで平明な英語で書くことのできる鈴木は、アメリカ人にもわかるよう禅の厳しい教えを「ローカライズ」して説いた。彼の講演と著書（一〇〇冊以上あった）を通じて、アメリカ人は初めて、すくないことはゆたかである、現実はうつろいやすく幻影に過ぎない、内面と向き合う旅は精神を高みへと導くといった考え方を理解し始める。禅によって悟りを求めるとき、人は消費社会の回し車を回し続ける小動物のような生活からの脱却を求めているのだろう。

日本の禅の思想は、作家、詩人、ミュージシャンに熱狂的に支持され、ビートジェネレーションからその後のポップカルチャーにも大きな影響を与えた。世俗への執着を断ち切る鈴木の教えと励ましがなかったら、アメリカ人が大切な価値に目覚め、回し車から逃れるのにどれほど時間がかかったかわからない。長い年月の間に禅の思想は瞑想、マインドフルネス、いわゆるゾーンに入ること、あるいはミニマリズムに集約されていった。いまや日常の話題に上る「禅」は、一種のファンタジーになっている。今日のアメリカ人は、iPhone のなんの変哲もない黒い長方形にも、村上春樹の散文にも、こんまりこと近藤麻理恵の片づけ術にも禅的なものを見出しているらしい。

現代日本を代表する作家の村上と片づけコンサルタントのこんまりを並べるとはけしからん、と感じた読者もいるにちがいない。たしかに、こんまりの文章は味わうためのものではない。みんながこんまりに期待するのは、生活の中に洪水のように押し寄せてくるモノをどうにかするためのアドバイスだ。でも二人には意外な共通項があるので許してほしい。村上文学は日常と非日常がないまぜになった「マジックリアリズム」と評され、こんまりは「生活を変えるマジック」で人々を魅了している、ということだ。

そもそも日本自体がこの奇妙な新しい時代のマジシャンだと言ってもおかしくないだろう。今日のアテンション・エコノミーでは、人々の注意とクリックは希少であるがゆえに貴重なリソースになっている。その注意とクリックを引きつけるのは、かつてはウォークマンやゲームボーイ、いまはスマートフォンのコンテンツだ。オンラインの世界のアーキテクトたちが注意とクリックを呼び込むために使うツールやテクニックの多くが、日本の街角で生まれた文化に由来することは興味深い。たとえば絵文字がそうだ。写真をメールで送りあうことも、まだ携帯電話しかなかった二〇〇〇年に日本で「写メ」が始まったのが発祥である（ついでに言えば、大流行した自撮り棒も最初に特許をとったのは日本のメーカーで、一九八〇年代だった）。単純なエクササイズをゲームにすること、それどころかただのんびりしたり会話したりすることさえゲームにしてしまうことも日本が始めた。現実から逃れたくなったら、オタクに倣っていつまでも子供のままでいる楽しみを味わうことも。漫画、アニメ、ゲーム、それにコスプレ。いっそリアルの世界にいるファンタジーの主人公に会いにいくのも悪くない。そう、お台場には高さ二〇メートルの実物大ガンダム立像がある。二〇〇九年に初代が登場し、二〇一七年からは二代目になったが、これまでの来場者は七〇〇〇万人を突破しているという。[11]加えて二〇二〇年には、コロナ禍のただ中にもかかわらず、動けるように改造した最新の実物大ガンダムが横浜港で公開されている。不安の時代だからこそ、誰もがヒーローを必要としているのだろう。

＊＊＊

一九四二年にライフ誌は、日系以外のアメリカ人で日本語に習熟している人は一〇〇人にも満たないと推定した。[12]必要に迫られたアメリカ陸軍は、軍人向けの日本語集中プログラムを開始する。五〇年後に僕が日本語を教わることになるジェーン・モーデン先生も受講した一人だった。一九八七年秋にメリーランド州のハイスクールで日本語クラスに登録したときは、アメリカの高校生がずいぶんと変わったものを勉強したがると思われたものだ。その数年前にワシントンポスト紙は「世界で最もむずかしく最も役に立たない言語の一つ」を学ぶ学生に驚嘆してみせている。[13]でも応援してくれる人たちもいた。ある日、大きな段ボール箱がいくつも教室に届く。手塚治虫その人からだった。箱には手塚の全作品が詰まっていた。『鉄腕アトム』も、『ブラック・ジャック』も、『ブッダ』も、『火の鳥』も。サイン入りのイラストと手紙も同封してあり、次にアメリカへ行ったら学校に立ち寄ると約束してくれた。

じつはその前の年に、明仁皇太子と美智子皇太子妃がサプライズで僕たちのハイスクールを訪問されていた。モーデン先生が何週間も前から日本政府と調整していたのだが、警備上の理由から秘密にしていたのである。でも僕にとっては、あの手塚治虫が来るという約束のほうが実際に皇太子夫妻にお目にかかれたことより重要だった。僕は辞書を引きながら手塚の漫画を熟読し、試験勉強よりも一コマ一コマを読み解くことのほうに力を注いだものだ。だがとうとう手塚に会うことはできなかった。胃がんと闘っていた手塚は一九八九年二月に死去する。昭和天皇崩御の数週間後だった。戦後が確実に終わったと言えるだろう。あのとき訪米されたお二人はいまは上皇と上皇后になられたが、僕のヒーローはもういない。

小菅の最初のジープが牛舎のにわか作りの組み立てラインから送り出されてから、ずいぶん多くのことが変わった。

日本はもう世界のおもちゃ製造工場ではない。その役割は、いまや世界の工場となった中国が引き受けて久しい。

カラオケはいまも世界で人気だが、発祥の地である日本ではカラオケ人口が減り続けている。カラオケ事業者協会の調べによると、一九九五年のピークにはひんぱんにカラオケで歌う人が五八〇〇万人いたのに対し、二〇一八年には四六〇〇万人にとどまったという。[14] 一〇〇〇万人以上減ったわけだ。「カラオケ通いなんて品がないし、なんだか負け犬みたい」と三〇代の女性の会社員は語っている。[15] いまもカラオケを楽しむという人の二〇〜三〇%は一人で歌うという。日本の世帯の三分の一以上が単身世帯だという現状では、驚くには当たらない。[16]

ソニーは、共同創業者の盛田昭夫が一九九三年にテニスのプレー中に倒れて会長を退いて以来、苦戦続きだ。[17] ポータブル電子機器からレコードレーベルまでパズルの必要なピースをすべて自前で持ち合わせているにもかかわらず、デジタルオーディオでもスマートフォンでも世界をあっと言わせる製品を打ち出すことができなかった。二〇一三年には国内での保険販売のほうが世界でのエレクトロニクスの売り上げより多いというありさまである。[18] エレクトロニクス関連で唯一輝きを放っていたのは、プレイステーションを擁するゲーム部門だった。

サンリオの辻信太郎は九二歳でなお健在である。経営は孫にバトンタッチしたが、いまも会長を務める。ハローキティはいまなおサンリオの財産の大黒柱だ。近年では、ぐでぐでやる気のない「ぐでたま」や、カラオケでデスメタルを歌ってストレス解消するレッサーパンダのOL「アグレッシブ烈子」といった、「かわいい」とは一線を画すキャラクターが人気を博している。

世界のテレビゲーム産業は、もはや日本の一人勝ち状態ではない。二〇一八年の世界のトップテンには、日本のゲームは二本しか入らなかった。[19] 二〇〇一年にマイクロソフトがXboxを発売。アタリが一九九六年に生産を打ち切って以来、日本製品に拮抗する成功を初めて収めたアメリカ製家庭用ゲーム機の登場で、欧米のゲーム開発者の情熱に一気に火がついたことが大きい。彼ら好みの「Call of Duty」のようなミリタリーゲームや「Grand Theft Auto」などのクライムアクションゲームが日本のキュートゲームを押しのけるようになった。同時にゲーム産業自体の規模も大幅に拡大する。二〇一八年の売上高は、アメリカ市場だけで四三四億ドルに達した。[20] これはハリウッドの四倍に相当し、世界の映画産業の合計をも上回る額である。

日本のアニメは引き続き好調だ。ネットフリックスなどのストリーミングサービスのおかげで、世界中の視聴者にコンテンツを効率的に送り届けられるようになったことも幸いしている。日本のアニメ市場の規模は二〇一六年に二兆円を上回り、二〇一九年には二・五兆円に達した。[21] だがアニメ制作現場にはほとんど流れてこない。二〇〜二四歳のアニメーターの平均月収は一二万八〇〇〇円で、貧困ラインにも届かない。[22] このため、アニメ制作からの人材流出が続いており、スキルを活かしてゲーム産業などに転職する人が後を絶たない。「日本のアニメ産業でおそらく最大の問題は、もう若いアニメーターがいないことだ」とアニメ監督の原恵一は危惧する。[23] この現状を嘆く人は多くても、具体的な対策はほとんど講じられておらず、産業の未来に暗い影を落としている。

劇画はもうすっかり廃れてしまった。バブル崩壊後にアニメや漫画ファンの間で流行ったのは、もはや男っぽい力の誇示ではなく「萌え」である。モノや人に対して、とりわけアニメやゲームのキャラクターあるいは実在のアイドルに対して片思い的な強い愛着を抱くこと、であるらしい。七〇〜八〇年代には、男の子は男の子が主人公のアニメや漫画を、女の子は女の子が主人公のアニメや漫画を好きだったものだ。だが二〇〇〇年代になると、オタクを自認する人を対象に調査したところ、オタク男子の一番人気は『けいおん！』であることがわかった。[24]女子高生がバンドを組む物語で、漫画雑誌の連載からスタートしてのちにテレビアニメ、映画も制作されている。じつは二位（『涼宮ハルヒの憂鬱』）も三位（『らき☆すた』）も女子高生が主人公だ。それどころか、ベストテンのうち「男っぽい」のは二つだけ（『エヴァンゲリオン』と『ガンダム』）なのである。ではオタク女子は？　ナンバーワンは『ガンダム』だった！

そして4chanは、もうかつてのようにインターネットで力を持ってはいない。だが、オンラインと現実の世界が共振する現象は、いまも続いている。たとえばQアノンがそうだ（Qはアメリカ政府の機密情報にアクセスできる資格「Qクリアランス」を意味し、アノンは匿名anonymousの略である）。Qアノンは二〇一七年に4chanのあるフォーラムに出現し、陰謀論（トランプ大統領は小児性愛者らの秘密結社の陰謀と戦っている）から社会運動へと発展した。新型コロナウィルス感染拡大のストレスで一段と先鋭化したこの闇のファンタジーは、絶望の淵にある多くの市民にとってリアリティを持つようになる。そして二〇二〇年の議事堂占拠につながり、死者五名を出すにいたったことは記憶に新しい。まさにオンラインとオフラインの共振現象である。

日本は多くの問題を抱えている。メルトダウンを起こした福島第一原発の廃炉作業と汚染水の処理。先進国の中で最も高い水準にある自殺率。しかも若年世代で死因の第一位が自殺となっているのは先進国では日本だけである。[25]いまだに女性全般とくに小さな子供を持つ女性のキャリア形成が進まない労働環境。世界経済フォーラム（ＷＥＦ）が発表する男女平等度ランキングで、日本は調査対象一五三カ国中一二〇位である。[26] 中国や韓国との緊張関係。そして超高齢化社会。二〇一八年の総人口に占める六五歳以上人口は二八％に達し、二〇六五年には三八％に達すると見込まれている。[27] 孤独のうちに亡くなり長い間発見されないという痛ましい例も増えてきた。若者の流出で地方の過疎化は進む一方だ。過疎市町村の数は八〇〇を上回り、全市町村の半分近くに達するという。[28]

とはいえ、暗いニュースばかりではない。親世代のサラリーマン生活の縛りから逃れた若い世代の生活満足度は意外に高いという調査結果が出ている。[29] 日本の場合、公共施設やインフラはいまなおきわめて高い水準にあり、交流や行事開催の場として活気ある都市文化を発信している。都市を結ぶ高速鉄道網は世界のどこよりも時間に正確だ。学校や街路も世界で最も清潔で安全な部類に入る。地球上で最も大きい都市圏の一つである東京の中心部でさえ、そうだ。街中で銃を持ち歩く人など見たこともない。また、国が助成する質の高い医療を誰でも受けられる。ときに路上でデモが行われることもあるが（たとえば二〇一七年七月には安倍政権に退陣を要求するデモが新宿で展開され八〇〇〇人が参加した）、アメリカのように二極化して憎み合うということはないし、まして武装して国会議事堂を占拠するなどということもない。

政治、経済、人口構成も不確実な要素ばかりだというのに、なぜ日本は空中分解しないのか。学校教育が標準化されたカリキュラムに沿って行われ、一定水準の教育が確保されていることは一つの理由だろう。報酬体系がかなり平等で、経営者と平社員の所得格差が比較的小さいことも大きな要因だ（日本の経営者がもらう報酬はだいたいアメリカの経営者の九分の一である）[30]。そしてどうだろう、ファンタジー・デリバリー・デバイスの癒しの力も貢献していると考えては？　お台場のユニコーン・ガンダムを見に行って覚醒モードのソーダを飲んだりしているカップルや、年二回のコミケに押し寄せる五〇万人もの人々、二〇二〇年に公開された『劇場版「鬼滅の刃」無限列車編』に列を作る人々（一七八日間で動員二八六九万人を記録し、さらに伸ばしている）を見ると、そう思わずにはいられない。

たしかに日本はもう玩具は作っていないし、スマートフォンの波には乗り遅れ、カラオケもあまり歌わなくなった。その一方で、オバマ大統領は二〇一五年のスピーチで日本の漫画、アニメ、絵文字を称えている。日本はもう先を歩いてはいないが、けっして遅れをとってはいない。他の先進国はようやく日本に追いついたところだ。ゲームで遊ぶ人の平均年齢は、世界的にみて三〇代前半というところだろう。実家で親と暮らす成人のアメリカ人の数は増え、かつてない水準に達した。欧米の玩具業界では、大人向け製品の出荷量が年々増えてきた[31]。そして世界中の大人たちが、マーベル社の「アベンジャーズ」シリーズなど、もとは子供向けだったコミックを下敷きにした映画に気前よく資金を投じている。あるいは部屋に閉じこもり、飽きることなく一人でネットフリックスを観ている。世界はそういう方向に進んでいて、もう昔に戻ることはできない。

未来は人と人をつなげてくれる技術、癒してくれる技術次第だ。この本のヒーローたちの物語から学べることが一つあるとすれば、晩期資本主義の脱工業化社会というこの不確実な世界では、新しい何かを創造し続けるほかない、ということである。

新型コロナウィルス（Covid-19）の感染拡大で、二〇二〇年初めから世界中に大きな混乱が広がった。「ステイホーム」や「ソーシャルディスタンスをとること」が奨励され、人々は意図せず「引きこもり」を強いられることになる。そして、ゲームやビデオや玩具といった古き良きオタクのツールに頼るようになった。ネットフリックスやプレイステーションネットワークといったストリーミングサービスの需要が急拡大し、提供側はサーバーのスピードを抑えざるを得なくなる。[32]データ量が急増してヨーロッパの通信ネットワークにかかる負荷が大きくなりすぎたためだ。そして、ニンテンドースイッチ用のゲームソフト『あつまれ　どうぶつの森』（英題は *Animal Crossing: New Horizons*）が登場する。発売は三月二〇日、パンデミックの真っ最中と最悪のタイミングだった。ところが発売後わずか七二時間で、日本だけでパッケージ版が二〇〇万本売れ、海外ではもっと多くがダウンロードされる大ヒットとなる。[33]『あつもり』は、一言で言えば無人島で毎日マイペースでのんびり過ごすゲームだ。大自然の中で魚を釣ったり虫を捕ったり、果物をかじったり、家具を自作したり、好きなときに好きなことをすればいい。元締めのたぬきちを始め、頭でっかちのかわいい動物たちとの交流もある。ロックダウンで鬱陶しい毎日を過ごす何百万もの人々がこの理想のユートピアに逃避した。

未来を作るのが日本だとは思わない。どの国もそれぞれに、いやどの人もそれぞれに未来を作るだろう。でもそのとき、日本から借用した価値観がきっと入り込むはずだ。そう考えるのは、一九世紀の和魂洋才というコンセプトからの連想である。和魂洋才は、日本の伝統的な精神をもって西洋の文化を学び、巧みに両者を調和させることを意味する。長く閉ざされた国だった日本は、明治になって西洋の文化がどっと入ってきたとき、この考え方で欧米のキャッチアップを成し遂げた。和魂洋才という言葉自体はだいぶもう古臭い（そもそもこの言葉は、さらに古い「和魂漢才」を受け継いだものだ）。だがコンセプトは新しい形で生き残っている。世界初の匿名ベースの政治活動が、日本の画像掲示板を英語版に作り直した4chanで行われたのはけっして偶然ではない。また、シリコンバレーで開発された拡張現実（augmented reality）が、初めて一般向けに応用されたのが日米共同開発による『ポケモンＧＯ』だったのも偶然ではないだろう。拡張現実は実在の風景にバーチャルの視覚情報を重ねて表示することで、目の前にある世界を仮想的に拡張する技術だ。世界を変える可能性を秘めた技術なのに、長らくサブカルチャーの片隅でくすぶっていた。『ポケモンＧＯ』のクリエーターたちがかわいいモンスターたちを現実世界のあちこちに配置することを思いつくまでは。

『ポケモンＧＯ』は二〇一六年にほぼ世界同時に発売され、三〇日間で一億三〇〇〇万人がダウンロードした。[34] ほんものの世界の公園や森や庭先にデジタルのモンスターがスーパーインポーズされているのである。これはわくわくする。現実を超える現実だ。二〇一九年には累計ダウンロード数が世界で一〇億を突破した。[35] ファンタジーを介して現実を生きるというよりも、ファンタジーと現実の差がなくなってきているようだ。ステージ上で歌うアニメガールのホログラムに大勢の熱烈ファンがペンライトを振る光景はなんだかＳＦみたいだが、じつはもう古い。なにしろ日本では、音声合成システムVOCALOID（ボーカロイド）に対応するバーチャルシンガー初音ミクが、動画に登場するのはもちろん、ライブイベントをしたりしているのである。二〇一四年にはアメリカのトークショーにも登場した。ボーカロイドをインストールすれば、誰でも自作の曲を好きな声で歌わせることができる。すでにこの世にいないアーティストに歌ってもらうことも、もちろん可能だ。すごいことである。

ある意味では誰もがこうした楽しみを追い求めてきたわけだけれど、もうわざわざ探し回る必要はなくなった。日本が発信するものはすべて、数え切れないほどのディスプレイ画面を通じて直接送り届けられてくるからだ。どこにいても、デスクトップに、あるいは手のひらの中に、リトル・ジャパンが存在する。オスカー・ワイルドは、半分は正しかった。アメリカやヨーロッパの人々の考える日本像は、たしかに純然たる創作かもしれない。だが彼は、この国が世界をある意味で作り替えることになるとは予想もしていなかった。世界は夢見る人であふれている。メイドインジャパンの夢を。

謝辞

まずは僕の奥さんであり数々のプロジェクトのパートナーでもある依田寛子、この本を書く長い旅路を理解し支えてくれて、ほんとうにありがとう。それから、僕にチャンスをくれ、通常の仕事以上のことをしてくれたエージェントのダド・ダービスカヂッチにも心からお礼を言いたい。彼がいなかったらやり遂げられなかったにちがいない。そしてもちろん、編集者のメーガン・ハウザーにも。彼女の的確な指摘と助言がなかったら、この本は全然ちがったものに、たぶんひどく不出来なものに終わっていただろう。

最初の原稿を読んでくれた人たちにも感謝する。初期の原稿を苦労して読み、ゲーム業界についての知識を惜しみなく分け与えてくれ、本書の説明をわかりやすいものにしてくれたアンドリュー・シマンスキー。早い段階からブレインストーミングに参加するとともに、最後まで有益なアドバイスをくれたデービッド・マークス。とくに前半に貴重な助言をしてくれたマシユー・ペニー。ありがとう。

執筆に際しては、たくさんの組織や団体のご助力をいただいた。サンライズの保土田江美、全国カラオケ事業者協会の片岡史朗、大津市歴史博物館の木津勝、マルサンの神永英司、ソニーアーカイブスの岸ただのぶ、水森亜土の未来劇場、立命館大学ゲーム研究センターの中村悦子をはじめとするスタッフのみなさん、手塚プロダクションの志賀宏美、株式会社ルネの所裕子にはとくにお世話になった。心から感謝したい。

本書のための取材に快く応じてくださったみなさんにもお礼を言いたい。アルフレッド・バーンバウム、アンディ・ハーツフェルド、長谷川千里、レベッカ・ハイネマン、細川周平、伊藤瑞子、鐏三郎、スーザン・ケア、ジーン・ペルク、クリスタ・スー、前田俊夫、上村雅之、植山周一郎、ラリー・ヴァイン、安友雄一に感謝する。またソニーの元エンジニアの田村新吾にはひとかたならぬお世話になった。元同僚の方々への取材を手配してくれただけでなく、姉上である著名イラストレーター田村セツコに引き合わせてくれた。ある日の午後、彼女のスタジオにお邪魔して「かわいい」文化の最前線についてうかがったことは忘れられない。

ほかにも大勢の人の力を借りている。アナ・アリオラ、ブライアン・アッシュクラフト、デール・ベラン、ベン・ボアズ、ジョシュア・デール、カトリーヌ・デスパイラ、アダム・フルフォード、パトリック・ガルブレイス、マット・ギラン、長谷川亮一、マイケル・ハーマン、氷川竜介、ダン・カネミツ、ジェームズ・カラシマ、柏木敦子、クリス・コーラー、近藤ゆたか、粉味、山本和宏、新井信広、栗田穣崇、フィリップ・ド・ルピネ、パトリック・マシアス、ジェレミー・パリシュ、直井乃ぞみ、フレデリック・ショット、ドン・スミス、ノア・スミス、信吉、高橋英輔、ジム・ウラク、アンドリュー・ヴェスタル、ウィル・ウォルフスローに心から御礼申し上げる。

相談したいときにいつもそこにいて、際限なく議論につきあい、いろいろな要求に応じてくれた古くからの友人たちにも感謝しかない。ロバート・デュバン、ジョシュア・フレイザー、ロジャー・ハーカヴィ、リャン・シェパード、アレクサンダー・O・スミス、グレッグ・スター、アレン・イエン、ありがとう。最後に、家族にも心からのありがとうを。フレッド、キャロル、アリソン、強、典子、貴鶴、穂香、ロイス、ベン、アイリーン、G・G、そしてここに書ききれなかったが、長い旅路の途中で知り合ったすべての人に感謝を捧げる。（敬称略）

マット・アルト

億円へ」http://animationbusiness.info/archives/10596

22 Matt Schley, "Younger Animators Still Struggling Amid Anime Boom," *The Japan Times,* May 8, 2019, https://www.japantimes.co.jp/culture/2019/05/08 /general/younger-animators-still-struggling-amid-anime-boom/.

23 Sophie Laubie and Fiachra Gibbons, "Japan's Anime Industry in Crisis despite Its Popularity," *The Japan Times,* June 23, 2019, https://www.japantimes.co.jp/culture/2019/06/23/films/japans-anime -industry-crisis-despite-popularity/.

24 Matt Alt, "Girls Who Like Boys (Who Drive Giant Robots)," Alt Japan, November 6, 2009, https://altjapan .typepad.com/my_weblog/2009/11/girls-who-like-boys-who-drive-giant -robots.html.

25 「若い世代の"死因トップが自殺"は G7 で日本だけ」https://www.nippon.com/ja/japan-data/h00857/

26 「日本の指数、過去最低に」https://www.nikkei.com/article/DGXMZO53602730Q9A221C1KNTP00/

27 内閣府「高齢社会白書」より、「高齢化の減少と将来像」. https://www8.cao.go.jp/kourei/whitepaper/w-2019/html/zenbun/s1_1_1.html

28 全国過疎地域自立促進連盟「過疎のお話」. http://www.kaso-net.or.jp/publics/index/18/#block189

29 "Young Japanese Are Surprisingly Content," *The Economist,* February 17, 2018, https://www.economist.com/asia/2018/02/17/young-japanese-are-surprisingly-content.

30 Koki Kubota, "Top Bosses in Japan Draw Record Pay but Gap with US Widens," *Nikkei Asian Review,* August 2, 2019, https://asia.nikkei.com/Business/Business-trends/Top-bosses-in-Japan-draw-record-pay-but-gap-with-US-widens.

31 Harry Pettit, "The Rise of the Kidults: Growth in the Toy Market Is Being Driven by Millennials Playing with Children's Games," *Daily Mail,* April 11, 2017, https://www.dailymail.co.uk/sciencetech/article-4400708/1 -11-toys-sold-bought-adult-themselves.html.

32 Jacob Kastrenakes, "Sony will slow down PlayStation downloads in Europe, but says multiplayer will remain 'robust,' " *The Verge*, March 24, 2020, https://www.theverge.com/2020/3/24/21192370/playstation-coronavirus-download-speeds-slowed-europe-multiplayer.

33 Christopher Dring, "Animal Crossing: New Horizons breaks Switch sales record in Japan," gameindustry .biz, March 25, 2020, https://www.gamesindustry.biz/articles/2020-03-25 -animal-crossing-new-horizons-breaks-switch-sales-records-in-japan.

34 "'Pokemon Go' Sets 5 Guinness World Records," *Nikkei Asian Review,* August 17, 2016, https://asia.nikkei.com/Business/Pokemon-Go-sets -5-Guinness-World-Records.

35 「ポケモン GO、世界 10 億ダウンロード達成」. https://t011.org/mobile/mobile-app/159430.html

https://share.america.gov/animes-supersized-u-s-audience/.
74 Sanjiv Bhattacharya, "'Call Me a Racist, but Don't Say I'm a Buddhist': Meet America's Alt Right," *Guardian,* October 9, 2016, https://www.theguardian.com/world/2016/oct/09/call-me-a-racist-but-dont-say-im-a-buddhist-meet-the-alt-right.
75 Noah Smith, "Japan Begins Experiment of Opening to Immigration," Bloomberg, May 23, 2019, https://www.bloomberg.com/opinion/articles/2019- 05-22 /japan-begins-experiment-of-opening-to-immigration.
76 NHK「平成最後の成人式に変化の波？全国で外国人急増のワケは」https://www3.nhk.or.jp/news/special/izon/20190116seijin.html
77 Gita Jackson, "Why Black Men Love *Dragon Ball Z,*" Kotaku, July 5, 2018, https://kotaku.com /why-black-men-love-dragon-ball-z-1820481429.
78 Emma Finamore, "From Kanye to Frank: Why Hip-Hop Loves Anime," i-D, *Vice,* February 21, 2018, https://www.vice.com/en_asia/article/zmwqy5/from-kanye-to-frank-why -hip-hop-loves-anime.
79 Quinn Norton, "2011: The Year Anonymous Took on Cops, Dictators and Existential Dread," *Wired,* January 11, 2012, https://www.wired.com/2012/01/anonymous-dicators -existential-dread/.
80 「WE ARE ALL SHINJI：日本のアニメのファンタジーの世界が香港の若者の現実に」http://fushigikaigai.blog.jp/archives/4241620.html
81 Elaine Yau, "Studio Ghibli Film *Spirited Away* sets China Box Office Record," *South China Morning Post,* June 25, 2019, https://www.scmp.com/lifestyle/entertainment/article/3016033/studio -ghibli-film-spirited-away-sets-china-box-office.

そして2010年代

1 Lauren Indvik, "Sony Retires the Cassette Walkman after 30 Years," Mashable, October 24, 2010, https://mashable .com/2010/10/24/sony-walkman-rip/.
2 Vice Com. "Lonely carnage abounds in Japan's suicide forest", http://edition.cnn.com/2010/WORLD/asiapcf/11/02/vbs.suicide.forest/index.html
3 Hiroko Tabuchi, "In Tokyo, a Crackdown on Sexual Images of Minors," *The New York Times,* February 9, 2011, https://www.nytimes.com/2011/02/10/business/global/10manga.html.
4 Olivia Waxman, "Apparently Hello Kitty is a human girl, not a cat", https://time.com/3197794/hello-kitty-not-a-cat/
5 Jose A. DelReal, "President Obama Thanks Japanese Leader for Karaoke, Emoji," *The Washington Post,* April 28, 2015, https://www.washingtonpost.com/news/post-politics/wp/2015/04/28 /president-obama-thanks-japanese-leader-for-karaoke-emojis/.
6 Andrew McKirdy,"Cosplay Conquers the World," *The Japan Times,* undated, https://features.japan times.co.jp/cosplay/ (accessed January 3, 2020).
7 Simon Sharwood, "Pokémon GO Caused Hundreds of Deaths, Increased Crashes," *The Register,* Novem- ber 27, 2017, https://www.theregister.co.uk/2017/11/27/pokemon_go_caused_car_accidents_and_deaths/.
8 Jessica Migala, "Why young Americans are having less sex than ever before", https://www.everydayhealth.com/sexual-health/why-young-americans-are-having-less-sex-than-ever-before/
9 Ferris Jabr, "Can You Really Be Addicted to Video Games?," *The New York Times Magazine,* October 22, 2019, https://www.nytimes.com/2019/10/22/magazine/can-you-really-be-addicted -to-video-games.html.
10 Gary Boyle, "Japanese Man Marries Hologram," *Bangkok Post,* November 12, 2018, https:// www.bangkokpost.com/learning/advanced/1574554/japanese-man-marries-hologram.

終章

1 以下は村上春樹『ダンス・ダンス・ダンス』（講談社、1988年）からの引用である。
2 各国語翻訳者の言葉については、以下を参照されたい。
Alfred Birnbaum, 著者が直接話を聞いた。October 2019
Anna Zielin´ska-Elliott : Jingnan Peng, "Meet the Woman Who Brings Haruki Murakami Works to an Enthusiastic Poland," *The Christian Science Monitor,* August 2, 2017.
Ivan Sergeevich Logatchov, "What Russians See in Murakami," in *A Wild Haruki Chase,* comp. Japan Foundation (Berkeley, Calif.: Stone Bridge Press, 2008), 74.
Yang Eok-Kwan, "Haruki Murakami's Popularity in S. Korea," NHK World, December 9, 2015, https://www3.nhk.or.jp/nhkworld/en/news/editors/1 /20151209/index.html.
3 Mary Roach, Cute, Inc., *Wired,* December 1, 1999, https://www.wired.com/1999/12/cute/.
4 Christine Yano, "Monstering the Japanese Cute: Pink Globalization and Its Critics Abroad," in *In Godzilla's Footsteps: Japanese Pop Culture Icons on the Global Stage,* ed. William M. Tsutsui and Michiko Ito, (New York: Palgrave Macmillan, 2006), 156.
5 Skype interview with Krista Suh, April 30, 2018.
6 "Cleopatra, Queen of Sex," *Variety,* Wednesday, May 10, 1972.
7 Pornhub Insights, "2018 Year in Review," Pornhub, December 11, 2018, https://www.pornhub.com/insights/2018-year-in-review.
8 William Gibson, "Modern Boys and Mobile Girls," in *Distrust That Particular Flavor* (New York: Berkley, 2012).
9 Simon Schama, quoted by Graham Brown in *Eventscapes: Transforming Place, Space and Experiences* (New York: Routledge, 2020), 185.
10 Michael Oldenberg, *A Zen Life, D. T. Suzuki,* Dharma Documentaries, 2008.
11 Ascii.jp「実物大ガンダム立像クロージングセレモニーレポート」https://ascii.jp/elem/000/001/447/1447641/
12 James C. McNaughton, *Nisei Linguists: Japanese Americans in the Military Intelligence Service during World War II* (Washington, D.C.: Department of the Army, 2007), 63.
13 Kathryn Tolbert, "'Hai,' Japanese Enjoys New Popularity," *The Washington Post,* December 11, 1980.
14 全国カラオケ事業者境界「カラオケ業界の概要と市場規模」カラオケ白書2019より、http://www.karaoke.or.jp/05hakusyo/2019/p1.php (accessed January 3, 2020).
15 "What Killed the Karaoke Stars?," editorial letter, *Japan Today,* January 31, 2013, https://japantoday.com/category/features/opinions/what-killed-the-karaoke-stars.
16 Justin McCurry, "Karaoke for One: Japan's Surging Singles Give Rise to Solo Business Boom," *The Guardian,* December 25, 2018, https://www.the guardian.com/world/2018/dec/25/going-solo-japanese-businesses-target -customers-who-want-to-be-alone.
17 Kenichi Ohmae, "Akio Morita: Guru of Gadgets," *Time,* December 7, 1998.
18 Hiroko Tabuchi, "Sony's Bread and Butter? It's Not Electronics," *The New York Times,* May 27, 2013.
19 "NPD 2018: The 20 best-selling games of the year" . https://venturebeat.com/2019/01/22/npd-2018-the-20-best-selling-games-of-the-year/
20 Jeff Grubb, "NPD2018: The 20 Bestselling Games of the Year," Venturebeat.com, January 22, 2019, https://venturebeat.com/2019/01/22/npd-2018-the-20-best-selling-games -of-the-year/.
21 アニメーションビジネス・ジャーナル「アニメ市場2兆5000

and Change, ed. Alf Hiltebeitel and Barbara D. Miller (Albany: State University of New York Press, 1997), 198.
35 Suzannah Weiss, "Meet Rokudenashiko, the Artist Arrested for Making a Boat Out of Her Vagina," *Glamour,* June 19, 2017, https://www.glamour.com/story/rokudenashiko-japanese-artist-arrested-for-vagina-art.
36 著者によるインタビュー、2019年6月25日。
37 Nishimura, 2012.
38 ヘンタイ掲示板 "/h/hentai" は、サイト発足の翌日の10月2日に出現した。かわいいアニメのための掲示板 "/c/ Anime/ Cute" は5日目である。それから2日後にはロリコン用の "/l/lolicon" が登場している。くわしくは以下を参照されたい。vestrideus(ハンドルネーム), "4chan History Timeline," GitHub, March 23, 2017, https://github.com/bibanon/bibanon/wiki/4chan-History-Timeline.
39 4chan, "4chan: The Otakon 2005 Panel," September 24, 2013, 51:45, https://www.youtube.com/watch ?v=2mRp3QNkhrc.
40 サムシング・オーフルが実際にミームを生み出したのかどうかについては議論の余地がある。だがいずれにせよ、このサイトがミームの拡大に大いに貢献したことはまちがいない。以下を参照されたい。Matt(ハンドルネーム), "Something Awful," Know Your Meme, 2011, https://knowyourmeme.com/memes/sites/something-awful (accessed December 19, 2019).
41 Julian Dibbell,"The Assclown Offensive: How to Enrage the Church of Scientology," *Wired,* September 21, 2009, . https://www.wired.com/2009/09/mf-chanology/.
42 Time Staff, "The World's Most Influential Persons...,"*Time,* April 27, 2009, http://content.time .com/time/arts/article/0,8599,1894028,00.html.
43 Julian Dibbell, "Radical Opacity," *MIT Technology Review,* August 23, 2010, https://www.technologyreview.com /s/420323/radical-opacity/.
44 この項の記述は以下に拠った。
"Timeline of Gamergate," Rational Wiki, October 24, 2019, https://rational wiki.org/wiki/Timeline_of_Gamergate.
Eron Gjoni, "Act 0: Whereof One Cannot Speak, Thereof One Must Be Si- lent," *thezoepost* (blog), August 8, 2014, https://thezoepost.wordpress.com /2014/08/16/act-0-whereof-one-cannot-speak-thereof-one-must-be-silent/ (last accessed January 3, 2020.)
Zachary Jason, "Game of Fear," *Boston Magazine,* April 28, 2015, https://www .bostonmagazine.com/news/2015/04/28/gamergate/2/.
45 James Giuran, "How Message-Board Culture Re- made the Left," *Jacobite,* August 12, 2017, https://jacobitemag.com/2017/08 /12/how-message-board-culture-remade-the-left/.
Jason, "Game of Fear."
47 Eron Gjoni, "TL;DR," *thezoepost* (blog), August 16, 2014, https://thezoepost.wordpress.com/2014/08/16/tldr-2/ (accessed January 3, 2020).
48 2014年にチャットローム行われた会話のログは、以下を参照されたい。http://puu.sh/boAEC/f072f259b6.txt.
49 Tom Risen, "Study: Adult Women Gamers Outnumber Teenage Boys," *US News & World Report,* August 25, 2014.
50 Rob Salkowitz, "New Eventbrite Survey Reveals Convention Demographics, Spending Patterns," ICv2, June 28, 2015, https://icv2.com/articles/columns/view/31899/new -eventbrite-survey-reveals-convention-demographics-spending-patterns.
51 moot, "Regarding Recent Events," 4chan, September 18, 2014. 投稿は以下に保存されている。https://imgur.com/snmdgRT.
52 Klint Finley, "4chan Just Sold to the Founder of the Original 'Chan,'" *Wired,* September 21, 2015, https://www.wired.com/2015/09/4chan-sold/.
53 Akky Akimoto, "Who Holds the Deeds to Gossip Bulletin Board 2channel?," *The Japan Times,* March 20, 2014, https://www.japantimes.co.jp/life/2014/03/20/digital/who-holds-the-deeds-to-gossip-bulletin-board-2channel/.
54 Lauren Orsini, "'Welcome to 4chan, B***h': Site's Users Greet Their New Overlord," *Forbes,* September 23, 2015, https://www.forbes.com/sites/laurenorsini/2015/09/23 /4chan-sold-hiroyuki-nishimura-qa-christoper-poole-moot-new-owner/.
55 Finley, "4chan Just Sold."
56 Milo Yiannopoulos, "The Lost Franchise: Why *Digimon* Deserves a Glorious Renaissance," Breitbart, November 20, 2014, https://www.breitbart.com/europe/2014/11/20/the-lost -franchise-why-digimon-deserves-a-glorious-renaissance/.
57 Joshua Green, *Devil's Bargain: Steve Bannon, Donald Trump, and the Nationalist Uprising* (New York: Penguin, 2017), 145.
58 Richard Fry, "For First Time in Modern Era, Living with Parents Edges Out Other Living Arrangements for 18- to 34-Year-Olds," Pew Research Center, May 24, 2016, https://www.pewsocialtrends.org/2016/05 /24/for-first-time-in-modern-era-living-with-parents-edges-out-other-living -arrangements-for-18-to-34-year-olds/.
59 Green, *Devil's Bargain,* 147.
60 James Oliphant, "After Firing, Bannon Returns to His 'Killing Machine'," Reuters, August 19, 2017, https://www.reuters.com/article/us-usa-trump-bannon-right/after-firing-bannon-returns-to-his-killing-machine.
61 Milo Yiannopoulos, "Sneaky Little Hobbitses: How Gamers Transformed the Culture Wars," Breitbart, September 1, 2015, https://www.breitbart.com/politics /2015/09/01/sneaky-little-hobbitses-how-gamers-transformed-the-culture-wars/.
62 https://www.breitbart.com/tech/2016/03/29/an-establishment-conservatives-guide-to-the-alt-right/
63 Abby Ohlheiser and Caitlin Dewey, "Hillary Clinton's Alt-Right Speech, Annotated," *The Washington Post,* August 26, 2016, https://www.washingtonpost.com/news/the-fix/wp/2016/08/25/hillary -clintons-alt-right-speech-annotated/.
64 Green, *Devil's Bargain,* 147.
65 Max Read, "How Anime Avatars on Twitter Help Explain Politics Online in 2015," *New York,* November 5, 2015, http://nymag .com/intelligencer/2015/11/dreaded-anime-avatar-explained.html.
66 Cameron Joseph, "Racist Trump Supporters 'Masturbate to Anime,' Says GOP Strategist," Mashable, January 20, 2016, https://mashable.com/2016/01/19/trump-supporters-anime-gop -strategist/.
67 Richard Spencer (@TheRickWilson), "Anime—indeed, even anime porn—has done more to advance European civilization than the Republican Party," January 19, 2016, 10:13 p.m., . https:// twitter.com/richardbspencer/status/689692099009097729?lang=en.
68 Dorian Lynskey, "The Rise and Fall of Milo Yiannopoulos —How a Shallow Actor Played the Bad Guy for Money," *The Guardian,* February 21, 2017, https://www.theguardian .com/world/2017/feb/21/milo-yiannopoulos-rise-and-fall-shallow-actor-bad-guy-hate-speech.
69 Joseph Bernstein, "Here's How Breitbart and Milo Smuggled White Nationalism into the Mainstream," BuzzFeed, Oc- tober 5, 2017, https://www.buzzfeednews.com/article/josephbernstein/heres -how-breitbart-and-milo-smuggled-white-nationalism.
70 EJ Dickson, "Furries Got an Alt-Right Troll Banned from Their Convention," *Rolling Stone,* September 16, 2019, https://www.rollingstone.com/culture/culture-news/milo-yiannopolous -furry-convention-884960/.
71 Lynskey, "The Rise and Fall of Milo Yiannopoulos."
72 David Uberti, "Milo Yiannopoulos Says He's Broke," *Vice,* September 10, 2019, https://www.vice.com/en_us/article/59n99q/milo-yiannopoulos-says-hes-broke.
73 Mark Trainer, "Anime's supersized U.S. audience," ShareAmerica (U.S. Department of State), June 28, 2017, .

55 "The Ultimate Game Freak."

第 9 章

1 電車男についての記述は、以下の複数のソースから合成した。
2ちゃんねるの電車男スレッドのアーカイブ、November 7, 2007, http://densyaotoko.3 .tool.ms.
Brian Ashcraft, "Train Man's Love Train," *Wired,* January 12, 2007, https:// www.wired.com/2007/01/train-mans-love/.
Alisa Freedman, "Train Man and the Gender Politics of Japanese 'Otaku' Culture: The Rise of New Media, Nerd Heroes and Consumer Communities," *Intersections: Gender and Sexuality in Asia and the Pacific* 20 (April 2009), http:// intersections.anu.edu.au/issue20/freedman.htm.
2 Paul Wiseman, "No Sex Please—We're Japanese," *USA Today,* June 2, 2004, http://www.usatoday.com/news/world /2004-06-02-japan-women-usat_x.htm.
3 新潮社「書籍版電車男ができるまで」https://www.shinchosha.co.jp/wadainohon/471501/01.html
4 Ashcraft, "Train Man."
5 たとえば以下を参照されたい。鈴木淳史『「電車男」は誰なのか』(中央公論社、2005 年)。
6 Hiroki Azuma, *Otaku: Japan's Database Animals* (Minneapolis: University of Minnesota Press, 2009), 117.
7 Jean Snow, "Akihabara Nerds Rally Behind Likely Japan PM," *Wired,* September 15, 2000, https://www.wired.com/2008/09/japan-pm-candid/000.
8 たとえば以下を参照されたい。
Matt Alt, "MBA? CPA? LOL!," AltJapan.typepad.com, October 6, https://altjapan.typepad.com/my_weblog/2012/10/accounting-moé.html
Matt Alt, "Yokohama Police Mascots More Cute Than Cop," CNN Travel, September 7, 2010, http://travel.cnn.com/tokyo/life/yokohamas-cop-charac ter-caper-724032/.
Matt Alt, "Japan's Cute Army," *The New Yorker,* November 30, 2015,
https://www.newyorker.com/culture/culture-desk/japans-cute-army.
9 Steve Rose, "Hollywood Is Haunted by *Ghost in the Shell,*" *The Guardian,* October 19, 2009, https://www.theguardian.com/film/2009/oct/19/hollywood-ghost-in-the-shell.
10 4chan 設立の経緯、構造、設立当初のエピソードなどは以下のソースから合成した。
Nick Bilton, "One on One: Christopher Poole, Founder of 4chan," *The New York Times,* March 19, 2010.
Caitlin Dewey, "Absolutely Everything You Need to Know to Understand 4chan, the Internet's Own Bogeyman," *The Washington Post,* September 26, 2014.
Christopher Poole, "IAM Christopher Poole, aka 'moot,' founder of 4chan & Canvas. AMA!" Reddit, March 29, 2011, https://www.reddit.com/r/IAmA /comments/gdzfi/iam_christopher_poole_aka_moot_founder_of_4chan/.
11 "4chan.org: Web Analysis and Traffic History for 11 Years," Traffic and Alexa Rank History, https:// www.rank2traffic.com/4chan.org(accessedJanuary3,2020).
12 この項は以下のソースから合成した。
Dale Beran, *It Came from Something Awful: How a Toxic Troll Army Memed Donald Trump into Office* (New York: St Martin's Press, 2019).
Norimitsu Onishi, "Japanese Find a Forum to Vent Most-Secret Feelings," *The New York Times,* May 9, 2004, https://www.nytimes.com/2004/05/09 /world/japanese-find-a-forum-to-vent-most-secret-feelings.html.
Shii, "2channel," *Everything Shii Knows,* August 2004, http://shii.bibanon.org /shii.org/knows/2channel.html.
13 WayBack Machine「東京をリデザインする」対談、小崎哲哉 https://web.archive.org/web/20061010021346/http://www.realtokyo.co.jp/japanese/redesign/f_redesign.htm
14 Internet World Stats, https://www.internetworldstats.com/emarketing.htm
15 "The Second Channel: 2channel—Part I," Yotsuba Society, July 5, 2011, http://yotsuba society.org/the2ndchannel_pti/.
16 Mutsuko Murakami, "Playing to the Cowed: A Japanese Consumer Incites a Web Revolt," Asiaweek, 2001, http://web . archive.org/web/20010713214149/http://www.asiaweek.com/asiaweek /technology/990806/web_revolt.html (accessed January 20, 2020).
17 "TV Comedian Indicted over Drug Use," *The Japan Times,* December 29, 2001, https://www.japan times.co.jp/news/2001/12/29/national/tv-comedian-indicted-over-drug -use/. See also Mark D. West, *Secrets, Sex and Spectacle: The Rules of Scandal in Japan and the United States* (Chicago: University of Chicago Press, 2006), 189; 203.
18 同人用語の基礎知識、Paradise Army, May 26, 2002, http://www.paradisearmy.com /doujin/pasok7s.htm.
19 古谷経衡『インターネットは永遠にリアル社会を超えられない』(ディスカヴァー・トゥエンティワン、2015 年)
20 Jeremy Yi, "The Controversy of South Korea: 2002 World Cup," *Soccer Politics,* April 29, 2019, https://sites.duke.edu/wcwp /2019/04/29/the-controversy-of-south-korea-2002-world-cup/.
21 Mizuko Ito, Daisuke Okabe, and Izumi Tsuji, eds., *Fandom Unbound: Otaku Culture in a Connected World* (New Haven, Conn.: Yale University Press, 2012), 76.
22 武田誠司「夏が来れば思い出す：2ちゃんねるの懐かしい祭り」、July 20, 2016. https://ameblo.jp/stakedadada/entry-12181991273.html.
23 東洋経済「反中・反韓のネット右翼はどこまで深刻か」https://premium.toyokeizai.net/articles/-/20250
古谷経衡「ネット右翼：日本右傾化の真実」、https://www.nippon.com/ja/currents/d00208/
24 辻大介「軽量調査から見るネット右翼のプロファイル」、大阪大学レポジトリ、https://ir.library.osaka-u.ac.jp/repo/ouka/all/60471/
25 Izumi Mihashi, "Confessions of Former Japanese 'Netto-Uyoku' Internet Racists," Global Voices, March 23, 2015, https://globalvoices.org/2015/03/23/confessions-of-former-japanese-netto -uyo-internet-racists/.
26 労働政策研究・研修機構「完全失業率、有効求人倍率」https://www.jil.go.jp/kokunai/statistics/timeseries/html/g0301.html
27 https://globalvoices.org/2015/03/23/confessions-of-former-japanese-netto -uyo-internet-racists/
28 Lisa Katayama, "Meet Hiroyuki Nishimura, the Bad Boy of the Japanese Internet," *Wired,* May 19, 2008, https://www.wired.com/2008/05/mf-hiroyuki/.
29 本丸である2ちゃんねるのサーバーがダウンしたときの避難所であったことは、多くの2ちゃんねるユーザーが語っている。たとえば以下を参照されたい。Ndee "Jkid" Okeh," ABriefingon Futaba Channel," Yotsuba Society, August 18, 2011, http://yotsubasociety .org/Futaba_Channel_briefing/.
30 "What Is the Comic Market? A Presentation by the Comic Market Preparations Committee," Comiket, February 2008, https://www.comiket.co.jp/info-a/WhatIsEng080225.pdf.
31 koutaku003, "moot and Hiroyuki," July 11, 2012, 1:23:05, https://www.youtube.com/watch?v=0vf5lh PkfYo.
32 Taylor Wofford, "Fuck You and Die: An Oral History of Something Awful," Vice, April 6, 2017, https://www.vice.com/en_us/article/nzg4yw/fuck-you-and-die-an-oral -history-of-something-awful.
33 Beran, *It Came from Something Awful,* 49.
34 Anne Allison, "Cutting the Fringes: Pubic Hair at the Margins of Japanese Obscenity Laws," in *Hair in Asian Cultures: Context*

1999, https://www.wsj.com /articles/SB934753154504300864.
Mary Roach, "Cute Inc.," *Wired,* December 1, 1999, https://www.wired.com /1999/12/cute/ .
Andrew Vestal, "Pokémon League Summer Training Tour 1999," The Gaming Intelligence Agency, undated, http://archive.thegia.com/features/f990814 .html (accessed December 10, 2019).
Andrew Vestal, email interview, October 2019.
4 Howard Chua-Eoan and Tim Larimer, "Beware of the Pokemania," *Time,* November 14, 1999.
https://content.time.com/time/magazine/article/0,9171,34342-3,00.html.
5 横井軍平、牧野武文『横井軍平ゲーム館』(ちくま文庫、2015年)、151。
6 Kohler, *Power-Up,* 225.
7 "Pokemon Red Version History," IGN Entertainment, April 3, 2012,
https://www.ign.com/wikis/pokemon-red-blue-yellow-version/History.
8 "Pokemania! Crazy for Pokemon," *Time,* November 22, 1999.
http://content.time.com/time/world/article/0,8599,2054246,00.html.
9 同上。
10 同上。
11 Fred Ladd and Harvey Deneroff, *Astro Boy and Anime Come to the Americas* (Jefferson, N.C.: McFarland, 2009), 120. See also David Plotz, "Pokémon: Little. Yellow. Different. Better," *Slate,* November 12, 1999, https://slate.com/news-and-politics /1999/11/pokemon.html.
12 Chua-Eoan and Larimer, "Beware of the Pokemania."
13 Kohler, *Power-Up,* 225.
14 「ウルトラマンが変身するときに」、M-78shop, undated, https://www.m-78shop.jp/ultra/ (accessed January 20, 2020).
15 鐐三郎への著者によるインタビュー、2018年6月14日。
16 Kevin Jagernauth, "'All the Money Is in the Action Figures': George Lucas Slams Empty Holly- wood Blockbusters," IndieWire, January 30, 2015, https://www.indiewire .com/2015/01/all-the-money-is-in-the-action-figures-george-lucas-slams -empty-hollywood-blockbusters-267636/.
17 "Master Hironomiya's Shopping Trip," Chunichi Newsreel no. 696-1, May 1967, https://www.youtube.com /watch?v=x41SCa-1ydU.
18 三島由紀夫『決定版　三島由紀夫全集』(新潮社、2003年)、288。
19 "A History of Pokémon through the Internal List—Lost Pokémon," Helix chamber.com, August 24, 2018, https://helixchamber.com/2018/08/24/lost pokemon/. このウェブサイトは以下に保存されている：https://helixchamber.com/media/capsule-monsters/.
20 Kohler, *Power-Up,* 22.
21 同上、200。
22 Sheff, *Game Over,* 49.
23 「上村雅之さん、おおいに語る」、任天堂ドリームウェブ、https://www.ndw.jp/post-672/
24 任天堂「ドンキーコングファミリー大研究：ドンキーコングの生みの親、宮本茂独占インタビュー」
https://www.nintendo.co.jp/nom/0002/01/miyamoto.html
25 横井、牧野『横井軍平ゲーム館』119-21。
26 岩谷徹『パックマンのゲーム学入門』(角川、2009年)、45。
27「社長が訊く New スーパーマリオブラザーズ Wii その1 宮本茂2 オーバーオールを着ている理由」2009年11月13日、https://www.nintendo.co.jp/wii/interview/smnj /vol1/index2.html#list.
28 Sheff, *Game Over,* 49.
29 Jake Rossen, "How Nintendo Conquered Manhattan in 1985," Mental Floss, March 20, 2015, retrieved from https://www.mentalfloss.com/article/62232/how-nintendo-conquered-manhattan-1985.
30 Richard Hooper, "The Man Who Made 'The Worst Video Game in History,'" BBC News, February 22, 2016, https://www.bbc.com/news/magazine-35560458.
31 以下の聞き取りおよび引用は、著者によるインタビューに基づく。インタビューは2019年3月18日に立命館大学にて行われた。
32 スコット・バリー・カウフマン「老けない人は大人になっても遊んでいる」、東洋経済オンライン
https://toyokeizai.net/articles/-/218699?page=2
33 石川健次郎『ランドマーク商品の研究3』(同文舘出版、2008年)、219。
34 中藤保則「業界ライターから見たアミューズメント産業の40年(3)」、コンピュータエンターテインメント協会、2013年6月6日 http://www.cesa.or.jp/efforts /keifu/nakafuji/nakafuji03.html.
35 上村雅之、細井浩一、中村彰憲『ファミコンとその時代』(NTT出版、2013年)、197-99。
36 Luke Plunkett, "When Mario Had a Best-Selling . . . Book?" Kotaku, May 18, 2011, https:// kotaku.com/when-mario-had-a-best-selling-book-5802916.
37 このときの様子は1988年2月初めに*FNN Date Line*などの海外ニュースでも放送された。以下も参照されたい。
https://www.nikkei.com/article/DGKKZO55369320X00C20A2EAC000
https://urbanlife.tokyo/post/39683/2/
38 Sheff, *Game Over,* 9; 439.
39 任天堂のアメリカ進出を支えた1人の「ファミコン名人」、Gigazine、https://gigazine.net/news/20180403-nintendo-gaming-master-america/
40 Sheff, *Game Over,* 8.
41 Michael Katz, "Interview: Michael Katz (2006-04-28) by Sega-16," Segaretro.com, April 4, 2006, https://segaretro.org/Interview:_Michael_Katz_(2006-04-28)_by_Sega-16.
42 Sheff, *Game Over,* 445.
43 横井軍平『ものづくりのイノベーション　枯れた技術の水平思考とは何か？』(スペースシャワーネットワーク、2012年)
44 ハインマンへの著者によるインタビュー、2019年4月3日。
45 Cameron Sherrill, "This Game Boy Survived a Bombing in the Gulf War," *Esquire,* April 21, 2019, https:// www.esquire.com/lifestyle/a27183316/nintendo-game-boy-survived-gulf-war/.
46 Keith Stuart, "Nintendo Game Boy—25 Facts for Its 25th Anniversary," *The Guardian,* April 21, 2014, https://www.theguardian.com/technology/2014/apr/21/nintendo-game-boy -25-facts-for-its-25th-anniversary.
47 Phil Edwards, "The Sad Story of How Hillary Clinton Got Addicted to Game Boy," Vox, April 20, 2015, https://www.vox.com/2015/4/20/8459219/hillary-clinton-gameboy.
48 Keith Stuart, "Why Only Nintendo Understands Handheld Gaming," *The Guardian,* September 29, 2015, https://www.theguardian.com/technology/2015/sep/29 /nintendo-handheld-gaming-sony-playstation-vita.
49 中村文夫『子供部屋の孤独　テレビゲーム第一世代のゆくえ』(学陽書房、1989年)
50 「ポケットモンスターを世に送り出した2人：田尻智と石原恒和」、任天堂、https://www.nintendo.co.jp/nom/0007/taidan1 / index.html (accessed January 20, 2020). 以下も参照されたい。
https://www.sankei.com/life/news/180903/lif1809030005-n1.html
51 同上。
52 "The Ultimate Game Freak," *Time,* November 22, 1999, http://content.time.com/time/magazine/article/0,9171,2040095,00.html.
53 「ポケットモンスターを世に送り出した2人：田尻智と石原恒和」
54 携帯型ゲーム機としては米アタリのリンクスが一番乗りを果たしている。だがネットワークゲームのできるゲーム機の商品化で先行したのは横井だ。任天堂が1983年に発売した『役満』という麻雀ゲームがそれである。他のゲーム機とつないでマルチプレイができる。

11 この箇所は以下から構成した：
小牧雅伸『機動戦士ガンダムの時代 1981 年 2 月 22 日アニメ新世紀宣言』（武田ランダムハウスジャパン、2009 年）、23-37。

「あのときアニメが変わった：1981 年アニメ新世紀宣言」、朝日新聞 2009 年 10 月 17 日付。

「ドキュメントアニメ新世紀宣言」、NHK、2009 年 7 月 27 日放送。

12 「ガンダム誕生秘話」、NHK BS1、2018 年 12 月 6 日放送。

13 Eiji Otsuka, "Otaku Culture as 'Conversion Literature,' " in *Debating Otaku in Contemporary Japan,* ed. Patrick Galbraith, Thiam Huat Kam, and Björn-Ole Kamm (New York: Bloomsbury, 2015), xiv.

14 Osamu Isawa,「ガンダムのテーマは再生だ」、朝日新聞、1981 年 3 月 25 日付。

15 小牧、『機動戦士ガンダムの時代』、32。

16 同上。

17 Takeo Doi and John Bester, trans., *The Anatomy of Dependence* (New York: Kodansha America, 2014).

18 Lise Skov and Brian Moeran, eds., *Women, Media, and Consumption in Japan* (New York: Routledge, 1995), 250.

19 小谷真里 "Mari Kotani, Pioneer of Japanese Cosplay—Origins," FutureLearn, undated, https://www .futurelearn.com/courses/intro-to-japanese-subculture/0/steps/23609 (accessed January 20, 2020).

20 「黄金の 6 年間：アニメ新世紀宣言！　歴史を変えた機動戦士ガンダムの登場」https://reminder.top/211716232/

21 「ヤングだって辛抱強いよ：アニメ映画に 600 人行列」、朝日新聞、1981 年 3 月 14 日付。

22 「ガンダムで映画化された作品を振り返る」、Datagundam.com, October 11, 2018, https://datagundam.com/memo/gundam-movies/.

23 以下を参照されたい。
https://www.tokyo-np.co.jp/article/72380

24 「異常人気のプラモデル」、朝日新聞、1982 年 3 月 1 日付。

25 富野由悠季「時代を翔ける富野由悠季 4：宮崎駿監督に近づきたい」、毎日新聞、2009 年 11 月 10 日付。https://web.archive .org/web/20091124041900/http://mainichi.jp/select/opinion/kakeru/news/20091110ddm004070227000c.html.

26 Matt Alt, "What Kind of Otaku Are You?" *Néojaponisme,* April 2, 2008, https://neojaponisme.com/2008/04/02/what-kind-of-otaku-are-you/.

27 Parissa Haghirian, *Japanese Consumer Dynamics* (New York: Palgrave Macmillan, 2011), 147.

28 著者によるインタビュー、東京にて 2014 年 5 月 28 日。

29 『吾妻ひでお』、KAWADE 夢ムック（河出書房新社、2011 年）

30 Patrick W. Galbraith, *The Moé Manifesto: An Insider's Look at the Worlds of Manga, Anime, and Gaming* (Singapore: Tuttle Publishing, 2014), 181.

31 中森明夫「おたくの研究」、漫画ブリッコ資料館、http://www.burikko.net/people/otaku01.html

32 町山智浩への著者によるスカイプ経由のインタビュー、2014 年 4 月五日。

33 南信長『現代マンガの冒険者たち』（NTT 出版、2008 年）、32-38。

34 石沢啓、*Suntory Saturday Waiting Bar Avanti,* "Vol. 132," Tokyo FM Podcast, October 4, 2008, https:// podcasts.tfm.co.jp/podcasts/tokyo/avanti/avanti_vol132.mp3.

35 Dave Kehr, "Japanese Cartoon 'Akira' Isn't One for the Kids," *Chicago Tribune,* March 30, 1990.

36 James B. Twitchell, *Adcult USA* (New York: Columbia University Press, 1997), 103–4.

37 Gary Cross and Gregory Smits, "Japan, the U.S. and the Globalization of Children's Consumer Culture," *Journal of Social History* 38, no. 4 (2005): 873.

38 Marc Steinberg, *Anime's Media Mix: Franchising Toys and Characters in Japan* (Minneapolis: University of Minnesota Press, 2012).

39 As reported on Animecons.com, "Anime Expo 1996 Information," https://animecons.com/events/info/150/anime-expo-1996 (accessed January 20, 2020).

40 Comic Market Preparations Committee, "What Is the Comic Market?," Comiket.co.jp, February 6, 2008, https://www.comiket.co.jp/info-a/WhatIsEng080225.pdf.

41 Lawrence Eng, "In the Eyes of Hideaki Anno, Writer and Director of *Evangelion,*" Evaotaku.com, undated, http://www.evaotaku.com/omake/anno.html (accessed January 20, 2020).

42 マイケル・ハウスへの著者によるインタビュー、2020 年 1 月 27 日。

43 以下を参照されたい。八本正幸『世界の果てのアニメ』（青弓社、2000 年）、29。
https://books.google.co.jp/books?id=zYJwDgAAQBAJ&pg=PA29&dq=庵野%E3%80%80僕はシンジだ&hl=ja&sa=X&ved=2ahUKEwiC9IvMoaPuAhXMIqYKHVO6AV0Q6AEwAXoECAUQAg#v=onepage&q=庵野%E3%80%80僕はシンジだ&f=false

44 Hiroko Tabuchi, "In Search of Adorable, as Hello Kitty Gets Closer to Goodbye," *The New York Times,* May 14, 2010, https://www.nytimes.com/2010/05/15/business/global/15kitty.html.

45 シネマランキング通信「歴代興行収入ベスト 100」、Kogyotsushin.com, January 19, 2020, http://www.kogyotsushin.com /archives/alltime/.

46 Robert Osbourne, *85 Years of the Oscar: The Official History of the Academy Awards* (New York: Abbeville Press, 2013), 357.

47 "Miyazaki Mum on Oscar, Citing War," *The Japan Times,* March 25, 2003, https://www.japantimes.co.jp /news/2003/03/25/national/miyazaki-mum-on-oscar-citing-war.

48 同上。

49 Egan Loo, "Ghibli Hangs Anti-Nuclear Power Banner on Rooftop," Anime News Network, June 17, 2011, https://www .animenewsnetwork.com/interest/2011-06-17/ghibli-hangs-anti-nuclear-power-banner-on-rooftop.

50 Roger Ebert, "My Neighbor Totoro," RogerEbert .com, October 07, 1999
https://www.rogerebert.com/roger-ebert/japanese-animation-unleashes-the-mind

51 Bill Higgins, "Hollywood Flashback: 13 Years Ago, 'Spirited Away' Was an Anime Smash," *The Holly wood Reporter,* December 15, 2016, https://www.hollywoodreporter.com/news/hollywood-flashback-13-years-spirited-away-was-an-anime-smash-955244.

52 Brian Ashcraft, "Studio Ghibli Is Not Dead Yet," Kotaku, August 4, 2014, https://kotaku.com/studio-ghibli-is-not-dead-yet-1615520289.

53 W. David Marx, " '30 Rock' Features the Japanese Body Pillow Meme," CNN Travel, January 19, 2010, http://travel.cnn.com/tokyo/none/30-rock-plays-japanese-body-pillow-meme-989189/.

54 Gita Jackson, "It's Time to Stop Acting Like Nobody Watches Anime," Kotaku, March 12, 2015, https://kotaku.com/it-s-time-to-stop-acting-like-nobody-watches-anime-1823713450.

第 8 章

1 Christian Nutt and Yoshi Sato, "CEDEC 09: Keynote—Gundam Creator: 'Video Games Are Evil'," *Gamasutra,* September 7, 2009. https://www.gamasutra.com/view/news/116062/CEDEC_09_Keynote__Gundam_Creator_Video_Games_Are_Evil.php

2 David Sheff, *Game Over: How Nintendo Conquered the World* (Wilton, Conn.: GamePress, 1999), 208.

3 このシーンは以下のソースから合成した。
Justin Berube, "Poke Memories," Nintendo World Report, February 27, 2016, http://www.nintendoworldreport.com/feature/41952/poke-memories -justin-berube-features-editor. .
John Lippmann, "Creating the Craze for Pokémon: Licensing Agent Bet on U.S. Kids," *The Wall Street Journal,* August 16,

com/rogers-journal/japanese-animation-unleashes-the -mind.
11 Ryu Murakami, “Japan’s Lost Generation,” *AsiaNow,* May 1, 2000, https:/edition.cnn.com/ASIANOW/time/magazine/2000/0501/japan.essaymurakami.html.
12 佐香智久作詞・作曲「ピカチュウのうた」より。

第 6 章

1 Joshua Green, “Inside Man,” *The Atlantic,* April 2010. https://www.theatlantic.com/magazine/archive/2010/04 /inside-man/307992/
2 Akiko Fujita, “‘The Hunger Games,’ a Japanese Original?,” ABC News, March 22, 2012, https://abcnews .go.com/blogs/headlines/2012/03/the-hunger-games-a-japanese-original.
3 Lewis Wallace, “Tarantino Names Top 20 Movies Since *Reservoir Dogs,*” *Wired,* August 17, 2009, https://www.wired.com/2009/08/tarantino-names-top-20-movies-since -reservoir-dogs/.
4 Doug Struck, “Van Gogh’s Portrait in Intrigue,” *The Washington Post,* July 29, 1999, https://www.washingtonpost.com/archive /lifestyle/1999/07/29/van-goghs-portrait-in-intrigue.
5 Eric Johnston, “Lessons from When the Bubble Burst,” *The Japan Times,* January 6, 2009, https://www.japantimes.co.jp/news/2009 /01/06/reference/lessons-from-when-the-bubble-burst.
6 日本の土地価格については、以下を参照されたい。内閣府経済社会総合研究所「地価変動に翻弄された日本経済」
http://www.esri.go.jp/jp/others/kanko_sbubble/analysis_04_01.pdf
アメリカの土地価格との比較については、以下を参照されたい。
Martin Fackler, “Take It from Japan: Bubbles Hurt,” *The New York Times,* December 25, 2005, https://www.nytimes .com/2005/12/25/business/yourmoney/take-it-from-japan-bubbles-hurt.html.
7 このとき 1 平米 3650 万円に達し、坪換算で 1 億越えとなった。以下を参照されたい。https://bizgate.nikkei.co.jp/article/DGXZZO33095460180720180000000?page=2
8 週刊テーミズ、1990 年 11 月 7 日号、159。
9 辻『これがサンリオの秘密です。』、13。
10 山口『キティの涙』、148。
11 尾崎、MY KITTY、56、106。
12 山口『キティの涙』、156。
13 黒沼克史はこのルポをのちに著書『援助交際　女子中高生の危険な放課後』（文藝春秋、1996 年）にまとめている。
14 山口『キティの涙』、162。
15 Mark I. West, ed., *The Japanification of Children’s Popular Culture: From Godzilla to Miyazaki* (Lanham, Md.: Scarecrow Press, 2009), 33.
16 山根『ギャルの構造』、151。
17 ASAYAN, “ 小室ギャルソング・スペシャル：華原朋美 ”, *TV Tokyo,* June 2, 1996, https://www.youtube.com/watch?v=EO3hDXsWl2s.
18 Ken Belson and Brian Bremner, *Hello Kitty: The Remarkable Story of Sanrio and the Billion Dollar Feline Phenomenon* (Singapore: Wiley, 2004), 47.
19 Ibid., 49.
21 安友雄一への著者によるインタビュー（2018 年 12 月 7 日）。
21 Jonathan Coopersmith, “Pornography, Technology, and Progress,” *Icon* 4 (1998): 94–95.
22 元ソニー・ミュージックエンターテインメント社長の丸山茂雄は、川上量生との対談で、「実際のところ、俺だってこの話に食いついたのは、家庭でカラオケをやりたかったからなんだよ」と回想している。「当時はまだ通信カラオケもない時代だったしね」。「久夛良木が面白かったからやってただけ：プレイステーションの立役者に訊くその誕生秘話」2016 年 10 月 25 日を参照されたい。
https://news.denfaminicogamer.jp/interview/ps_history/2
23 烏賀陽『カラオケ秘史』、134。
24 著者との個人的なメール、2018 年 12 月 10 日。
25 烏賀陽『J ポップとは何か』（岩波新書、2005 年）、191。
26 James Sterngold, “Gang in Kobe Organizes Aid for People in Quake,” *The New York Times,* January 22, 1995, 9.
27 Genda Yuji, “The Lingering Effects of Japan’s ‘Employment Ice Age,’” Nippon.com, May 23, 2018, https://www.nippon.com/en/currents/d00406 /the-lingering-effects-of-japan’s-employment-ice-age.html.
28 横井昭裕『たまごっち誕生記』（KK ベストセラーズ、1997 年）、36。
29 同上、109。
30 同上、48。
31 以下を参考にした。https://artscape.jp/dictionary/modern/1198650_1637.html
https://www.artpedia.asia/hetauma/
32 横井『たまごっち誕生記』、51。
33 同上、104。
34 目黒譲二「0840, 724106, 14106: ポケベルが 39 年の歴史に幕」、*Cnet Japan,* March 13, 2007, https://japan.cnet.com/article/20345133/.
35 このエピソードは下記のブログから構成した。
「SP 連れてたまごっちをください」、月夜野ブログ、April 21, 2016, https:// ameblo.jp/tsukiyono-kd/entry-12152623726.html.
「宮澤喜一の孫が語るおじいさんのすごすぎ秘話」、女性自身、February 2, 2015, https://jisin.jp /domestic/1622622/.
「宮澤喜一の孫娘メレンゲの気持ち、ラフラー宮澤エマ 8 月 22 日」、August 22, 2015, https://meringue4c.blog.ss-blog.jp/2015-08-22-2.
36 バンダイ「たまごっち公式ホームページ」https://toy.bandai.co.jp/series/tamagotchi/about/
37 livedoor News「指原のアイドル論にファン賛否」https://news.livedoor.com/article/detail/8159790/
38 Yukari Iwatani Kane, “Apple’s Latest iPhone Sees Slow Japan Sales,” *The Wall Street Journal,* September 15, 2009, https://www.wsj.com/articles/SB122143317323034023.
39 栗田穣崇「絵文字はどのようにして生まれ、世界に広がっていったのか」
https://www.jstage.jst.go.jp/article/bplus/11/3/11_199/_pdf

第 7 章

1 Mami Sunada, dir., *The Kingdom of Dreams and Madness,* Toho Company, 2013. 以下も参照されたい。
http://blog.livedoor.jp/goldennews/archives/51828487.html
2 朝日新聞、1997 年 7 月 18 日付、
https://evacollector.com/matome-newspaper/.
3 日本映画製作者連盟「過去配給収入上位作品」1997 年 http://www.eiren.org/toukei/1997.html.
4 第 21 回日本アカデミー賞優秀作品
https://www.japan-academy-prize.jp/prizes/?t=21
5 朝日新聞「ブームが映す病んだ世代」、1997 年 7 月 19 日付。
6 Yasuhiro Takeda, *The Notenki Memoirs: Studio Gainax and the Men Who Created “Evangelion”* (Houston: ADVManga, 2005), 167–71.
7 Ibid., 50–54.
8 Dani Cavallaro, *The Art of Studio Gainax: Experimentation, Style and Innovation at the Leading Edge of Anime* (Jefferson,N.C.:McFarland,2009),59.
9 Aaron Stewart-Ahn, “Neverending *Evangelion*: How Hideaki Anno Turned Obsessions and Depression into an Anime Phenomenon,” Polygon, June 19, 2019, https://www.polygon.com/2019/6/19/18683634/neon-genesis-evangelion-hideaki-anno-depression-shinji-anime-characters-movies.
10 株式会社カラー／庵野秀明個人履歴
https://www.khara.co.jp/hideakianno/

Size, Share & Trends Analysis Report by Product," June 2019, https://www.grandviewresearch .com/industry-analysis/earphone-and-headphone-market.

37 Mark Gurman, "Apple to Stop Reporting Unit Sales of iPhones, iPads and Macs," Bloomberg, November 1, 2018, https:// www.bloomberg.com/news/articles/2018-11-01/apple-to-stop-reporting -unit-sales-of-iphones-ipads-and-macs.

38 Heidi Moore, "Apple Buys Dr Dre's Beats for $3bn as Company Returns to Music Industry," *The Guardian,* May 28, 2014, https://www.theguardian.com/technology/2014 /may/28/apple-buys-beats-dr-dre-music-streaming.

39 ソニーの元エンジニア田村新吾への著者によるインタビュー(東京、2019年1月29日)。田村は、大曽根のテープレコーダー部門と、ヘッドフォン開発を行っていたハイファイ・オーディオ部門との仲を取り持つ格好になった。「大曽根さんは、なんというか、ふつうの人じゃないんです」と田村は語った。「彼は独自のタイムテーブルで動いている。ウォークマンのデザインとマーケティングを担当する黒木靖夫はチームで動くことを知っている。だから彼は私を呼んだんです」。田村は自己紹介し、二人は協力することになった。

40 黒木『ウォークマンかく戦えり』、46。

41 Morita, *Made in Japan,* 81.

42 黒木『ウォークマンかく戦えり』、59。

43 Morita, *Made in Japan,* 81.

44 黒木『ウォークマンかく戦えり』、61。

45 黒木『ウォークマンかく戦えり』、64。

46 ソニーのPR部門にいた河野透への著者によるインタビュー(東京、2019年3月12日)。

47 黒木『ウォークマンかく戦えり』、68。しかし実際には盛田は海外支社がそれぞれ固有のネーミングにすることを許可した。アメリカでは "Soundabout" に、イギリスでは "Stowaway" に、オーストラリアでは "Freestyle" になった。結局、盛田が最終的に名称を世界的に統一し、"Walkman" に落ち着いた。(Nathan, *Sony,* 154.)

48 Tim McMahon, "Japanese Inflation Higher than U.S.—First Time Since 1978," Inflation Data Blog, June 28, 2014, https://inflationdata.com/articles/2014/06/28/japanese-inflation-higer-time-1978/.

49 Steven L. Kent, *The Ultimate History of Video Games* (New York: Three Rivers Press, 2010), chapters 4–6.

50 Owen W. Linzmayer, *Apple Confidential 2.0: The Definitive History of the World's Most Colorful Company* (San Francisco: No Starch Press, 2004), 3–4.

51 Nolan Bushnell, "I'm Apple Co-founder Steve Wozniak, Ask Me Anything!" Reddit, undated, https://www .reddit.com/r/IAmA/comments/2e7z17/i_am_nolan_bushnell_founder_of_atari_chuck_e/ (accessed January 23, 2020).

52 Wolfram Manzenreiter, "Time, Space, and Money: The Cultural Dimensions of the 'Pachinko' Game," in *The Culture of Japan as Seen through Its Leisure,* ed. Sepp Linhart and Sabine Fruhstruck (Albany: State University of New York Press, 1998), 363.

53 "Even without Casinos, Pachinko-Related Gambling Accounts for 4% of Japan's GDP," *The Japan Times,* February 7, 2017, https://www.japantimes.co.jp/news/2017 /02/07/national/even-without-casinos-pachinko-related-gambling-accounts-4-japans-gdp/.

54 Steven L. Kent, The Ultimate His- tory of Video Games, vol. 2: From Pong to Pokémon and Beyond (New York: Three Rivers Press, 2010), chapter 6.

55「近代ビデオゲームの原点インベーダーゲームを生んだ西角友宏氏インタビュー」、https://igcc.jp/ 西角友宏 1/

56 山崎功『任天堂コンプリートガイド玩具編』(主婦の友社、2014年)、135。

57 邦光史郎「インベーダー作戦」、ルポルタージュ日本、NHK、1979年6月23日放送。

58 Mark J. P. Wolf, *The Medium of the Video Game* (Austin: University of Texas Press, 2010), 44.

59 Tom Zito, "Stepping to the Stereo Strut," *The Washington Post,* May 12, 1981, https://www.washingtonpost.com/archive/lifestyle/1981/05/12/stepping-to-the-stereo-strut.

60 Ibid.

61 ピーター・バラカンと著者との個人的会話、2018年四月。

62 Zito, "Stepping."

63 Ibid.

64 Matthew Lasar, *Radio 2.0: Uploading the First Broadcast Medium* (Santa Barbara, Calif.: Praeger, 2016), 23.

65 Bruce Headlam, "Origins; Walkman Sounded Bell for Cyberspace," *The New York Times,* July 29, 1999, https://www.nytimes.com/1999/07/29/technology/origins -walkman-sounded-bell-for-cyberspace.html.

66 Zito, "Stepping."

67 細川周平への著者によるインタビュー(京都、2019年3月28日)。

68 Randall Rothenberg, "Ads That Bash the Japanese: Just Jokes or Veiled Racism?" *The New York Times,* July 11, 1990.

69 ドイツに生まれブラジルで育ったアンドレアス・パヴェルは、1972年に「ステレオベルト」というものを発明し、1977年にイタリアで特許をとった。ウォークマンが発売される1年前のことである。パヴェルはこのアイデアをいくつかのメーカーに当たったが、製品化にはいたらなかった。ウォークマン発売後もソニーには誰も彼の発明に気づいている人間はいないようだった。パヴェルは1990年にソニーを相手取って訴訟を起こす。二転三転ののち、ソニーは2004年にパヴェルにロイヤルティを払うことで決着した。金額は公表されていない。以下を参照されたい。Rebecca Tuhus-Dubrow, *Personal Stereo* (New York: Bloomsbury, 2017), 24, 34.

70 Yasushi Watanabe and David L. McConnell, eds., *Soft Power Superpowers: Cultural and National Assets of Japan and the United States* (New York: Routledge, 2015), 104.

71 Matt Alt, "Japan's Forgotten First Astronaut," Néojaponisme, June 7, 2011,
https:// neojaponisme.com/2011/06/07/japans-forgotten-first-astronaut/.

第 2 部

1 Unsigned editorial, "GOODBYE, JAPAN INC.," *The Washington Post,* November 25, 1997, https://www.washingtonpost .com/archive/opinions/1997/11/25/goodbye-japan-inc/.

2 任天堂スーパーファミコンの広告(欧米ではスーパーエンターテインメントシステムの名称で発売された)。

3 A caption to a cartoon drawn by Peter Steiner and published by *The New Yorker* on July 5, 1993.

4 パワーレンジャーは日本の東映が制作した戦隊シリーズの海外版の名称。

5 Sylvia Nasar, "The American Economy, Back on Top," *The New York Times,* February 27, 1994, https://www.nytimes.com/1994/02/27/business/the-american-economy -back-on-top.html.

6 アニメ『美少女戦士セーラームーン』の決め台詞。

7 J. C. Herz, "GAME THEORY; The Japanese Embrace Hip-Hop, and Parappa Is Born," *The New York Times,* March 12, 1998, https://www.nytimes.com/1998/03/12 /technology/game-theory-the-japanese-embrace-hip-hop-and-parappa-is-born.html.

8 Andrew Pollack, "Japan's Newest Young Heartthrobs Are Sexy, Talented and Virtual," *The New York Times,* November 25, 1996, https://www.nytimes.com/1996/11/25/business/japan-s-newest-young-heartthrobs-are-sexy-talented-and-virtual.html.

9 Kathryn Tolbert, "Japan's New Material Girls 'Parasite Singles' Put Off Marriage for Good Life," *The Washington Post,* February 10, 2000, https://www.washingtonpost .com/wp-srv/WPcap/2000-02/10/101r-021000-idx.html.

10 Roger Ebert, "Japanese Animation Unleashes the Mind," Roger Ebert's Journal, October 7, 1999, https:// www.rogerebert.

(Portland, Ore.: Image Comics, 2016), 102.
50 霜月たかなか『コミックマーケット創世記』(朝日新聞出版、2008年)、95-96。
51 コミックマーケット準備会・編『コミケット30年のあゆみ』(コミケットプレス、2005年)、31-35。
https://www2.comiket.co.jp/archives/30th/30th_025_030.pdf
52 上前『サンリオの奇跡』, 118-119。
53 同上、121。
54 サンリオ/パティ&ジミーのプロフィール https://www.sanrio.co.jp/character/pattyandjimmy/#char_profile
55 「パティとジミーのサンリオ:アイデアで勝負　売上高利益年ごとに倍に」、朝日新聞1977年7月16日。
56 以下に引用された:清水美知子「いちご新聞にみるハローキティ像の変遷」、関西国際大学研究紀要10号(2009年3月31日)、103。
57 辻『これがサンリオの秘密です。』、100。
58 清水「ハローキティ像の変遷」、103。
59 サンリオ/ハローキティのプロフィール
https://www.sanrio.co.jp/character/hellokitty/
60 朝日新聞1977年7月16日。
61 同上。
62 山口裕子『キティの涙』(集英社、2009年)、19-20。
63 左尾昭典「ニンテンドークラシックミニファミリーコンピュータ」発売記念インタビュー第1回「ドンキーコング」編(2016年10月14日)、
https://topics.nintendo.co.jp/c/article/cb4c1aca-88fb-11e6-9b38-06 3b7ac45a6d.html.
64 Chris Kohler, *Power-Up: How Japanese Video Games Gave the World an Extra Life* (New York: Dover, 2016), 33.
65 「社長が訊く Newスーパーマリオブラザーズ Wii その1 宮本茂 2 オーバーオールを着ている理由」2009年11月13日、https://www.nintendo.co.jp/wii/interview/smnj /vol1/index2.html#list.
66 著者によるインタビュー、2019年3月18日。
67 たとえばエレクトロニックゲーム誌1983年5月号の表紙には「キュートゲームの攻略ガイド」と書かれている。
68 Steve Bloom, *Video Invaders,* (New York: Arco, 1982), 42–43.
69 山口『キティの涙』、20、101。
70 同上、102。
71 山根一眞『ギャルの構造』(講談社、1993年)、25。
72 同上、29。
73 難波功士「戦後ユース・サブカルチャーズをめぐって(5)コギャルと裏原系」、関西学院大学社会学部紀要100号、2006年3月。
74 辻信太郎「サンリオおもしろ図鑑」サンリオビデオ、1993年11月。
75 アペロッサ福岡「ハローキティ・アート展」、アペロッサ福岡ブログ、2011年10月7日、http:// apefukuoka.blog55.fc2.com/blog-entry-24.html.
76 Aaron Marcus, Masaaki Kurosu, Xiaojuan Ma, and Ayako Hashizume, *Cuteness Engineering: Designing Adorable Products and Services* (Switzerland: Springer, 2017), 134.
77 上前『サンリオの奇跡』, 113。
78 同上、87。

5 章

1 William Gibson, *Time Out,* October 6, 1993, 49.
2 Walter Isaacson, *Steve Jobs* (New York: Simon & Schuster, 2011), 146. (邦訳『スティーブ・ジョブズ I・II』講談社、2011年)
3 Alan Deutschman, *The Second Coming of Steve Jobs* (New York: Broadway Books, 2000), 29.
4 George Beahm, *Steve Jobs's Life by Design: Lessons to Be Learned from His Last Lecture* (New York: St. Martin's Press, 2014), 29.
Ibid., 29.
6 "4,000 Tiny Radios Stolen in Queens," *The New York Times,* January 24, 1958, 17.
7 "How to Succeed by Being Robbed," Sony.net (page on company website), https://www.sony.net /SonyInfo/CorporateInfo/History/SonyHistory/1-07.html#block5 (accessed October 9, 2019).
8 Akio Morita, *Made in Japan* (New York: E. P. Dutton, 1986), 83. (邦訳『MADE IN JAPAN』、朝日新聞社)
9 Ibid., 4, 30–32.
10 ソニー公式サイト "Sony History" 第1部第1章 https://www.sony.co.jp/SonyInfo/CorporateInfo/History/SonyHistory/1-01.html
11 ソニー公式サイト "Sony History" 第1部第2章
https://www.sony.co.jp/SonyInfo/CorporateInfo/History/SonyHistory/1-02.html
12 John Nathan, *Sony: The Private Life* (New York: Houghton Mifflin, 1999), 52.
13 ソニー公式サイト "Sony History" 第1部第4章 https://www.sony.co.jp/SonyInfo/CorporateInfo/History/SonyHistory/1-04.html
14 Martin Fransman, *Innovation Ecosystems: Increasing Competitiveness* (Cambridge: Cambridge University Press: 2018), 126 –27.
15 Michael B. Schiffer, *The Portable Radio in American Life* (Tucson: University of Arizona Press, 1992), 225.
16 Nathan, *Sony,* 35.
17 Schiffer, *The Portable Radio,* 223.
18 David Laws, "13 Sextillion & Counting: The Long & Winding Road to the Most Frequently Manufactured Human Artifact in History," CHM Blog, April 2, 2018, https:// computerhistory.org/blog/13-sextillion-counting-the-long-winding-road-to -the-most-frequently-manufactured-human-artifact-in-history/.
19 Morita, *Made in Japan,* 86.
20 Ibid., 89.
21 Ibid., 91.
22 Ibid., 88.
23 http://www.oqx1.jp/works/SonyHistory/1-9/h4.html
24 ソニー公式サイト "Sony History" 第1部第13章
https://www.sony.co.jp/SonyInfo/CorporateInfo/History/SonyHistory/1-13.html
25 Ibid.
26 Nathan, *Sony,* 71.
27 ソニー公式サイト "Sony History" 第1部第7章
https://www.sony.co.jp/SonyInfo/CorporateInfo/History/SonyHistory/1-7.html
28 Nathan, *Sony,* 71.
29 Morita, *Made in Japan,* 79. ソニー公式サイト第2部第5章も参照されたい。
https://www.sony.co.jp/SonyInfo/CorporateInfo/History/SonyHistory/2-05.html
30 Lyle Owerko, *The Boombox Project: The Machines, the Music, and the Urban Underground* (New York: Harry N. Abrams, 2010), 26.
31 初代ウォークマンの開発者として知られるエンジニアの大曽根幸三のロングインタビュー「管理屋の跋扈でソニーからヒットが消えた」、日経ビジネスオンライン、2016年5月30日
https://business.nikkei.com/atcl/interview/16/031800001/052700007/
以下も参照されたい。黒木靖夫『ウォークマンかく戦えり』(筑摩書房、1990年)、46。
32 David Kamp, "Music on the Moon: Meet Mickey Kapp, Master of Apollo 11's Astro-Mixtapes," *Vanity Fair,* December 14, 2018, https://www.vanityfair.com/hollywood/2018/12/mickey-kapp-apollo-11-astro-mixtapes.
33 Morita, *Made in Japan,* 79–80.
34 Nathan, *Sony,* 154.
35 *Life,* October 24, 1960, 43.
36 Grand View Research, "Earphones & Headphones Market

24 Christine R. Yano, *Tears of Longing* (Cambridge, Mass.: Harvard University Press, 2002), 31–40.
25 「ポピュラー新風俗　カラオケ」、朝日新聞 1977 年 4 月 5 日付。
26 「ボーン・イン・ザ USA、カラオケに」朝日新聞 1985 年 11 月 19 日付。
27 山下久猛「女流しの生きる道」、2016 年 5 月 2 日、http://www.okamura.co.jp/magazine/wave /archive/1605chieA.html.
28 片岡、全国カラオケ事業者協会 20 周年記念誌、80。
29 Xun Zhouand Francesca Tarocco, *Karaoke: The Global Phenomenon* (London: Reakton Books, 2013), 32.
30 Ronald L. Rhodes, "What's New in Japanese Consumer Electronics; in New Products, Small Is Beautiful," *The New York Times,* May 8, 1983, section 3, 15.
31 *Public Papers of the Presidents of the United States: George H. W. Bush, 1992–1993* (Washington, D.C.: U.S. Government Printing Office,1993), 1371.
32 Mary J. Blige, "Music Interviews: Mary J. Blige, Making 'The Breakthrough,' " *All Things Considered,* NPR, January 21, 2006.
33 Scott, "Voice Hero."
34 烏賀陽『カラオケ秘史』、46。
35 Pico Iyer, "Daisuke Inoue," *Time,* August 23, 1999, http://content.time.com/time/world/article/0,8599,2054546,00.html.
36 "The Man Who Taught the World to Sing," *The Independent,* May 24, 2006, https://www.independent.co.uk/news/world/asia/the-man-who-taught-the-world-to-sing-479469.html.

第 4 章

1 尾崎裕雄編集、『MY KITTY』(飛鳥新社、1997 年)、12。
2 サンリオはハローキティ単体の売り上げは公表していないが、ハローキティだけで同社売上高の 80%を占めると推測される。サンリオの 2018 年度の売上高はおおよそ 600 億円だった（過去最高の売上高は 2008 年の 900 億円以上)。以下も参照されたい。Naoko Fujimura and Emi Urabe, "Sanrio to Cut Reliance on Hello Kitty," *The Japan Times,* July 14, 2011,
https:// www.japantimes.co.jp/news/2011/07/14/business/sanrio-to-cut-reliance-on -hello-kitty
3 License Global, "Top 100 Global Licensors," Licenseglobal.com, April 6, 2018, https://www.licenseglobal.com/stub/top-100-global-licensors; and Shared Research, "Sanrio / 8136," Sharedresearch.jp, May 11, 2018, https://sharedresearch.jp/system/report_updates/pdfs/000/019/191/original/8136_EN_20180511.pdf.
4 Lizzie Dearden, "Syrian Rebel Leader Gives Speech to Islamist Militants with Hello Kitty Notebook," *The Independent,* July 4, 2014, https://www.independent.co.uk/news/world /middle-east/syrian-rebel-leader-gives-speech-to-islamist-militants-with -hello-kitty-notebook-9583629.html.
5 Joshua Paul Dale, Joyce Goggin, Julia Leyda, Anthony P. McIntyre, and Diane Negra, eds., *The Aesthetics and Affects of Cuteness* (New York: Routledge, 2016), 37.
6 細野正信『竹久夢二』(保育社、1972 年)、123。
7 萩原珠緒「大正初期・日本文化の一側面：竹久夢二の「港屋絵草紙店」にみる異国趣味と東京・日本橋界隈」
https://kinbi.pref.niigata.lg.jp/pdf/kenkyu/2002/02hagiwara.pdf
8 Nozomi Naoi（直井乃ぞみ), "Beauties and Beyond: Situating Takehisa Yumeji and the Yumeji-shiki," *Andon* 98 (December 2014): 29.
9 小暮修「カワイイの十段活用」、クレア（1992 年 11 月号)、58-59。
10 上前淳一郎『サンリオの奇跡』(PHP 研究所、1979 年)、19。
11 Tomoko Otake, "Shintaro Tsuji: 'Mr. Cute' Shares His Wisdoms and Wit," *The Japan Times,* March 2, 2008, https://www.japantimes.co.jp/life/2008/03/02/people/shintaro-tsuji-mr-cute-shares-his -wisdoms-and-wit.
12 辻信太郎『これがサンリオの秘密です。』(扶桑社、2000 年)、113。
13 Frederik Schodt, *Manga! Manga! The World of Japanese Comics* (Tokyo: Kodansha, 2001), 51.
14 Otake, "Shintaro Tsuji: 'Mr. Cute.'"
15 Ruth Benedict, *The Chrysanthemum and the Sword* (New York: Mariner Books, 2005), 169.（邦訳『菊と刀』)
16 Dower, *Embracing Defeat,* 89.
17 辻『これがサンリオの秘密です。』、114。
18 同上、119。
19 上前『サンリオの奇跡』, 29。
20 Otake, "Shintaro Tsuji: 'Mr. Cute.'"
21 上前『サンリオの奇跡』, 41。
22 辻自身は内藤のデザインだったとは言っていないが、時代背景やイチゴのモチーフだったことを考えると、その可能性はきわめて高い。以下を参照されたい。
https://www.naitou-rune.jp/pioneer/
23 上前『サンリオの奇跡』, 41。
24 辻『これがサンリオの秘密です。』、93-94。
25 Sigur, *Influence of Japanese Art on Design,* 154.
26 Sharon Kinsella, "Cuties in Japan," in Lise Skov and Brian Moeran, *Women, Media, and Consumption in Japan* (New York: Routledge, 2013), 226.
27 上前『サンリオの奇跡』, 43。
28 同上、45。
29 Jonathan Bollen, "Nichigeki Music Hall," Research on Performance and Desire, March 20, 2011, http://jonathanbollen.net/2011/03/20/nichigeki-music-hall/.
30 水森亜土『水森亜土』(河出書房新社、2010 年), 96–97。
31 武田京子「生きるのが楽になる、水森亜土さんの落ち込み解消法」、*MYLOHAS,* March 15, 2013, https://www.mylohas.net /2013/03/028247post_1627.html.
32 西沢正史『サンリオ物語』(サンリオ、1990 年)、43。
33 辻『これがサンリオの秘密です。』、92-93。
34 Joshua Paul Dale, Joyce Goggin, Julia Leyda, Anthony P. McIntyre, and Diane Negra, eds., *The Aesthetics and Affects of Cuteness* (New York: Routledge, 2016), 44.
35 Konrad Lorenz, "Biographical"
https://www.nobelprize.org/prizes/medicine/1973/lorenz/biographical/
36 Konrad Lorenz, "Die angeborenen Formen möglicher Erfahrung", Z Tierpsychol. 1943;5:235–409.
37 Stephen Jay Gould, "A Biological Homage to Mickey Mouse," *Ecotone* 4, no. 1–2 (Winter 2008): 333–40.（邦訳『パンダの親指』上巻、早川書房に収録)
38 Charles Schulz, *The Complete Peanuts,* vol. 1: *1950–1952* (Seattle: Fantagraphics, 2014), 294.
39 Matt Groening, "Oh Boy, Charlie Brown," *The Guardian,* October 11, 2008, https://www.theguardian.com/books/2008/oct/11/peanuts-matt-groening-jonathan-franzen.
40 Schulz, *The Complete Peanuts*, 1:293.
41 Sarah Boxer, "The Exemplary Narcissism of Snoopy," *The Atlantic,* November 2015.
42 辻『これがサンリオの秘密です。』、96-97。
43 上前『サンリオの奇跡』, 132。
44 西沢『サンリオ物語』、122-25。
45 辻『これがサンリオの秘密です。』、105。
46 上前『サンリオの奇跡』, 42。
47 萩尾望都『ポーの一族』第一巻
48 Moto Hagio, "The Moto Hagio Interview conducted by Matt Thorn," *The Comics Journal,* March 9, 2010, https://web.archive.org/web/20100510033709/http://www.tcj.com/history /the-moto-hagio-interview-conducted-by-matt-thorn-part-one-of-four/.
49 Frenchy Lunning, "Moto Hagio," in *She Changed Comics*

7 Natsu Onoda Power, *God of Comics: Osamu Tezuka and the Creation of Post–World War II Manga* (Jackson: University Press of Mississippi, 2009), 61–62.
8 Gary Groth, "Yoshihiro Tatsumi Interview," *The Comics Journal,* http://www.tcj.com/yoshihiro-tatsumi-interview/ (accessed October 15, 2019).
9 Ryan Holmberg, "The Bottom of a Bottomless Barrel: Introducing Akahon Manga," *The Comics Journal*, January 5, 2012, http://www.tcj.com/the-bottom-of-a-bottomless -barrel-introducing-akahon-manga.
10 Ryan Holmberg, "Tezuka Osamu Outwits the Phantom Blot: The Case of *New Treasure Island* cont'd," *The Comics Journal,* February 22, 2013, http://www.tcj.com/tezuka-osamu-outwits-the-phantom-blot-the-case-of-new-treasure-island-contd.
11 手塚治虫公式サイト「手塚治虫について」 https://tezukaosamu.net/en /about/1940.html (accessed February 3, 2020).
12 手塚治虫『ぼくはマンガ家』（立東舎、2016 年）、248。
13 The Institute of Population Problems, Ministry of Health and Welfare, Japan, Supplement to *Population Problems in Japan* (United Nations World Population Conference, June 1974), 1.
14 桜井哲夫『廃墟の残響　戦後漫画の原像』（NTT 出版、2015 年）、115。
15 山田亮『上野発の夜行列車・名列車』（JTB 出版、2015 年）、64。
16 Power, *God of Comics,* 97.
17 手塚『ぼくはマンガ家』、251.
18 東映動画・編『東映動画長編アニメ大全集』（徳間書店、1978 年）、4–5。
19 Power, *God of Comics,* 131.
20 手塚『ぼくはマンガ家』、271。
21 「僕、『西遊記』の頃の東映動画が好きで、そのとき出てきた牛が好きなんですよ」と対談の中で宮本が語っている。「社長が訊くニンテンドー DSi Vol.8 小田部洋一 4 初仕事はじゅうたんの絵」より。http://iwataasks.nintendo.com/interviews/#/ds/dsi/7/3.
22 Harry Medved, with Randy Dreyfuss and Michael Medved, *The Fifty Worst Films of All Time (And How They Got That Way),* (New York: Warner Books, 1978), 21–23.
23 Jonathan Clements, *Anime: A History* (London: Palgrave Macmillan, 2013), 104.
24 皆河有伽『小説　手塚学校 1 テレビアニメ誕生』（講談社、2009 年）、127。
25 Clements, *Anime,* 80.
26 手塚『ぼくはマンガ家』、272。
27 皆河『小説　手塚学校 1』、136。
28 同上、163。
29 宮崎駿『出発点 1976–1996』（徳間書店、1996 年）、195。
30 皆河『小説　手塚学校 1』、163。
31 手塚『ぼくはマンガ家』、280。
32 同上。
33 同上、281–82。
34 Schodt, *The Astro Boy Essays,* 92.
35 開高健「マンガの神様　手塚治虫」週刊朝日 1964 年 2 月 21 日号。
36 手塚の試みの中には、西洋の「半身半獣」ものもあった。2014 年に手塚の長女るみ子は、亡き父の鍵のかかった引き出しから官能的なポーズをとったネズミ女のスケッチの束が出てきたと発表した。引用は、斎藤環『おたく神経サナトリウム』（二見書房、2015 年）、154。Rafael Antonio Pineda, "Osamu Tezuka's Previously Unreleased Erotic Illustrations Unveiled," Anime News Network, October 7, 2016, https://www.animenews network.com/news/2016-11-07/osamu-tezuka-previously-unreleased-erotic-illustrations-unveiled/.
37 Frederik Schodt, *Manga! Manga! The World of Japanese Comics* (Tokyo: Kodansha, 1983), 85.
38 Eiji Oguma and Nick Kapur, "Japan's 1968: A Collective Reaction to Rapid Economic Growth in an Age of Turmoil,"（混乱期の高度成長への共同体的反応）*The Asia-Pacific Journal* 13:12, no. 1 (March 23, 2015), 7.
39 同上、2。
40 秋山勝行『全学連は何を考えるか』（自由国民社、1969 年）、121–26; 137–39.
41 同上、3。
42 William Andrews, *Dissenting Japan: A History of Japanese Radicalism and Counterculture from 1945 to Fukushima* (London: Oxford University Press, 2016), 112–15.
43 三島由紀夫「劇画における若者論」、南伸坊編『日本の名随筆 62 漫画』に収録（作品社、1996 年）、110。
44 Oguma and Kapur, "Japan's 1968," 16.
45 加藤倫教『連合赤軍　少年 A』（新潮社、2003 年）、42–43。
46 Oguma and Kapur, "Japan's 1968," 14.
47 押井守、笠井潔『創造元年 1968』（作品社、2016 年）、24。
48 Alex Martin, "The Todai Riots: 1968–69," *The Japan Times,* https://features.japantimes.co.jp /student-riots/.
49 Oguma and Kapur, "Japan's 1968," 5.
50 Jonathan Watts, "Japanese Hijackers Go Home after 32 Years on the Run," *The Guardian,* September 8, 2002, https://www.theguardian.com/world/2002/sep/09/japan.jonathanwatts1.
51 立川政弘「よど号乗客 100 人の証言（特集）」（文藝春秋 1970 年 4 月 6 日号）、220。
52 塩見孝也『赤軍派始末記』（彩流社、2009 年）、57。
53 宮崎駿『出発点 1976–1996』、197。

第 3 章

1 George Bernard Shaw, *Selected Plays* (New York: Gramercy Books, 1996), 300.
烏賀陽弘道『カラオケ秘史』（新潮新書、2008 年）、43。
3 烏賀陽『カラオケ秘史』、43。
4 大下英治『カラオケを発明した男』（河出書房、2005 年）、69。
5 烏賀陽『カラオケ秘史』、43。
6 全国カラオケ事業者協会のウェブサイトには、井上大佑のほかに、根岸重一、山下年春、浜崎巖の名前が挙げられている。https://www.karaoke.or.jp/03nenpyo/# ～ 1970
7 Akio Morita, *Made in Japan* (New York: E. P. Dutton, 1986), 51.（邦訳『Made in Japan』朝日新聞社、1987 年）
8 烏賀陽『カラオケ秘史』、69。
9 NHK「紅白歌合戦ヒストリー」、https://www.nhk.or.jp/kouhaku/history/list.html
10 Oguma and Kapur, "Japan's 1968," 9.
11 「現代っ子のなりたい職業は……」、朝日新聞 1970 年 11 月 2 日付。
12 中日映画社 「サラリーマン諸君」、ニュース映画 No. 796、1969 年 4 月 2 日。https://www.youtube.com/watch?v=9_2A0KSKHe0
13 烏賀陽『カラオケ秘史』、49。
14 以下、本章における根岸に関する記述は、すべて著者のインタビューによる。インタビューは 2018 年 11 月 28 日に根岸宅で行われた。
15 大下『カラオケを発明した男』、90。
16 以下、8 JUKE に関する記述は以下に拠った。烏賀陽『カラオケ秘史』、39 ～ 42。
17 Robert Scott, "Voice Hero: The Inventor of Karaoke Speaks," *The Appendix* 1, no. 4 (October 2013).
18 片岡史朗編集、全国カラオケ事業者協会 20 周年記念誌、35。
19 「師走のクラブ、マイク争奪」、朝日新聞 1977 年 12 月 26 日付。
20 https://www.nytimes.com/2010/02/07/world/asia/07karaoke.html, https://www.afpbb.com/articles/-/2232702
21 「いつまで続く、カラオケブーム」、朝日新聞 1978 年 1 月 25 日付。
22 天声人語、朝日新聞 1979 年 12 月 29 日付。
23 藤田正「カラオケブーム」、季刊クライシス 18 号（1984 年冬）、158–61。

25 「中小企業の実情」（東京市役所、1935 年 10 月）、17。
26 「ブリキの達人 vol.5」
27 「日本が作った世界初のブリキのロボット、リリパット」まんだらけ ZENBU 54 号（2012 年 3 月 25 日号）、1-4。
28 奥井正俊「大正・昭和戦前期における自動車の普及過程」新地理、1993 年 41 巻 2 号、32。
29 木津勝「ブリキ玩具と大津」（大津市歴史博物館研究紀要 8 号（大津市歴史博物館、2001 年）、34。
30 同上、38.
31 "Japanese Trade Studies: Special Industry Analysis No. 8: Toys" (memo prepared for the Foreign Economic Administration by the United States Tariff Commission, March 1945),1.
32 Erich Pauer, ed., *Japan's War Economy* (New York: Routledge, 1999), 14; 45.
33 読売新聞 1938 年 8 月 6 日付（引用元はトイジャーナル編集局『おもちゃのメーカーと問屋の歴史と今がわかる本』（東京玩具人形卸問屋協同組合、2003 年）、34）。
34 木津「ブリキ玩具と大津」（大津市歴史博物館研究紀要 8 号）、40。
35 千葉県歴史教育者協議会日本史部会編「絵画史料を読む 日本史の授業」（国土社、1993 年）、178–79。
36 Thomas R. Searle, "'It Made a Lot of Sense to Kill Skilled Workers': The Firebombing of Tokyo in March 1945," *The Journal of Military History* 66, no. 1 (January 2002): 103.
37 Barrett Tillman, *Whirlwind: The Air War against Japan, 1942–1945* (New York: Simon & Schuster, 2010), 147–52.
38 木津「ブリキ玩具と大津」（大津市歴史博物館研究紀要 8 号）、41。
39 日本金属玩具史編纂委員会編『日本金属玩具史』（久山社、1997 年）、442。
40 木津「ブリキ玩具と大津」（大津市歴史博物館研究紀要 8 号）、40。
41 「ブリキの達人 vol.5」
42 木津「ブリキ玩具と大津」（大津市歴史博物館研究紀要 8 号）、41。
43 国立公文書館アジア歴史資料センター「公文書に見る戦時と戦後 Q & A 戦時中もデパートは営業していたの？」. https://www.jacar.go.jp/english/glossary_en/tochikiko-henten/qa/qa03.html.
44 斎藤良輔『おもちゃの話』（朝日新聞社、1971 年）、284。
45 山本明『戦後風俗史』（大阪書籍、1986 年）、68。
46 高山英男『20 世紀おもちゃ博物館』（同文書院、2000 年）、60。
47 木津「ブリキ玩具と大津」（大津市歴史博物館研究紀要 8 号）、41-42。
48 斎藤『おもちゃの話』、284-5。
49 トイジャーナル編集局『おもちゃのメーカーと問屋の歴史と今がわかる本』、38。
50 Dower, *Embracing Defeat,* 110–12.
51 斎藤『おもちゃの話』、280。
52 日本金属玩具史編纂委員会編『日本金属玩具史』、442。
53 『20 世紀おもちゃ博物館』展パンフレット（日本玩具文化財団、2000 年）。
54 "Jeeps from Tin Cans," *Stars and Stripes* (Pacific edition),May26,1946.
55 熊谷信夫『ブリキのオモチャ』（グリーンアロー、1980 年）、171。
56 斎藤『おもちゃの話』、288。
57 William H. Young and Nancy K. Young, *World War II and the Postwar Years in America: A Historical and Cultural Encyclopedia* (Santa Barbara, Calif.: ABC-CLIO), 709.
58 タカラトミー社史「軌跡 夢をカタチに 第 3 話業界の常識に挑む」https://www .takaratomy.co.jp/company/csr/history3.html (retrieved February 3, 2020).
59 NHK「美の壺 鑑賞マニュアル File 146: ブリキのおもちゃ」. https://www.nhk.or.jp/tsubo /program/file146.html.
60 Anne Allison, *Millennial Monsters: Japanese Toys and the Global Imagination* (Berkeley: University of California Press, 2006), 40.
61 「ブリキの達人 vol.5」
62 くらじたかし『マルサン ブルマァクを生きた男』（東西企画、1999 年）、14-15。
63 Eiji Kaminaga to author via email, May 30, 2018.
64 鐏三郎インタビュー、2018 年 6 月 14 日。
65 くらじ『マルサン ブルマァクを生きた男』、45。
66 この数字は以下に拠った。The Office of Highway Information Management, Federal Highway Administration, "State Motor Vehicle Registrations by Years, 1900–1995," *Highway Statistics Summary to 1995,* stock no. 050-001-00323-6, https://www. fhwa.dot.gov/ohim/summary95/mv200 .pdf (retrieved April 8, 2019).
67 Michael Schaller, "The Korean War: The Economic and Strategic Impact on Japan 1950–1953," in William Stueck, ed., *The Korean War in World History* (University Press of Kentucky: 2004), 148.
68 くらじ『マルサン ブルマァクを生きた男』、46。
69 同上。
70 Joe Earle, *Buriki,* 14.
71 同上、13。
72 同上、15。
73 "Barbie's Journey in Japan," *The New York Times,* December 12, 1996.
74 Ray B. Browne and Pat Browne, eds., *The Guide to United States Popular Culture* (Madison: University of Wisconsin Press, 2001), 850.
75 Dower, *Embracing Defeat,* 454.
76 "C.I.A. Spent Millions to Support Japanese Right in 50's and 60's," *The New York Times,* October 9, 1994.
77 Nathan Hopson, review of Nick Kapur's *Japan at the Crossroads: Conflict and Compromise after Anpo,* New Books Network, September 21, 2018, https://newbooksnetwork .com/ nick-kapur-japan-at-the-crossroads-conflict-and-compromise-after-anpo-harvard-up-2018/.
78 "Parliament's a Riot (1960)," YouTube video uploaded by British Pathé, https://www.youtube.com /watch?v=mpY_ CO2Zdhk.
79 Takemasa Ando, *Japan's New Left Movements: Legacies for Civil Society* (New York: Routledge, 2014), p. 30, and Michael Liu, Kim Geron, and Tracy A. M. Lai, *The Snake Dance of Asian American Activism: Community, Vision, and Power* (Lanham, Md.: Lexington Books, 2008), 66.
80 ベトナム戦争終結に向けた全米動員委員会は、1967 年 3 月に国防総省周辺で抗議運動を行う際に、目印として絵文字のような蛇のマークを使用した。このことは、のちに議会公聴会でも話題になっている。コロンビア大学民主的な学生連盟（SDS）反戦抗議グループも、ワシントンの通りをデモする際にスネークダンスを行ったという。以下を参照されたい。U.S. Congress, House of Representatives, Committee on Un-American Activities, "Hearings before the Committee on Un-American Activities, House of Representatives, Ninetieth Congress, April 30, May 2 and 22, 1968," 90th Cong., Second Session, 2769, and Tom Wells, *The War Within: America's Battle over Vietnam* (Lincoln: iUniverse, 2005), 185.

第 2 章

1 Margaret Talbot, "The Auteur of Anime," *The New Yorker,* January 9, 2005.
2 増田弘道『デジタルが変えるアニメビジネス』（NTT 出版、2016 年）、173。
3 増田弘道『アニメビジネスがわかる』（NTT 出版、2010 年）、152。
4 増田弘道『デジタルが変えるアニメビジネス』、173.
5 手塚治虫『手塚治虫 未来への言葉』（こう書房、2007 年）、113。
6 そうじうしお『手塚治虫とボク』（草思社、2007 年）、193。

原 注

1 *Harold Bloom, Oscar Wilde* (New York: Bloom's Literary Criticism, 2008), ix.

序章

1 Matt Leone, "*Final Fantasy VII: An Oral History,*" Polygon, January 9, 2019. https://www.polygon.com/a/final -fantasy-7（数字は当時スクエアの会長兼 CEO だった武市智行による）。

2 David L. Craddock, "How *Final Fantasy 7* Revolutionized Videogame Marketing and Helped Sony Tackle Nintendo," *Paste,* May 8, 2017, https://www.pastemagazine.com /articles/2017/05/ how-final-fantasy-7-revolutionized-videogame-marke.html.

3 Jer Horwitz, "Saturn's Distant Orbit," videogames.com, May 15, 1997, https:// web.archive.org/web/20000312083957/http:// headline.gamespot.com /news/97_05/15_belt/index.html.

4 William S. Gilbert, *The Story of the Mikado* (London: Daniel O'Connor, 1921), IB.

5 John P. Glennon, ed., *Foreign Relations of the United States, 1952–1954: China and Japan,* vol. 14, part 2 (Washington, D.C.: United States Government Printing Office, 1985), 1725. 以下を参照されたい。https://history.state.gov/historicaldocuments/ frus1952-54v14p2.

6 Keith A. Nitta, "Paradigms," in Steven Vogel, *U.S.-Japan Relations in a Changing World* (Washington, D.C.: Brookings Institution Press, 2002), 74.

7 Matt Novak, "That Time Republicans Smashed a Boombox with Sledgehammers on Capitol Hill," Gizmodo, May 9, 2016, https://paleofuture.gizmodo.com/that-time-republicans -smashed-a-boombox-with-sledgehamm-1775418875.

8 たとえば、船橋洋一『検証　日本の「失われた 20 年」』（東洋経済新報社）など。（英訳版は、Yoichi Funabashi, ed., *Examining Japan's Lost Decades* (New York: Routledge, 2015)）。

9 James Sterngold, "Gang in Kobe Organizes Aid for People in Quake," *The New York Times,* January 22, 1995, 6.

10 Sir Rutherford Alcock, *The Capital of the Tycoon, a Narrative of Three Years' Residence in Japan* (New York: Harper & Brothers, 1863), 416.

11 William Elliot Griffis, *The Mikado's Empire,* book 2 (New York: Harper & Brothers, 1876), 453.（邦訳『日本通史』ICG ミューズ出版）

第 1 部

The Charlotte Observer, August 15, 1945, 1.

2 "Superforts Keep Tokyo Fires Hot," *The Tuscaloosa News* (Associated Press), April 16, 1945.

3 "Japan Hollow Shell," *The Lawrence Journal-World,* October 13, 1945, 1.

4 「ヒロポン誕生」、Tanken.com, August 23, 2009, https://tanken.com/kakusei.html.

5 筒井政行「どんぐりの栄養と頂き方」婦人クラブ 1945 年 8 月号、https://livedoor.blogimg.jp/mukashi_no/imgs/e/2/e2b589a0.jpg.

6 "SBP Issues Order for Surplus Aid," *The New York Times,* May 8, 1945.

7 田中伸尚『ドキュメント昭和天皇』（緑風出版、1984 年）、234.

8 Jonathan Bailey, *Great Power Strategy in Asia: Empire, Culture and Trade, 1905–2005* (New York: Routledge, 2007), 149.

第 1 章

1 Griffis,*The Mikado's Empire,* 452.

2 Marlow Hoffman, "Five Things Charles & Ray Eames Teach Us about Play," Eames official website, blog-entry, December 1,2015, http://www.eamesoffice.com/blog/five-things-charles-raeames-teach-us-about-play/.

3 Mark Gayn, *Japan Diary* (North Clarendon, Vt.: Tuttle, 1981), 1.（邦訳『ニッポン日記』ちくま学芸文庫、1998 年）

4 *SNL G-503 Standard Nomenclature List Willys MB Ford GPW,* War Department, 1944. See https://archive.org/details/ SnlG-503StandardNomenclatureListWillysMbFordGpw/page/n15.

5 Roger E. Bilstein, *Airlift and Airborne Operations in World War II,* Air Force History and Museums Program, 1998, 17, https:// media.defense.gov/2010/Sep/22/2001330050/-1/-1/0/ AFD-100922-024.pdf.

6 Phil Patton, "Design by Committee: The Case of the Jeep," Phil Patton blog, April 23, 2012, https://philpatton .typepad.com/ my_weblog/2012/04/design-by-committee-the-case-of-the-jeep. html.

7 John Norris, *Vehicle Art of World War Two* (South Yorkshire, U.K.: Pen & Sword Books, 2016), 46.

8 National Diet Library, Modern Japanese Political History Materials Room, eds., "Supreme Commander for the Allied Powers Directives to the Japanese Government (SCAPINs) (Record Group 331)," April 2007, 38.

9 John W. Dower, *Embracing Defeat* (New York: W. W. Norton, 1999), 110.（邦訳『敗北を抱きしめて』岩波書店、2004 年）

10 Susan B. Hanley, *Everyday Things in Premodern Japan: The Hidden Legacy of Material Culture* (Berkeley: University of California Press, 1997), 24–25.

11 Sumie Jones and Kenji Watanabe, eds., *An Edo Anthology: Literature from Japan's Mega-City, 1750– 1850* (Honolulu: University of Hawaii Press, 2013), 4.

12 Penelope Francks and Janet Hunter, eds., *The Historical Consumer: Consumption and Everyday Life in Japan, 1850–2000* (New York: Palgrave Macmillan, 2012), 268.

13 Hannah Sigur, *The Influence of Japanese Art on Design* (Layton, Utah: Gibbs Smith, 2008), 154.

14 Griffis, *The Mikado's Empire,* 453.

15 Janet Holmes, "Economic Choices and Popular Toys in the Nineteenth Century," *Material Culture Review* 21 (1985). Retrieved from https://journals.lib.unb.ca/index.php/MCR / article/view/17244.

16 David D. Hamlin, *Work and Play: The Production and Consumption of Toys in Germany, 1870–1914* (Ann Arbor: University of Michigan Press, 2007), 1; *Japan and Her Exhibits at the Panama-Pacific International Exhibition 1915,* Société des Expositions, 1915.

17 日本の玩具職人の日給は 1910 年代半ばの時点で 37 セントだとニューヨーク・タイムズ紙が報道している（"Japan's Toy Trade" (June 24, 1917)。同時期にアメリカの鉄工所の賃金は、場所と職務内容にもよるがおおむね時給 1 ドルだった。たとえばアメリカ労働統計局による以下のデータを参照されたい。https://fraser. stlouisfed.org/title /3912/item/476870?start_ page=74.

18 "Japanese Toys," *Gazette and Bulletin,* April 7, 1934.

19 木津勝「ブリキ玩具と大津　戦後第一号の小菅のジープ」（大津市歴史博物館、2000 年 8 月 1 日）、10。

20 Kanako Takahara, "Nemuro Raid Survivor Longs for Homeland," *The Japan Times,* September 22, 2007.

21 "Japan's Toy Trade," *The New York Times Magazine,* June 24, 1917, 3.

22 Masayuki Tanimoto, "The Development of Dispersed Production Organization in the Interwar Period: The Case of the Japanese Toy Industry," in *Production Organizations in Japanese Economic Development*, ed. Tetsuji Okazaki (New York: Routledge, 2007), 183.

23 Tokyo City Governor's Office Research Division, "Tokyo-fu Kojo Tokei" [City of Tokyo 1930 Factory Census] (Tokyo: City of Tokyo, April 25, 1932), 19.

24 「ブリキの達人　vol.5 マルサン・キャデラック開発チーム」https://www .youtube.com/ watch?v=Y6eGMRmHYu8&feature=emb_logo.

せ

そ

た

ち

つ

て

と

な

き

く

け

こ

さ

し

す

数字

アルファベット

I

J

P

Q

R

S

X

かな

あ

い

う

え

お

か

著者略歴

マット・アルト（Matt Alt）

1973年、米ワシントンDC生まれ。ウィスコンシン州立大学で日本語を専攻。1993-94年慶應義塾大学に留学。米国特許商標庁に翻訳家として勤務した後、2003年に来日。現在、株式会社アルトジャパン副社長として翻訳や通訳の他、日本のポップカルチャー研究家としてジャパンタイムズ、ニューヨーク・タイムズ、ニューヨーカー、ニューズウィーク日本版などに寄稿。NHK国際放送の人気テレビ番組『Japanology Plus』のレポーターとしても活躍中。著書に『Yokai Attack! 外国人のための妖怪サバイバルガイド』、『Ninja Attack! 外国人のための忍者常識マニュアル』（以上、チャールズ・イー・タトル出版）など。

訳者略歴

村井章子

翻訳家。上智大学文学部卒業。主な訳書にレビンソン『コンテナ物語』、フレイ『テクノロジーの世界経済史』（共訳）、ファーガソン『キッシンジャー 1923-1968 理想主義者1・2』（以上、日経BP）、ハイエク『貨幣発行自由化論』、スミス『道徳感情論』（共訳）、フリードマン『資本主義と自由』（以上、日経BPクラシックス）、ティロール『良き社会のための経済学』（日本経済新聞出版社）他。

新ジャポニズム産業史 1945-2020

2021年7月26日 第1版第1刷発行

著　者 マット・アルト　訳者 村井章子
発行者 村上広樹　発行 日経BP
発　売 日経BPマーケティング
〒105-8308 東京都港区虎ノ門4-3-12
https://www.nikkeibp.co.jp/books
デザイン 鯉沼恵一（ピュープ）
イラスト 三崎須加
製　作 アーティザンカンパニー
印刷・製本 中央精版印刷株式会社

ISBN978-4-296-00029-6
本書籍に関するお問い合わせ、ご連絡は下記にて承ります。
https://nkbp.jp/booksQA